VERMIS SERICUS

LA SERICICULTURA Y EL NEGOCIO DE LA SEDA
ENTRE EL REINO DE VALENCIA E ITALIA A
COMIENZOS DE LA EDAD MODERNA (C. 1550-1640)

Serie: HISTORIA Y SOCIEDAD
Colección *Cátedra Simón Ruiz*, nº 11

MUÑOZ NAVARRO, Daniel

    Vermis sericus: la sericicultura y el negocio de la seda entre el Reino de Valencia e Italia a comienzos de la Edad Moderna (c. 1550-1640) / Daniel Muñoz Navarro – Valladolid: Universidad de Valladolid ; Medina del Campo : Fundación Museo de las Ferias, 2024

    248 p.; 24 cm (Historia y Sociedad. Cátedra Simón Ruiz; 11)
    ISBN 978-84-1320-325-6

1. Seda – Europa Meridional – Historia – Siglo XVI-XVII 2. Sericicultura – Europa Meridional – Historia – Siglo XVI-XVII 3. Valencia (Reino) – Comercio – Italia 4. Italia – Comercio – Valencia (Reino) I. Muñoz Navarro, Daniel, aut. II. Fundación Museo de las Ferias, ed. III. Universidad de Valladolid, ed. III. Universidad de Valladolid. Cátedra Simón Ruiz IV. Serie

    638.2(450+460.31)"15/16"

DANIEL MUÑOZ NAVARRO

VERMIS SERICUS

LA SERICICULTURA Y EL NEGOCIO DE LA SEDA ENTRE EL REINO DE VALENCIA E ITALIA A COMIENZOS DE LA EDAD MODERNA (C. 1550-1640)

FUNDACIÓN
MUSEO
DE LAS FERIAS
MEDINA DEL CAMPO

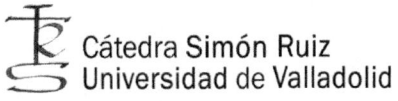

Cátedra Simón Ruiz
Universidad de Valladolid

EDICIONES
Universidad
de Valladolid

Esta publicación se enmarca dentro del proyecto de I+D+i *Ganar y perder en las sociedades de los territorios hispánicos del Mediterráneo occidental durante la Edad Moderna* (PID2022-142050NB-C21), financiado por el Ministerio de Ciencia, Innovación y Universidades y la Agencia Estatal de Investigación.

En conformidad con la política editorial de Ediciones Universidad de Valladolid (http://www.publicaciones.uva.es), este libro ha superado una evaluación por pares de doble ciego realizada por revisores externos a la Universidad de Valladolid.

Motivo de cubierta: *Vermis sericus*. Detalle de la lámina cuarta, c. 1590. Jan van der Straet (THE MET, The Metropolitan Museum of Art. Nueva York)
Motivo de contracubierta: Escultura orante en alabastro de Simón Ruiz. Pedro de la Cuadra, 1597 (Fundación Museo de las Ferias. Medina del Campo)
Diseño de cubierta: Ediciones Universidad de Valladolid

ISBN: 978-84-1320-325-6
Dep. Legal: VA-650-2024

Preimpresión: Ediciones Universidad de Valladolid
Imprime: Podiprint - España

Índice

PRESENTACIÓN 11

PRÓLOGO 13

INTRODUCCIÓN 15

FUENTES DOCUMENTALES Y METODOLOGÍA DE ANÁLISIS 19

CAPÍTULO I
LA SERICICULTURA MEDITERRÁNEA Y LOS MERCADOS DE LA SEDA
A COMIENZOS DE LA EDAD MODERNA 25

    1.1. La seda. Una mercancía global en época moderna 26

    1.2. Sericicultura mediterránea e innovación técnica 36

    1.3. La literatura sericícola en Italia y España a lo largo del Quinientos 44

    1.4. La producción de seda en Italia y España a comienzos de la Edad
           Moderna. Dos modelos divergentes 56

CAPÍTULO II
"AVERE IN MANO UNA FORTUNA". EL NEGOCIO DE LA SIMIENTE DE
SEDA EN EL MEDITERRÁNEO OCCIDENTAL (c. 1550-1640) 81

    2.1. La conexión comercial entre Valencia e Italia durante la Alta Edad
           Moderna 82

    2.2. Los factores clave del comercio internacional de simiente de seda
           valenciana 94

    2.3. Producción y exportación de simiente de seda en el reino de Valencia
           (siglos XVI-XVII) 118

CAPÍTULO III
REDES MERCANTILES E IMPACTO ECONÓMICO DE LA SIMIENTE DE
SEDA VALENCIANA EN ITALIA (c. 1550-1640)... 163

    3.1. La exportación de simiente de seda a través de los registros fiscales 164

    3.2. Fases del tráfico de simiente de seda entre Valencia y la Italia centro-
        septentrional.. 192

    3.3. Las redes mercantiles italianas y su hegemonía sobre el negocio de la
        seda 201

    3.4. El impacto económico de la simiente de seda valenciana a ambas
        orillas del Mediterráneo occidental... 209

CONCLUSIONES 219

FONDOS ARCHIVÍSTICOS CONSULTADOS Y ABREVIATURAS 227

RELACION DE PESOS, MEDIDAS Y MONEDAS.. 229

BIBLIOGRAFÍA 231

A Renzo P. Corritore, caro amico e collega.
In memoriam

PRESENTACIÓN

Desde el momento de su creación en 2012 la Cátedra Simón Ruiz se propuso, amén de investigar en el riquísimo archivo Simón Ruiz de Medina del Campo - Patrimonio Mundial de la Humanidad por la UNESCO-, fomentar los estudios sobre cuestiones acerca de la Historia del Comercio y las Finanzas, de manera especial en la época preindustrial. A finales del siglo XV e inicios de la centuria siguiente el mundo estaba cambiando de manera acelerada. Estamos entrando en los inicios de la primera globalización. Se había dejado atrás la época medieval y, sobre todo, la profunda crisis por la que había atravesado el continente europeo desde mediados del siglo XIV. Los nuevos descubrimientos geográficos, el crecimiento económico, la mayor urbanización, las nuevas ideas del Renacimiento, etc. están haciendo cambiar las sociedades europeas. Pero también supuso el incremento de los intercambios de mercancías y cambios en la cultura material en un espacio mundial. Se imponen nuevas modas y gustos distintos, especialmente en la ropa de vestir y de casa, donde el lujo y el decoro priman entre las elites locales. Entre estos productos, movidos a escala global, destacan los tejidos de seda, que circulan por todos los lugares para atraer a una clientela urbana con un mayor poder adquisitivo.

En esta coordenada sobre la temprana globalización se enmarca el libro que el lector tiene en sus manos: el estudio del comercio de la seda entre Valencia e Italia (Lombardía, Véneto y Piamonte). Pero la novedad y, por supuesto, el interés de la presente publicación residen en tratar un aspecto diferente del ya conocido comercio de tejidos de seda, ya que aborda otro casi ignoto: el comercio de la simiente de seda. Así se llamaban los huevos de los que nacían en primavera las larvas blancas, es decir, los gusanos de seda, que debían ser alimentados con hojas de morera para dar lugar a la formación de los capullos. Un proceso complicado, pero fundamental en la sericicultura. Daniel Muñoz Navarro estudia con detalle todo el proceso, desde su origen en Valencia hasta la Italia septentrional. Muestra los agentes que participaron en el proceso y el volumen de los tráficos comerciales, demostrando la importancia de este flujo mercantil. Si ya conocíamos la presencia de comerciantes italianos en España y, especialmente, en Valencia, ahora sumamos la información que trajo consigo este intercambio tan particular entre los años 1550-1640. Un periodo donde las relaciones económicas y políticas italo-españolas fueron muy intensas. A los lazos diplomáticos, las guerras, la fiscalidad, el flujo del dinero, el comercio de lana, paños, sedas y colorantes, el intercambio de libros y objetos artísticos se suman ahora estos minúsculos huevos de seda. Tráfico que supuso que, en torno al 75% de la seda cruda que se producía en Lombardía y el Piamonte, tenía como origen la simiente de seda importada desde España. ¡Quién lo diría, cuando de niños cultivábamos gusanos de seda en una caja de zapatos! Esto nos demuestra, una vez más, que también lo pequeño es importante en historia económica y social.

HILARIO CASADO ALONSO
Director de la Cátedra Simón Ruiz

PRÓLOGO

En 1861, en el momento de la Unificación, el producto más importante exportado desde Italia era la seda cruda. Representaba aproximadamente el 36% del valor total de las exportaciones, y la mayor parte de esta mercancía procedía del Centro-Norte (entre el 90% y el 95% del total nacional). No siempre había sido así. A lo largo de la Baja Edad Media, la producción de seda se concentraba en el Sur, especialmente en Calabria y Sicilia. Fue a partir del siglo XV cuando empezaron a cultivarse moreras en el Centro-Norte, con la finalidad básica de alimentar a los gusanos de seda y estimular la sericicultura. Con el tiempo, esta actividad llegó a representar unos ingresos nada desdeñables para las familias campesinas, especialmente en regiones como Lombardía, Véneto y Piamonte. En las regiones centrales, la cría de gusanos de seda, aunque presente desde el siglo XV, era insignificante en comparación. Del mismo modo, la cría del gusano de seda a comienzos de la Edad Moderna estaba presente en otros países mediterráneos, como es el caso de España, aunque la producción italiana superaba con creces al resto. Este predominio sobre el mercado de la seda en Europa se prolongó durante siglos; tanto es así que, a escala mundial, a finales del siglo XIX, Italia ocupaba el segundo lugar en volumen de producción de hilo, después de China y por delante de Japón.

Este cambio en la geografía Norte-Sur de la producción de seda cruda tuvo lugar principalmente en los siglos XVI y XVII, siendo una realidad incontestable ya a comienzos del siglo XVIII (la región meridional producía algo más del 20% en valor). Pese a ello, este cambio no fue el origen de la «cuestión meridional». La seda cruda, aunque importante en términos económicos, representaba en los siglos XVIII y XIX en torno al 3-4% del producto interior bruto italiano. Los debates sobre la inferioridad del Mezzogiorno comenzaron mucho más tarde, a finales del siglo XIX, cuando la industrialización moderna se afianzó en Italia, es decir, a partir de la década de 1880.

Los siglos modernos fueron clave en la configuración de la geografía de la seda italiana. Fue entonces cuando empezó a consolidarse la primacía de la seda en el norte del país, siendo este un periodo decisivo para el despegue de la sericicultura en el contexto mediterráneo y, por extensión, europeo. En este sentido, la investigación del profesor Daniel Muñoz Navarro aporta importantes contribuciones. Su trabajo abarca desde mediados del siglo XVI hasta mediados del XVII; precisamente el periodo en el que, junto al salto en la cantidad producida, se produjo también una mejora en la calidad, que probablemente convirtió a la seda italiana en la primera a nivel mundial. En la base de este proceso, se sitúa la conexión comercial con España (y especialmente con el reino de Valencia), que, desde mediados del siglo XVI, comenzó a suministrar grandes cantidades de simiente de seda, posteriormente criada en la Italia centro-septentrional.

Una mercancía tan singular y poco conocida como la simiente de gusanos de seda es la protagonista de este libro. Así se llamaban los huevos de los que nacían en primavera las larvas blancas, es decir, los gusanos de seda, que debían ser alimentados con hojas de morera para dar lugar a la formación de capullos. El complejo proceso técnico, social, económico y cultural que se generaba a partir de esta minúscula materia prima está en la base de todo el proceso de producción de la seda. Es precisamente en esta línea en la que se centra la investigación de Daniel Muñoz Navarro, fruto de la labor desarrollada en el marco un contrato posdoctoral financiado por la *Università degli Studi di San Marino*. Esta obra es el resultado de una larga y fructífera investigación archivística, realizada en su mayor parte sobre documentos valencianos y genoveses, aunque también se frecuentaron los fondos archivísticos de ciudades como Alicante, Florencia, Milán o Turín, entre otros. Gracias a esta paciente e intensa labor de recopilación documental, se pudo reconstruir el complejo proceso de producción y exportación de la simiente de seda valenciana a Italia, teniendo en los registros de embarque de los puertos de Livorno y Génova una de las fuentes fundamentales de información. Estos permiten demostrar la importancia que adquirió este flujo comercial, siendo las décadas de 1590-1610 el periodo de mayor actividad.

En conjunto, el libro del profesor Muñoz Navarro representa una importante contribución al estudio de las relaciones económicas italo-españolas en la época moderna, coincidiendo con la fase de despegue de la sericicultura en la Italia septentrional; un periodo en el que las relaciones (políticas, militares, económicas, culturales...) entre España e Italia se vieron reforzadas. Cabría preguntarse qué importancia tuvo para la seda en Italia el fenómeno que reconstruye esta investigación. Aunque resulta complejo dar una respuesta precisa a esta pregunta, este libro arroja algunas certezas al respecto. En el periodo comprendido entre 1590-1610, hasta el 80-85% de toda la seda cruda que se producía en Lombardía tenía como origen la simiente de seda importada desde España. En el Piamonte, este porcentaje se situaba en torno al 50-60%. Dada la importancia que estaba adquiriendo la seda en la Italia padana, podemos afirmar que el papel de la simiente de seda española fue clave, contribuyendo decididamente al éxito de las sedas italianas en el contexto mundial.

PAOLO MALANIMA

INTRODUCCIÓN

La seda siempre ha despertado un interés singular, tanto dentro como fuera del ámbito universitario, atrayendo la atención de especialistas de diferentes disciplinas (fundamentalmente historiadores e historiadores del arte), pero también de instituciones políticas y culturales, así como del conjunto de la sociedad, debido a su conexión con la suntuosidad, el lujo y el poder. En este sentido, la "Ruta de la Seda" representa un referente cultural ineludible, muy presente en el imaginario colectivo europeo. Bajo esta denominación, acuñada por el geógrafo alemán Ferdinand Freiherr von Richthofen en 1877, se engloba una dilatadísima e intrincada red de rutas comerciales que conectaron Oriente y Occidente al menos desde el siglo I a.C., cuya relevancia va mucho más allá de los aspectos meramente comerciales.[1]

No obstante, el interés creciente que ha recibido la seda en los últimos años no se deriva exclusivamente de la investigación académica, sino que, en parte, se justifica en una serie de motivaciones políticas, promovidas fundamentalmente desde China, con la intención de desarrollar nuevas estrategias geopolíticas que acerquen a los dos extremos del continente euroasiático. El proyecto bautizado como *Belt and road initiative* o *One belt, one road* pretende estimular la creación de una nueva "ruta de la seda", a partir del reforzamiento de las infraestructuras portuarias y ferroviarias entre ambas regiones; un objetivo que poco tiene que ver con la original ruta que conectó Asia y Europa desde la Antigüedad.[2]

Volviendo la mirada nuevamente hacia la perspectiva histórica, observamos que la seda es una fibra textil de origen animal que brilla de manera muy singular, no solo por sus apreciadas cualidades intrínsecas, sino por el papel que ha jugado en el contacto de diferentes civilizaciones a lo largo de la historia, pudiendo ser considerada como una de las primeras mercancías globales, debido a la transmisión cultural y el contacto entre civilizaciones, imperios y religiones que se articuló durante siglos en torno a su intercambio a escala internacional. Su posesión o consumo siempre estuvo ligada al lujo y la ostentación, mientras que su producción y comercialización es sinónimo de desarrollo económico, gracias al impacto que generaba en todos los sectores productivos.

---

[1]　CARDINI, Franco; VANOLI, Alessandro, *La via della seta: una storia millenaria tra Oriente e Occidente*, Bolonia, Il Mulino, 2017; RUIZ GUTIÉRREZ, Ana; SORROCHE CUERVA, Miguel Ángel (eds.), *La ruta de la seda: camino de caminos*, Granada, Universidad de Granada, 2013.

[2]　FRANKOPAN, Peter, *Las nuevas rutas de la seda. Presente y futuro del mundo*, Barcelona, Crítica, 2019; ZENG, Jinghan, "Does Europe Matter? The Role of Europe in Chinese Narratives of 'One Belt One Road' and 'New Type of Great Power Relations'", *Journal of Common Market Studies*, 55-5 (2017), pp. 1162-1176; MÜLLER-MARKUS, Christina, "One belt, one road: el sueño chino y su impacto sobre Europa", *Notes internacionals CIDOB*, 148 (2016), pp. 1-6.

El carácter industrioso de esta actividad económica se inicia a partir del desarrollo de la sericicultura; una actividad agropecuaria, vinculada con la expansión del cultivo de la morera y la cría en cautividad del gusano de seda (*bombyx mori*), una laboriosa tarea doméstica desarrollada habitualmente por mano de obra femenina y/o infantil. A partir de esta actividad campesina, se desencadenaba todo un proceso productivo que incluía la fase inicial de elaboración del hilo en el entorno rural (la producción de capullo y simiente de seda, junto al devanado e hilado); su preparación posterior (torcido y tintado), por lo general ya desarrollada en el contexto urbano; y, por último, la elaboración y comercialización de géneros textiles, a través de la intervención de corporaciones gremiales y compañías de comercio especializadas (al menos en el contexto europeo de época moderna).

La vocación comercial y el alto valor añadido respecto a su escaso peso convirtió a la seda, ya desde la Antigüedad, en una mercancía valiosa y en un elemento de intercambio y circulación constante, frecuentemente presente en circuitos internacionales de larga distancia. Sin embargo, esta afirmación que todo el mundo comparte respecto a los tejidos puede hacerse extensible a todos los estadios previos de elaboración de la materia prima, pasando obviamente por el hilo en sus diferentes modalidades, el capullo, la hoja de morera e incluso la simiente de gusanos de seda, siendo esta última mercancía la que ha recibido una menor atención por parte de los historiadores, y la que representa el objeto de estudio principal de esta investigación.

A partir del periodo bajomedieval, la producción de seda en Europa adquirió una relevancia significativa, siendo un sector capaz de transformar las estructuras económicas, sociales y culturales en todo el continente, pero de manera especialmente evidente y prematura en el contexto mediterráneo.[3] No obstante, fue a comienzos de la Edad Moderna cuando esta materia prima adquirió una dimensión global, estrechamente conectada con la incipiente globalización (encabezada por los imperios ibéricos) y el progresivo desarrollo de las economías capitalistas.[4] En este escenario expansivo, España e Italia jugaron un papel clave, siendo los dos territorios pioneros en el desarrollo de la sericicultura y la sedería a lo largo de los siglos XV-XVI.

---

[3]   FRANCH BENAVENT, Ricardo; Navarro Espinach, Germán, *Las rutas de la seda en la historia de España y Portugal*, Valencia, PUV, 2017; MOLÀ, Luca; MUELLER, Reinhold C.; ZANIER, Claudio (eds.), *La seta in Italia dal Medioevo al Seicento. Dal baco al drappo*, Venecia, Marsilio Editori, 2000.

[4]   VERNUS, Pierre; MARTINI, Manuela; HASHINO, Tomoko (eds.), *A Global History of Silk. Trade and Production from the 16th to the Mid-20th Century*, Springer International Publishing, 2024; YUN CASALILLA, Bartolomé, *Iberian world empires and the globalization of Europe 1415-1668*, Singapur, Palgrave Macmillan, 2019; SCHÄFER, Dagmar; RIELLO, Giorgio; MOLÀ, Luca (eds.), *Threads of global desire: silk in the pre-modern world*, Woodbridge, Boydell Press, 2018; BERNABEU ALBERT, Salvador; MARTÍNEZ SHAW, Carlos (eds.), *Un océano de seda y plata: el universo económico del Galeón de Manila*, Sevilla, CSIC, 2013.

La investigación recogida en este libro se centra precisamente en la conexión comercial mantenida entre estas dos penínsulas, poniendo el foco en la producción y exportación de simiente de seda entre el reino de Valencia y la Italia centro-septentrional en el periodo comprendido entre 1550 y 1640; una materia prima indispensable para el desarrollo de la sericicultura en ambas regiones y que se convirtió en una mercancía altamente demandada en el mercado internacional durante el contexto cronológico que abarca este trabajo. Partiendo de una muestra documental sólida y original, procedente tanto de fondos archivísticos italianos como españoles, este libro traza la evolución del flujo comercial de simiente de seda española (fundamentalmente valenciana) hacia Italia entre mediados del siglo XVI y el primer tercio del siglo XVII, analizando su impacto en el desarrollo económico de los territorios implicados, así como la articulación de redes comerciales y financieras de carácter transnacional capaces de conectar las regiones productoras y los mercados consumidores.

El contenido de esta obra se estructura en tres bloques, estrechamente ligados entre sí. El primero de ellos plantea una contextualización general en torno a la expansión de la sericicultura en el contexto mediterráneo, pero teniendo en cuenta la perspectiva global en la que se inserta este proceso. Así mismo, tendremos en cuenta las iniciativas que trataron de promover el cultivo de la morera y la cría del gusano de seda en Italia y en España a lo largo de la Edad Moderna, a fin de enmarcar nuestro estudio y reivindicar el papel modernizador de esta materia prima durante la fase de primera globalización.

El segundo bloque se concentra en estudiar la conexión comercial entre el reino de Valencia y los territorios italianos durante los siglos XVI y XVII y el auge del tráfico marítimo entre ambas orillas del Mediterráneo occidental, para centrarnos posteriormente en el comercio de la simiente de seda, a partir de la información de los registros portuarios y otras series de carácter fiscal. En este capítulo centramos nuestra atención en el tráfico de exportación entre el puerto de Alicante, como punto principal de embarque en la península Ibérica, y los puertos de Livorno y Génova, puertas de entrada de esta y otras materias primas industriales procedentes de Castilla en los territorios italianos.

Por último, el tercer capítulo se dedica a analizar la evolución del volumen de exportación y su impacto económico a ambas orillas del Mediterráneo occidental. Para ello, nos aproximaremos a las redes comerciales de carácter internacional que permitieron canalizar este flujo regular de simiente de seda valenciana hacia Italia, poniendo especial atención en el quién y el cómo. El éxito de este negocio, basado en la especulación y monopolizado por las compañías comerciales de origen italiano (principalmente milanesas y, en menor medida, genovesas), se sustentaba en la eficacia de los circuitos mercantiles y en la rápida circulación de información entre las regiones productoras y receptoras (fundamentalmente la Lombardía y el Piamonte). La singularidad de la simiente de seda deriva de su alta rentabilidad y su escaso peso, lo que le otorga unas condiciones singulares a la hora de comerciar con esta mercancía; pero también en el hecho de que se trata de un intercambio de una especie viva a un nuevo entorno, con las consecuencias que de ello se derivaban desde el punto de vista de la transferencia de material genético, la historia ambiental y del paisaje agrario.

Como hipótesis de partida, cabe destacar que esta sutil mercancía se convirtió en una materia prima indispensable para el desarrollo de la sericicultura en ambas regiones, pese a que hasta el momento ha pasado prácticamente desapercibida para la historiografía. En consecuencia, el objetivo fundamental de este libro es el de arrojar luz sobre un aspecto ensombrecido hasta el momento en la historia de la seda europea: la especialización sericícola y el desarrollo de un mercado internacional de aprovisionamiento de esta materia prima a lo largo de la Alta Edad Moderna. No en vano, el éxito de la industria sedera de carácter urbano en diferentes regiones de Europa (Venecia, Granada, Génova, Toledo, Nápoles, Valencia, Lyon…) solo fue posible gracias a este proceso paralelo de desarrollo de una sericicultura autóctona, que permitió dar respuesta a la creciente demanda internacional de este tipo de tejidos.

En definitiva, la seda, entendida como una mercancía global, formó parte del proceso de mundialización de la economía a comienzos de la Edad Moderna, y debe ser considerada, por tanto, como un elemento estratégico para el desarrollo económico y social de la Europa mediterránea a lo largo de toda la Edad Moderna, al igual que lo había sido la lana desde el periodo bajomedieval y lo sería el algodón a partir del siglo XVIII, en el contexto de la incipiente revolución industrial.[5]

---

[5]   En relación con estas fibras textiles básicas para la historia europea, remitimos a: CAVACIOCCHI, Simonetta (ed.), *La seta in Europa sec. XIII-XX*, Prato, Le Monnier, 1993; FONTANA, Giovanni Luigi; GAYOT, Gérard (eds.), *Wool: products and markets: 13th-20th century*, Padova, CLEUP, 2004; RIELLO, Giorgio, *Cotton: The Fabric that made the Modern World*, Cambridge, Cambridge University Press, 2013. Véase también RIELLO, Giorgio, "Textile spheres: silk in a global and comparative context", en D. Schäfer, G. Riello, L. Molà (eds.), *Threads of global desire…, op. cit.*, pp. 323-341.

FUENTES DOCUMENTALES Y
METODOLOGÍA DE ANÁLISIS

A la hora de abordar esta investigación, el principal escollo al que hemos debido enfrentarnos ha sido el de la selección de las fuentes y la definición de la metodología de análisis. Por un lado, la documentación sobre el comercio mediterráneo de época moderna es abundante, ya que podemos encontrar pistas en diversos fondos archivísticos, relacionados directa o indirectamente con los espacios implicados en estos intercambios. No obstante, el carácter fragmentario y heterogéneo de la información contenida en estas fuentes hace que en ocasiones sea difícil extraer conclusiones generales y mucho más aún reconstruir la trayectoria específica de alguna de estas mercancías en un marco comparado, como es el caso de la seda.

Antes de pasar a analizar la selección documental sobre la que se cimienta nuestro estudio, creemos necesario plantear una crítica heurística, a partir de la cual definir sus potencialidades, pero también sus limitaciones. La muestra empleada es fundamentalmente de naturaleza mercantil, y en ella se combinan fuentes seriales (como los registros aduaneros y portuarios) y otras de naturaleza cualitativa, entre las que destaca la documentación privada de las compañías comerciales o los procesos judiciales. El objetivo es cubrir las carencias de una y otra tipología documental, a partir de un cruce de información que combine lo cuantitativo y lo cualitativo a la hora de analizar la conexión comercial entre España e Italia durante los siglos XVI y XVII.

Respecto a la primera tipología documental, el elemento a destacar es que, por su propia naturaleza, los registros portuarios o aduaneros de época moderna nacieron con una finalidad netamente fiscalizadora, delimitando las fronteras económicas (marítimas o terrestres) dentro de un espacio político o institucional concreto, en el cual podían convivir diferentes poderes y marcos tributarios (siendo estos muy variado dentro del complejo mosaico mediterráneo). Este hecho determinaba su contenido y, en ocasiones, condiciona su continuidad o interrupción en momentos de transición y/o ruptura política. Por lo general, estos libros responden a una estructura similar, en la que se trata de registrar de manera esquemática los intercambios comerciales dentro de una jurisdicción concreta, la llegada o partida de embarcaciones en el caso de los puertos, los agentes comerciales implicados en la transacción, así como las mercancías en cuestión, con una descripción sucinta de su tipología, cantidad o peso y sobre todo de su valor (en base al cual, por lo general, se calculaban los impuestos devengados). Es precisamente el carácter serial y cuantitativo de estas series documentales el que les otorga una mayor utilidad y riqueza para el historiador, como lo demuestran los abundantísimos estudios sobre el comercio marítimo de época moderna publicados a lo largo de toda la segunda mitad del siglo XX.[6] No obstante, las carencias que presentan estas fuentes nos obligan a plantear metodologías renovadas que, sin renunciar a la utilidad de la estadística y el análisis económico, lo complementen a partir de otras tipologías documentales de índole diversa. A continuación, realizaremos una exposición de los principales fondos documentales analizados, distinguiendo entre los registros valencianos y la documentación procedente de archivos italianos.[7]

En los archivos valencianos existe una importante dispersión, por lo que no hallamos una única serie a través de la cual aproximarnos a la producción y exportación de simiente de seda. Estas limitaciones documentales pueden hacerse extensibles al estudio de la sericicultura y, por extensión, de toda la actividad agraria valenciana de los siglos XVI y XVII, como ha sido puesto de manifiesto por diferentes historiadores.[8] De este modo, ha sido necesario recurrir a diversas series documentales, principalmente custodiadas en el Archivo del Reino de Valencia. En primer lugar, conviene citar la documentación de naturaleza fiscal, como los registros de la *Diputació del General* (y, en menor medida, el *Peatge de Mar*), que nos permiten identificar las principales áreas rurales productoras de simiente de seda y aproximarnos al volumen de exportación de este producto. Esta documentación también nos informa acerca de las fluctuaciones a las que se vio sometido su precio, en función de las coyunturas, reflejando a los agentes mercantiles ligados a este tráfico, como analizaremos más adelante. Junto a esta fuente de naturaleza fiscal, disponemos de otras series, como el fondo judicial (*Real Audiencia, Procesos de Madrid, Bailía*...), que reflejan los conflictos generados por esta actividad comercial internacional, así como otra documentación de carácter privado procedente de las compañías comerciales implicadas en este negocio (libros de correspondencia y contabilidad, documentos personales, nombramiento de procuradores...). Otros archivos valencianos, como el Archivo Municipal de Alicante o el de Valencia, contienen registros sueltos que nos ayudan a contextualizar mejor este comercio (es

---

[6]   Nos limitaremos a citar alguna de las principales obras de referencia para las regiones implicadas en esta investigación: BRAUDEL, Fernand; ROMANO, Ruggiero, *Navires et marchandises à l'entrée du port de Livourne 1547-1611*, París, Librairie Armand Colin, 1951; GRENDI, Edoardo, "Traffico portuale, naviglio mercantile e consolati genovesi nel Cinquecento", *Rivista Storica Italiana*, 80 (1968), pp. 593-628; — "I nordici e il traffico del porto di Genova: 1590-1666", *Rivista Storica Italiana*, 83 (1971), pp. 23-71; CASTILLO PINTADO, Álvaro, *Tráfico marítimo y comercio de importación en Valencia a comienzos del siglo XVII*, Madrid, Universidad de Madrid, 1967; SALVADOR ESTEBAN, Emilia, *La economía valenciana en el siglo XVI (Comercio de importación)*, Departamento de Historia Moderna, Universitat de València, Valencia, 1972.

[7]   Remitimos al listado esquemático con la relación de fuentes documentales empleadas que se adjunta en la parte final de este libro.

[8]   A este respecto remitimos a PERIS ALBENTOSA, Tomás, "La evolución de la agricultura valenciana entre los siglos XV y XIX: rasgos cualitativos y problemas de cuantificación", *Revista de Historia Económica*, año XIII-3 (1995), pp. 473-508. Véase también CASEY, James, *El regne de València al segle XVII*, Valencia, Afers, 2006 (ed. original, 1979).

el caso del libro de la sisa de la mercadería de Alicante de 1565 o los asientos de la *taula de canvis* de Valencia para comienzos del siglo XVII), complementando las series ya mencionadas.

En lo que respecta a los archivos italianos, el fondo de mayor interés se ubica en el *Archivio di Stato di Genova*, concretamente dentro de los fondos de la *Casa delle compere e dei Banchi di San Giorgio*, que *"durante i quattro secoli della sua esistenza (1407-1805) ha combinato alcune prerogative proprie dello stato (fiscalità, debito pubblico, sovranità territoriale) con l'esercizio di un'attività finanziaria iniziata nel 1408 con un banco pubblico di deposito, giro e credito, che fu il primo del suo genere aperto in Italia e il secondo (o primo ?) in Europa"*.[9] En sí mismo, este vasto fondo documental (compuesto por más de 39.000 volúmenes) compone una unidad archivística con entidad propia, que representa uno de los pilares para el estudio de la historia económica de la república ligur, como lo corrobora el trabajo de ordenación de los fondos encabezado por el profesor Giuseppe Felloni.[10]

En relación con la gestión de los impuestos, uno de los renglones más relevantes es el que tenía que ver con la actividad del puerto y el complejo sistema tributario que se construyó alrededor del tránsito de mercancías en el principal puerto del Mediterráneo durante los siglos XVI y XVII. Entre los fondos de la serie *Carati e diritti* (*Introitus caratorum maris et drictuum*), encontramos los registros de mercancías arribadas al puerto, distinguiendo entre aquellas procedentes de Oriente y Occidente (en estos últimos se ubican las embarcaciones procedentes de los puertos de la península Ibérica). Estos registros, conservados de manera bastante completa, nos aproximan al flujo comercial de llegada de naves al puerto de Génova, lo que ha representado un desafío, debido a la ingente cantidad de información contenida en los centenares de libros que componen la serie y la especificidad de nuestro objeto de estudio, la simiente de gusanos de seda, que tenía una presencia minoritaria (en cuanto al volumen, pero no en cuanto a su relevancia económica) en los registros de carga conservados. A ello debemos unir las importantes restricciones de acceso a este fondo, que no se encuentra en la sede principal del archivo, sino en un depósito documental externo, al que solo se tenía acceso una mañana por semana y bajo cita previa. Este hecho nos obligó a realizar una selección de una veintena de años para el periodo que abarca nuestro estudio (1550-1640). Pese a ello, a nuestro parecer, los resultados obtenidos son fiables y representativos de la evolución de este tráfico mercantil.

En cuanto al puerto de Livorno, pudimos recurrir a la serie *Mediceo del Principato* del *Archivio di Stato di Firenze*. Dentro de este extenso fondo documental se encuentran todos los documentos relacionados con la cancillería y gobierno de los Medici al frente del *Gran Ducato*, en el que predominan los aspectos políticos y

---

[9]   Felloni, Giuseppe, *Inventario dell'Archivio del Banco di San Giorgio*, Roma, 1999.
[10]   Para conocer en detalle la reordenación y composición de los fondos de la Casa di San Giorgio (ASGenova), remitimos a su sitio web: http://www.lacasadisangiorgio.eu/.

militares. No obstante, también incluye varios registros específicamente dedicados a la actividad portuaria livornesa, los cuales sirvieron como base para el clásico estudio de Braudel y Romano sobre el tráfico marítimo de este puerto durante las décadas posteriores a 1550[11]. Pese a ello, la ausencia de un registro sistemático de embarcaciones, así como la parquedad y laboriosidad de esta fuente, han condicionado en buena medida la investigación histórica en relación con el tráfico comercial de la ciudad de Livorno. Así lo afirma Domenico Sella, quien ha señalado que este enclave, que concentraba un intenso flujo de importación de materias primas industriales, carece de registros adecuados para el estudio sistemático de su actividad comercial, pese a ser *one of the three leading Italian ports with far-flung international connections*[12].

Finalmente, debemos reseñar que, junto a estos dos grandes fondos archivísticos, también hemos localizado referencias documentales relevantes (aunque dispersas) en otros archivos italianos, como por ejemplo en el fondo *Materie* del *Archivio Storico Civico di Milano*, el fondo *Commercio* y *Archivio notarile* del *Archivio di Stato di Milano* o en el *Archivio di Stato di Como*, que nos ayudan a complementar el marco general sobre el impacto de este tráfico comercial en territorio italiano[13].

Como ya se ha mencionado, la diversidad de archivos consultados, tanto españoles como italianos, y el carácter fragmentario y disperso de la documentación empleada en nuestra investigación ha condicionado necesariamente la metodología de análisis aplicada. En consecuencia, hemos recurrido a un estudio comparado, que permitiese cubrir las lagunas que presenta abordar una investigación de estas características. Este hecho se ve especialmente reflejado en el cruce de la información cuantitativa que contienen los registros fiscales (aduaneros o portuarios) valencianos e italianos. La comparación entre unos y otros nos permite dar validez a los datos obtenidos, identificar a los agentes comerciales que se movieron con facilidad entre ambas orillas del Mediterráneo occidental y reconstruir el alcance de sus redes mercantiles. No obstante, esta documentación no está exenta de problemas.

En primer lugar, pese a la continuidad, las lagunas en algunas de estas series documentales son uno de los grandes escollos que presenta su estudio. Por otro lado, existen también problemas de representatividad a la hora de ponderar los datos, ante las fluctuaciones del comercio marítimo (sujeto a las condiciones políticas, contextos bélicos, problemas sanitarios…), que podía desviar los flujos comerciales de manera

---

[11] ASFirenze, Mediceo del Principato, sign. 2.079-2.080. *Archivio Mediceo del Principato. Inventario Sommario*, Roma, Archivio di Stato di Firenze, 1966, pp. 63-64.

[12] SELLA, Domenico, "Industrial raw materials in the import trade of northern and central Italy during the XVIIth century", *The Journal of European Economic History*, s. I, XXXIII (2004), pp. 59-70.

[13] CORRITORE, Renzo, "Storia economica, ambiente e modo di produzione. L'affermazione della gelsibachicoltura nella Lombardia della prima età moderna", *Mélanges de l'École française de Rome - Italie et Méditerranée modernes et contemporaines*, 124-1 (2012), pp. 291-307.

coyuntural o definitiva, en función del contexto.[14] La diversidad de jurisdicciones y puertos implicados (principales o secundarios), tanto de embarque como de arribo, nos obliga a ser cautos en las conclusiones extraídas a partir de los registros de un único puerto o aduana, y tratar, en la medida de lo posible, de diversificar las fuentes de información empleadas a fin de corroborar su validez.[15] Por último, una de las carencias de estos registros fiscales se deriva de la omnipresencia del fraude y la ocultación de mercancías en las transacciones comerciales, que hace que los datos oficiales tiendan por lo general a la baja, siendo casi imposible aventurarse a corregir estas presuntas desviaciones.[16]

A fin de superar o aminorar estas limitaciones, hemos creído conveniente abordar esta investigación no como un estudio clásico de historia económica, en el que los números lo digan todo; sino a partir de un enfoque metodológico que combina la información cuantitativa y la cualitativa. Esta mirada más social implica que nuestra intención no sea únicamente la de reconstruir series de datos sobre flujos comerciales concretos, sino que pretende insertar estos en un contexto más amplio, que tenga en cuenta no solo la construcción de redes mercantiles, sino también la integración socioeconómica de los agentes implicados, la especialización regional del trabajo de la seda en el contexto mediterráneo o el impacto de estas dinámicas en una región económica más extensa, que no se ajusta necesariamente a las fronteras políticas. Precisamente la articulación e integración de estas redes mercantiles italianas de carácter transnacional italianas y su enraizamiento en la sociedad y economía valenciana del Quinientos y Seiscientos tiene uno de sus principales reflejos en la abundante documentación mercantil privada y judicial conservada, que, como ya hemos mencionado, nos permitirá complementar y enriquecer la información extraída de los registros fiscales.

---

[14] Este hecho puede apreciarse a la hora de ponderar la complementariedad entre los puertos de Génova y Livorno en el tráfico de materias primas industriales, ya que las redes mercantiles que dominaban este comercio (y otros flujos mercantiles) estaban bien asentados en ambos puertos. En menor medida, esta complementariedad se aprecia también en el caso de Alicante y Cartagena, o en el del puerto de Valencia y el de Sagunto, como analizaremos en el apartado correspondiente.

[15] Al respecto, remitimos al trabajo sobre las fuentes archivísticas del puerto de Génova de FELLONI, Giuseppe, "Organización portuaria, navegación y tráfico en Génova. Un sondeo entre las fuentes de la Edad Moderna", en Luis A. Ribot García y Luigi de Rosa (dirs.), *Naves, puertos e itinerarios marítimos en la época moderna*, Madrid, Actas, 2003, pp. 237-268. Véase también ALBEROLA ROMÀ, Armando, "La actividad comercial de los puertos de Valencia, Alicante y Cartagena durante la edad moderna. Una aproximación historiográfica", en Aldo Di Vittorio y Carlos Barciela (eds.), *La storiografia marittima in Italia e in Spagna in età moderna e contemporánea. Tendenze, orientamienti, linee evolutive*, Bari, Cacucci Editore, 2001, pp. 237-252.

[16] CALCAGNO, Paolo, *Fraudum. Contrabbandi e illeciti doganali nel Mediterraneo (sec. XVIII)*, Roma, Carocci Editore, 2019.

CAPÍTULO I

LA SERICICULTURA MEDITERRÁNEA Y LOS MERCADOS DE LA SEDA A COMIENZOS DE LA EDAD MODERNA

> *Cuán ventajosamente se diferencia un alma bien organizada, que con solos los rudimentos de las ciencias, gusano de seda saca de su sustancia misma telas prodigiosas que adornen alcázares y templos*

> Tirso de Molina, *El bandolero* (1635)

Por "sericicultura" (voz latina etimológicamente derivada de *sericum*, seda, y *cultura*, cultivo) se entiende el conjunto de técnicas y actividades que dan lugar a la producción de hilo de seda, concretamente el cultivo de la morera y la cría de los gusanos (*bombyx mori*), de cuyos capullos se extrae esta fibra textil de origen animal. De manera general, esta actividad productiva implica toda una serie de fases de elaboración que comienzan en el medio rural (de carácter artesanal y generalmente doméstico), extendiéndose posteriormente hacia el mundo urbano, con el desarrollo de la manufactura sedera y su posterior comercialización, siendo la seda una mercancía estratégica para el desarrollo económico en todas aquellas regiones que se especializaron en su producción a lo largo de la historia.

Es precisamente la vocación comercial de esta fibra textil la que caracteriza esta actividad económica desde sus orígenes. En palabras de Giovanni Federico, *la seta è sempre stata uno dei protagonisti del commercio mondiale su lunga distanza, tanto da aver dato il nome alla maggiore via di comunicazione fra Estremo Oriente ed Europa nel Medioevo*, pese a que fue durante el periodo moderno cuando este sector productivo alcanzó su cénit en el contexto europeo.[17] El origen del término *sericus* ya establece una conexión con Extremo oriente, como lo pone de manifiesto la primera referencia escrita en español, extraída de las *Etimologías* de San Isidoro de Sevilla (620-633), que ya planteaba que esta fibra "debe su nombre, *sericus*, a que fueron los habitantes de Seres quienes primero la comercializaron".[18]

---

[17] FEDERICO, Giovanni, *Il filo d'oro. L'industria mondiale della seta dalla restaurazione alla grande crisi*, Venecia, Marsilio Editori, 1994, p. 5.

[18] Cita extraída de NAVARRO ESPINACH, Germán, "Valencia en las rutas de la seda del mediterráneo occidental (siglos XIII-XV)", en Ricardo Franch Benavent y Germán Navarro Espinach (eds.), *Las rutas*

No es nuestra intención reconstruir el complejo y dilatado proceso que dio lugar a la expansión de la sericicultura en el contexto mediterráneo, pero sí aproximarnos a él, remarcando aquellos factores más relevantes para nuestro estudio. La reconstrucción de este proceso, por lo general, ha priorizado el análisis de la transferencia tecnológica en la elaboración de los tejidos, así como la circulación de diseños y motivos decorativos en los lujosos géneros de seda que circularon entre Asia y Europa a largo de la Antigüedad y la Alta Edad Media. Pero junto a esta conexión cultural secular entre imperios, articulada a través de las rutas de la seda, también se hace referencia a la transferencia del cultivo de la morera y la cría del gusano de seda al contexto mediterráneo (a través del imperio bizantino y de la expansión del islam), aunque este proceso es más difícil de analizar a tenor de las limitaciones de las fuentes existentes.

Dando un salto en el tiempo, podemos afirmar que a partir del siglo XIV el negocio de la seda comenzó a adquirir una relevancia notable, tanto en Italia como en España, acompañado de un proceso progresivo de expansión de la demanda de estos géneros de lujo dentro del mercado europeo.[19] No obstante, fue en el siglo XVI y las centurias posteriores cuando este proceso alcanzó un desarrollo a escala mundial, gracias a la era de los descubrimientos y la expansión de los imperios ibéricos a través del Atlántico y, más tarde, del Pacífico. Todo ello nos obliga a interrogarnos sobre este proceso de circulación cultural y su impacto en las regiones mediterráneas, pero sin perder de vista la perspectiva global que adquirió este negocio en los siglos modernos, debido a la creciente competencia internacional entre las sedas europeas y asiáticas (tanto los tejidos como la materia prima) en diferentes mercados y rutas comerciales.[20]

1.1. La seda. Una mercancía global en época moderna

Desde la Antigüedad, la seda puede ser considerada como una mercancía global, que permitió conectar imperios, culturas y religiones, promoviendo procesos de transformación económica y social en un sentido amplio tanto en las regiones productoras como en las consumidoras, que alteraron la vida cotidiana no solo de las élites, sino también de las clases populares.[21] No obstante, a partir del siglo XVI, el

---

de la seda..., *op. cit.*, p. 99. *El país de Seres o Serinda era el nombre que algunos autores como Procopio de Cesarea o Teófanes daban a Extremo Oriente en la Alta Edad Media.*

[19]   Los orígenes de la producción sedera autóctona, tanto en Italia como en España, se remontan al menos hasta los siglos X-XI, de la mano de la influencia islámica en la Italia meridional y en Al-Ándalus. RODRÍGUEZ PEINADO, Laura, "La seda en la antigüedad tardía y Al-Ándalus", en Ricardo Franch y Germán Navarro (eds.), *Las rutas de la seda...*, *op. cit.*, pp. 15-38.

[20]   ZANIER, Claudio, "La sericicoltura dell'Europa mediterranea dalla supremazia mondiale al tracollo: un capitolo della competizione economica tra Asia Orientale ed Europa", *Quaderni Storici*, vol. 25, 73-1 (1990), pp. 7-8.

[21]   SCHÄFER, Dagmar; RIELLO, Giorgio; MOLÀ, Luca (eds.), *Threads of global desire...*, *op. cit.*, pp. 1-2. *Sericulture and silk manufacturing thus propelled both peaceful interchange and cross-cultural competition, generating wealth and power, and transforming economies and societies [...] Sericulture*

carácter globalizador de la seda se intensificó notablemente dentro de un mundo ampliado, gracias a la expansión de la sericicultura y la sedería, en amplias regiones de Asia, Europa y, en menor medida, de América, aunque centraremos nuestra atención especialmente en el contexto mediterráneo. Estudiar este proceso necesariamente implica hacer referencia al auge del consumo de seda, a la circulación entre Oriente y Occidente de técnicas y modos de producción, y, por último, a la evolución de los circuitos de distribución dentro de un mercado global cada vez más conectado y competitivo.

En palabras de Debin Ma, *the high price of silk, due to worldwide demand and high transaction costs aswell as constant disruptions in trade, were strong incentives for regions and states to acquire the knowledge of sericulture.*[22] Esta afirmación, formulada para referirse al periodo inicial de difusión de las técnicas sericícolas durante la Antigüedad y la Alta Edad Media, mantiene plenamente su significado para el periodo moderno, en el que esta transferencia de conocimientos alcanzó un carácter global gracias al impulso inicial de los imperios ibéricos. Durante esta fase inicial de mundialización económica, la demanda europea de géneros de seda alcanzó cotas desconocidas, dinamizando considerablemente el negocio de la seda en el contexto mediterráneo. En consecuencia, la demanda de materia prima se incrementó por encima de la oferta, lo que promovió el desarrollo de diferentes estrategias comerciales para abastecer correctamente las necesidades crecientes de hilo de seda y otras materias primas industriales (fundamentalmente productos tintóreos) en los centros industriales urbanos.[23]

La circulación de tejidos y materia prima de seda a escala global durante el siglo XVI generó diferentes flujos comerciales que tuvieron como epicentro el mercado europeo. Las sedas asiáticas, en sentido amplio, afluían a través de diferentes vías, distinguiendo en este sentido la participación de diferentes imperios extraeuropeos, como la Persia safávida, el imperio otomano o el imperio chino, que actuaron como intermediarios en el aprovisionamiento de los mercados europeos a lo largo de la Edad Moderna. El carácter globalizador que adquirió la seda en esta centuria estuvo estrechamente vinculado con la plata americana y el apetito de los grandes estados asiáticos por este metal precioso.[24] Una parte sustancial de la seda en bruto importada a Europa procedía de las rutas terrestres que conectaron el Mediterráneo con el

---

and silk processing profoundly affected people's lives. The manufacture of silk textiles was a profitable occupation for thousand of men and women, supporting entire agrarian and urban economies.

[22]   MA, Debin, "The Great Silk Exchange: How the World was Connected and Developed", en Debin Ma (ed.), *Textiles in the Pacific, 1500-1900*, Aldershot, Ashgate, 2005, p. 4.

[23]   SELLA, Domenico, "Industrial raw materials...", *op. cit.*, pp. 59-70.

[24]   Sirva como ejemplo el siguiente libro, y otros a los que haremos referencia en las siguientes notas al pie. BERNABEU ALBERT, Salvador; MARTÍNEZ SHAW, Carlos (eds.), *Un océano de seda y plata...*, *op. cit.* HERRERO GARCÍA, Diego, "Intercambios transnacionales entre Madrás y Manila: el sistema indopacífico angloespañol desde sus orígenes hasta mediados del siglo XVIII", *Studia Historica: Historia Moderna*, 44-2 (2022), pp. 387–427.

imperio persa, aunque progresivamente el auge de la producción autóctona en la Europa mediterránea, intensificado a partir del Quinientos, redujo la dependencia con respecto a la materia prima procedente de Asia. No obstante, esta conexión con Oriente siguió existiendo, aportando un flujo comercial constante, aunque variable, que permitía diversificar la oferta sedera con materia prima, por lo general, más barata, aunque de calidad inferior.[25] No obstante, resulta fundamental diferenciar entre la llegada de tejidos y la de materia prima, ya que las dinámicas de estos mercados y sus consecuencias no fueron necesariamente las mismas.

La conexión indisoluble entre plata y seda resulta básica a la hora de comprender el carácter globalizador que adquirió esta fibra textil, originaria de Asia. No obstante, por lo que se refiere a la materia prima, la llegada a Europa de seda en bruto procedente de China parece que tuvo un alcance limitado entre finales del siglo XVI y la primera mitad del siglo XVII. Así lo corroboran los trabajos de José Luis Gasch, quien afirma que, a diferencia de lo ocurrido en el virreinato de Nueva España (México), donde la importación de seda de origen chino fue una de las causas fundamentales del declive de la sericicultura, *the re-exportation of Chinese silk from New Spain to Seville did not have the same effects on the silk industries of Castile as in the case of New Spain because the nature of that re-exportation was different [...] Chinese silk likely was not responsable because the decline in Iberian sericulture transpired in the late sixteenth century, before China could have become a competitor.*[26]

Insertada dentro de las dinámicas imperiales, la competencia de las sedas extranjeras despertó ciertas resistencias en las regiones productoras españolas, como ha puesto de manifiesto un reciente trabajo de Domingo Centenero para el caso de la ciudad de Murcia a comienzos del siglo XVII.[27] No obstante, los datos avalan que la reestructuración de la sericicultura mediterránea, marcada por la decadencia de regiones sericícolas tradicionales, como Granada o Calabria, estuvo acompañada del auge de una sericicultura renovada en otras áreas, como el reino de Valencia, pero especialmente el norte de Italia, donde este era un fenómeno imparable, vinculado con la innovación técnica y organizativa. La primera globalización, sin duda, tuvo un efecto sobre la sericicultura mediterránea, pero su configuración estuvo sujeta a la interacción de múltiples factores, entre los que la competencia china no fue el más relevante.

---

[25]   MA, Debin, "The Great Silk Exchange…, *op. cit.*, p. 49.

[26]   GASCH TOMÁS, José Luis, *The Atlantic world and the Manila Galleons: circulation, market, and consumption of Asian goods in the Spanish empire, 1565-1650*, Leiden-Boston, Brill, 2019, pp. 134-138. Véase figura 8. Pese a que el autor se refiere al declive de la sericicultura ibérica, este proceso debería limitarse al ámbito de la sericicultura granadina, mientras que esta actividad estaba claramente en expansión durante este periodo en regiones como el reino de Valencia o el de Murcia.

[27]   CENTENERO DE ARCE, Domingo, "Resistencias a la primera globalización. Sedas chinas y persas, situación americana, contestación castellana y dinámicas imperio-comerciales durante el reinado de Felipe III", *Cuadernos de Historia Moderna*, 47-1 (2022), pp. 87-111.

A este respecto, resulta de gran interés el *Memorial sobre el trato de la China con Nueva España y estos reinos*, elaborado por Horacio Levanto en torno a 1620, a partir del cual se define el teórico impacto que tuvo la seda en madeja china sobre la sericultura y la sedería novohispana y peninsular a comienzos del siglo XVII.[28] Analizando el contenido de este informe desde una mirada global, Bonialian defiende que *para los vecinos de Granada, Valencia y Murcia, principales centros productores de seda en España, la importación del insumo asiático resultaba un golpe de gracia. Si bien no contamos con fuentes cuantitativas que ilustren con exactitud las cantidades importadas por aquél abanico de flujos, en su conjunto habrían incidido significativamente en la evolución de la sericultura española.*[29] Este autor basa su afirmación en diferentes disposiciones y memoriales arbitristas que focalizan su atención en estas remesas de reexportación de materia prima asiática hacia el puerto de Sevilla.[30] No obstante, ante la falta de datos concretos y aplicando una perspectiva comparada, debemos matizar estas afirmaciones, ya que la crisis de la sericicultura granadina (motivada en buena medida por factores endógenos) estuvo acompañada de un crecimiento notorio de la producción de seda en los campos valencianos y murcianos durante este mismo periodo. El impacto de este flujo en la sericicultura novohispana parece demostrado, pero un proceso paralelo en el ámbito metropolitano requeriría de un análisis más profundo. A falta de este, los datos disponibles hoy en día nos permiten contradecir esta hipótesis.

Si bien, las remesas chinas llegadas al puerto de Sevilla en torno al periodo 1600-1640, analizadas a partir de los registros de navíos del puerto hispalense, fueron básicamente seda en bruto (con un 96 % del valor total de los géneros importados), su impacto fue limitado, en comparación con el dinámico negocio sedero que se estaba articulando en torno al contexto mediterráneo.[31] Durante los siglos XVI-XVII las sedas chinas siguieron siendo una mercancía de lujo, debido a los elevados costes de transporte (incluyendo los gastos logísticos y las cargas fiscales) que al menos

---

[28]   BONIALIAN, Mariano, "La seda china en Nueva España a principios del siglo XVII. Una mirada imperial en el memorial de Horacio Levanto", *Revista de Historia Económica-Journal of Iberian and Latin American Economic History*, 35-1 (2017), pp. 147–171. La copia del mencionado memorial puede consultarse online en la Biblioteca Digital Nacional de España. Signatura R/17270 (6).

[29]   *Ibid.*, p. 156. En este sentido, Bonialian hace referencia a la obra de Antonio Miguel Bernal, *España, proyecto inacabado: costes/beneficios del imperio*, Marcial Pons, Madrid, 2005, p. 262. Este autor habla de la competencia por sustitución de importaciones, pero refiriéndose a las manufacturas sederas españolas y su escasa competitividad en el mercado colonial frente a los tejidos de seda chinos. No se refiere a la importación de materia prima y su impacto sobre la sericicultura española a comienzos del siglo XVII, que es el tema que nos ocupa.

[30]   BONIALIAN, Mariano, "La seda china...", *op. cit.*, p. 155-156. Uno de los memoriales se refiere también a la importación de sedas persas.

[31]   Cabe tener en cuenta el creciente impacto del contrabando inglés y holandés, que modificó la tendencia de los datos oficiales a partir de los años iniciales del siglo XVII, como pone de manifiesto el trabajo de MORINEAU, Michel, *Incroyebles gazettes et fabuleux métaux: les retours des trésors américains d'après les gazettes hollandaises: XVIe-XVIIIe siècles*, Cambridge, University of Cambridge, 1985.

duplicaban su precio en cada trayecto oceánico (el de Manila-Acapulco y el de Veracruz-Sevilla), pese a que esta mercancía, fundamentalmente en forma de materia prima, siguió afluyendo con cierta regularidad al mercado castellano durante la primera mitad del siglo XVII.[32] Estas remesas de seda china en bruto se enmarcan en el contexto de crisis de la sericicultura granadina y del incremento de la demanda de materia prima en los centros sederos castellanos, como Toledo, Granada, Córdoba o Sevilla, complementando la oferta sericícola autóctona, pero sin generar un fenómeno de sustitución frente a las regiones de aprovisionamiento que se estaban consolidando en estos momentos.

Pese al predominio de los imperios ibéricos en la navegación atlántica y pacífica, al menos inicialmente, estos circuitos comerciales tuvieron un impacto limitado sobre el negocio de la seda en Europa. Por tanto, la pregunta sería cuál fue la región sericícola extraeuropea que abasteció en mayor medida la creciente demanda de los centros sederos de la Europa Mediterránea a comienzos de la Edad Moderna. Nuevamente Debin Ma pone el acento en dos factores básicos sobre este aspecto, remarcando que *although some Chinese silk went directly to Europe on the sea route, Europe by then received its raw silk supply chiefly from Persia, which was delivedered largely through the overland route. Second, as mentioned earlier, domestic substitution of raw silk production gradually took hold in Southern Europe.*[33]

Dejando a un lado la enorme expansión de la sericicultura en la Europa mediterránea, a la que nos referiremos más adelante, resulta necesario remarcar la conexión transnacional con los puertos mediterráneos del imperio otomano, que actuaron como mercados de redistribución de las sedas procedentes de Levante, entre las que destacó la procedente de la Persia safávida (que abarcaba en buena medida los territorios del actual Irán).[34] Esta conexión comercial, canalizada fundamentalmente a través de las rutas terrestres caravaneras que conectaban las regiones productoras iranís con los principales mercados del Mediterráneo oriental, fundamentalmente Alepo, Bursa o Izmir, se remontaba al periodo medieval.[35] Este circuito comercial se vio favorecido por la existencia de redes mercantiles preestablecidas y la intermediación de agentes genoveses y especialmente venecianos, que contribuyeron a reforzar este flujo comercial en el contexto

---

[32] GASCH TOMÁS, José Luis, "Transport costs and prices of Chinese silk in the Spanish Empire. The case of New Spain, c. 1571-1650", *Revista de Historia Industrial*, 60 (2015), pp. 15-47.

[33] MA, Debin, "The Great Silk Exchange…, *op. cit.*, p. 49.

[34] MATTHEE, Rudolph, *The politics of trade in Safavid Iran. Silk for silver, 1600-1730*, Cambridge, Cambridge University Press, 1999.

[35] SINCLAIR, Thomas, *Eastern trade and the Mediterranean in the Middle Ages: Pegolotti's Ayas-Tabriz itinerary and its comercial context*, Londres-Nueva York, Routledge, 2019; FAROQHI, Suraiya, "Bursa at the crossroads: Iranian silk, european competition and the local economy 1470-1700", en Suraiya Faroqhi, *Making a Living in the Ottoman Lands, 1480 to 1820*, Estambul, The Isis Press, 1995, pp. 114-148.

anteriormente descrito para el siglo XVI.[36] Así mismo, el incremento de la demanda europea de seda iraní se produjo en paralelo a la creciente presencia de comunidades mercantiles armenias en las ciudades portuarias del Mediterráneo; una diáspora que a mediados del siglo XVI había adquirido una posición dominante en la intermediación comercial de las sedas persas en los puertos orientales del Mediterráneo.[37] Nuevamente, este flujo estuvo dinamizado por el interés en el intercambio de plata americana, que fluía hacia Asia por diferentes vías. No obstante, este circuito comercial no estuvo exento de conflictos y alteraciones, que limitaron su relevancia, especialmente tras la intermediación de las compañías privilegiadas holandesa e inglesa a comienzos del siglo XVII y ante el auge de la producción autóctona de seda en bruto.

A la hora de cuantificar el peso que pudo adquirir la seda persa en el mercado europeo en torno a 1600, debemos basarnos en los datos que aporta Rudolph P. Matthee a partir de esa fecha. Este autor hace referencia al predominio de la ruta terrestre a través de Anatolia, por la que discurría la mayor parte de la producción de seda iraní (la principal región sericícola era Guilán, junto a otras áreas interiores próximas al mar Caspio) hacia el Mediterráneo en este periodo, gracias en buena medida, como ya hemos mencionado, al papel intermediador de los armenios, favorecidos por el monopolio político en la exportación de seda impuesto por el Shah Abbas desde finales del siglo XVI. Los datos son imprecisos e indirectos en cuanto al volumen, debido a la destrucción de los archivos persas para el periodo safávida. A partir de referencias documentales procedentes de las regiones y compañías importadoras, se pueden alcanzar algunas conclusiones interesantes en torno a la llegada de seda iraní a Europa durante el periodo moderno. La información disponible refleja un vigoroso (aunque volátil e irregular) incremento de este tráfico comercial entre 1500 y 1720. Si para comienzos del siglo XVI, este volumen se situaba en algunas decenas de miles de kilogramos, para 1600 esta cantidad había ascendido hasta situarse en torno a las 200 toneladas anuales (unas 600.000 libras de seda en bruto), una tendencia que seguiría al alza en las décadas posteriores, aunque con una mayor diversidad de rutas y agentes implicados, con un peso cada vez mayor de las importaciones inglesas y francesas, frente a una menor dependencia de los regiones italianas (especialmente de Venecia), en las que la sericicultura, por el contrario, se estaba expandiendo de manera generalizada.

---

[36]   Para el periodo 1590-1604 el promedio de seda de Levante importada a Venecia era de 362.500 libras anuales. Una parte de esta materia prima se consumía directamente en Venecia, pero un porcentaje considerable (aunque sin cuantificar) de ella se reexportaba hacia otros centros sederos italianos. MOLÀ, Luca, *The silk industry of Renaissance Venice*, Baltimore-Londres, The John Hopkins University Press, 2000, p. 58.

[37]   Remitimos a la excelente síntesis realizada por MATTHEE, Rudolph, *The politics of trade...*, *op. cit.*, pp. 18-26. Véase también SEBOUH, Aslanian, *From the Indian Ocean to the Mediterranean: The Global Trade Networks of Armenian Merchants from New Julfa*, Berkeley, University of California Press, 2011.

En relación con la producción total de seda en Irán, para el siglo XVII se calcula un volumen medio anual de en torno a las 8.000 balas (equivalente a unas 784 toneladas o más de dos millones de libras de seda).[38] La irregularidad y las fluctuaciones políticas condicionaron en buena medida este flujo comercial, en el que se integraron las compañías privilegiadas inglesas y holandesas, tratando de sacar rédito a la creciente demanda de esta materia prima a través de la ruta del Cabo de Buena Esperanza, pero también de los puertos mediterráneos.[39] A la altura de 1620, algunas referencias concretas hablan de la exportación de 4.000 balas de sedas levantinas (aproximadamente un millón de libras) remitidas a través de la región de Alepo, aunque estos datos aislados deben ser tomados con precaución, teniendo en cuenta la creciente inestabilidad política persa y la evolución comercial de las grandes potencias marítimas europeas.[40] Más allá de los datos exactos, imposibles de conocer, podemos afirmar que el mercado principal de destino de las sedas de Levante en el Mediterráneo a lo largo del siglo XVI era Venecia, aunque durante los siglos XVII y XVIII fueron ganando peso las remesas hacia el puerto de Marsella, así como otras ciudades portuarias del norte de Europa, como Amberes o Londres, como parte de la progresiva conquista del Mediterráneo por parte de los nórdicos.[41] El tradicional predominio ejercido por la república de Venecia sobre el comercio entre Europa y Asia hasta los primeros años del siglo XVII comenzó a languidecer ante la cada vez más frecuente llegada de embarcaciones de diferentes nacionalidades a los puertos del Mediterráneo oriental. En palabras de Luca Molà, *the ships from France, England, and Holland that invaded the Eastern Mediterranean brought silk purchased in the Levant back home with them, from where it was distributed to their own industries or traded on the German markets.*[42]

---

[38]   A este respecto, necesariamente hemos de basarnos en datos cuantitativos parciales, como los que se aportan en: MATTHEE, Rudolph, *The politics of trade...*, *op. cit.*, p. 40-41; HERZIG, Edmund, "The volume of Iranian raw silk exports in the Safavid Period", *Iranian Studies*, 25 (1992), pp. 61-79. Entre los problemas que presentan las fuentes, no es el menos importante la diversidad de pesos y medidas empleados, teniendo en cuenta que las balas de seda iraní podían variar su peso enormemente. Por lo general, el valor asignado a cada bala es de 90-100 kilogramos de seda. Para este trabajo, nos basamos en la equivalencia tomada por R. Matthee de 98 kilogramos por bala de seda. A su vez, pese a las variaciones existentes, la libra de peso en el contexto mediterráneo del Quinientos se aproximaba a una correspondencia al sistema métrico de 3 libras por kilo. Para el caso valenciano, la libra se situaba en 0,355 gramos. VIDAL Y POLO, José María, *Tablas de reducción de las antiguas medidas, pesas y monedas de Castilla, Alicante, Castellón y Valencia, al nuevo sistema métrico-decimal*, Valencia, 1862.

[39]   Tampoco debemos olvidar que una parte menor, pero significativa, de las sedas iranís se exportaba hacia Rusia, siguiendo la ruta del Volga, canalizando esta mercancía a través de la ciudad de Astrakán.

[40]   MATTHEE, Rudolph, *The politics of trade...*, *op. cit.*, p. 91.

[41]   FUSARO, Maria; HEYWOOD, Collin; OMRI, Mohamed-Salah (eds.), *Trade and cultural exchange in the early modern Mediterranean: Braudel's maritime legacy*, Londres, Tauris Academic Studies, 2010; MUÑOZ NAVARRO, Daniel (coord.), *Un Mediterrani transnacional al segle XVII*, *Afers*, 87 (2017), pp. 299-302.

[42]   MOLÀ, Luca, *The silk industry...*, op. cit., p. 63.

En cualquier caso, el incremento de la importación europea de sedas iranís durante los siglos XVI y XVII respondía al déficit estructural de materia prima de seda. Esta mercancía más que competir o sustituir a la producción autóctona, la complementaba, diversificando los circuitos de aprovisionamiento, los precios y la calidad de esta. La sericicultura mediterránea en torno a 1600 se hallaba en una fase claramente expansiva, pese a la importación creciente de seda iraní, y representaba un mercado de aprovisionamiento mucho más fiable, regular y abundante, reduciendo notablemente los costes de transacción con respecto a las sedas chinas o persas. Además, la producción de seda mediterránea a esas alturas, como veremos más adelante, superaba ampliamente al volumen importado desde las regiones orientales del Asia central.

En definitiva, podemos afirmar que si bien la seda, en combinación con la circulación de plata, adquirió la condición de elemento globalizador a partir del siglo XVI, contribuyendo a conectar cada vez de manera más estrecha los imperios y culturas que dominaron los continentes de Asia, América y Europa, esta realidad no es óbice para afirmar que el negocio de la seda en bruto y la sericicultura mediterránea adquirió entidad propia y una autonomía cada vez mayor con respecto a las importaciones extraeuropeas.[43] El auge de la producción autóctona de materia prima de seda a partir de la segunda mitad del siglo XVI redujo la dependencia exterior y permitió dar respuesta a la creciente demanda del mercado europeo. El interés que despertó entre las potencias europeas esta mercancía se plasmó en los constantes intentos fracasados de implantar la sericicultura en las colonias americanas durante toda la Edad Moderna. Si bien en el ámbito colonial, las sedas chinas limitaron el desarrollo sericícola, sustituyendo la producción local; en el contexto europeo la situación fue claramente distinta, ya que ni las sedas chinas ni las persas sustituyeron a las europeas, en cantidad ni en calidad, garantizando el primado de las sedas italianas al menos hasta mediados del siglo XVIII.

No obstante, el impacto globalizador de la seda en época moderna no se limitó a la expansión comercial y la integración económica de los mercados internacionales.[44] Su huella puede observarse también en la circulación de tecnología, conocimientos técnicos e innovaciones productivas entre Oriente y Occidente, que afectaron al modelo de organización laboral de esta actividad productiva.[45] La superioridad tecnológica de

---

[43]   En estas conclusiones nos referimos exclusivamente al comercio de seda en bruto. Por lo que se refiere a la circulación y consumo de géneros textiles de seda, este sería un aspecto que requeriría de un análisis diferenciado, teniendo en cuenta factores como la moda o el creciente gusto de los europeos por las *chinoseries*, el cual no pretendemos abordar en este momento. BERG, Maxine, "Asian Luxuries and the Making of the European Consumer Revolution", en Maxine Berg y Elisabeth Eger, *Luxury in the Eighteenth Century*, Londres, Palgrave Macmillan, 2003, pp. 228-244.

[44]   *Silk was among the early products which broke the tyranny of distance, reduced barriers to human exchange, promoted the spread of ideas, and ultimately led to the division of labor and expansion of the market.* MA, Debin, "The great silk Exchange…, *op. cit.*, p. 26.

[45]   ZANIER, Claudio, *Where the roads met. East And West In The Silk Production Processes- 17th To 19th Centuries*, Kyoto, Istituto Italiano di Cultura Scuola di Studi sull'Asia Orientale, 1994.

la industria de la seda china en torno a 1600 era una realidad que no pasó por alto en el contexto europeo, promoviendo un proceso de transferencia de conocimiento, analizado por Claudio Zanier, que jugó un papel clave en *the technical evolution of silk industry in Europe, and specifically* […] *on Piedmont's rise to world excellence in both silk reeling and silk throwing from the 1670s.*[46]

Resulta necesario tener en cuenta el papel que la creciente competencia internacional de los mercados sederos pudo jugar en la difusión de estas innovaciones productivas de la sericicultura mediterránea (al menos, de la italiana y la francesa). En palabras del profesor Zanier, este fue *the only way for leading producers to maintain their lead over emerging competitors was through constant innovation and upgrading, not only for techniques, but also of skilled labour and working practices.*[47] Pese a que resulta complejo identificar los mecanismos a través de los cuales se canalizó esta transferencia de tecnología asiática a la industria europea, según este autor, la competencia internacional pudo suponer un acicate para el fomento político y la mejora del proceso productivo en la sericicultura mediterránea, que siguió desarrollándose gracias al auge de la actividad agroindustrial de las familias campesinas y a una demanda creciente por parte de los mercados consumidores de tejidos de seda.

Las perspectivas de enriquecimiento que esta actividad planteaba al otro lado del Atlántico no pasaron por alto para los conquistadores y posteriores colonizadores de este Nuevo Mundo, pese a que su implementación y aclimatación tuvo que enfrentarse con importantes limitaciones, que dieron al traste con estos intentos de expansión colonial de la sericicultura. Pese al fracaso de estas iniciativas, esta idea se mantuvo e incluso se expandió a otros contextos coloniales, aunque con idénticos resultados. El cultivo de la morera y la cría del gusano de seda solo arraigó de manera sólida en regiones muy concretas, siendo el Mediterráneo occidental el único espacio no asiático en el que esta actividad se convirtió en dominante.[48] Estos avances agrícolas, modestos pero acumulativos, implicaron el despliegue regional de nuevos cultivos, entre los que destacó la morera para el ámbito mediterráneo (al igual que la caña de azúcar o el arroz en otros contextos), los cuales dinamizaron las economías campesinas, gracias a la combinación de cosechas, que permitían la obtención de ingresos alternativos y una conexión más estrecha con el mercado.[49]

---

[46]   ZANIER, Claudio, "Pre-modern european silk technology and East Asia: Who imported what?", en Debin Ma, *Textiles in the Pacific…*, *op. cit.*, p. 166.

[47]   *Ibid.*, p. 113. El trabajo del profesor Zanier ilustra a la perfección este proceso de transferencia técnica en todas las fases productivas de la seda, pero especialmente en las iniciales de cultivo de la morera, cría del gusano y preparación del hilo de seda.

[48]   FEDERICO, Giovanni, *Il filo d'oro…*, *op. cit.*, pp. 4-5. *Grosso modo, la mappa della sericoltura delineatasi alla fine del XVII secolo è rimasta stabile per oltre due secoli. La seta era prodotta solo in Europa e in Asia. Nel resto del pianeta la produzione di seta era sconosciuta o, al piú, praticata a uno stadio puramente sperimentale.*

[49]   YUN CASALILLA, Bartolomé, *Los imperios ibéricos y la globalización de Europa (siglos XV a XVII)*, Barcelona, Galaxia Gutenberg, 2019, pp. 89-90. "Algunas de estas mejoras –sobre todo las

En este contexto expansivo para la sericicultura a escala global, el impacto económico de esta actividad no se limitó al ámbito europeo, sino que trató de extenderse también a las colonias, prácticamente desde los momentos iniciales de la conquista americana. Fruto de esta voracidad de los mercados hacia los géneros de seda, encontramos proyectos (que podemos considerar como fracasados) para expandir este cultivo en el contexto colonial.[50] La circulación de semillas de morera y simiente de gusanos de seda en el contexto colonial hispánico fue muy temprana, encontrando referencias a este proceso desde los primeros años del siglo XVI;[51] una tendencia a la expansión sericícola que se hizo extensible a las colonias francesas e inglesas a lo largo de los siglos XVII y XVIII. En este sentido, queda patente la importancia de la simiente y su circulación internacional, como base para la difusión de nuevas técnicas agrícolas.[52]

Aunque fue en el contexto mediterráneo donde el tráfico de simiente de seda española generó un impacto notable en la transformación agraria italiana. Si tenemos en cuenta el aspecto ambiental, la expansión de la sericicultura durante el siglo XVI conllevó una interesante transferencia de conocimientos técnicos, pero también de material biológico, con la circulación de semillas de morera y simiente de gusanos de seda a escala internacional. La necesaria conexión entre estas dos actividades tuvo una repercusión notable desde el punto de vista ecológico, modificando considerablemente la estructura y el paisaje agraria de las zonas receptoras, con la introducción de este nuevo cultivo arbóreo, y alterando también la organización social del trabajo e incluso la arquitectura rural doméstica.

---

implantadas en tierras arrendadas como enfiteusis de por vida o a perpetuidad- iban a favor del campesino, que quería optimizar el ingreso de unas tierras sobre las que tenía control total [...] Se incrementó la autoexplotación en el seno de la familia campesina de mano de obra tanto femenina como masculina".

[50]   Junto al estudio clásico de Woodrow Borah (*Silk raising in Colonial Mexico*, Berkeley, University of California Press, 1943), remitimos a una reciente obra que aborda este interesante (y fallido) proceso de expansión de la sericicultura en las colonias americanas: MARSH, Ben, *Unravelled dreams. Silk and the Atlantic World, 1500-1840*, Cambridge, Cambridge University Press, 2020.

[51]   El interés de las autoridades por el fomento de la sericicultura en las Indias se remonta al menos al año 1504, cuando encontramos varias referencias al envío de simiente de seda desde España en la correspondencia del Gobernador de las Indias y Comendador Mayor de la Orden de Alcántara, frey Nicolás de Ovando. Archivo General de Indias (AGI), Indiferente, 418, L. 1, ff. 141v y ss. Hacemos referencia también a la obligación dada en 1536 por Martín Cortés al virrey de Nueva España, Antonio de Mendoza, de plantar en las provincias de Huejotzingo, Cholula y Tlaxcala, cien mil pies de moreras, en 15 años, para la crianza del gusano de seda, en la que afirma ser el primero que promovió este cultivo en el reino. AGI, Patronato, 180, R. 68.

[52]   La importancia de la circulación de nuevas simientes a nivel agronómico y su conexión con la introducción de innovaciones técnicas se aborda en: AMBROSOLI, Mauro, *The wild and the sown. Botany and agriculture in Western Europe: 1350-1850*, Cambridge, Cambridge University Press, 1997. Véase el capítulo "*The question of seed*", pp. 368-ss. En relación con la circulación de variedades de simiente de seda de origen chino, a la altura de 1609 el procurador general de Filipinas, Fernando de los Ríos, se ofrecía como intermediario a la hora de introducir en los territorios de la Monarquía Hispánica a través de Manila una variedad de simiente procedente de Lanquín, *que es muy fecunda y hacen los gusanos capullos muy grandes*. AGI, Filipinas, 27, nº 52. Véase también: PICAZO MUNTANER, Antoni, "El comercio de Filipinas en el tránsito al siglo XVIII: la política comercial china", *Vegueta: Anuario de la Facultad de Geografía e Historia*, 20 (2020), pp. 256-257 (nota 16).

Si bien este proceso de expansión sericícola tuvo un alcance limitado en el entorno americano, los planteamientos de Alfred Crosby sobre el intercambio biológico podrían aplicarse al contexto mediterráneo, teniendo en cuenta que el comercio de simiente de seda entre España e Italia a comienzos de la Edad Moderna introdujo también importantes transformaciones agrarias, que alteraron las estructuras productivas y el paisaje rural de la Italia centro-septentrional.[53] La afirmación de la *gelsibachicoltura* en esta región se sustentó durante sus décadas iniciales en una aportación regular y creciente de simiente de seda española, susceptible de ser puesta en producción gracias a la expansión de la morera en las regiones rurales italianas.

1.2. Sericicultura mediterránea e innovación técnica

El avance vivido por la sericicultura mediterránea a partir del siglo XVI, hizo de esta, en palabras de Claudio Zanier, *una delle attività agricole piú reditizie* […] *mentre la continua evoluzione tecnica di cui erano oggetto le varie fasi del ciclo serico aveva gradualmente fatto emergere* […] *un'area, che chiameremo della sericoltura europea avanzata, che dominerà decisamente, col livello qualitativo delle sue produzioni, il mercato europeo sin almeno la metà del '700.*[54] En base a esta transformación, esta autor definió un proceso de expansión productiva, que comprendía aquellas regiones que fomentaron este desarrollo agrícola generalizado, alentado por el incremento de la demanda de seda en el mercado internacional y por la introducción de innovaciones técnicas, que mejoraron la competitividad de la materia prima mediterránea dentro de un contexto global cada vez más exigente. No obstante, este proceso no fue homogéneo y estuvo condicionado por factores diversos (de carácter político, social, económico y cultural), evidenciando diferencias notables entre unas áreas y otras.

El arraigo de esta producción agroindustrial en las áreas rurales italianas y españolas a lo largo del Quinientos pone en evidencia el despegue que la sedería había alcanzado en ambas regiones a partir del siglo XV. No obstante, a pesar del auge de la demanda de seda en toda Europa, la producción de hilo de seda se mantuvo dentro del ámbito mediterráneo, debido a las limitaciones climáticas y edafológicas que imponía el cultivo de la morera. La articulación de un circuito de aprovisionamiento de materia prima de seda italiana (y en menor medida española) permitió desarrollar la industria sedera en Francia (Lyon, Nîmes, Tours…), pero también en regiones transalpinas, como Suiza o Alemania; una transformación vinculada al proceso de innovación técnica del molino de seda.[55]

---

[53]   CROSBY, Alfred W., *The Columbian Exchange: biological and cultural consequences of 1492*, Westport, Greenwood Press, 1972. Del mismo autor, remitimos también a: *Imperialismo ecológico: la expansión biológica de Europa, 900-1900*, Barcelona, Crítica, 1988 (ed. orig., 1986).

[54]   ZANIER, Claudio, "La sericicultura dell'Europa mediterránea…, *op. cit.*, pp. 7-8.

[55]   La expansión de la sericicultura en Francia se vincula al impulso político desarrollado durante el reinado de Enrique IV, personalizado en la figura de Olivier de Serres (*Art de la cueillette des vers à soie*,

La creciente expansión de la sericicultura europea a partir de 1500 tuvo su reflejo en un auge de la circulación de literatura sericícola especializada, tanto dentro como fuera de Europa.[56] Pero antes de pasar a analizar este proceso, creemos conveniente detallar de manera sucinta los rasgos básicos de la actividad sericícola; un trabajo agrícola, de carácter estacional e intensivo, en el que intervenían todos los miembros del núcleo familiar, pero especialmente las mujeres y niños, ya que se desarrollaba en el seno de los hogares campesinos.[57] En torno a la sericicultura se articulaba un complejo entramado de saberes prácticos, acompañado de una tecnología cada vez más especializada, que condicionó los interiores domésticos e incluso la arquitectura rural, además del paisaje agrario de las regiones sericícolas, ante el avance de la morera.[58] La cría del gusano y el cultivo de la morera exigían unas condiciones climáticas benévolas y la disponibilidad de recursos hídricos, a fin de asegurar una cosecha abundante de hoja y garantizar el sustento necesario a los gusanos que posteriormente hilaban los tan apreciados capullos de seda. Pese a que, como señaló Vicente Martínez Santos, *la seda es una materia prima que requiere una larga serie de operaciones previas antes de entrar al telar*, tales como el hilado, el torcido o el devanado, la atención prestada a la sericicultura ha sido muy inferior que la recibida por la industria de la seda.[59] Sin embargo, no debemos olvidar que la complejidad técnica de la producción de seda comenzaba en el entorno rural, con la cría del gusano y la producción de una buena simiente, que asegurase la cosecha venidera de seda y la calidad de la materia prima. Estos aspectos técnicos resultan, a nuestro parecer, claves a la hora de entender la integración de esta actividad productiva en las economías campesinas y su mayor o menor grado de éxito.

1599). Este autor, considerado el padre de la agronomía francesa, puso en marcha el desarrollo de la sericicultura en Francia a comienzos del siglo XVII. La dependencia francesa con respecto a las sedas italianas fue analizada por CIRIACONO, Salvatore, "Silk manufacturing in France and Italy in the XVIIth century: two models compared", *The Journal of European Economic History*, 1 (1981), pp. 167-199. Véase también MOTTU-WEBER, Liliane, "Production et innovation en Suisse et dans les Etats allemands (XVIe-XVIIIe siècles)", en Simonetta Cavaciocchi (ed.), *La seta in Europa...*, *op. cit.*, pp. 141-163, que vincula este proceso a una *des plus importants innovations techniques qui marquèrent l'histoire de l'industrie textile d'avant la Révolution industrielle* (p. 141). PONI, Carlo, "All'origine del sistema di fabbrica: tecnologia e organizzazione produttiva dei mulini da seta nell'Italia settentrionale (Sec. XVII-XVIII)", *Rivista Storica Italiana*, anno LXXXVIII, fascicolo III (1976), pp. 444-497.

[56]   Sobre la circulación de estos saberes técnicos y los proyectos de expansión de la sericicultura en las colonias americanas (españolas, inglesas y francesas), remitimos nuevamente al libro de MARSH, Ben, *Unravelled dreams...*, *op. cit.*

[57]   A través de diversas ilustraciones, entre las que destacamos la serie de grabados *Vermis sericus* de J. V. Der Straet, podemos apreciar la complejidad de esta actividad, la necesidad de unos conocimientos técnicos y el importante rol desempeñado por las mujeres y los niños en la producción de seda y simiente de gusanos.

[58]   Una visión general de este proceso tecnológico se describe en HILLS, Richard L., "From cocoon to cloth. The technology of silk production", en Simonetta Cavachiochi (ed.), *La seta in Europa...*, *op. cit.*, pp. 59-90.

[59]   SANTOS ISERN, Vicente M., *Cara y cruz de la sedería valenciana (siglos XVII-XIX)*, Valencia, Institució Alfons el Magnànim, 1981, p. 16.

Imagen 1. Tarea de selección y avivado de la simiente de seda,
al inicio de la cosecha de seda.

Imagen 2. Cría del gusano y preparación del embojado para
formar los capullos. Al fondo, preparación de los lienzos para la
puesta de la simiente de seda.[60]

---

60   Fuente imágenes 1-2: Jan Van der Straet, *Vermis sericus* (c. 1590).

A través de diferentes documentos, hemos podido definir el proceso técnico *de sacar la simiente y conservarla*, así como el *modo para avivar el gusano de seda*.[61] La fase inicial de la cosecha de seda era el avivado de la simiente (Img. 1), que solía realizarse en los meses de marzo y abril, coincidiendo con el momento en que la morera comenzaba a producir hoja.[62] Tras las diferentes dormidas que habían de realizar los gusanos en su proceso de metamorfosis, se pasaba a enramarlos y embojarlos, a fin de que comenzasen a hilar el capullo, del que posteriormente se extraía la seda. En este punto, el sericicultor debía decidir cuánta cantidad de capullo destinaba a producir materia prima (ahogando al capullo a fin de interrumpir su ciclo vital antes de que éste culminase y la mariposa dañase el hilo de seda) y cuánta a producir simiente de gusanos.[63]

En el segundo caso, y a razón de aproximadamente cien pares de capullos por cada onza de simiente que se quería producir, se completaba el ciclo reproductivo del *bombyx mori*, apartando los escogidos a una estancia más abrigada y colocándolos sobre los cañizos hasta que *el gusano que está dentro del capullo se abre una puerta para salir de su prisión, y sale de allí mudado en una blanca mariposa*.[64] Posteriormente, era necesario emparejar de manera manual a los machos con las hembras; las cuales, una vez fecundadas, debían nuevamente ser apartadas a otra estancia, donde depositaban los huevos en los lienzos preparados al uso por el sericicultor, justo antes de morir (Img. 2).

La conservación de estos huevos o larvas, que es el producto que conocemos como simiente de gusanos de seda o *llavor de cucs*, podía realizarse de diversas maneras, pero, por lo general, se solía guardar en estos mismos lienzos en un lugar fresco y seco, donde aguardaba el momento de ser avivada en la primavera siguiente. Como se define en el mencionado tratado, *así dispuesta la simiente, se ha de cuidar de*

---

[61] Aunque la existencia de tratados de sericicultura para el siglo XVIII es relativamente abundante, hemos centrado nuestra atención en dos obras de referencia, por su carácter práctico y estar orientadas a la formación del campesinado. Se trata del: *Nuevo, útil y curioso romance en que se dan, con 18 documentos, a los señores labradores diferentes instrucciones del modo que deben avivar y criar los gusanos de seda, dadas por un sabio sugeto y en la cosecha de seda inteligente*. Valencia, Imprenta de Joseph García, 1757; y de la obra de Tomás de Otero, *Instrucciones sobre la cría del gusano de la seda*. Suplemento del Diario de Valencia, año 1794 (edición facsímil, 1985).

[62] Existen diferentes explicaciones de cómo se realizaba el avivado de la simiente (situándola en los pechos de las mujeres, en las alcobas de los campesinos...), pero básicamente se trata de aplicar a la simiente (larvas) una fuente de calor controlada y lo más estable posible. De este modo, se reactiva el ciclo vital de los gusanos (avivado), siendo éste el punto de partida de una nueva cosecha de seda. Resulta fundamental el momento elegido, ya que debe estar ligado a la disponibilidad de hoja de morera.

[63] A fin de comprender en qué consisten determinados aspectos técnicos y el lenguaje específico de la actividad sericícola, en los que no podemos detenernos, remitimos a BATALLER CATALÀ, Alexandre; NARBON CLAVERO, Carme, *Les paraules de la seda. Llengua i cultura sericícola valenciana*, CEIC Alfons el Vell, Valencia, 2005.

[64] Tomás de Otero, *Instrucciones sobre la cría...* La onza valenciana es una medida de peso equivalente a la doceava parte de una libra y que se corresponde con 29,58 gramos de peso, aproximadamente. VIDAL Y POLO, José María, *Tablas de reducción de las antiguas medidas...*, *op. cit.*

modo que en los nueve o diez meses que se pasan desde que la palomita o mariposa la pone hasta el tiempo en que debe avivarse no reciba mucho calor en el verano ni padezca violentos fríos ni humedades en el invierno, […] en el espacio de tiempo que corre desde el mes de junio, en que se recoge la simiente, hasta el de marzo del año siguiente en que por lo regular empiezan las moreras a arrojar su hoja.

Sin embargo, nada dicen las fuentes dieciochescas sobre la vertiente comercial de esta mercancía, ya que en este momento la simiente producida en Valencia había dejado de ser un producto de exportación y se destinaba al autoconsumo principalmente.[65] A través de la documentación, hemos podido confirmar que se empleaban los meses de otoño e invierno para remitir la simiente a los mercados de destino. El medio de transporte empleado condicionaba significativamente la fecha de expedición, distinguiendo entre el comercio por mar hacia Italia, que se realizaba principalmente en los meses otoñales (entre septiembre y noviembre) aprovechando las temperaturas más suaves, y el comercio terrestre hacia Castilla u otras regiones del reino de Valencia, realizado en los meses más fríos, pero menos lluviosos (especialmente enero y febrero).

En cuanto a la complejidad técnica de la cría del gusano de seda, como ya se ha dicho, una de las preocupaciones fundamentales era la buena calidad de la simiente y la prevención de posibles enfermedades epidémicas, para lo cual era necesario intercambiar la simiente. La circulación de esta embrionaria materia prima tiene que ver con factores diversos, destacando básicamente tres:

1) La necesidad de renovación genética de los gusanos de seda[66]
2) El fomento de la sericicultura en nuevas regiones
3) La búsqueda de mejoras en la calidad final de la fibra de seda obtenida

El primero de ellos tiene un carácter biológico, ya que, en base a la experiencia previa, resultaba necesario renovar la raza de gusanos de manera regular, con aportaciones nuevas de simiente, a fin de evitar enfermedades endémicas derivadas del cruce frecuente de los mismos gusanos. Al menos así queda reflejado en algunos manuales agronómicos especializados en esta materia. Por tanto, para garantizar la producción extensiva de la cosecha de seda en una determinada región, era imprescindible el intercambio periódico de simiente, aunque ello no necesariamente tenía que implicar un comercio de larga distancia. Por lo general, este comercio se realiza a pequeña escala y en cantidades modestas, en función de las capacidades

---

[65]   Las referencias sobre comercio de simiente de seda en la Valencia del siglo XVIII hacen referencia a la importación de esta mercancía desde las regiones italianas, especialmente de Bolonia, por la mejor calidad y resistencia a enfermedades de esta, como comentaremos más adelante.

[66]   CRIPPA, Flavio, "Dal baco al filo", en Luca Molà, Reinhold C. Mueller y Claudio Zanier (eds.), *La seta in Italia...*, *op. cit.*, pp. 13-14. Pese a que está demostrado que la consanguinidad en la reproducción del gusano de seda no era un problema genético, la necesidad recurrente de renovar la simiente se asocia a deficiencias en el proceso humano de reproducción de este insecto. En cualquier caso, la documentación corrobora que esta era una práctica generalizada para la sericicultura de época moderna.

productivas y la disponibilidad de hoja de morera y mano de obra de cada familia campesina, que, por lo general, no excedía de unas pocas onzas. Un ejemplo de este proceso lo encontramos en el abastecimiento de simiente de seda que el duque de Gandía realizó a sus vasallos del Marquesado de Llombay en el año 1610, en el que se repartieron *cent seixanta dos onses de lavor de cuchs de seda per a repartir entre los vasalls y pobladors del dit marquesat [...] y los dits cuchs de que se'ls havien de donar fulla y llavor y que aquells havien de pagar a rahó de tres liures y mija de seda per cada onza [...] y al hú donava una onsa y a altres dos y tres.*[67]

El segundo factor a tener en cuenta tiene que ver con la voluntad de promover la extensión de la producción de seda en bruto en nuevos territorios, a fin de mejorar las posibilidades de aprovisionamiento en los centros industriales que se nutrían de estos mercados. Una mayor abundancia de materia prima aseguraba un precio más reducido en la adquisición del hilo, garantizando mayores márgenes de beneficio, siendo la venta de los géneros textiles acabados mucho más lucrativa que la producción de la materia prima (la trama y la urdimbre) que lo conforman. La división del trabajo en diferentes fases y la especialización productiva regional (distinguiendo entre el medio rural y el entorno urbano) generó, al menos por lo que se refiere al Mediterráneo occidental durante el periodo moderno, la creación de espacios económicos a escala internacional que conectaron la España peninsular y los territorios italianos, articulando redes económicas que conectaban ambas regiones. No obstante, estos no fueron los únicos circuitos de intercambio de simiente de seda a escala global en ese mismo periodo.

Un último factor que contribuyó decisivamente a fomentar el intercambio internacional de simiente de seda fue el deseo de perfeccionamiento, innovación y mejora de los procesos productivos. En este sentido, los principales centros sederos italianos promovieron iniciativas políticas para el fomento de la calidad de sus manufacturas. Para ello, se recurría a buscar esta mejora en todas las fases productivas, controlando la materia prima desde su fase más embrionaria, es decir, antes del nacimiento de los gusanos de seda. Por tanto, para obtener las mejores sedas era necesario seleccionar la mejor simiente, integrándose en aquellos mercados en los que esta se comercializase, aunque ello supusiera un comercio de larga distancia, no exento de riesgos y costes añadidos. Este es el caso de la simiente de seda española, especialmente la valenciana, siendo esta la más apreciada durante la segunda mitad del siglo XVI, debido a su calidad.

En palabras de Zanier, *lo stimolo concorrenziale esterno fu presente lungo tutto l'arco di sviluppo della sericoltura e della industria serica europea*, de manera que, a fin de comprender el desarrollo de esta actividad en el contexto mediterráneo a comienzos de la Edad Moderna, necesariamente debemos repensarla en perspectiva global, considerando aquellos factores exógenos que pudieron contribuir a la adopción de innovaciones técnicas. De manera esquemática, este autor incide en la

---

[67]   AHNob, Osuna, c. 596, doc. 87.

introducción de mejoras en torno a tres elementos básicos: la *gelsicoltura* (el cultivo de la morera); la *bachicoltura* (la selección de la simiente y cría del gusano de seda); y, por último, la *trattura* (las técnicas aplicadas en la preparación inicial del hilo de la seda, tanto de la trama como de la urdimbre).[68] No obstante, centrándonos en las dos primeras líneas, que son las que nos interesan en esta investigación, conviene resaltar las diferencias entre el modelo italiano y el caso de las regiones sericícolas españolas, observando similitudes, pero también notables divergencias entre ambos.

En primer lugar, cabe remarcar el carácter innovador que implicaba la generalización de la morera (*Morus alba*) frente al cultivo tradicional del moral (*Morus nigra*) en la mayor parte de las regiones sericícolas mediterráneas, especialmente en las más avanzadas, a partir del siglo XV. Un cambio fundamental para el desarrollo de la sedería en Europa, motivado en buena medida por la mayor productividad de hoja y mejor aclimatación de la morera a entornos más fríos y húmedos. No obstante, este proceso no fue generalizado y generó resistencias en las áreas en las que la sericicultura había arraigado de manera más temprana, como es el caso del reino nazarí de Granada, donde esta polémica se dirimió en forma de pleito a mediados del siglo XVI, obligando a intervenir a la Corona. La preeminencia del moral, unida a otros factores de índole diversa, contribuyeron a la decadencia progresiva de la sericicultura en Granada, y el auge paralelo de la morera en los campos valencianos y murcianos entre los siglos XVI y XVII.[69]

La expansión del cultivo de la morera en estas regiones españoles concretas y en prácticamente la totalidad de las áreas rurales italianas durante esta misma cronología estuvo impulsada fundamentalmente por los mercaderes genoveses, implicados en el negocio de la seda ya desde el periodo medieval. Pero esta expansión no se limitó a la sustitución del *morus nigra* por el *morus alba*, sino que vino acompañada de mejoras en las técnicas agrícolas y de poda de los árboles, que aumentaron la productividad de hoja notablemente, mejorando la rentabilidad agraria de la morera, que se extendió por las áreas más fértiles, sustituyendo otros cultivos arbóreos como los frutales o la vid, aunque en combinación con otras cosechas propias de la agricultura mediterránea en buena parte de las regiones productoras.[70]

En segundo lugar, las técnicas de cría del gusano de seda parece que se mantuvieron más estáticas durante los siglos modernos, a tenor de los planteamientos expuestos por Claudio Zanier, quien apunta que si bien *è possibile distinguere, a livello teorico-sperimentale, l'elaborazione di pratiche sempre più avanzate miranti alla diminuzione*

---

[68]   ZANIER, Claudio, "La sericicoltura dell'Europa mediterránea…, *op. cit.*, p. 10 y ss.

[69]   LÓPEZ DE COCA, José Enrique, "'*Morus nigra*' vs '*Morus alba*' en la sericultura mediterránea: el caso del reino de Granada (siglo XVI)", en Gabriella Airaldi (ed.), *Le vie del Mediterraneo. Idee, uomini, oggetti (secoli XI-XVI)*, Génova, ECIG, 1997, pp. 183-199.

[70]   Mención aparte merecerían los intentos, muy tempranos en el caso italiano, de desarrollar una segunda cosecha de seda en el Mediterráneo. Pese al fracaso generalizado de los mismos, debido fundamentalmente a las limitaciones climáticas y otros factores relacionados con la organización del trabajo agrario, conviene remarcar el carácter innovador de estas iniciativas.

dei costi unitari, all'aumento delle rese in bozzoli per oncia di seme o al miglioramento qualitativo del bozzolo stesso, l'adozione di tali pratiche presso la massa degli allevamenti pare esser stata piuttosto scarsa.[71] No obstante, sin negar esta realidad, y la escasa atención que, al parecer, dedicaban los campesinos a mejorar las pésimas condiciones de higiene que predominaban en los interiores domésticos dedicados a esta actividad, creemos necesario remarcar una actitud innovadora en relación a la selección de la simiente. Esta no se aplicó de manera generalizada en todas las regiones sericícolas del Mediterráneo occidental, pero sí en las que desarrollaron una actividad más moderna, como fue el caso de Lombardía o Piamonte. A este respecto destacamos el espíritu de emprendimiento de las compañías comerciales italianas especializadas en la importación de simiente de seda española que, acompañado de las disposiciones y el favor político orientado a la mejora de este circuito de aprovisionamiento, redundó en una mejor calidad de esta, reduciendo los fraudes y contribuyendo de esta manera a mejorar la *filiera serica* desde su fase más incipiente.

Pese a que no se aprecian grandes diferencias a nivel práctico en la cría del gusano de seda entre el caso italiano y español, sí existió una evidente divergencia en la selección de la simiente de gusanos de seda. Mientras que las regiones sericícolas de la Italia centro-septentrional optaron por aprovisionarse en el mercado internacional, priorizando la simiente valenciana debido a su calidad superior e imponiendo medidas políticas en este sentido; en el ámbito español (principalmente el valenciano), la tarea de selección de la simiente recaía fundamentalmente en manos de las familias campesinas, orientando parte de ella, probablemente la de mejor calidad, hacia el mercado italiano. No por casualidad, las tornas se fueron invirtiendo y en torno a 1630-1640 comenzó a sustituirse la simiente española por otra de origen autóctono o importada desde otras regiones de Italia, fundamentalmente de Bolonia. De tal manera, que durante el siglo XVIII el flujo comercial había cambiado de dirección y eran los sericicultores valencianos los que recurrían a la simiente de gusanos de seda producida en Italia, a fin de tratar de mejorar (o al menos garantizar) sus cosechas y evitar enfermedades endémicas.

Por último, la aplicación de innovaciones técnicas en el proceso de producción de hilo de seda encumbró a algunas regiones del norte de Italia, Lombardía y especialmente el Piamonte, durante prácticamente toda la Edad Moderna, pero a la hora de entender esta hegemonía necesariamente debe de relacionarse con un largo proceso de especialización productiva desarrollado en un contexto socio-económico y político favorable, del que participaron diferentes agentes sociales interesados en el desarrollo de esta actividad (mercaderes, propietarios feudales, autoridades políticas, familias campesinas...). La aplicación de innovaciones técnicas se extendió a todas las fases productivas, gracias a un contexto específico, que favoreció esta superioridad tecnológica piamontesa. En este sentido, como ha apuntado Roberto Davini, *the government had made it compulsory to standardize working procedures*

---

[71]   ZANIER, Claudio, "La sericicoltura dell'Europa mediterránea...", *op. cit.*, p. 23.

and upgrade machinery in 1667, by royal decree. Furthermore, spinners and reelers had to be approved by oficial experts, and they had to be enrolled in a public register. Agents appointed by the central authorities or the local communities controlled the profesional skills of silk workers by regularly visiting filatures and hydraulic mills. Finally, a group of merchants, financiers and aristocratic landowners, supported by the government exercised control over all elements of the system, from the production and marketing of cocoons to the production and export of silk thread.[72]

Si comparamos este contexto innovador de las regiones del norte de Italia, con el de las regiones sericícolas españolas o de la Italia meridional observamos diferencias notables. Las regiones en las que la sericicultura arraigó de manera más temprana se caracterizaron por un modelo productivo más tradicional y conservador, en el que las transformaciones productivas chocaron con estructuras consolidadas (de carácter agrario, fiscal, de propiedad…), que lastraron o retrasaron la introducción de innovaciones. Pese a la generalización del cultivo de la morera, la labor del campesinado siguió manteniendo un carácter tradicional y rudimentario, tanto en la cría del gusano como en las técnicas de extracción del hilo, lastrando la competitividad de estas regiones, frente a la mejora productiva de las áreas más desarrolladas de la Italia centro-septentrional. Pese a que la sericicultura siguió siendo una actividad básica para estas áreas hasta comienzos del siglo XIX, su desarrollo estuvo condicionado por este carácter poco innovador, quedando relegadas a un segundo plano en el mercado exportador.

1.3. *La literatura sericícola en Italia y España a lo largo del Quinientos*

La presencia de la seda dentro de la literatura medieval y moderna es una constante, en buena medida debido a la fuerte carga simbólica de este tejido, vinculado estrechamente a la suntuosidad, el lujo, la ostentación y la nobleza.[73] Pero más allá de esta evocación artística, a lo largo del Quinientos se desarrolló toda una corriente literaria específicamente centrada en la producción sericícola, *che uniscono la ricerca di una forma squisitamente letteraria alle nozioni teoriche.*[74] Este fenómeno cultural se manifestó de manera más intensa en las regiones italianas (aunque no se circunscribió exclusivamente a ellas) y necesariamente debe ser entendido como parte del proceso de expansión de la sericicultura en el contexto mediterráneo durante todo el siglo XVI.[75] Sin embargo, nuestra intención no es profundizar en esta perspectiva cultural, que requeriría de un estudio profundo, sino contrastar la realidad

---

[72]   DAVINI, Roberto, "A global supremacy: the worldwide hegemony of the Piedmontese reeling technologies, 1720s-1830s", *History of* Technology, 32 (2014), pp. 98-99.

[73]   PEROCCO, Daria, "La seta nella letteratura italiana dal Duecento al Seicente", en Luca Molà, Reinhold C. Mueller y Claudio Zanier (eds.), *La seta in Italia...*, *op. cit.*, pp. 241-261.

[74]   *Ibid.*, p. 242.

[75]   ACUCELLA, Cristina, "L'impresa del baco da seta all'Accademia dei Rinascenti (1612). Il simbolo, il testo, la tradizione", *Lettere Italiane*, 74-1 (2022), pp. 70-97.

en estas dos áreas en las que la cría del gusano de seda había arraigado más tempranamente. Realizando un repaso a las principales obras impresas de las que tenemos noticia podemos intuir un contexto completamente diverso, que abunda en la idea de que la expansión de la sericicultura en una y otra orilla del Mediterráneo occidental discurrió por caminos divergentes. La abundancia de textos literarios impresos (y referencias iconográficas) durante el siglo XVI en prácticamente todas las ciudades-estado italianas contrasta con la ausencia casi absoluta de textos similares en el contexto hispánico hasta bien entrado el siglo XVIII.

El caso italiano

Si centramos nuestra atención, en primer lugar, en el contexto italiano, por lo general, el referente literario más reconocido es el poema didascálico en latín de Marco Girolamo Vida, *De bombyce* (1527), considerado como una obra pionera y fundamental en la enseñanza y transmisión de las técnicas sericícolas de la cría del gusano de seda y la hilatura.[76] Sin embargo, no fue este el primer texto lírico que se centraba en la figura del gusano de seda, disponiendo de varios precedentes, entre los que destacan el incunable de Ludovico Lazzarelli, *Opusculum De Bombyce*, publicado en Roma en torno a 1495 o el *De sere seu setivomis animalibus* (1510) de Pier Francesco Giustulo de Spoleto. Estas tres obras no solo comparten un mismo lugar de edición, sino que se insertan en la tradición virgiliana de poemas didácticos relacionados con la cría de insectos (entre ellos, el gusano de seda), inspirada en el libro IV de las *Geórgicas*, dedicado a la apicultura.[77] El carácter erudito y lírico de estas obras les otorga una escasa vertiente práctica, aunque el valor informativo de estos poemas nos aproxima a todo un conocimiento de las técnicas productivas aplicadas en el momento, mezcladas con referencias a la literatura clásica.

El interés que despertó la sericicultura en diferentes regiones italianas a lo largo de la segunda mitad del siglo XVI tuvo su plasmación en una serie de publicaciones impresas, por lo general dedicadas a destacados miembros de la aristocracia italiana. En ellas se planteaba un enfoque menos literario, redactado en prosa, y más próximo a la realidad práctica de la cría del gusano de seda y el

---

[76]   Este poema, dedicado a la marquesa de Mantua Isabel d'Este, se publicó en Roma dentro de una obra colectiva del autor (*M. Hieronymi Vidae Cremonensis De arte poetica libri III* (1527) y rápidamente fue reimpreso en Basilea (1534) y Lyon (1536).

[77]   WILSON-OKAMURA, David Scott, *Virgil in the Renaissance*, Cambridge, Cambridge University Press, 2010, pp. 84-85; HASKELL, Yasmin, "Work or play? Latin 'recreational' georgic poetry of the Italian Renaissance", *Humanistica Lovaniensia. Journal of Neo-Latin Studies*, vol. XLVIII (1999), pp. 135-145. Esta misma tradición lírica se mantuvo en la segunda mitad del siglo XVI y principios del siglo XVII, a través de otros textos impresos, como *La sereide* (1585) de Alessandro Tesauro publicada en Turín y en lengua italiana, o la obra de Thomas Moffet, *The silkewormes* (1599), en este caso publicada en Londres y en lengua inglesa, entre otros.

cultivo de la morera, abandonando el uso del latín, y recurriendo a las lenguas vernáculas. En esta línea, ya desde la década de los 1540 habían comenzado a surgir en toda Italia (pero especialmente en la región centro-septentrional) un número considerable de tratados teóricos y publicaciones agronómicas, que mostraban el interés por el fomento agrícola.[78]

De todos ellos, conviene remarcar la obra de Agostino Gallo, publicada en Brescia su edición completa en 1569 (pese a que parte de su contenido ya circulaba de manera manuscrita años antes), y titulada *Le vinti giornate dell'agricoltura e de'piacere della villa*. Concretamente, la decimosexta jornada tiene por título: *nella quale si tratta de'cavalieri o bachi o vermi che fanno la seta*, y viene precedida por un proemio en el que el autor destaca el carácter singular del gusano de seda, *che fra tutti gli animali insetti, questi concorrono per nobilità e per artificio co i piú singulari, come quelli che soli partoriscono la seta con si maravigliosa industria.*[79] Este autor, a partir de la experiencia sericícola que había podido observar en el burgo de Poncarale, nos aproxima al proceso de difusión de la morera y la cría del gusano de seda en el área véneto-padana, poniendo en circulación toda una serie de conocimientos técnicos cada vez mejor definidos y codificados en la Italia de mediados del siglo XVI.

Sin entrar en detalle sobre el contenido de estas obras (a las que recurriremos posteriormente especialmente en los aspectos vinculados con la selección de la simiente de seda), podemos afirmar que existe una tradición literaria que conecta estos textos entre sí, como afirmó Daria Perocco al señalar que *questi testi che parlano "letterariamente" di bachicoltura siano tra loro legati e vedano una ripresa puntuale uno dall'altro.*[80] El creciente interés de las élites y del campesinado por el cultivo de la morera en sus campos, como complemento a la agricultura tradicional, y una intensificación del trabajo femenino doméstico vinculado a la cría del gusano de seda en amplias regiones rurales de Italia fueron clave a la hora de consolidar la experiencia y el *know-how* sericícola que combinaba la práctica empírica y la tradición teórica, definiendo y prefijando este acervo cultural cada vez con mayor claridad.

En esta línea y centrando nuestra atención en los tratados específicamente dedicados a la cría del gusano de seda, la obra más prematura de la que tenemos constancia es el *Avertimenti di Levantio mantoano Guidiciolo bellisimi et molto utili a chi si diletta di allevare e nudrire quei cari animaletti che fanno la seta* (1564) publicado en Brescia, pese a que se desconoce el contexto en el que surge este texto y la conexión de su autor con la corte mantuana. Esta pequeña obra, dividida en dos libros, aporta una serie de indicaciones generales sobre la cría del gusano de seda y cómo evitar las enfermedades o la pérdida de la simiente, por lo que puede ser definido como un manual de carácter práctico, dedicado a los sericicultores y

---

78   PEROCCO, Daria, "La seta nella letteratura italiana…, p. 243.
79   Agostino Gallo, *Le vinti giornate dell'agricoltura,* 1569, p. 303.
80   PEROCCO, Daria, "La seta nella letteratura italiana…, p. 245.

orientado a facilitar y mejorar la labor productiva de las mujeres, ayudadas en esta tarea por sus familiares o sirvientes.

No obstante, la expansión y crecimiento vivido por la sericicultura italiana en los años posteriores incentivó la proliferación de publicaciones especializadas, cada vez más técnicas y abiertas a la introducción de mejoras e innovaciones en la cosecha de seda y cría del gusano, las cuales pese a contar con el beneplácito y mecenazgo de importantes familias aristocráticas, fueron perdiendo su carácter elitista, para aproximarse más a la realidad económica de una de las actividades productivas de mayor relevancia en la Italia de finales del Quinientos. Como apunta Luca Molà, refiriéndose al caso de la Terraferma veneciana, *the growing interest in their activity on the part of merchants and writers of the sixteenth century is a further indication of the diffusion of sericulture.*[81]

Este interés se centró cada vez más en las cuestiones agrarias, combinando la tradición agraria latina con una vertiente más aplicada, derivada de la observación empírica y la experiencia acumulada durante años en la cría del gusano de seda y el cultivo de la morera. Un ejemplo paradigmático de este cambio progresivo y de una mayor especialización lo tenemos en la obra de Giovan Andrea Corsuccio, *Il vermicello dalla seta* (1581). Este tratado, dividido en tres partes, dedica la primera precisamente al gusano de seda, siendo esta en la que centraremos nuestra atención, destacando la importancia de gobernar la simiente del mejor modo, como garantía de una producción exitosa.

El texto fue publicado en Rimini y dedicado a Piretta Doria, hija del fallecido Filipo Doria, conde de Sassocorvaro, a quien inicialmente estaba dirigida, evidenciando la conexión de este tratado con la república ligur, explicitada en su dedicatoria inicial.[82] El autor también menciona el agradecimiento a los dirigentes de la ciudad de Rimini, reconociendo que su intención es el fomento de la sericicultura, debido a la *poca professione di questo honesto e utile essercitio della seta, quando questo arricchischi le città e prohibischi molti scandali che nascono dall'otio*, alabando las favorables condiciones fisicas y climáticas de este territorio, *che quando siano cosi ben frequentati e coltivati da voi, sarebbono in tutta perfettione, come in quelli vi fusse maggior quantità di mori, i quali pur se allevano facilmente, e massime li bianchi.*[83] Resulta evidente que la intencionalidad del tratado no era publicar una obra erudita dedicada a las élites urbanas de Rimini o Génova, sino contribuir al fomento real de la sericicultura, como fuente de riqueza para un determinado territorio o estado, siguiendo la tendencia general de expansión de la sericicultura en Italia.

---

[81]　Molà, Luca, *The silk industry ...*, *op. cit.*, p. 226.

[82]　Giovan Andrea Corsuccio, *Il vermicello dalla seta*, 1581, pp. 5-6. *Come in Genova più frequente che'altrove si facci questo civile e honorato essercio, e cotesta Città tenghi il prencipato dell'opre di seta.*

[83]　*Ibid.*, p. 13-14.

La vocación divulgativa del texto se expresa de manera inequívoca en la última dedicatoria, dirigida a las mujeres de Rimini, reconociendo que pese a que *in molte città d'Italia, come Vicenza, Verona, Luca, Genoa, Bologna, Napoli e altre non solo le donne, ma etiamdio gl'huomini governano i vermicelli o cavalieri, nondimeno perche in Rimini le donne sole attendono a quest'utile e honesto essercitio.* En este sentido, transmitiendo la experiencia que había observado durante décadas en el modo de criar gusanos de seda, y pese a ser preceptor de lengua latina, *non parlerò con voi acciò non puzzi di pedante, ma piú presto mi abasserò quanto piú potró con usar vocaboli intelligibili, con variare in piú modi le parole per essere inteso da tutte.*[84]

El carácter empírico y didáctico de esta obra la convierte en un tratado práctico de gran utilidad a la hora de definir y estructurar de manera fundada las técnicas de selección de la simiente y de cría del gusano, definiendo no solo el trabajo femenino e infantil, sino también el espacio doméstico en el que este se desarrollaba frecuentemente, dentro de las casas de los campesinos, y unas condiciones mínimas de aclimatación, ventilación y limpieza, que contribuyesen a reducir o combatir enfermedades, y, por tanto, mejorar el rendimiento, competitividad y la calidad de la cosecha de seda y, por extensión, de los tejidos elaborados a partir de esta materia prima.

Avanzando en nuestro recorrido, hemos de destacar una figura interesante y a la par muy controvertida, la de Maggino di Gabriello, judío veneciano, autor de los famosos *Dialoghi... sopra l'utili sue inventioni circa la seta* (1588), obra publicada en Roma bajo el auspicio de Sixto V. La compleja empresa que está detrás de este texto implicaba a Giovan Battista Guidoboni, quien debe ser considerado como el auténtico inventor de las innovaciones propuestas en la cría del gusano de seda incluídas en esta obra. Este noble, de origen luqués y afincado en Venecia desde 1569, obtuvo diferentes patentes y privilegios por parte del gobierno de la Serenísima a fin de explotar de manera exclusiva algunas de sus innovaciones agrícolas.[85] Precisamente, en abril de 1586 obtuvo el privilegio para un nuevo método sericícola en Venecia y pocos meses más tarde creó una compañía junto a Maggino di Gabriello para promover la extensión de esta patente al resto de territorios italianos, involucrando a los principales poderes políticos del momento, entre los que se incluía el Papa o el mismísimo Felipe II, entre otros.[86]

El traslado de este personaje a Roma y el apoyo recibido por diferentes instancias políticas, especialmente por el pontífice Sixto V, permitió que viera la luz el mencionado texto, firmado exclusivamente por este personaje, quien se atribuyó todo

---

[84]   *Ibid.*, p. 15-16.

[85]   Para conocer los pormenores de esta innovación técnica y la evolución de la compañía Guidoboni-Gabrielli, véase MOLÀ, Luca, *The silk industry...*, *op. cit.*, pp. 204-214. También remitimos a LINCOLN, Evelyn, "The Jew and the worms: portraits and patronage in a sixteenth-century how-to manual", *Word & Image*, vol. 19, nº 1-2 (2003), pp. 86-99.

[86]   Magino Gabrielli, *Dialoghi... sopra l'utili sue inventioni circa la seta*, 1588, p. 2 (Dialogo primo). En torno a la controvertida figura de este autor, véase: LISCIA BEMPORAD, Dora, *Maggino di Gabriello "Hebreo Venetiano". I Dialoghi sopra l'utili sue inventioni circa la seta*, Florencia, Edifir, 2010.

el mérito de las nuevas técnicas de mejora de la cosecha de seda, así como de la tentativa de producir una segunda cosecha anual. Esta obra, estructurada en tres diálogos, representa un tratado de sericicultura en el que se exponen e ilustran (incluyendo una magnífica serie de grabados que ilustran las técnicas descritas en el texto) las diferentes innovaciones aplicadas al proceso de cría del gusano de seda. No obstante, diversas referencias permiten corroborar que su autor tuvo acceso a otros tratados sericícolas previos, como el de Corsuccio, de quien toma algunas partes casi literalmente.[87]

El carácter moderno de esta empresa tiene que ver no solo con el contenido técnico del tratado, sino con la política de explotación de patentes que trató de construirse en torno a estas invenciones, que buscaban imponerse en las principales regiones productoras de Italia. No por casualidad, las nueve ilustraciones del diálogo segundo se enmarcan en contextos urbanos idealizados de los principales centros políticos implicados en este negocio: Roma (3), Florencia, Venecia, Milán, Nápoles, Turín y Génova.[88] La vocación de difusión y circulación del contenido de este tratado, publicado de manera apresurada e incluso con erratas en su *editio princeps*, se entiende en su contexto, ya que la intencionalidad de su autor era la de aprovechar la favorable coyuntura de expansión de la sericicultura, impulsando la publicación y circulación de estas nuevas técnicas en los principales estados italianos a finales del XVI.

También resulta novedoso el método de difusión, evidenciando la vocación didáctica y práctica de estas obras, recurriendo al poder de la imagen como elemento de transmisión del *know-how* sericícola. No podemos pasar por alto, a este respecto, la relevancia de las fuentes iconográficas que reflejaron los pormenores de este proceso productivo hacia finales de la centuria.[89] Las detalladísimas láminas que se incluyen en los *Dialoghi* de Maggino di Gabriello reflejan de manera por menorizada el proceso de cría y las nuevas técnicas e instrumentos que se proponían para mejorar esta actividad productiva, pero no son las únicas ilustraciones disponibles.

Junto a estas, nos referiremos a la colección de trece láminas de Giuseppe Arcimboldo, publicada en Praga en torno a 1586, los cuales vienen acompañados de breves anotaciones describiendo el proceso de producción de la seda, desde el avivado de la simiente;[90] así como la más conocida y difundida serie de seis grabados

---

[87]   Al referirse a la simiente de seda más adecuada, Maggino di Gabriello realiza una relación de los nombres comúnmente empleados para referirse a estos insectos y a sus capullos (p. 22) en diferentes partes de Italia y el extranjero, coincidiendo tanto en las denominaciones como los lugares citados en la obra de Corsuccio (p. 25).

[88]   Liscia Bemporad, Dora, "Immagini di città nel trattato della seta di Maggino di Gabbriello e una veduta inedita di Bologna nel Cinquecento", *I Quaderni Del m.æ.S.-Journal of Mediæ Ætatis Sodalicium*, 13-1 (2010), pp. 175-187.

[89]   Conviene citar también el grabado idealizado de Domenico Campagnola, *Filanda*. Gabinetto dei Disegni, Firenze (c. 1510). Referencia extraída de las páginas 11-12 del siguiente trabajo: Zanier, Claudio, "La sericicoltura dell'Europa mediterránea..., *op. cit.*

[90]   Giuseppe Arcimboldo, *Trattato sulla cultura della seta e di fabbricazione* (c. 1586).

realizada por Jan van der Straet en la misma década, en torno a 1590,[91] bajo el título de *Vermis sericus*, las cuales, con gran maestría y detalle, ilustran las diferentes fases y técnicas de cría del gusano de seda, que su autor pudo conocer de primera mano, junto a otras técnicas agrícolas que también quedaron reflejadas en parte de sus obras, en su etapa en Florencia como pintor en la corte de los Medici a partir de aproximadamente 1550 y a lo largo de alguna de sus estancias en otras regiones sericícolas italianas, como Nápoles o Roma.

En definitiva, la proyección de estas obras, su circulación y la difusión de nuevas técnicas sericícolas que promovieron, junto al apoyo político demostrado por los poderes públicos a favor de la introducción de mejoras técnicas que estimulasen la calidad y competitividad de la sericicultura italiana, pone de manifiesto una actitud que fue clave a la hora de entender porqué Italia consolidó su hegemonía europea en la producción de materia prima de seda durante casi toda la Edad Moderna.

A través de este sucinto repaso a las principales manifestaciones literarias italianas vinculadas con la seda durante el Quinientos, hemos podido corroborar como este era un tema presente en el ideario colectivo de las elites (políticas y culturales). Dentro de esta corriente cultural, la literatura sericícola va alejándose progresivamente de la erudición clásica, a partir de una creciente especialización de los tratados, inicialmente derivada de la observación directa, pero que progresivamente fue virando hacia una vertiente más experimental e innovadora, e incluso científica a partir de la segunda mitad del siglo XVII, donde se publicaron los primeros estudios bacológicos.[92] No obstante, pese a la estrecha conexión entre España e Italia durante esta centuria, no encontramos paralelismos reseñables en la otra orilla del Mediterráneo. Frente a la relativamente abundante tratadística teórico-experimental italiana, llama la atención el elocuente silencio de las fuentes literarias españolas relacionadas con la seda.

El caso español

La expansión de la sericicultura en la España del siglo XVI fue un fenómeno mucho menos generalizado que en el caso italiano, focalizado fundamentalmente en tres áreas: los reinos de Granada, Valencia y Murcia. La tradición sericícola granadina se remonta al periodo islámico, siendo este territorio el mercado principal de la seda en la España medieval. No obstante, esta producción agraria, basada en el cultivo del moral, comenzó a entrar en declive durante el Quinientos, mientras que la difusión del cultivo de la morera y la cría del gusano de seda a lo largo del siglo XVI se

---

[91]   Jan van der Straet, *Vermis sericus* (c. 1590).

[92]   En esta línea destaca el trabajo pionero del biólogo italiano Marcelo Malpighi y su obra *Dissertatio epistolica de bombyce*, publicada en Londres en 1669, bajo el auspicio de la *Royal Society*. COBB, Matthew, "Malpighi, Swammerdam and the colourful silkworm: replication and visual representation in early modern science", *Annals of Science*, 59 (2002), pp. 111-147.

concentró en el reino de Valencia y, de manera algo más tardía, en el de Murcia. Sin duda, fue el medio rural valenciano donde la sericicultura enraizó con más fuerza durante esta centuria, adquiriendo el rango de *principal fruyt del regne* a mediados de siglo, gracias fundamentalmente al estímulo de factores exógenos. Por un lado, destaca el auge de la demanda internacional de esta materia prima, y, por otro, la intermediación comercial de los mercaderes genoveses y lombardos, desplazando a la seda granadina en el mercado castellano y estimulando la conexión comercial con el mercado italiano.[93]

No obstante, el fomento político de la sericicultura en la España del Quinientos fue prácticamente nulo, priorizando una postura eminentemente fiscalizadora con respecto a la cosecha de seda, vista como una rápida fuente de ingresos por medio de la cual tratar de aliviar las maltrechas arcas públicas. Ante esta realidad, la impronta de la cultura sericícola en la tradición literaria fue más bien modesta, evidenciando la escasa implicación por parte de las élites en el fomento de esta actividad agrícola, promovida fundamentalmente por las familias campesinas que trataban de incrementar sus rentas con la cosecha de seda, diversificando su economía doméstica. Sin duda, existió una tradición sericícola en las regiones anteriormente mencionadas, pero esta estuvo más vinculada a la cultura popular de transmisión oral; un hecho que quedó plasmada en el lenguaje y ha dejado un escaso testimonio escrito, especialmente para los siglos XVI y XVII.[94]

Limitando nuestro análisis al Quinientos, la presencia de referencias técnicas a la producción de seda en obras impresas es prácticamente testimonial. Únicamente tenemos constancia de dos tratados de índole muy diversa.[95] Por un lado, el *Thesaurus puerilis* (1575) publicado en la imprenta valenciana de Pedro Huete por Onofre Pou, una obra de cierto éxito que fue reeditada en múltiples ocasiones y traducida al castellano durante los años posteriores. Por otro lado, el único ejemplo de tratado o manual sericícola publicado en España durante el siglo XVI es el *Arte para criar seda desde que se revive una semilla hasta sacar otra* (1581), impreso en Granada a partir del manuscrito original elaborado por Gonzalo de las Casas, autor de la obra y *señor de la provincia y pueblos de Yaguitán* (Yanhuitlán, provincia de Oaxaca), un manual concebido para el fomento de la sericicultura en el México colonial, que posteriormente recibió el privilegio real para ser impreso en España.[96]

---

[93]   FRANCH BENAVENT, Ricardo; ALBA PAGÁN, Ester, "Los paisajes de la seda. La memoria rememorada", en *Paisajes turísticos valencianos*, Valencia, PUV, 2017, pp. 862-880.

[94]   BATALLER CATALÀ, Alexandre; NARBON CLAVERO, Carme, *Les paraules de la seda…, op cit.*

[95]   MUÑOZ NAVARRO, Daniel, "Sericulture and literature in late Sixteenth-century Spain. An approach to the Thesaurus puerilis (1575) and the Arte de criar seda (1581)", en Ester Alba Pagán (dir.), *Weaving Europe Silk Heritage and digital technologies*, Valencia, Tirant lo Blanch, 2021, pp. 239-248.

[96]   Un perfil biográfico de su autor y de la expansión de la sericicultura en la provincia de Oaxaca durante el siglo XVI puede verse en el estudio introductorio a la publicación facsímil del texto de Gonzalo de las Casas, *Arte nuevo para criar seda* (1581, edición facsímil, 1996).

La primera obra referida no es específicamente una obra literaria ni un tratado de agronomía, sino una lexicografía en catalán, que incluye el glosario de términos latinos, de carácter didáctico y vinculado con la tradición humanista de la que participaba su autor. A la hora de estructurar su trabajo, que subtitula *del que los estudians han de saber en llatí de les coses de casa, y altres moltes, per orde de les principals de casa*, realiza una relación de campos semánticos vinculados con las diferentes partes de una casa de campo, situando en la parte alta de la misma todo aquello relacionado con la seda. Este texto es más que una simple recopilación de términos en dos lenguas, y para su elaboración su autor consultó obras clásicas sobre agronomía, como las de Varrón o Columela, además de otros textos de autores contemporáneos, poniendo de manifiesto la circulación de tratados de sericicultura y el conocimiento por parte de Onofre Pou de alguna obra previa sobre la cría del gusano de seda (las referencias al cultivo de la morera son casi inexistentes). Entre estos autores, se hace mención expresa al poema de Marco Gerolamo Vida, en los dos apartados que dedica específicamente a la seda: "*Història dels cuchs y robes de seda*" y "*Obres de seda*", aunque no es descartable que tuviese acceso a algún otro texto italiano, debido al grado de detalle que aporta sobre las técnicas sericícolas.[97] Pou extrajo un total de setenta y cinco entradas léxicas, cincuenta y siete referidas a la cría del gusano y dieciocho para la extracción del hilo y los géneros textiles de seda más comunes.

El conjunto representa un repertorio, ordenado por campos semánticos, que reconstruye todo el proceso doméstico de producción de la seda, aportando detalles sobre los espacios e instrumentos empleados (andanas, cañizos, tornos...), las técnicas de cría y métodos para evitar enfermedades, así como la preparación de la simiente para la siguiente cosecha o las fases de elaboración del hilo de seda (hilado, devanado y torcido).[98] No obstante, a diferencia de buena parte de los tratados sericícolas italianos el autor no demuestra un conocimiento real de estas técnicas (tampoco lo pretende), sino que se limita a reproducir y traducir los términos empleados. El desinterés que muestra hacia el cultivo de la morera, limitado a una única referencia al nombre de este árbol en la parte de la obra dedicada a la agricultura ("*De l'hort y aygua de regar*"), denota el carácter indirecto y meramente teórico del conocimiento sericícola de Onofre Pou. Pese a ello, el valor de esta obra es indudable y el hecho de que su autor tomase la iniciativa de incluir este apartado vinculado con la seda en una obra precisamente publicada en Valencia denota la importancia que esta actividad estaba adquiriendo en este reino. También cabe remarcar la presencia y circulación de esta tradición sericícola en España, a través de obras en latín y probablemente también en italiano, al menos dentro del contexto cultural humanístico en el que Onofre Pou se desenvolvía.

---

[97]   Onofre Pou, *Thesaurus puerilis* (1575), pp. 205r-206v.

[98]   BATALLER CATALÀ, Alexandre; NARBON CLAVERO, Carme, *Les paraules de la seda...*, *op cit.*, p. 91.

En segundo lugar, nos referiremos al texto de Gonzalo de las Casas, el único manual de sericicultura impreso en España durante el siglo XVI (y el XVII) del que tenemos constancia. La publicación de esta obra en España está relacionada con el doctor Antonio González, quien había ejercido como presidente de la Real Audiencia de Guatemala. A la altura de 1581, este influyente personaje había regresado a España y formaba parte de la Real Audiencia de Granada, para posteriormente pasar al Consejo de Indias y, finalmente, regresar a América, como gobernador general del reino de Nueva Granada. La obra se dedicaba concretamente a su esposa, Catalina de Gálvez, manteniendo la tradición italiana de asociar la cría del gusano de seda con personajes femeninos.[99]

Pero antes de analizar este tratado, debemos mencionar el *Libro de Agricultura* (1513) escrito por Gabriel Alonso de Herrera, por encargo del Cardenal Cisneros, uno de los ejemplos más tempranos de tratado agronómico en lengua vulgar publicado en España. Su autor, estrechamente conectado con el Humanismo italiano, combina las referencias a la tradición clásica (con citas a escritos latinos de Columela, Plinio el Viejo o Paladio, entre otros) con la práctica y experimentación agrícola, dirigiendo su obra a mejorar las técnicas agrícolas del campesinado.[100] Más allá del enorme éxito literario de esta obra (de la que se conocen 14 ediciones en el siglo XVI, 5 en el XVII y 3 en el XVIII, además de varias traducciones al latín, italiano y francés), llama poderosamente la atención que la sericicultura no formó parte de su contenido hasta más de un siglo después de su primera edición. Concretamente no será hasta la reedición de 1620 cuando se adjunta a la obra, entre otros escritos, el *Arte para criar seda* de Gonzalo de las Casas, publicado a comienzos de la década de 1580.[101]

La elaboración de esta última obra se enmarca en el contexto de implantación de la sericicultura en Nueva España a lo largo del siglo XVI, un proceso del que el autor y su familia, vinculada a la figura de Hernán Cortés, participó directamente, tratando de favorecer la adaptación de la simiente de seda española al entorno mixteca y de mejorar la formación de la población indígena en los rudimentos de esta actividad a través del sistema de encomiendas.[102] Resulta interesante el proceso de difusión de esta

---

[99] El mismo autor destaca el papel de su madre María de Aguilar en el origen de la sericicultura en Yanhuitlán: *Traxo la semilla mi señora madre doña María de Aguilar, mujer de don Francisco de las Casas, la cual le dio el dicho señor Marqués* (Hernán Cortes), *con la cual se crio en el pueblo de Yanguitán, como una libra de semilla, de que tuvo principio toda la demás que en esta Mixteca se ha criado.* Gonzalo de las Casas, *Arte para criar seda desde que se revive una semilla hasta sacar otra* (1581), capt. I.

[100] QUIRÓS, Mariano, "El *Libro de Agricultura* de Gabriel Alonso de Herrera: un texto en busca de edición", *Criticón*, 123 (2015), pp. 105-131; BARANDA, Consolación, "Ciencia y Humanismo: la *Obra de Agricultura* de Gabriel Alonso de Herrera (1513)", *Criticón*, 46 (1989), pp. 95-108.

[101] Fue precisamente en esta edición, la de 1620 publicada en Madrid por la viuda de Alonso Martín, en la que esta obra pasó a denominarse *Agricultura general*, título que ha pervivido hasta hoy.

[102] Según Antonio Garrido, Gonzalo de las Casas nació en Trujillo (Extremadura) en 1516 y emigró a Nueva España junto a su familia (implicada en la conquista de México) en 1537. En cuanto al proceso de expansión de la sericicultura en Nueva España y sus implicaciones, remitimos al reciente libro de

obra, inicialmente elaborada a mediados de la década de 1570, a partir de los conocimientos teóricos de su autor y de la experiencia práctica que había desarrollado como encomendero en Yanhuitlán. Algunos años más tarde, y a petición de su autor, esta obra recibió el privilegio de impresión en Granada, considerando que este libro *era muy útil y provechoso, así a la república destos reynos como a la de los de la dicha provincia de Nueva España*.[103] La motivación que expresa su autor es la de fomentar una actividad que consideraba provechosa y remediar los daños provocados por la escasa formación y conocimientos de la población indígena a la hora de producir la seda, derivándose de ello la pérdida de parte de la cosecha. No obstante, resulta paradigmático que, al referirse a la sericicultura, esta actividad se defina como servil y poco honrosa (*porque, aunque crialla es officio servil, el uso della es de nobles*), un rasgo diferencial respecto al contexto italiano, en el que se ensalza el carácter noble del gusano de seda, incentivando su cosecha como actividad honrosa para las elites.

Este tratado se estructura en tres partes, una primera de carácter más erudito, dedicada al origen de la seda, los aparejos necesarios para su cría (incluyendo el cultivo del moral) y las enfermedades más comunes del gusano; una segunda centrada en las características del gusano y su cría, desde el avivado hasta el embojado y elaboración del capullo; y, por último, una tercera que trata sobre las técnicas de hilado de la seda, y el modo de sacar, conservar y transportar la simiente de seda. Esta última actividad, era clave para la sericicultura novohispano, debido a las dificultades y riesgos que implicaba el envío regular de simiente española a la América colonial, especialmente por las condiciones y duración del trayecto.

El carácter eminentemente práctico, acompañado de frecuentes referencias a autores antiguos (entre los que destaca la figura de Virgilio, pero también la de Plinio o Plutarco) y modernos (con los que Gonzalo de las Casas no siempre coincide), hacen de esta obra un tratado de sericicultura singular dentro del ambiente cultural hispánico, pero equiparable en su estructura, contenido y orientaciones a otras obras anteriormente referidas para el contexto italiano.[104] Llama la atención el carácter aislado de esta obra y la falta de texto similar en el contexto español, pese al considerable arraigo de la sericicultura en varias regiones, evidenciando una actitud distante de las autoridades políticas y de las élites culturales hacia el fomento de la seda.

En cuanto a su contenido, más allá de la utilidad y acierto de las técnicas descritas por su autor, destaca la conexión de este tratado novohispano con la tradición literaria de la seda en Italia, manifestando unos referentes clásicos comunes y una estructura similar, en este caso adaptada a la realidad del contexto productivo

---

MARSH, Ben, *Unravelled dreams...*, *op. cit.*, pp. 43-97 ("*Part I. Spain and New Spain*"). Véase también BORAH, Woodrow, *Silk raising...*, *op. cit.*

[103]   Gonzalo de las Casas, *Arte para criar seda...*, *op. cit.*

[104]   MÁRMOL ÁVILA, Pedro, "Acercamiento a un proceso en marcha: la edición crítica del *Arte para criar seda* (1581), de Gonzalo de las Casas", en «*Melior auro*». *Actas del IX Congreso Internacional de Jóvenes Investigadores del Siglo de Oro*, Pamplona, Publicaciones de la Universidad de Navarra, 2020, pp. 219-231.

en el que se concibe la obra, el de la Mixteca mexicana. Resulta especialmente interesante para nuestro estudio el planteamiento de Gonzalo de las Casas en relación con la simiente de gusanos de seda, planteando la posibilidad de desarrollar un aprovisionamiento autóctono de este producto, a partir de una aportación inicial de simiente española o de otro origen. Según este autor, *parece ser poca o ninguna la necesidad que de traer la semilla de España ay, a lo menos de Sevilla, donde la primera se truxo, si no es sabiendo que la aya aventajada en alguna parte, ora sea España o Calabria o Berbería, o otra qualquiera provincia, para que la que así truxeren se use sin que más necesidad aya de la tornar a trocar, que haciendo lo que yo tengo dicho en su momento de sacar la semilla la puede hazer tan biva y de tanta prestesa como la aya en qualquiera parte del mundo, y cada año se puede yr mejorando.*[105]

De las Casas achacaba a la deficiente calidad de la simiente importada desde Sevilla gran parte de los problemas productivos de la sericicultura novohispana, cuestionando la teoría del envejecimiento de la raza y de la falta de aclimatación de esta al entorno, añadiendo además las carencias técnicas a la hora de sacar, conservar y transportar la simiente de gusanos de seda. El autor reconoce su desconocimiento sobre la simiente de seda española, limitándose a referir con vaguedad la calidad de la granadina. Las dificultades que presenta el abastecimiento regular de esta mercancía en Nueva España condicionaron probablemente su opinión al respecto. No obstante, este planteamiento contrasta con el resto de los tratados sericícolas europeos de la época, que insisten en la conveniencia de renovar la simiente de manera periódica, coincidiendo en la necesidad de seleccionar la de mejor calidad (entre la que siempre se incluye la procedente de regiones españolas) y favorecer el comercio de esta simiente, a fin de garantizar una buena cosecha de seda.

El hecho de que esta obra se elaborase en el contexto colonial (y posteriormente fuese reimpresa en Granada), así como el manejo prolijo por parte de su autor, avecindado en Ciudad de México, de escritores de la Antigüedad clásica (como Plinio, Aristóteles, Plutarco o Virgilio) y, en menor medida, de otros contemporáneos (como Erasmo o Domingo de Soto) resulta llamativo. La obra de Gonzalo de las Casas evidencia la circulación de estos y otros textos vinculados con la sericicultura en el Nuevo Mundo ya durante el siglo XVI, los cuales sirvieron como base teórica a este tratado. En segundo lugar, queda claro que la excepcionalidad de esta obra dentro del contexto hispánico no se derivó del desconocimiento o la falta de tradición sericícola, sino del escaso interés que mostraron las élites hispánicas hacia esta actividad. Esta actitud redundó en una casi nula atención por parte de los autores españoles del Quinientos, que a medio plazo tendría consecuencias sobre la producción. El carácter empírico de la transmisión de estas técnicas en las regiones sericícolas españolas y la escasa formación de los labradores contribuyeron a la falta de innovaciones técnicas y la pérdida progresiva de competitividad de la seda y la simiente española.

---

[105] Gonzalo de las Casas, *Arte para criar seda...*, *op. cit.*, parte III, capt. IV, pp. 88-89.

Esto no significa que en las regiones sericícolas españolas no circulasen manuscritos orientados a la educación de los campesinos en la cría del gusano de seda, aunque por lo general da la impresión de que la transmisión de este tipo de conocimientos tuvo un carácter eminentemente oral. De hecho, tras la rebelión de las Alpujarras de 1568 y la expulsión de los moriscos granadinos, hay constancia documental de que se permitió a algunos moriscos quedarse en el reino para ilustrar a los nuevos pobladores sobre los rudimentos de la cría del gusano y el cultivo de los morales y/o moreras.[106] Esta idea la corrobora una referencia bastante posterior, en la que se hace referencia a un texto manuscrito de comienzos del siglo XVIII, que trataba de transmitir las condiciones de higiene y selección de la simiente en la villa de Carcaixent (Valencia), tras la epidemia que arrasó con toda la cosecha de seda local durante los años 1704-1705.[107] Algunos años más tarde, en 1757, vería la luz también en Valencia un romance popular orientado a la mejora de la formación del campesinado valenciano, evidenciando la necesidad práctica de transmitir unos conocimientos que eran clave a la hora de sostener todo el proceso productivo de la seda.[108]

No obstante, no es nuestra intención profundizar más en este aspecto, ya que la literatura sericícola y el fomento de la seda en la España borbónica exceden los límites cronológicos de este trabajo. Por ello, detendremos nuestro análisis de la literatura sericícola europea en torno a 1600, debido a la proliferación de este tipo de textos a partir de esta fecha, en diferentes espacios y lenguas, lo que requeriría un análisis mucho más detallado.[109]

1.4. La producción de seda en Italia y España a comienzos de la Edad Moderna. Dos modelos divergentes

Pese a que la presencia de la producción de seda en el contexto mediterráneo ha sido constatada para el periodo bizantino, su generalización está vinculada a la expansión del islam en los territorios norteafricanos y su conexión con espacios europeos, como Sicilia o Al-Ándalus en torno a los siglos X-XI. Por su parte, el cultivo de la morera y

---

[106] GARCÍA GÁMEZ, Félix, "Seda y repoblación en el reino de Granada durante el tránsito de los siglos XVI y XVII", *Chronica Nova*, 28 (2001), pp. 221-255.

[107] Referencia extraída de la obra de Salvador Bodí, *Investigaciones sobre la pérdida de la cosecha de la seda en la provincia de Valencia. Año de 1854*, Valencia, 1855. En esta obra se compara la epidemia de pebrina que arrasó la cosecha de seda en Carcaixent durante 1854 con otro episodio similar acontecido entre 1701 y 1705, a partir de los apuntes manuscritos dejados por Don Baltasar Garrigues, hacendado y regidor municipal de esta localidad a comienzos del siglo XVIII. Salvador Bodí debió tener acceso a este documento, que parece que no se ha conservado hasta nuestros días.

[108] *Nuevo, útil curioso romance: en que se dan, con 18 documentos a los señores labradores, diferentes instrucciones del modo que deben avivar y criar los gusanos de seda*, Valencia, 1757.

[109] Un ejemplo sería la obra de Olivier des Serres, padre de la sericicultura francesa, publicada en 1600. VÉRIN, Hélène, "Olivier de Serres et son Théâtre d'agriculture", *Artefact. Techniques, histoire et sciences humaines*, 4 (2016), pp. 161-180.

la cría del gusano de seda eran actividades arraigadas ya durante los siglos medievales, aunque no fue hasta el siglo XVI cuando esta actividad económica comenzó a adquirir un grado de desarrollo notable en diversas regiones mediterráneas, en paralelo al desarrollo de la industria urbana y el auge de la demanda de géneros textiles de seda en el contexto internacional.[110] Durante el Quinientos la producción de hilo se concentraba fundamentalmente en las penínsulas itálica e ibérica, dos espacios estrechamente conectados desde el punto de vista político, económico y social.

En este contexto expansivo, la industria de la seda adquirió una gran relevancia a escala europea. Como apunta Francesco Battistini, la expansión del consumo de tejidos de seda lujosos a partir del siglo XV incentivó el auge de la sericicultura y una considerable especialización regional, ya que *diverse zone dell'Europa meridionale disponevano poi di condizioni climatiche assai favorevoli all'incremento della coltivazione del gelso (proveniente originariamente dall'Estremo Oriente) e dell'allevamento dei bachi da seta.*[111] Junto a los condicionantes físicos y ambientales, este autor relaciona el auge en el consumo de seda con la crisis demográfica del siglo XIV y una tendencia hacia la diversificación de los cultivos, fruto de la menor demanda de cereal, que facilitaría la introducción de la morera en la estructura agraria italiana. Además, otras condiciones sociales y económicas como la prematura urbanización y la relevancia comercial de las oligarquías mercantiles de las ciudades-estado de la Italia centro-septentrional, contribuyeron, según Battistini, a consolidar el "*primato italiano*" sobre la sedería europea durante los siglos XVI y XVII.

En el resto de Europa, la única región en la que la industria de la seda adquirió cierta relevancia desde el periodo medieval fue la península Ibérica, donde, junto a la tradición sedera nazarí del reino de Granada, comenzó a desarrollarse su producción en torno a algunos centros urbanos, como Toledo o Valencia. La decadencia de la sedería granadina a lo largo del siglo XVI, contribuyó a impulsar el desarrollo industrial de estas regiones y, a su vez, a fomentar la expansión del cultivo de la morera en las áreas rurales circundantes, fundamentalmente los reinos de Valencia y Murcia, gracias a la influencia de las regiones sericícolas del sur de Italia.[112]

La expansión de la sericicultura en el contexto mediterráneo a lo largo de los siglos modernos ha despertado la atención de los historiadores, que han desarrollado diferentes estudios regionales en relación con el impacto económico, social e incluso paisajístico que generó la difusión de la morera en diferentes territorios, destacando el

---

[110] La bibliografía relacionada con el origen de la sericicultura en el ámbito mediterráneo durante el periodo medieval es muy extensa. Por ello, nos limitaremos a aportar dos referencias generales: DINI, Bruno, "L'industria serica in Italia. Secc. XIII-XV" (pp. 91-123) y LADERO QUESADA, Miguel Ángel, "La producción de seda en la España medieval. S. XIII-XVI" (pp. 125-139), en Simonetta Cavaciocchi (ed.), *La seta in Europa..., op. cit.*

[111] BATTISTINI, Francesco, *L'industria della seta in Italia nell'età moderna*, Bologna, Il Mulino, 2003, p 12.

[112] FRANCH BENAVENT, Ricardo, "El comercio y los mercados de la seda en la España moderna", en Simonetta Cavaciocchi, *La seta in Europa..., op. cit.*, pp. 565-594.

carácter industrioso de esta actividad agraria. No obstante, este proceso debe ser entendido a escala internacional, ya que es fruto del notable desarrollo industrial y de un incremento de la demanda de esta mercancía a escala suprarregional. La intervención y el estímulo de las compañías comerciales de origen italiano evidencia las posibilidades de negocio y enriquecimiento que planteaba un producto de escaso peso y alta rentabilidad.

No es por tanto una actividad agraria tradicional, sino que forma parte de un proceso general de innovación productiva y mercantil, que conectó diversas áreas rurales del contexto mediterráneo con las principales ciudades industriales, fundamentalmente del norte de Italia. La expansión de la morera en el Mediterráneo transformó el paisaje de amplias regiones agrícolas, tanto en Italia como en la península Ibérica a lo largo del siglo XVI, dinamizando la economía campesina gracias a la comercialización de la seda en bruto, pero también de la simiente de seda. Esta circulación de simiente, fundamental para la afirmación de la *gelsibachicoltura* en la Italia centro-septentrional, solo fue posible gracias a la intervención de agentes comerciales vinculados a las economías urbanas, favoreciendo una especialización productiva a escala internacional y una notable división del trabajo, que superó el horizonte de los mercados regionales. Para el periodo cronológico que abarca este estudio (c. 1550-1640), la producción de hilo de seda se encontraba en un proceso de clara expansión, sentando las bases para su desarrollo plurisecular, aunque con una evolución claramente divergente en cada territorio.

No obstante, antes de profundizar más en este análisis, hemos creído conveniente realizar una reconstrucción del volumen de producción anual, a fin de cartografiar la producción de seda en el Mediterráneo occidental en torno a 1600, poniendo estos datos en relación con los anteriormente descritos sobre el negocio de la seda a escala global y el impacto de la importación de sedas extraeuropeas en el contexto mediterráneo. En este punto, resaltan las diferencias entre la historiografía italiana y española, destacando en la primera el valioso esfuerzo sintetizador desarrollado por Francesco Battistini, que tomamos como referente para mesurar la evolución de la producción de seda en bruto en el caso italiano.[113]

La transformación de la sericicultura italiana a lo largo del siglo XVI hizo de la seda en bruto un producto clave dentro de su economía, tanto en las regiones rurales como urbanas.[114] La continua difusión de la *gelsibachicoltura* en gran parte de las regiones rurales de este territorio, especialmente en la Italia centro-septentrional, había elevado su producción un 126 % en solo una centuria, pasando de unas 420 toneladas anuales a comienzos del XVI (de las que ¾ se producían en el *Mezzogiorno*) a aproximadamente

[113] Battistini, Francesco, *L'industria della seta...*, op. cit., p. 87-92. Véase las tablas 2.1 y 2.2, pp. 88-89. La extensa relación de fuentes bibliográficas empleadas para la elaboración de los datos reflejados, puede consultarse en las páginas 227-228.
[114] Malanima, Paolo, *L'economia italiana. Dalla crescita medievale alla crescita contemporánea*, Bologna, Il Mulino, 2002, pp. 132-135 y 194-199.

950 toneladas, de las que la mitad ya se producían en las regiones del centro y norte de Italia, con la Lombardía, Venecia y el Piamonte al frente, evidenciando una evolución divergente en la cosecha de seda entre el norte y el sur de Italia.[115] La producción total de seda en Italia en torno a 1600 se situaba en torno a los tres millones de libras anuales, siendo esta región el epicentro del negocio de la seda en el Mediterráneo.[116] Un proceso acompañado del desarrollo de nuevos centros urbanos especializados en la producción de tejidos de seda, que ocuparon el espacio hegemónico que había ostentado la república de Venecia hasta finales del Quinientos.[117]

TAB. 2.2. *La produzione di seta greggia negli Stati italiani (tonnellate)*

	Inizio Cinquecento	Inizio Seicento	Inizio Settecento
Veneto	50-60	150	400
Lombardia	20-30	100	ca. 200
Mantova	irrilevante	10	?
Piemonte	irrilevante	50-60	200
Domini asburgici	irrilevante	10-15	30
Bologna	ca. 10-15	40	40
Ge, Mo, Pr, Lu	irrilevante	25	ca. 50
Toscana	ca. 7-8	20	ca. 35
Stato Pontificio	ca. 10-15	50	ca. 60
Mezzogiorno	300	470	ca. 300
Totale	ca. 420	ca. 950 (+ 126%)	ca. 1.300 (+58%)

Fuente: BATTISTINI, Francesco, *L'industria della seta...*, *op. cit.*, p. 89

Principales regiones productoras		Año	Seda (en libras)	Seda (en toneladas)
ESPAÑA	GRANADA	post 1570	c. 90.000	41,4
	MURCIA	1620	200.000	92
	VALENCIA	1580	400.000	142
				275,4

Tabla 1. Producción estimada de seda en bruto en España en torno a 1600[118]

---

[115]   BATTISTINI, Francesco, *L'industria della seta...*, *op. cit.*, pp. 88-90.

[116]   Para realizar este cálculo, nos atenemos a la ratio de 3:1 entre libras de peso y kilogramos.

[117]   El estancamiento de la sedería veneciana queda reflejado en la "*Esposizione del raccordo di Giovan Battista Follo, cittadino veneciano, intorno alle sede*", donde se afirma que *non è adonque maraviglia si quanto vanno deteriorando le Arti, in particolar quella della seda in Venecia, tanto vanno aumentando in Milano, Luca, Fiorenza, Roverè et in altri luochi di altri prencipi stranieri*. Biblioteca del Museo Civico Correr, Fondo Donà dalle Rose, Mss. 217, carte 206r-238r (septiembre 1608).

[118]   A la hora de convertir las estimaciones en libras en toneladas se ha tenido en cuenta la diferencia entre la libra de peso castellana (0,460 gramos) y la valenciana (0,355). VIDAL Y POLO, José María, *Tablas de reducción de las antiguas medidas...*, *op. cit.* Las fuentes empleadas en la confección de la tabla 1 son

En el caso español, las referencias son mucho más vagas o escuetas, limitándose a las tres regiones anteriormente señaladas. Los datos que reflejamos en la tabla 1 se corresponden con estimaciones de personajes coetáneos o cuantificaciones a partir del arrendamiento de tributos sobre la producción y comercialización de la seda. Pese a que la fiabilidad de los mismos puede ser cuestionable y requeriría de estudios más sistemáticos, nos permiten aproximarnos a la realidad de la actividad sericícola en España y compararla con la italiana, en un momento clave para el desarrollo de la sericicultura mediterránea, que estaba expandiéndose en regiones como la Lombardía, el Véneto, el Piamonte o los reinos de Valencia y Murcia, al tiempo que se estancaba en otras áreas de prolongada tradición sericícola, como el reino de Granada o, ya en el siglo XVII, la Italia meridional.

A tenor de las limitaciones de la información disponible, podemos hacernos una idea aproximada del enorme desequilibrio productivo entre la sericicultura española e italiana. De manera general, podemos señalar que la producción de seda en bruto en España a comienzos del siglo XVII podría situarse en torno a las 275 toneladas anuales, algo más de una cuarta parte de la producción estimada de seda en Italia para ese mismo periodo. De estas, más de la mitad se producían en el reino de Valencia, con una cosecha de seda cuantificada en 400.000 libras valencianas (142 toneladas) para 1580. No obstante, a la hora de ponderar el impacto económico de la sericicultura en Valencia no podemos obviar que, a la cantidad anual de seda en madeja o torcida, habría que sumar la producción de importantes cantidades de simiente de seda (lo que implicaba reducir la cantidad de hilo de seda en favor de esta mercancía), exportadas a Italia en gran medida.

Esta profunda transformación agraria implicó la puesta en marcha de unas redes mercantiles bien estructuradas, capaces de abastecer una demanda incesante de simiente de seda, procedente en buena medida de las regiones sericícolas españolas, debido a la mayor calidad de esta respecto a la de otras procedencias, como la siciliana o la calabresa. El impacto del desarrollo de la producción de seda en bruto en Europa se intensificó notablemente a lo largo del siglo XVIII, a tenor de los datos aportados por Carlo Poni para la segunda mitad de esta centuria (que la sitúa en torno a los 11 millones de libras anuales). Ello corrobora la preponderancia de la seda italiana en el mercado internacional, la pérdida de peso de la producción sedera española y el auge progresivo de la francesa, así como el escaso peso que jugaba a estas alturas la importación de sedas extraeuropeas, evidenciando que el enorme

---

las siguientes: para Granada, GARCÍA GÁMEZ, Félix, "Seda y repoblación en el reino de Granada…, *op. cit.*, pp. 221-255; para Murcia; PÉREZ PICAZO, María Teresa; LEMEUNIER, Guy, "La sericicultura murciana. Producción, difusión y coyuntura, siglos XVI-XX", *Revista de Historia Económica-Journal of Iberian and Latin American Economic History*, Año nº 5-3 (1987), pp. 553-575; y, para Valencia, FRANCH BENAVENT, Ricardo, "La evolución de la sedería valenciana durante el reinado de Felipe II", en *Felipe II y el Mediterráneo. Los recursos humanos y materiales*, Madrid, SECC, 1999, pp. 289-310.

desarrollo de la sericicultura mediterránea permitió autoabastecer a la industria sedera europea a finales del siglo XVIII.[119]

La sericicultura en la Italia del Renacimiento

La relevancia de la seda dentro del conjunto de la economía italiana a partir del siglo XVI ha sido puesta de manifiesto a través de diferentes estudios, tanto a partir de aproximaciones de carácter local o regional como desde la perspectiva general. A los planteamientos pioneros de Luciano Cafagna, le sucedieron otros estudios que han tratado de reconstruir el impacto que jugó este sector para el conjunto de la economía italiana a partir de 1500, remarcando la conexión fundamental entre el campo y la ciudad y la importancia de la producción de seda para las economías campesinas italianas en la larga duración.[120]

En este contexto, se habla de una auténtica *"gelsomania"* para el siglo XVI, a partir de la cual el cultivo de la morera se expandió prácticamente por toda la península Itálica, en un contexto de fomento de esta actividad por parte de las autoridades políticas y los señores feudales, convirtiendo este cultivo en una verdadera "moda", que transformó el modelo agrario de las regiones centro-septentrionales de Italia. A partir de la segunda mitad del siglo XV, se puso en marcha un impulso político constante, marcado por *the competition between states for the techniques and tools of silk manufacture and the entailed protectionist policies.*[121] Para ello, junto a las élites y terratenientes, se involucró también a diferentes comerciantes y hombres de negocios, con el objetivo de promover la expansión de esta actividad en las regiones más urbanizadas de Italia, fundamentalmente en torno a dos amplias áreas geográficas: por un lado, la zona centro (que abarca la Toscana y la Emilia-Romagna, en la que destacaron Lucca y Bologna como centros más activos), y por otro, la extensa *pianura padana* que discurre a lo largo del valle del Po (desde la Terraferma a la Lombardía, pasando por Vicenza, Verona y Brescia).[122]

No obstante, fue precisamente en el *Mezzogiorno* donde la sericicultura arraigó de manera más temprana, debido a la influencia islámica y bizantina.[123] La

---

[119] PONI, Carlo, "All'origine del sistema…, *op. cit.*, p. 497.

[120] Además de la bibliografía que citaremos posteriormente, en este punto remitimos a: BATTISTINI, Francesco, "Seta ed economia in Italia. Il prodotto 1500-1930", *Rivista di Storia Economica*, anno XXIII, n. 3 (2007), pp. 283-313; FEDERICO, Giovanni, "Seta, agricultura e sviluppo económico in Italia", *Rivista di Storia Economica*, anno XXI, n. 2, 2005, pp. 123-154.

[121] MOLÀ, Luca, *The silk industry…, op. cit.*, p. 217 y ss. (capt. 9, "Sericulture in the Terraferma").

[122] DEMO, Edoardo, *L'«anima della città». L'industria tessile a Verona e Vicenza (1400-1550)*, Milán, Unicopli, 2001, pp. 47-57 (capt. II, "La seta"); VIANELLO, Francesco, *Seta fine e panni grossi. Manifatture e commerci nel Vicentino, 1570-1700*, Milán, FrancoAngeli, 2004.

[123] Esta interpretación no está exenta de debate. Véase NAVARRO ESPINACH, Germán, "El arte de la seda en el Mediterráneo medieval", *En la España Medieval*, 27 (2004), p. 12; DINI, Bruno, "L'industria serica in Italia…, *op. cit.*, p. 91.

tradición medieval de cría del gusano de seda hizo que estas dos regiones fueran los principales centros productores en el contexto mediterráneo durante los siglos XV-XVI. La producción de seda en la Italia meridional se destinaba a satisfacer la demanda de los incipientes centros sederos; los más próximos (como Messina o Nápoles), pero también en el mercado internacional, gracias a la intervención fundamental de los genoveses. La enorme producción de materia prima de seda en la Italia meridional no podía ser absorbida por sus centros sederos, convirtiéndose en producto de intercambio que se dirigía por mar hacia los puertos de Livorno o Génova (aprovechando la conexión constante a través de las galeras), e incluso hacia el reino de Granada, en momentos de desabastecimiento o incremento excesivo de los precios de la seda autóctona.

Uno de los primeros autores en reivindicar la relevancia de esta actividad fue Maurice Aymard, quien allá por el año 1965 publicó un primer estudio sobre la sericicultura siciliana durante los siglos XVI y XVII, pese a que se señalaba la existencia de trabajos previos que habían remarcado el desarrollo de esta actividad en el periodo hispánico, con el fin de abastecer a la incipiente industria sedera de Messina (y posteriormente Palermo o Catania), pero también a la existencia de importantes corrientes de exportación de materia prima hacia el norte de Italia.[124] El análisis de las fuentes fiscales impuestas a lo largo del Quinientos y especialmente durante el Seiscientos demuestra la difusión de esta producción en las regiones agrarias próximas a Messina, reflejando un incremento productivo hasta aproximadamente 1630, seguido de un estancamiento o ligero descenso posterior. La exportación de buena parte de la producción a través del puerto de Messina se relaciona con la penetración de mercaderes locales, junto a genoveses, luqueses y otros, en este negocio, incentivando a los campesinos a incrementar su cosecha anual de seda, al igual que estaba sucediendo en Calabria y otras regiones de Sicilia. No obstante, la relevancia de la feria de esta ciudad a mediados de agosto determinó la preponderancia de Messina como centro exportador, ante la extraordinaria afluencia de comerciantes y naves extranjeras, incluyendo las Galeras de los principales poderes políticos del Mediterráneo occidental, con Génova y Livorno como destinos prioritarios.

Los datos de exportación para el XVI son escasos, pero a partir de 1591, la reordenación fiscal implementada por las autoridades hispánicas (aboliendo la doble gabela impuesta en 1562-65) permite disponer de una serie de datos oficiales al respecto hasta 1729, en la que se puede observar el tráfico de materia prima de seda embarcada para "fuera del reino", en el que predominaba la seda en bruto (*seta greggia*), incluyendo parte de la producción calabresa. La continuidad de la serie permitió distinguir las fases generales de este comercio, entre las que destaca un primer periodo de auge (con datos que superan las 300.000 libras anuales) que se

---

[124]   AYMARD, Maurice, "Commerce et production de la soie sicilienne aux XVIe-XVIIe siècles", *Mèlanges d'Archéologie et d'Histoire*, 77 (1965), pp. 609-640.

prolongaría hasta 1640 (aunque con diferentes ritmos, llegando a superar ampliamente las 500.000 libras de media a partir de 1620). A partir de 1640 se observa un cambio de tendencia significativo, con una ligera tendencia a la baja en los datos hasta 1670, y una media anual en torno a las 450.000 libras de seda. A partir de este momento, se refleja una notable caída de las exportaciones, sin que sea necesario profundizar más al respecto, al superar ampliamente el marco cronológico de nuestro estudio[125].

El trabajo de Aymard no se limitó a reconstruir el tráfico exportador a partir de las series fiscales, sino que también se adentró en la producción y la evolución de los precios, a partir de los registros contables de dos instituciones jesuíticas que participaban de esta actividad productiva. Los datos reflejan una tendencia al alza durante los primeros años del siglo XVII, que se interrumpe en torno a 1630. No obstante, el autor plantea ciertas reticencias en torno a la interpretación de los datos y un cálculo aproximado de los costes de producción de la seda siciliana. El carácter especulativo de la producción y comercialización de la seda, sin duda, fue uno de los factores que contribuyó a las fluctuaciones de precios en el "corto plazo", aunque deben ser tenidos en cuenta también toda una serie de elementos endógenos (reducción de los márgenes de beneficio para los propietarios y los campesinos), pero especialmente exógenos, los que tienen que ver con los mercados consumidores de la materia prima (entre los que ya se encontraría Lyon, junto a los centros sederos italianos). Los datos aportados, sin ser exactos o concluyentes, representan un interesante panorama de la evolución de la sericicultura en uno de los principales mercados mediterráneos de la seda, aunque su autor advierte de la necesidad de confrontarlos *avec celles des autres fournisseurs de soie grège, Levant, Italie, Espagne, Midi de la France.*[126] Su análisis nos permitirá plantear comparaciones interesantes a escala internacional, teniendo en cuenta el volumen que adquirió la exportación de seda en bruto en Sicilia (al igual que en otras regiones del Mediterráneo occidental) a lo largo de la edad moderna.

La implantación de la morera en la Italia meridional fue muy prematura, remontándose al periodo de dominación bizantina y siendo la primera región del Mediterráneo occidental donde arraigó este cultivo. Ya en el siglo XV esta actividad agraria había enraizado en amplias regiones de Calabria. No obstante, el incremento la producción de seda a lo largo del Quinientos hizo de esta región uno de los mercados más importantes (gracias a su integración en las redes comerciales

---

[125]   El autor también se hace eco de la salida de seda desde otros puertos sicilianos, principalmente el de Palermo, que desde la década de 1630 ponen de manifiesto la resistencia de esta ciudad a aceptar el monopolio exportador de la seda que tenía Messina, por medio de diferentes vías, entre las que se incluye el contrabando. Este flujo compensaría parcialmente la tendencia a la baja de la exportación de seda siciliana entre 1640-70.

[126]   AYMARD, Maurice, "Commerce et production...", *op. cit.*, p. 639.

genovesas).[127] Una evidencia palpable de este auge sericícola se encuentra en las recaudaciones fiscales, así como en el incremento de la presión fiscal sobre esta actividad. A la altura de 1542, la autoridad real impuso un nuevo tributo sobre la exportación de seda (5 *grana* por libra), cuya finalidad debía ser la financiación de la defensa costera frente a la creciente amenaza berberisca. Al igual que sucedería en el reino de Valencia pocos años más tarde, este impuesto, que inicialmente era anual, pasó a convertirse en definitivo, y fue sucesivamente incrementado ante las necesidades financieras de la monarquía, multiplicando por cuatro la carga fiscal sobre esta mercancía en el giro de medio siglo. No obstante, siguiendo con los paralelismos respecto a la seda valenciana, la tendencia de la producción de seda calabresa fue claramente ascendente en la segunda mitad del siglo XVI, pasando de un volumen anual superior a 400.000 libras para la década de 1540 a las 700-800.000 libras en la década de 1580.[128]

Esta expansión agraria se produjo a costa de otros cultivos arbóreos, fundamentalmente de la vid, sustituidos por cosechas que ofrecían mayores rendimientos, como la morera, incorporada a un modelo de agricultura combinada o en determinadas regiones plantada como cultivo único. La difusión de la sericicultura por amplias regiones de la Calabria convirtió a esta producción en el pilar de la renta agraria, junto al cereal, contribuyendo a la diversificación productiva de las familias campesinas y ofreciendo importantes beneficios a los rentistas e inversores capitalistas implicados en este sector estratégico para la economía y la sociedad calabresa del Quinientos y Seiscientos. No obstante, el destino final de la mayor parte de esta seda era la exportación hacia los centros sederos de la Italia centro-septentrional, cuya demanda era el estímulo principal de esta expansión agrícola, dificultando así el crecimiento económico, el desarrollo industrial y la urbanización de esta región meridional, que siguió manteniendo durante siglos su carácter fundamentalmente rural, aunque conectada con las economías de mercado.[129]

La pérdida de relevancia porcentual de la sericicultura siciliana y calabresa dentro del conjunto de Italia a partir del siglo XVI queda perfectamente reflejada en el siguiente gráfico. Si bien la seda continuó siendo uno de los pilares de su producción agraria, el impacto de la crisis agraria del Seiscientos, la política fiscalizadora de la Monarquía Hispánica, la creciente competencia sedera

---

[127]   GALASSO, Giuseppe, *Economia e società nella Calabria del Cinquecento*, Milán Feltrinelli, 1980, pp. 143-152 (ed. original, 1967); MALANIMA, Paolo, "Le sete nella Calabria", en Idamaria Fusco (ed.), *La seta e oltre...*, Nápoles, Edizioni Scientifiche Italiane, 2004, pp. 55-68; FUSCO, Idamaria, "Attività produttive e fiscalità in Calabria tra XVI e XVIII secolo: il settore serico", en Giovanni Anania (ed.), *Scelte pubbliche, strategie private e sviluppo económico in Calabria. Conoscere per decidere*, Catanzaro, Rubbettino, 2001, pp. 181-216.

[128]   GALASSO, Giuseppe, *Economia e società...*, *op. cit.*, p. 147. Véase el cuadro que refleja la evolución de la seda calabresa.

[129]   AYMARD, Maurice, "Economie rurale, économie marchande", *Cahiers de la Méditerranée*, 1 (1976), pp. 131-144.

internacional y la falta de incentivo a las innovaciones y mejoras técnicas lastraron el desarrollo económico de la Italia meridional.[130] Pese a ello, la sericicultura meridional, al igual que en España, siguió perviviendo hasta bien entrado el siglo XIX, acompañada de un cierto esplendor industrial en los principales centros urbanos durante el siglo XVIII (especialmente la ciudad de Nápoles), que absorbieron buena parte de esta materia prima autóctona.[131]

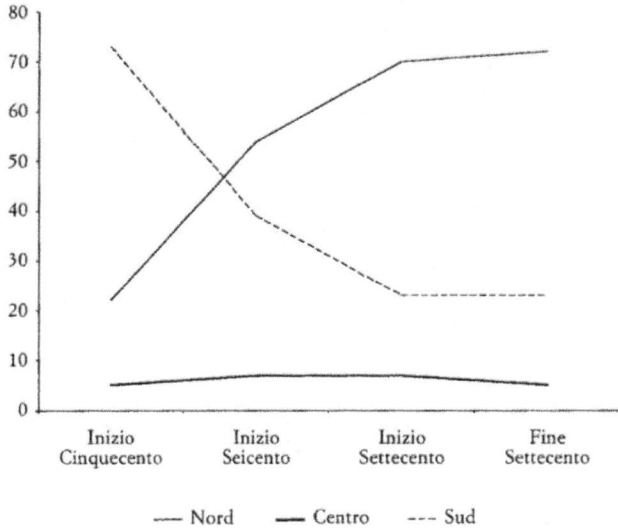

Fig. 2.1. Quote percentuali della produzione di seta greggia in Italia (inizio XVI-inizio XVIII secolo).

Fuente: Battistini, Francesco, *L'industria della seta...*, op. cit., p. 89

La pervivencia de la sericicultura durante el Seiscientos y su revitalización en el Setecientos, vinculada con el desarrollo de la manufactura sedera, nos obliga a ir más allá de un planteamiento dicotómico basado exclusivamente en la dualidad progreso-decadencia (norte-sur), teniendo en cuenta el impacto económico secular de la seda en determinadas regiones, tradicionalmente consideradas como atrasadas (como es el caso del *Mezzogiorno* o de amplias regiones españolas), independientemente de que este viniese acompañado de un posterior desarrollo industrial. La relevancia para

---

[130]   En relación con el "divario Nord-Sud" en Italia, ante la complejidad del tema, nos limitaremos a citar la obra de referencia de Cafagna, Luciano, *Dualismo e sviluppo nella storia d'Italia*, Venecia, Saggi Marsilio, 1989.
[131]   Ciccolella, Daniela, *La seta nel Regno di Napoli nel XVIII secolo*, Nápoles, Edizioni Scientifiche Italiane, 2003, pp. 13-26. Esta autora plantea una reinterpretación de los planteamientos clásicos sobre la "decadencia" de la sericicultura meridional italiana, remarcando las transformaciones y evolución divergente de diferentes regiones del reino de Nápoles en el siglo XVIII. Ragosta, Rosalba, *Napoli, città della seta. Produzione e mercato in età moderna*, Roma, Donzelli Editore, 2009.

las economías campesinas fue evidente, como lo pone de manifiesto la difusión e intensificación de la *gelsibachicoltura* en el contexto mediterráneo durante los siglos modernos, siendo esta *l'unica o una delle principali fonti di denaro contante per numerosissime famiglie rurali*.[132]

La relevancia que adquirió la sericicultura en las regiones rurales italianas supuso una profunda transformación económica, que alteró en buena medida los flujos de materia prima a escala internacional, aunque este no fue un proceso inmediato.[133] Debemos remarcar el esfuerzo sintetizador desarrollado por Francesco Battistini a la hora de cartografiar la expansión de la sericicultura en la Italia centro-septentrional. Este autor describió el proceso progresivo de difusión de esta actividad en las regiones rurales italianas, a partir de influencias diversas. Por un lado, los contactos de los dominios venecianos con el imperio bizantino, que favorecieron la introducción del cultivo de la morera y las técnicas para la producción de la seda ya desde el siglo XIV, con un proceso progresivo de expansión Este-Oeste que seguiría los principales cursos fluviales de la Italia septentrional. Por otro lado, se remarcaba la influencia en este proceso de la Italia meridional, donde la sericicultura ya se encontraba arraigada gracias a la influencia islámica, y que progresivamente iría promoviendo una expansión de esta actividad agrícola e industrial en las zonas rurales de la Italia central, gracias al impulso de la demanda urbana de ciudades como Lucca o Bologna.

Como ideas generales, Battistini apunta a varios factores catalizadores de este proceso. El primero de ellos sería el impulso político de las diferentes ciudades-estado implicadas y sus élites gobernantes, ante la creciente rentabilidad de esta actividad económica. En segundo lugar, resulta conveniente definir una cronología aproximada en este proceso de transferencia tecnológica que, si bien se remonta al periodo medieval, adquiere una mayor intensidad durante el periodo moderno, especialmente en la segunda mitad del siglo XVI, que conllevará su generalización prácticamente en todas las regiones italianas (con la excepción de aquellas, que por sus propias condiciones geográficas no se adaptaban a este cultivo, como es el caso de Génova). No en vano, se expone que *alla fine del cinquecento, quindi la coltivazione del gelso era ormai nota in tutta Italia centrosettentrionale*.[134] A partir de este momento, el proceso no puede definirse como una difusión, sino más bien como una intensificación productiva, especialmente notable en el entorno de la cuenca hidrográfica del río Po.

Este autor reconoce el carácter parcial e incompleto de su estudio, publicado en 1992, y la necesidad de concretar de manera más detallada la evolución de este

---

[132]   BATTISTINI, Francesco, "Seta ed economia…, *op. cit.*, p. 287. MALANIMA, Paolo, *Il lusso dei contadini. Consumi e industrie nelle champagne oscane del Sei e Settecento*, Bologna, Il Mulino, 1990.
[133]   BATTISTINI, Francesco, "La diffusione della gelsibachicoltura nell'Italia centro-settentrionale: un tentativo di ricostruzione", *Società e Storia* 56 (1992), pp. 393-400.
[134]   *Ibid.*, p. 396.

proceso a partir de nuevos estudios, algunos de los cuales fueron llegando con el paso de los años. Uno de los aspectos a remarcar sería el de tratar de ampliar este trabajo al resto de regiones italianas no incluidas, e incluso extrapolar este análisis a otros territorios del Mediterráneo occidental, como la península Ibérica, debido al carácter internacional de este proceso de expansión y especialización productiva. No obstante, el profundo impacto socioeconómico que produjo no fue equivalente en ambas regiones, dando lugar a un crecimiento económico diferenciado y a una división internacional de la producción, que a lo largo del siglo XVII implicó a nuevos territorios, entre los que destacó Francia.[135] Este proceso tuvo una notable repercusión sobre el comercio internacional de la seda, que se readaptó progresivamente a este nuevo contexto productivo, reduciendo las importaciones de materia prima entre aquellas regiones que habían desarrollado la sericicultura de manera más prematura (la Italia meridional y la fachada mediterránea de la península Ibérica) a lo largo del siglo XVI.

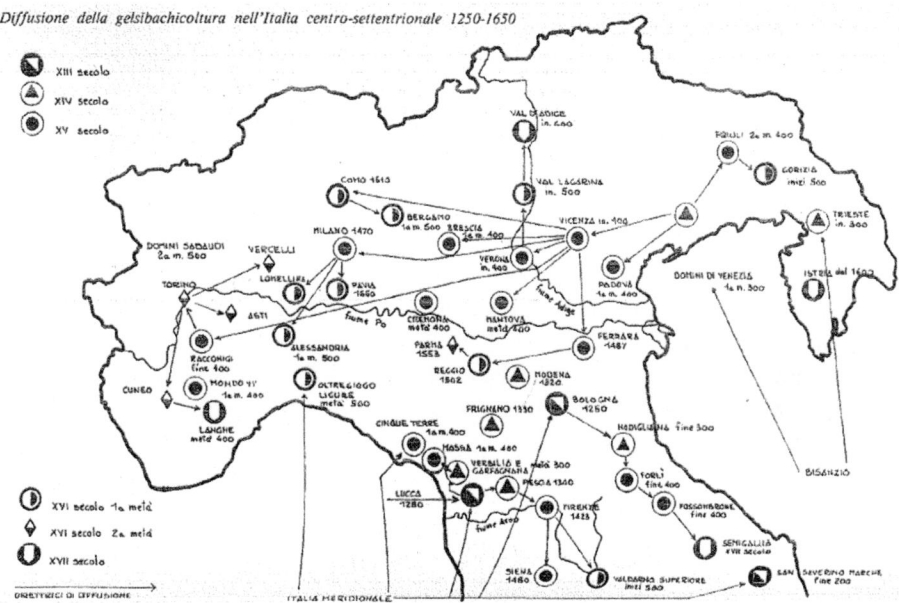

Fuente: BATTISTINI, Francesco, "La diffusione della gelsibachicoltura...", *op. cit.*, p. 394.

En las décadas finales del Quinientos se consolidó el proceso definido por Battistini como "*gelsomania*" en la Italia centro-septentrional, a consecuencia de una suma de factores: el crecimiento constante de la demanda de materia prima, las dificultades crecientes para la importación de seda procedente del Mediterráneo oriental, el descenso en las importaciones desde el *Mezzogiorno* y,

---

135 CIRIACONO, Salvatore, "Silk manufacturing in France...", *op. cit.*, pp. 167-199.

en clave internacional, la disponibilidad creciente de simiente de seda española a partir del último tercio del siglo XVI. El trabajo de este autor nos permite visibilizar sobre el mapa este proceso y las principales regiones implicadas, tanto en la Italia central como en la *pianura padana*, un proceso que se prolongó durante el siglo XVII. Pese a un contexto poco favorable para la industria sedera italiana, que fue cediendo progresivamente su hegemonía frente al ascenso de la lionesa, la producción de hilo de seda en las áreas rurales se incrementó en torno a un 30 % (pasando de casi 1.000 toneladas anuales a 1.300).[136] El auge de la importancia económica de la seda en el conjunto de la economía italiana se sustentó en el incesante auge de la sericicultura en los tres mayores estados de la Italia septentrional: Venecia, Lombardía y Piamonte.[137]

La difusión de la producción de materia prima en la Italia centro-septentrional a lo largo del Seiscientos representó un cambio fundamental en el contexto internacional, ya que alteró considerablemente la estructura productiva de amplias regiones italianas, consolidando la economía de la seda sobre la economía de la lana que tradicionalmente había predominado en los centros urbanos italianos.[138] La progresiva decadencia de los centros sederos urbanos del norte de Italia (Milán, Génova o Venecia) a lo largo del siglo XVII estuvo acompañada de una incesante expansión de la sericicultura y la hilatura en los contextos rurales de la Italia centro-septentrional, que transformó considerablemente las estructuras productivas de esta región, aunque como apunta Carlo Poni, *il recupero rurale (del semilavorato) non vale a colmare la sostanziale perdita delle tessiture.*[139]

Este proceso, marcado por una considerable heterogeneidad local, estuvo acompañado de una intensa innovación tecnológica, a la que ya nos hemos referido, surgida dentro de un contexto político y mercantil propicio, gracias al cual Lombardía y, posteriormente, Piamonte se situaron a la cabeza del mercado internacional de

---

[136]   BATTISTINI, Francesco, *L'industria della seta...*, *op. cit.*, pp. 33-37. Los datos relativos a la producción de seda en bruto en el siglo XVII pueden verse en MALANIMA, Paolo, *La fine del primato. Crisi e riconversione nell'Italia del Seicento*, Milán, Bruno Mondadori, 1998, p. 175.

[137]   Una síntesis en torno al proceso de difusión de la sericicultura en la Italia del Renacimiento y en particular en el caso de la Terraferma veneciana, puede verse en Luca MOLÀ, *The silk industry...*, *op. cit.*, pp. 217-228. Así mismo, remitimos a Angelo MOIOLI, *La gelsibachicoltura nelle champagne lombarde dal Seicento alla prima metà dell'Ottocento*, Trento, Universita degli Studi di Trento, 1981, pp. 13-58; MALANIMA, Paolo, "Industria e agricoltura in Toscana tra Cinque e Seicento", *Studi Storici*, Anno 21, No. 2 (1980), pp. 281-309; BATTISTINI, Francesco, *Gelsi, bozzoli e caldaie. L'industria della seta in Toscana tra città, borghi e champagne (secc. XVI-XVIII)*, Florencia, Olschki, 1998; Giuseppe CHICCO, *La seta in Piemonte, 1650-1800: un sistema industriale d'ancien régime*, Milán, FrancoAngeli, 1995; Claudio ROSSO, "Dal gelso all'organzino: nascita e sviluppo di un'industria trainante (1560-1680)", en Giuseppe Bracco (ed.), *Torino sul filo della seta*, Turín, Archivio Storico della città di Torino, 1992, pp. 39-65.

[138]   CORRITORE, Renzo, "Storia economica, ambiente...", *op. cit.*

[139]   PONI, Carlo, *La seta in Italia. Una grande industria prima della rivoluzione industriale*, Bolonia, Il Mulino, 2009, p. 67.

materia prima de seda.[140] En síntesis, la expansión de la sericicultura en la Italia centro-septentrional a partir del siglo XVI generó un impulso económico sin parangón hasta el siglo XIX para estas regiones, debido al carácter modernizador de esta actividad productiva. El trabajo de Angelo Moioli sobre la difusión de la *gelsibachicoltura* en las regiones rurales de la Lombardía entre los siglos XVII y XIX es un referente, ya que pone el foco específicamente en la principal región consumidora de simiente de seda española, una mercancía clave para la consolidación de la producción sedera en el norte de Italia entre los siglos XVI y XVII.[141]

La sericicultura en España a comienzos de la Edad Moderna

Pese al contexto general de expansión de la sericicultura en el Quinientos, esta actividad tuvo un arraigo mucho menos generalizado en la península Ibérica con respecto a Italia, concentrándose, como ya se ha indicado, en algunas regiones andaluzas (especialmente Granada, pero también otras áreas de menor relevancia como Almería o Sevilla) y en los reinos de Valencia y Murcia. El interés de la historiografía modernista española también ha sido menor y la bibliografía disponible es escasa y muy desigual. Resulta evidente que se ha priorizado el estudio de la industria sedera en diferentes centros urbanos, de manera especialmente intensa para el siglo XVIII.

Como hemos comentado previamente, los datos disponibles a la hora de cuantificar la producción de seda en bruto en España para los siglos XVI y XVII son estimaciones, aunque para el siglo XVIII disponemos de referencias más fiables, que permiten *grosso modo* dibujar la evolución de esta actividad productiva, concentrada fundamentalmente en tres regiones: Granada, Valencia y Murcia, en las que la cosecha de seda fue variando en base a un contexto político, social y económico enormemente cambiante.[142] A pesar de ello, trataremos de trazar la evolución de la sericicultura española a lo largo del Quinientos, una centuria marcada por la decadencia de esta actividad en Granada, principal mercado de abastecimiento de materia prima de la península durante el periodo bajomedieval, y el desarrollo en paralelo del cultivo de la morera y la cría de seda en Valencia y, en menor medida, en Murcia; siendo estas dos regiones las que vivieron un proceso de transformación agraria más intenso, vinculado a la expansión del cultivo de la morera y al creciente negocio exportador de la materia prima sedera.

---

[140]   CHICCO, Giuseppe, "L'innovazione tecnológica nella lavorazione della seta in Piemonte a metà Seicento", *Studi Storici*, 33-1 (1992), pp. 195-215.

[141]   MOIOLI, Angelo, *La gelsibachicoltura nelle champagne lombarde...*, *op. cit.*

[142]   Puede verse una aproximación general a este proceso en: FRANCH BENAVENT, Ricardo, "El comercio y los mercados de la seda..., *op. cit.*, pp. 565-594. Para un análisis detallado de la sericicultura valenciana en el siglo XVIII, FRANCH BENAVENT, Ricardo, "La producción de seda en el País Valenciano durante el siglo XVIII: distribución geográfica y evolución", *Noticiario de Historia Agraria*, 8 (1994), pp. 67-98. Para el caso murciano, remitimos al estudio de OLIVARES GALVAÑ, Pedro, *El cultivo y la industria de la seda en Murcia en el siglo XVIII*, Murcia, Academia Alfonso X el Sabio, 1976.

Los estudios sobre la seda granadina, y, por extensión, andaluza evidencian a la perfección las limitaciones de la bibliografía. Junto a la obra de referencia de Manuel Garzón Pareja, encontramos otras investigaciones centradas en la industria sedera en diferentes ciudades andaluzas.[143] Dentro de estos trabajos, el análisis de la producción de seda es un tema tangencial, en el que destaca la polémica judicial surgida en torno a la difusión de las moreras, frente al tradicional cultivo del moral. Otro de los enfoques que han prevalecido es el del análisis de la producción de seda a partir de la fiscalidad, por medio del estudio de la renta de la seda granadina y la participación de los mercaderes judeoconversos de este lucrativo negocio, una mirada que tuvo en la obra clásica de Ramón Carande el principal referente.[144]

La sericicultura granadina entró en decadencia de manera evidente en la segunda mitad del siglo XVI, un proceso jalonado por la revuelta de las Alpujarras de 1568 y la dispersión de la población morisca del reino a partir de 1570. La conexión entre ambos procesos, puesta de manifiesto por Kenneth Garrad, resulta relevante, pero insuficiente a la hora de comprender este proceso en toda su complejidad, ante la relevancia de otros factores en el estancamiento de la producción de seda en bruto en Granada, que se situó en torno a las 90.000 libras anuales, una cantidad claramente inferior a la producida antes del levantamiento.[145] A tenor de las interpretaciones más recientes, la decadencia progresiva de la sedería granadina estuvo estrechamente conectada a dos fenómenos complejos, en los que se evidencia el carácter restrictivo de las disposiciones políticas de la monarquía. Por un lado, el farragoso control y la creciente complejidad del sistema fiscal en torno a la producción de seda en Granada, una actividad desarrollada fundamentalmente por la población morisca (cristianos nuevos) hasta 1568; por otro, la polémica en torno a la difusión de la morera en los campos granadinos (y almerienses) y las disposiciones contrarias a este proceso de

---

[143] GARZÓN Pareja, Manuel, *La industria sedera en España. El arte de la seda de Granada*, Granada, 1972. Véase también: FORTEA PÉREZ, José Ignacio, *Córdoba en el siglo XVI: las bases demográficas y económicas de una expansión urbana*, Córdoba, 1980; BEJARANO ROBLES, Francisco, *La industria de la seda en Málaga durante el siglo XVI*, Madrid, CSIC, 1951; VALIENTE ROMERO, Antonio, *Economía e industria textil en la España moderna: el Arte Mayor de la Seda de Écija*, Sevilla, Universidad de Sevilla, 2014. Recientemente se ha publicado una síntesis bibliográfica: GARCÍA GÁMEZ, Félix, "La seda en Andalucía durante la Edad Moderna", en Ricardo Franch Benavent y Germán Navarro Espinach (eds.), *Las rutas de la seda...*, *op. cit.*, pp. 65-97.

[144] CARANDE, Ramón, *Carlos V y sus banqueros*, Barcelona, Crítica, 1977, vol. I, pp. 407-427; SORIA MESA, Enrique, "El negocio del siglo: los judeoconversos y la renta de la seda del Reino de Granada (siglo XVI), *Hispania. Revista española de historia*, vol. 76, nº 253 (2016), pp. 415-444; GIRÓN PASCUAL, Rafael M., "Los mercaderes judeoconversos en la Córdoba del siglo XVI", en Enrique Soria Mesa (ed.), *La ciudad y sus legados históricos (4): Córdoba judía*, Córdoba, RADC, 2019, pp, 215-253. De manera reciente, Félix García Gámez ha profundizado sobre esta perspectiva fiscal en varios artículos: "Seda y repoblación en el reino de Granada..., *op. cit.*; —, "La seda del reino de Granada durante el segundo proceso repoblador (1570-1630)", *Chronica Nova*, 25 (1998), pp. 249-273.

[145] GARRAD, Kenneth, "La industria sedera granadina en el siglo XVI y su conexión con el levantamiento de la Alpujarra, 1568-1571", *Miscelánea de Estudios Árabes y Hebraicos*, V (1956), pp. 73-104; GARCÍA GÁMEZ, Félix, "La seda del reino de Granada..., *op. cit.*, pp. 223-224.

innovación, clave en el desarrollo de la sericicultura mediterránea.[146] La proliferación de disposiciones restrictivas en relación con la expansión del moreral o con la importación de seda valenciana y murciana hacia Granada evidencian el cruce de intereses políticos y fiscales en torno a esta actividad, así como la ambigüedad en las políticas de fomento sericícola (si es que existieron) en el ámbito español a lo largo de todo el siglo XVI. Resultan sintomáticas las palabras del ilustrado valenciano Sempere Guarinós, quien, en un memorial sobre las causas de la decadencia de la seda en Granada de 1806, analizó este proceso desde finales del siglo XV, apuntando a las disposiciones políticas como factor principal de esta.[147]

En consecuencia, el desarrollo sericícola en Granada y otras regiones andaluzas se vio muy mermado, pese al incremento de la demanda de materia prima por parte de los centros sederos castellanos, incentivando la afluencia de materia prima desde otras regiones (fundamentalmente el reino de Valencia, aunque también de origen extranjero, procedente de Calabria e incluso de China), así como el florecimiento del contrabando y las actividades ilícitas en torno al negocio de la seda en Castilla. A estos factores endógenos se le uniría la dispersión de gran parte de los sericicultores granadinos a partir de 1570, que vino acompañada de medidas repobladoras y de fomento de la sericicultura en las décadas finales del siglo XVI, que trataron de promover, aunque con un éxito relativo, la replantación de los campos de morales y moreras en el reino. Ante este panorama, la sericicultura granadina pervivió como una actividad agrícola cada vez más secundaria tras la rebelión de 1568, ante la pérdida de rentabilidad de este cultivo (y de su valía en términos fiscales), del escaso conocimiento o interés de los nuevos pobladores (cristianos viejos) sobre la cría del gusano de seda, y, por último, de un interés mayor de la población y las autoridades del reino granadino hacia otros cultivos como la vid o la caña de azúcar.

En paralelo, el reino de Valencia adquirió una posición dominante en la producción de materia prima de seda dentro del mercado español a partir del siglo XVI.[148] No obstante, antes de profundizar en el caso valenciano, haremos referencia a la otra gran región sericícola castellana, el reino de Murcia.[149] La expansión de esta actividad agraria vinculada estrechamente al regadío se produjo fundamentalmente

---

[146]   FRANCH BENAVENT, Ricardo, "El comercio y los mercados de la seda…, *op. cit*, pp. 18-24. Para un análisis más detallado sobre el pleito de las moreras, véase LÓPEZ DE COCA, José Enrique, "'*Morus nigra*' vs '*Morus alba*'…, *op. cit.* Algunas de estas disposiciones se transcriben en MARÍN LÓPEZ, Rafael, *Documentos para la historia de la seda en el Reino de Granada*, Granada, Universidad de Granada, 2008.

[147]   Cita transcrita de GARZÓN PAREJA, Manuel, *La industria sedera en España…*, *op. cit.*, "¿Qué podía resultar de tales leyes, ordenanzas y reglamentos, sino el exterminio de los árboles y la aversión de los labradores a esta forzada grangería?", p. 482.

[148]   FRANCH BENAVENT, Ricardo, "La evolución de la sedería …, *op. cit.*, pp. 52-59.

[149]   PÉREZ PICAZO, María Teresa; LEMEUNIER, Guy, "La sericicultura murciana…, *op. cit.*; OLIVARES GALVÁN, Pedro, *El cultivo y la industria de la seda…*, *op. cit.*, pp. 15-36; MIRALLES MARTÍNEZ, Pedro, *La sociedad de la seda. Comercio, manufactura y relaciones sociales en Murcia durante el siglo XVII*, Murcia, Universidad de Murcia, 2002.

en la huerta periurbana de la capital del reino y en otros espacios irrigados del valle del Segura (en clara continuidad con la producción sericícola de Orihuela, en la vega Baja de este mismo curso fluvial). El cultivo de la morera y la cría del gusano de seda en Murcia fue esporádico hasta aproximadamente 1500, momento en que se inició una fase de auge sostenido que se prolongó hasta las primeras décadas del siglo XVII, siguiendo la tendencia general de la sericicultura mediterránea. En este caso, la seda murciana tuvo un carácter casi exclusivamente exportador, ante el escaso desarrollo de las industrias sederas en este reino, aprovechando las ventajas fiscales que le otorgaba su situación dentro de Castilla y a pesar de las medidas restrictivas impuestas por la monarquía a partir de la década de 1520.[150] La especialización agraria en torno al moreral (*morus alba*), frente a la producción tradicional del moral (*morus nigra*), y la tendencia a sustituir otros cultivos arbóreos en las zonas irrigadas le otorgaron un papel fundamental en la economía murciana de época moderna, aunque el cultivo de la morera en Murcia pervivió, con altibajos, hasta bien entrado el siglo XX, siendo este un caso único en el contexto español.[151]

De este modo, el desarrollo de la huerta murciana durante el periodo moderno estuvo estrechamente ligado a la morera, pese a que el volumen de producción de seda se mostró claramente inferior al del reino de Valencia, y sin que se generase una conexión económica entre estas innovaciones agrícolas y el desarrollo de las economías urbanas, como sí sucedió en Valencia. La producción murciana de seda en bruto en 1621 se situaba en torno a las 210.000 libras anuales, exportadas principalmente dentro del mercado nacional; una cantidad nada desdeñable, aunque muy por debajo de las 400.000 libras que se producían en Valencia en 1580. Pese al escaso apoyo político, la sericicultura arraigó en Murcia hasta convertirse en su principal actividad económica, aunque su evolución no estuvo exenta de problemas, que limitaron su desarrollo. Son recurrentes las referencias a prácticas fraudulentas vinculadas a la venta de la seda, con el fin de eludir el control fiscal de esta producción a través del Contraste. Así mismo, se observa un creciente conflicto de intereses entre los cosecheros y los fabricantes de tejidos de seda, derivado del incipiente desarrollo de la industria sedera murciana, un conflicto que se agudizó en el siglo XVIII.[152]

---

[150]   MIRALLES MARTÍNEZ, Pedro, "El cultivo, la manufactura y el comercio de la seda en la Murcia moderna. Del éxito del hilado al fracaso del tejido", en Ricardo Franch y German Navarro (eds.), *Las rutas de la seda...*, *op. cit.*, pp. 187-211.

[151]   Su expansión regional queda claramente dibujada en el trabajo anteriormente citado. PÉREZ PICAZO, María Teresa; LEMEUNIER, Guy, "La sericicultura murciana...", *op. cit.* La concentración en la huerta de la ciudad de Murcia convivió con su desarrollo en otros centros urbanos de menor entidad (Lorca y Mula) de la vega del río Segura, entre Archena y Orihuela, y alguna penetración en pequeños regadíos albaceteños, como en el caso de Liétor. JAÉN SÁNCHEZ, Pedro José, *De la cría del gusano y el comercio de la seda en la villa de Liétor*, Albacete, Instituto de Estudios Albacetenses "Don Juan Manuel", 2007.

[152]   Sobre las controversias entre labradores y fabricantes en el siglo XVIII, OLIVARES GALVAÑ, Pedro, *El cultivo y la industria de la seda...*, *op. cit.*, pp. 207-216.

Pese al carácter regional de estos estudios, Pérez Picazo y Lemeunier abogaban, con buen criterio, a la necesidad de ampliar la comparación, *ya que la coyuntura regional no puede ser comprendida sin ponerla en relación con los centros industriales importadores (Granada, Córdoba, Toledo, Milán, Lyon...) y con las demás regiones productoras, entre las cuales los anteriores ejercen arbitraje por su posición de dominio: Andalucía, Valencia, Sicilia, Calabria.*[153] Siguiendo este modelo comparativo, podemos apuntar que el desarrollo de la sericicultura murciana se inserta en el contexto general de la sericicultura española, con un notable desarrollo de la actividad agraria, orientada a la exportación del hilo, pero con un marcado carácter tradicional y escasamente innovador, fruto de un contexto político y social poco proclive al desarrollo de esta actividad rural agroindustrial. La generalización del fraude dificulta la posibilidad de mesurar la evolución de la producción de seda en Murcia en el siglo XVIII, aunque los datos aportados apuntan a un relativo estancamiento en torno a 92-96 toneladas anuales (una media anual de 200.000 libras castellanas), un dato similar al de comienzos del siglo XVII.[154]

Finalmente, nos centraremos en el análisis de la sericicultura valenciana, a la cual hemos hecho referencia en múltiples ocasiones. El origen de la expansión de la morera en Valencia se remonta al periodo medieval, hacia finales del siglo XIV, momento en que algunas referencias documentales atestiguan el cultivo esporádico de moreras en las zonas rurales del sur del reino, fundamentalmente en Orihuela. Posteriormente, a lo largo del siglo XV, la morera se fue expandiendo en dirección septentrional, a lo largo de prácticamente todo el territorio valenciano, aunque no será hasta mediados del siglo XVI, cuando esta actividad adquirió un rol económico relevante dentro de la estructura agraria valenciana, en combinación con el cultivo del cereal. Pese al interés de las autoridades por fiscalizar la producción de seda en el reino de Valencia, carecemos de registros seriales a través de los cuales cuantificar su alcance, definido ya en las Cortes de 1547 como *lo principal fruyt del regne*. No obstante, contamos con testimonios coetáneos, como el de mercader Hieroni Arny, que en 1580 cuantificaba la cosecha de seda valenciana en unas 142 toneladas anuales (400.000 libras valencianas), como ya se ha indicado previamente.[155]

La morera arraigó en buena parte de las zonas de cultivo valencianas, especialmente en las fértiles huertas en torno a los principales cursos fluviales de la región (el Segura, el Júcar y el Turia). Es precisamente en la Ribera del Júcar en donde disponemos de mejores datos en torno a la tipología de cultivo, la implicación campesina y la colaboración necesaria de los señores feudales. Las causas que explican el éxito de la sericicultura en esta región son múltiples y necesariamente deben contextualizarse en el proceso de expansión de las redes comerciales italianas. La creciente demanda internacional de materia prima de seda y la facilidad que

---

[153]   PÉREZ PICAZO, María Teresa; LEMEUNIER, Guy, "La sericicultura murciana...", *op. cit.*, p. 573.

[154]   OLIVARES GALVAÑ, Pedro, *El cultivo y la industria de la seda en Murcia...*, *op. cit.*, pp. 97-100.

[155]   FRANCH BENAVENT, Ricardo, "La evolución de la sedería valenciana...", *op. cit.*, p. 56.

implicaba el transporte de una mercancía de escaso peso y alto valor añadido promovieron su inserción dentro del ciclo agrario valenciano del siglo XVI, generando rentas a las oligarquías locales y permitiendo dinamizar la economía campesina. A ello contribuyó, probablemente, la caída generalizada de los precios agrícolas durante el siglo XV, pero sobre todo el carácter doméstico de esta actividad y la participación femenina e infantil a la hora de llevar a cabo los trabajos asociados a la cría del gusano de seda. Esta actividad y el proceso artesanal de hilado y devanado de la seda era una manufactura rural industriosa de carácter doméstico, que permitía complementar las economías campesinas.

Inicialmente, la adaptación de este cultivo al medio físico valenciano se vio favorecida por su carácter novedoso, lo que conllevaba una menor carga tributaria respecto a otros cultivos tradicionales, como los cereales o la vid. La elevada rentabilidad de la seda despertó el interés de algunos señores feudales, que vieron en su fomento una posibilidad de incrementar sus rentas, aunque, por lo general, el cultivo de la morera en los campos valencianos no era intensivo, sino que estaba basado en un modelo de agricultura combinada, aprovechando los márgenes de los campos y otros espacios liminares (junto a acequias, caminos, barrancos...), debido a los mejores rendimientos de esta producción y su buena salida en el mercado. Si bien las huertas de mayor calidad siguieron estando destinadas al cereal, la morera se fue generalizando en las lindes y en las tierras más ligeras y con menor aportación de agua para riego, practicándose una agricultura de carácter combinado entre la morera y diferentes tipos de cereal, sustituyendo a otros cultivos arbóreos (frutales). Por otro lado, la escasa presión fiscal inicial contribuyó a fomentar su expansión, pese a que esta fue aumentando en paralelo al incremento del valor de la cosecha de seda, aunque no sin resistencia por parte del campesinado frente al control y la presión fiscal. Con el paso de las décadas, la expansión de la morera no se interrumpió, llegando a modificar la fisonomía del paisaje agrario valenciano.[156]

La agricultura valenciana del siglo XVII, a tenor de lo expuesto por James Casey, siguió manteniendo una estructura tradicional, predominantemente cerealista, y la morera, lejos de contribuir a una reducción de las desigualdades económicas, parece que reforzó la posición de determinados sectores de la élite agraria. La elevada concentración de la propiedad agraria en manos feudales y la intermediación de miembros de la oligarquía local en este negocio, consolidó un reparto desigual de la tierra y la renta.[157] No obstante, las familias campesinas pudieron intensificar su

---

[156]   CASEY, James, *El Regne de València...*, op. cit. También FRANCH BENAVENT, Ricardo, "La producción de seda en el País Valenciano…, *op. cit.* La producción sedera valenciana en 1738 se situó en 869.141 libras valencianas (más de 300 toneladas anuales), llegando a superar el millón de libras en las décadas posteriores. A este respecto: FRANCH BENAVENT, Ricardo, "La política de liberalización económica de Carlos III y la materia prima sedera valenciana", *Estudis*, 14 (1989), pp. 51-81.

[157]   ANDRÉS ROBRES, Fernando, *Crédito y propiedad de la tierra en el País Valenciano (1600-1810)*, Valencia, Institució Alfons el Magnànim, 1987. Un ejemplo de enriquecimiento y promoción social gracias al negocio sedero en MUÑOZ NAVARRO, Daniel, "Del negocio sedero al hábito de Montesa.

capacidad de trabajo y beneficiarse, coyunturalmente, de este proceso de expansión comercial de la seda valenciana en los mercados internacionales. Al igual que plantea Aymard para el caso siciliano, el impacto económico de la sericicultura en Valencia se centró en los sectores emprendedores, no en la masa campesina. No obstante, el desarrollo agrario y la diversificación productiva en el medio rural valenciano, dinamizó la economía rural, a través de la obtención de ingresos en moneda, contribuyendo a la expansión de las relaciones de mercado y del consumo entre estos sectores populares.[158]

Las transformaciones agrarias que vivió el campo valenciano en los siglos XV-XVIII estuvieron conectadas con la expansión del regadío, siendo la ribera del río Júcar uno de los espacios irrigados de mayor relevancia, junto a las huertas de Valencia y Orihuela. En este contexto agrario, la morera encontró un espacio de desarrollo creciente, convirtiéndose a partir del siglo XVI en el cultivo comercial clave de esta región, hasta el siglo XVIII, cuando la sericicultura se expandió por prácticamente toda la geografía valenciana, dinamizando la economía de todo el reino.[159] Si en el caso de Granada, la producción de hilo de seda se nutría fundamentalmente de la hoja del moral (*morus nigra*), en el contexto mediterráneo (tanto español como italiano) se generalizó el cultivo de la morera (*morus alba*), más productiva y adecuada al contexto expansivo del mercado de la seda en el Mediterráneo occidental durante el Quinientos.[160]

Pese a la importancia que adquirió el cultivo de la morera y la producción de seda en el reino de Valencia entre los siglos XV y XIX, todavía carecemos de un estudio que aborde en profundidad el impacto económico y social de esta actividad artesanal, especialmente en lo referido a sus fases iniciales. Este hecho se debe, en parte, a la escasez de fuentes, ya que dependemos en buena medida de documentación fiscal, de carácter local y con importantes lagunas. A ello se une la relevancia que adquirió el fraude fiscal y el contrabando de seda, lo que hace casi imposible cuantificar con exactitud la producción de seda valenciana para los siglos XVI y XVII. La especialización productiva de determinadas regiones rurales valencianas a lo largo del Quinientos ha permitido llevar a cabo estimaciones generales y algunos estudios locales específicos, que nos aproximan a esta realidad. La cosecha de seda en Valencia era una lucrativa actividad de la que participaron las familias campesinas de zonas como la Ribera del Júcar, la huerta de Orihuela, la Costera o la huerta de

Enriquecimiento y ascenso social del linaje de los Casaús en la Valencia de los siglos XVII-XVIII", en *Monarquías en conflicto. Linajes y noblezas en la articulación de la Monarquía Hispánica*, Madrid, Universidad de Cantabria, 2018, pp. 629-639.

[158] AYMARD, Maurice, "Economie rurale, économie marchande…, *op. cit.* Salvando las distancias, este proceso, todavía por estudiar para el caso valenciano, sería equiparable al planteado para las regiones rurales de la Toscana en los siglos XVII y XVIII por MALANIMA, Paolo, *Il lusso dei contadini…, op. cit.*

[159] PERIS ALBENTOSA, Tomás, *Història de la Ribera: de vespres de les Germanies fins a la crisi de l'Antic Règim (segles XVI-XVIII). La terra del arròs i les moreres* (vol. 2), Alzira, Bromera, 2001, pp. 79-96.

[160] Remitimos nuevamente a LÓPEZ DE COCA, José Enrique, "'*Morus nigra*' vs '*Morus alba*'…, *op. cit.*

Valencia, entre otras. Las condiciones físicas y ambientales de los espacios irrigados valencianos se adaptaban bien a este cultivo, lo que favoreció su generalización y unos rendimientos aceptables, aunque desiguales, en las huertas del reino, en función de la disponibilidad de agua o el rigor de las heladas.[161]

En cualquier caso, este proceso no puede ser comprendido exclusivamente en clave interna, sino que se enmarca dentro del contexto internacional ya descrito, marcado por el auge de la demanda. Tradicionalmente, la seda valenciana se exportaba hacia los centros sederos castellanos, con Toledo al frente, siendo este el principal mercado consumidor durante los siglos XVI y XVII.[162] Así mismo, las redes mercantiles italianas asentadas en Valencia contribuyeron a incentivar otras corrientes exportadoras internacionales, aunque en este caso el producto demandado no era el hilo, sino la simiente de seda.

Al hablar de la comercialización de la cosecha de seda, por lo general, siempre se piensa en la producción de hilo de seda en bruto (en madeja o hilada), pero no era esta la única mercancía comercializable. A fin de garantizar la cosecha venidera, los campesinos reservaban parte de sus capullos para la producción de simiente de gusanos de seda, renunciando a una parte de su cosecha de seda. El hecho de conservar la simiente para la siguiente cosecha permitía garantizar la reproducción de los gusanos, pero también abría la puerta a una posible estrategia comercial. De esta manera, las familias sericicultoras valencianas eran un agente activo en este proceso económico, ya que podían reducir su producción de hilo e incrementar la de simiente, habida cuenta de que esta mercancía era altamente apreciada en las regiones productoras italianas, debido a su calidad. En esta decisión influyó notablemente la política fiscal, ya que, frente al incremento recurrente de las cargas fiscales sobre el comercio del hilo de seda en el reino de Valencia durante la segunda mitad del siglo XVI, la tributación sobre el tráfico de simiente de seda se mantuvo inalterada hasta las Cortes de 1604, como analizaremos en detalle en el siguiente capítulo.

En conjunto, la sericicultura valenciana es la que desarrolló un modelo productivo más dinámico dentro del contexto español, aunque muy alejado de la realidad italiana, ante la ausencia de una política de fomento económico por parte de las autoridades políticas, tanto reales como regnícolas, siendo este proceso de expansión una respuesta a las condiciones exógenas del mercado y la demanda. El interés público en la sericicultura valenciana (y por extensión, española) se focalizó en la posibilidad de obtener nuevos recursos fiscales a partir de la creación de tributos específicos sobre el comercio de esta materia prima textil, como ya hemos reflejado para el caso granadino. La visión cortoplacista de las autoridades no solo supuso un

---

[161]   VALLÉS BORRÀS, Vicent, *El conreu de la morera i l'artesania de la seda en la Ribera del Xúqer als segles XVI i XVII. El cas de L'Alcúdia*, Valencia, Ajuntament de L'Alcúdia, 1985.

[162]   FRANCH BENAVENT, Ricardo, "La seda en la Valencia moderna. De la expansión productiva y manufacturera del siglo XVI al periodo de esplendor del siglo XVIII", en Ricardo Franch y German Navarro (eds.), *Las rutas de la seda...*, *op. cit.*, pp. 129-161.

obstáculo, sino que dio como resultado la generalización del fraude y el contrabando de seda valenciana hacia Castilla y, en consecuencia, una notable pérdida de competitividad de los tejidos de seda producidos en la ciudad de Valencia.[163]

La sericicultura valenciana se especializó en la exportación de hilo de seda hacia los centros consumidores castellanos y de simiente de seda hacia las áreas sericícolas de la Italia centro-septentrional. Dando por buena la estimación anual de 400.000 libras de seda para el reino de Valencia a la altura de 1580, resulta evidente el crecimiento de esta actividad en los campos de esta región. Pero si combinamos este dato con el volumen de exportación de simiente de seda hacia Italia podemos afirmar que la sericicultura valenciana estuvo muy por debajo de su potencialidad real. Como analizaremos más adelante, este tráfico superó las 100.000 onzas anuales a comienzos del siglo XVII, lo que, a razón de un cálculo teórico aproximado de 5 libras de seda en bruto por cada onza de simiente, suponía una producción estimada de medio millón de libras.

El escaso incentivo político y el control monopolístico que ejercieron los comerciantes italianos sobre el sector nos induce a pensar que no hubo un fomento efectivo de esta actividad y que la dependencia comercial y fiscal del reino de Valencia (y por extensión de toda la monarquía) con respecto a las ciudades-estado italianas limitó su desarrollo económico. Esta actividad, además, mantuvo un carácter profundamente tradicional, poco innovador, sin que su producción compitiese ni en volumen ni en calidad con la seda italiana. Buena muestra de ello la encontramos en el carácter rudimentario de las técnicas de hilado y las quejas constantes de los tejedores de seda sobre la calidad del hilo autóctono; unas carencias que seguían existiendo durante el siglo XVIII.[164] En esta centuria, el auge de la sedería valenciana incentivó algunos intentos de mejora al respecto, aprovechando el contexto expansivo de esta industria, tras la decadencia definitiva de la toledana de la segunda mitad siglo XVII y el incremento de la demanda de tejidos de seda españoles desde el mercado colonial americano.[165] Pese a que durante el Setecientos la sericicultura valenciana se expandió por todo el reino y su volumen de producción creció considerablemente, los problemas estructurales de este sector se mantuvieron, y la seda valenciana siguió jugando un papel secundario en el mercado europeo, cuyo epicentro se mantuvo en las regiones productoras del norte de Italia.

---

[163] MUÑOZ NAVARRO, Daniel, "Per camins inussitats i sendes molt apartades. Contrabando de seda valenciana hacia Castilla durante la segunda mitad del siglo XVI", *Revista de Historia Moderna*, 33 (2015), pp. 229-241.

[164] FRANCH BENAVENT, Ricardo, *La sedería valenciana y el reformismo borbónico*, Valencia, Institució Alfons el Magnànim, 2000.

[165] MUÑOZ NAVARRO, Daniel, "La seda en el comercio colonial español durante la segunda mitad del siglo XVIII", en Ricardo Franch y Germán Navarro (eds.), *Las rutas de la seda...*, *op. cit.*, pp. 275-311.

Dos modelos productivos divergentes

A lo largo de este capítulo hemos tratado de contextualizar la evolución de la sericicultura en el Mediterráneo occidental a comienzos de la Edad Moderna. Para ello, hemos recurrido a comparar el desarrollo de esta actividad en las dos principales regiones productoras, España e Italia, evidenciando un proceso general de expansión sericícola a escala global, incentivado por el incremento de la demanda de esta materia prima en el contexto europeo. No obstante, la respuesta ante este contexto no fue homogénea, pudiendo definir dos modelos productivos divergentes, como consecuencia de un contexto político, social, económico e incluso cultural diferenciado.

La primera diferencia apreciable es la atención que esta actividad ha generado entre los historiadores. Un balance que se decanta claramente del lado italiano, en el que encontramos no solo una nutrida y abundante relación de estudios de carácter regional o local, sino también obras generales, como la de Francesco Battistini o Luca Molà, que aportan una visión general de este proceso. Por su parte, la seda en España también ha adquirido cierto relieve historiográfico en las últimas décadas, aunque este interés se ha concentrado más en la faceta industrial y comercial (que se desarrollaron más intensamente dentro de los contextos urbanos y recibió un mayor apoyo político), dejando en segundo plano la vertiente agrícola inicial de este proceso productivo. Pese a disponer de algunos trabajos relevantes a nivel regional, todavía no disponemos de un panorama general de la sericicultura española moderna.

En el caso italiano, el desarrollo de la sericicultura estuvo marcado por un contexto modernizador, en el que estuvieron implicados gran cantidad de agentes sociales (desde las autoridades políticas a los campesinos), enormemente influido por la economía de mercado y con una creciente división de la organización productiva, que estrechó los vínculos entre las economías rurales y urbanas, especialmente en las regiones más desarrolladas del área centro-septentrional.[166] A tenor de la bibliografía, podemos identificar cuatro clave en el éxito de la sericicultura italiana:

1. El fomento político del cultivo de la morera y la cría del gusano
2. La implicación de los terratenientes y los sectores mercantiles
3. El impulso del mercado y la monetización del trabajo sericícola campesino
4. La mejora técnica e introducción de innovaciones en el proceso productivo

La suma de estos factores, conectada con la expansión del consumo de tejidos de seda en Europa, permite comprender el *primato italiano* dentro del mercado europeo de la seda en bruto durante toda la Edad Moderna. En este proceso jugó un papel clave el fomento político por parte de los diferentes estados implicados, un apoyo que en algunos casos se remonta incluso al siglo XV, y a través del cual se trató de reducir la dependencia mercantil con respecto al abastecimiento de seda en bruto (procedente fundamentalmente

---

[166] Una síntesis general en torno a los factores implicados en el desarrollo de la sericicultura en las regiones rurales italianas de época moderna en: BATTISTINI, Francesco, *L'industria della seta...*, *op. cit.*, pp. 40-70.

de Levante y de la Italia meridional). Aunque no todas las medidas fueron efectivas ni estas se implementaron en todos los territorios, el estímulo y valorización del cultivo de la morera como sector económico estratégico contribuyó decisivamente a la expansión de esta actividad, pese a la proliferación del fraude y las dificultades que implicaba un control minucioso de la producción de capullos o hilo de seda.

La incorporación de la morera a los contratos agrarios italianos (muy diversos según la región a la que nos refiramos), pone de manifiesto el interés creciente por parte de los propietarios de las tierras por difundir este rentable cultivo, en combinación con otras producciones agrarias. Pese a la creciente presión sobre la fuerza de trabajo de las familias campesinas, el desarrollo de una agricultura cada vez más intensiva y de regadío en las regiones centro-septentrionales favoreció la especialización agraria y la expansión de la morera en las zonas de colinas y con menores aportaciones hídricas. Así mismo, los circuitos comerciales creados en torno a la comercialización de la hoja de morera o de los capullos garantizaba un rédito en moneda que complementaba las economías campesinas, favoreciendo una mayor división del trabajo y un desarrollo económico de base capitalista, ya que, por lo general, el hilado y torcido de la seda eran actividades especializadas, que en buena medida se desarrollaban en entornos urbanos. Por último, ya hemos hecho referencia a la importancia que adquirieron las innovaciones y mejoras técnicas en el conjunto del proceso productivo, que implicaron la generalización de la morera, pero también avances en las técnicas de cultivo, la selección de la simiente y, especialmente, en el proceso de mecanización hidráulica del hilado.[167]

En claro contraste con el complejo panorama italiano, el desarrollo de la sericicultura española se produjo casi por inercia, fruto del contexto internacional ya mencionado previamente y de la conexión económica, tanto artesanal como comercial, entre ambas penínsulas durante los siglos XVI-XVII, a la que nos referiremos en el siguiente capítulo. La difusión del cultivo de la morera tuvo un carácter mucho más limitado en la España del Quinientos, pese al estímulo creciente del mercado, centrándose casi exclusivamente en las tres regiones analizadas previamente. La actitud de la Monarquía Hispánica en relación con la seda estuvo condicionada por las necesidades financieras y los intereses particulares de las oligarquías urbanas y de los arrendadores de los tributos que gravaban el comercio de la seda, variando según el contexto de cada una de las regiones. En consecuencia, no existió una política de fomento de este cultivo, sino toda una serie de medidas restrictivas, que ponían en cuestión la calidad del hilo producido a partir de la hoja de este nuevo cultivo, junto a otras disposiciones que trataron de fiscalizar la cosecha de seda desde los campos y limitar la libre circulación de esta materia prima entre las áreas productoras y los centros urbanos consumidores.

---

[167]   A este respecto, remitimos a los trabajos ya citados del profesor Claudio Zanier y Carlo Poni, junto a: GUENZI, Alberto; PONI, Carlo, *Un 'network' plurisecolare: acqua e industria a Bologna*, Studi Storici, 30-2 (1989), pp. 359-377; PONI, Carlo, "Da Bologna a Bergamo: costruire mulini da seta a ruota idraulica fra XVII e XVIII secolo", en Alessandra Fiocca, Daniela Lamberini y Cesare Maffioli (eds.), *Arte e scienza delle acque nel Rinascimento*, Venecia, Marsilio, 2003, pp. 37-45.

La seda en la España del Quinientos no jugó un papel dinamizador como en el caso italiano y las transformaciones agrarias que se produjeron en Valencia y Murcia tuvieron un alcance mucho más limitado, ante la escasa implicación de los grandes propietarios en este cultivo, y la prevalencia de los intereses de las oligarquías urbanas por controlar el abastecimiento de materia prima por encima del fomento de la sericicultura. El papel intermediador de las redes mercantiles de origen italiano promovió en buena medida la expansión de esta actividad en ambas regiones, en las que el cultivo de la morera y la cría del gusano de seda se difundió en las zonas rurales, contribuyendo a dinamizar la economía de las familias campesinas implicadas, aunque de manera coyuntural. El abastecimiento de materias primas industriales en España y su exportación hacia Italia se focalizó en la lana y otras mercancías, como los productos tintóreos, pero el hilo de seda no formó parte de este intercambio mercantil bidireccional. En cambio, los mercaderes de origen genovés y lombardo sí que focalizaron su interés desde mediados del siglo XVI en la simiente de gusanos seda de origen valenciano. Esta mercancía jugó un papel modernizador, aunque no en el ámbito español, sino en el italiano.

Por último, cabe remarcar las diferencias en relación con la introducción de innovaciones técnicas en la producción de capullo de seda en el caso español e italiano. A nivel técnico, aparentemente el cultivo de la morera y la cría del gusano de seda no presenta grandes diferencias entre ambas regiones (siendo constantes las quejas en tratados agronómicos sobre los errores y malas prácticas de los campesinos) y la ya mencionada generalización de la morera sobre el moral (con excepción del caso granadino). No obstante, las pequeñas innovaciones técnicas y el perfeccionamiento del hilado mencionado previamente para el caso italiano no cuajaron en el contexto español.

Este hecho no se derivaba del desconocimiento, sino de un contexto poco proclive a las transformaciones técnicas, ante el escaso interés manifestado en torno a la difusión o mejora de la producción de seda, que se mantuvo prácticamente inalterada y dependía de la práctica empírica del campesinado hasta bien entrado el siglo XVIII. La suma de todos estos condicionantes nos permite entender mejor la escasa competitividad de la materia prima española en el mercado sedero europeo y, por extensión, el contexto de anquilosamiento productivo que caracterizó en buena medida a la sericicultura y sedería en la España moderna, que tuvo en el consumo de lujo de la corte y en el ámbito colonial sus principales nichos de mercado. Pese a un contexto internacional expansivo y unas condiciones físicas adecuadas para la difusión de este cultivo, este proceso fue muy irregular e incluso residual en la mayor parte de la península. El escaso interés político y la creciente dependencia financiera y mercantil con respecto a las economías italianas y del norte de Europa, lastraron el desarrollo de la sericicultura española, que fundamentalmente se limitó al abastecimiento de la demanda interna, jugando un papel secundario en los mercados de la seda, en clara divergencia con respecto al modelo productivo de la sericicultura italiana.

CAPÍTULO II

"AVERE IN MANO UNA FORTUNA".
EL NEGOCIO DE LA SIMIENTE DE SEDA EN
EL MEDITERRÁNEO OCCIDENTAL (C. 1550-1640)

*Hervé Joncour comprava e vendeva i bachi quando il loro
essere bacchi consisteva nell'essere minuscole uova, di
color giallo o grigio, inmobili e aparentemente morte.
Solo sul palmo di una mano se ne potevano tenere a
migliaia. "Quel che si dice avere in mano una fortuna"*

Alessandro Baricco, *Seta* (1996)

El conocido libro de Alessandro Baricco, *Seta*, tiene como protagonista a un comerciante francés especializado en la adquisición de simiente de seda asiática en el contexto de la epidemia de pebrina que asoló la producción europea de esta fibra textil en la segunda mitad del siglo XIX. Sin embargo, esta sutil materia prima ya era una mercancía comercializable desde mucho antes, prácticamente desde el momento en que la sericicultura arraigó en el contexto mediterráneo.

Según el relato mítico, la llegada de la seda a Europa (como actividad productiva, no como género textil importado) se remontaría al reinado de Justiniano.[168] Según Procopio de Cesarea, en el año 552 dos monjes venidos de Oriente pusieron al servicio del emperador bizantino los secretos de la cría del gusano y la producción de seda, extrayendo de manera fraudulenta y escondida en sus bastones huecos una primera muestra de simiente de seda. Sea como fuere, este primer intercambio, si bien tiene un trasfondo de leyenda, representa la referencia escrita más antigua (al menos de la que tengamos constancia) en relación con la circulación internacional de esta materia prima.

Sirvan estas dos referencias literarias, tan dispares entre sí, para enmarcar el complejo proceso histórico que conllevó el desarrollo de la sericicultura en el mundo mediterráneo, a través de la difusión de saberes técnicos y de un intercambio biológico, que implicó y conectó diferentes culturas, imperios y religiones. Un proceso del que surgiría la historia de la seda europea, cuya relevancia ha sido poco valorada hasta el momento, al menos si se compara con la atención que ha recibido esta fibra textil en el contexto asiático.

---

[168]   Procopio de Cesarea, *De bello gotico*, libro IV, cap. XVII.

Haciendo referencia al contexto de mediados del siglo XIX, Giovanni Federico apuntaba que *l'argomento più dibattuto in bachicoltura riguardava sicuramente la scelta del seme-bachi. Sintetizzando una convinzione assai difussa fra esperti e storici, L. Li scrive addirittura che "la chiave del successo di una industria era la sua offerta di bozzoli, e la chiave della qualità dei bozzoli era un seme esente da malattie".*[169] Esta afirmación es también aplicable al contexto del siglo XVI, en el que los mercaderes italianos tejieron unas densas y dinámicas redes mercantiles, que permitían ir en busca de la simiente de mejor calidad, que en aquel momento era la española y, más concretamente, la valenciana. Pese a ello, el interés despertado por estos flujos comerciales ha sido escaso, y algunos autores, como Flavio Crippa, restringieron el alcance de estos circuitos comerciales de aprovisionamiento a intercambios de radio corto, limitándose a afirmar que *anche se è molto probabile, soprattutto in ambito locale, non si possiede ancora una documentazione sullo scambio di seme bachi in periodo antico.*[170] En esta misma línea, Battistini señala que *nel Cinquecento e nel Seicento vi fu una continua importazione in Italia (in quantità che non è possibile determinare) di seme-bachi spagnolo, considerato di ottima qualità [...] Anche se non è improbabile che in qualche caso esso potesse essere rilevante, probabilmente la grande maggioranza della semente utilizzata dai contadini per la bachicoltura era prodotta in proprio, conservando una parte delle uova deposte dalle farfalle l'anno precedente.*[171]

En definitiva, podemos afirmar que la importancia de la importación de simiente de seda en el desarrollo de la sericicultura italiana ha sido infravalorada, en parte como consecuencia del carácter disperso de las fuentes y la escasa información existente. No obstante, esta investigación corrobora que la simiente de seda ya era una mercancía que circulaba a escala internacional entre los siglos XVI-XVII, jugando un papel clave en el despegue de la *gelsibachicoltura* en Italia, mucho antes de que los comerciantes europeos se lanzaran a la búsqueda del *"seme perduto"* en tierras asiáticas, tras los devastadores efectos de la pebrina.[172]

2.1. La conexión comercial entre Valencia e Italia durante la Alta Edad Moderna

Hablar del Mediterráneo en la segunda mitad del siglo XVI, necesariamente nos obliga a revisitar la inacabable obra de Fernand Braudel. Sin duda, las líneas maestras trazadas por este autor, hace ya más de setenta años, han servido como guía para varias generaciones de historiadores que han profundizado y enriquecido el

---

[169]   FEDERICO, Giovanni, *Il filo d'oro...*, *op. cit.*, p. 125. Cita extraída tomada del libro de LI, Lillian M., *China's silk trade: traditional industry in the modern world*, Cambridge, Harvard University Press, 1981.

[170]   CRIPPA, Flavio, "Dal baco al filo", en *La seta in Italia...*, op. cit., p. 13

[171]   BATTISTINI, Francesco, *L'industria della seta...*, *op. cit.*, pp. 61-62.

[172]   ZANIER, Claudio, *Alla ricerca del seme perduto: sulla via della seta tra scienza e speculazione (1858-1862)*, Milán, FrancoAngeli, 1993.

panorama historiográfico en torno a las complejas relaciones comerciales que se articularon en las "llanuras líquidas" del Mediterráneo a lo largo de la primera edad moderna.[173] A partir del legado braudeliano, en las últimas décadas las nuevas perspectivas y metodologías han contribuido a entender este mar desde ángulos cada vez más complejos y, sobre todo, a partir de una mirada comparada, que trata de comprender el redimensionamiento del Mediterráneo dentro de la nueva economía globalizada a partir del siglo XVI, teniendo en cuenta las redes mercantiles de carácter transnacional que conectaron el *Mare Nostrum* a escala internacional.[174]

El Mediterráneo occidental siempre ha sido un espacio de contacto e intercambio (de personas, mercancías, culturas e ideas…), y, en este contexto, la Monarquía Hispánica desarrolló una labor política fundamental a lo largo de toda la Edad Moderna (especialmente durante el periodo de los Austrias), convirtiéndose en un Estado con una poderosa maquinaria burocrática y militar, que ejercía su dominio (directo o indirecto) no sólo sobre la península Ibérica, sino también sobre los territorios italianos, desde el Milanesado hasta los reinos de Nápoles y Sicilia, sin olvidar la estrecha conexión con la potentísima república de Génova a partir de 1527. Una realidad que adquirió sustancia propia tras la creación del Consejo de Italia durante el reinado de Felipe II.[175] Sin embargo, la idea clásica de la dominación española en el ámbito político y militar contrasta con los estudios sobre los contactos comerciales, artísticos y culturales entre ambos territorios. En el ámbito económico, mercantil o financiero se invertían las tornas, ya que las ciudades-Estado italianas (especialmente los de la región centro-septentrional) se beneficiaron enormemente de la acuciante situación de la Hacienda española, generándose una relación de dependencia comercial y financiera hacia las redes mercantiles y de cambio de origen italiano asentadas en toda la Monarquía Hispánica (principalmente genoveses, pero también lombardos, toscanos o romanos), ya desde finales de la Edad Media, pero de manera especialmente intensa a partir del siglo XVI.[176] En palabras de Paulino Iradiel, *para las economías dominantes norteitalianas (Génova, Florencia y, en menor medida, Venecia o Milán) [...] las áreas mediterránea peninsular y meridional italiana*

---

[173]   BRAUDEL, Fernand, *El Mediterráneo y el mundo mediterráneo en la época de Felipe II*, México, FCE, 2016 (ed. original en español, 1953). *El Mediterráneo no es un mar, sino una sucesión de llanuras líquidas comunicadas entre sí por puertos más o menos grandes*. Cita extraída de la p. 154.

[174]   Solo algunas referencias al respecto: FRANCH BENAVENT, Ricardo, "El comercio en el Mediterráneo español durante la Edad Moderna: del estudio del tráfico a su vinculación con la actividad productiva y el contexto social", *Obradoiro de Historia Moderna*, 17 (2008), pp. 77-112; FUSARO, Maria; HEYWOOD, Collin; OMRI, Mohamed-Salah (eds.), *Trade and cultural exchange...*, *op. cit.*; HERRERO SÁNCHEZ, Manuel; KAPS, Klemens, *Merchants and trade networks in the Atlantic and the Mediterranean, 1550-1800: connectors of commercial maritime systems*, Londres, Routledge, 2016; MUÑOZ NAVARRO, Daniel (coord.), *Un Mediterrani transnacional ...*, *op. cit.*

[175]   HERRERO SÁNCHEZ, Manuel, "La República de Génova y la Monarquía Hispánica (siglos XVI-XVII)", *Hispania*, LXV/219 (2005), pp. 9-20.

[176]   IRADIEL, Paulino, *El Mediterráneo medieval y Valencia: economía, historia y sociedad*, Publicacions de la Universitat de València, Valencia, 2017.

constituían periferias coloniales que desarrollaban una función precisa: proporcionar productos agrícolas (lana, trigo, arroz, aceite, frutos secos) y consumir productos manufacturados y de lujo provenientes de las economías dominantes.[177] Esta afirmación, que se refiere al periodo bajomedieval, responde a una realidad estructural, que se reforzó durante los primeros siglos modernos.

La revitalización del comercio mediterráneo a lo largo del siglo XVI tuvo su plasmación en la actividad marítima de los principales enclaves portuarios de la fachada mediterránea española, entre los que destacó el auge del tráfico naval de la ciudad de Alicante. En palabras de Emilia Salvador, *ni la periferización a nivel mundial, ni el afianzamiento turco en la cuenca oriental del Mediterráneo, ni la difusión de una piratería no exclusivamente islámica, ni la relativa retirada del comercio hispano hacia el Oeste, supusieron la ruina del Mediterráneo.*[178] Una perspectiva de revitalización del comercio mediterráneo español que se reafirma en trabajos posteriores, que han incidido en la creciente orientación de la economía castellana hacia este mar interior y la articulación de redes marítimas internacionales que conectaron el mundo Mediterráneo y el mundo Atlántico de manera más intensa a partir de la segunda mitad del siglo XVI.[179]

En este complejo entramado, los mercaderes italianos ejercieron un control casi monopolístico sobre las relaciones comerciales y financieras entre España e Italia durante el siglo XVI y buena parte del siglo XVII, gracias a su flexibilidad mercantil, su capacidad para movilizar capitales (en la línea del concepto de *repubblica internazionale del denaro*), y su influencia y proximidad a los círculos políticos de la Corte.[180] Este concepto, acuñado hace décadas, se refiere a la construcción de un espacio económico europeo integrado y unitario, por encima de las diferencias políticas y territoriales, con una importante circulación de mercancías, de hombres (no solo de negocios), y de cultura, ideas y tecnologías. No obstante, la historiografía ha priorizado los aspectos políticos, diplomáticos, militares o financieros, dentro del contexto del sistema imperial hispánico, relegando a un segundo plano las conexiones económicas y comerciales.[181] Así mismo, algunas regiones han recibido

---

[177] *Ibid.*, p. 263.

[178] SALVADOR ESTEBAN, Emilia, "España y el comercio mediterráneo en la Edad Moderna", en Manuel Lobo y Vicente Suárez (eds.), *El comercio en el Antiguo Régimen*, Gran Canaria, Universidad de las Palmas de Gran Canaria, 1995, pp. 13-46. Cita extraída de la p.15.

[179] FRANCH BENAVENT, Ricardo, "El comercio en el Mediterráneo español…, *op. cit.*

[180] MADDALENA, Aldo Di; KELLENBENZ, Hermann (eds), *La repubblica internazionale del denaro tra XV e XVII secolo*, Bolonia, Il Mulino, 1986; MARSILIO, Claudio, *Dove il denaro fa denaro. Gli operatori finanziari genovesi nelle fiere di cambio del XVII secolo*, Novi Ligure, Città del silenzio edizioni, 2008; SANZ AYÁN, Carmen, *Los banqueros y la crisis de la Monarquía Hispánica de 1640*, Madrid, Marcial Pons, 2013.

[181] GALLINARI, Luciano (dir.), *Genova, una "porta" del Mediterráneo*, Génova, ISEM, 2005; Salvador Esteban, Emilia, "Política y comercio en la Valencia del siglo XVII. El tráfico marítimo Génova-Valencia", en Raffaele Belvederi (ed.), *Rapporti Genova-Mediterraneo-Atlantico nell'età moderna*, Genova, 1985, pp. 113-155.

una atención más intensa, especialmente aquellas que formaron parte de la Monarquía Hispánica, tales como la Lombardía o Nápoles, o que jugaron un papel clave en su política internacional, como es el caso de Génova.[182]

La preminencia económica genovesa en los albores de la Edad Moderna estuvo marcada por una actitud capitalista, que se plasmaba en la búsqueda de mercados cada vez más amplios, con espacios interrelacionados y jerarquizados entre sí, dentro del desarrollo progresivo de una economía crecientemente globalizada.[183] La preeminencia ligur en el entramado comercial del Mediterráneo occidental era incuestionable en la segunda mitad del siglo XVI y las primeras décadas del siglo XVII, controlando buena parte de las transacciones comerciales entre las ciudades portuarias italianas y los reinos ibéricos.[184] Es bien conocido el predominio casi absoluto que ejercieron los genoveses sobre la producción y exportación de la lana castellana, así como de otros productos y materias primas industriales, tanto de origen peninsular como colonial (azúcar, alumbre, barrilla, cochinilla, palo campeche…), pero la variedad de estos intercambios se hizo extensible a muchas otras mercancías, construyendo unas redes de intercambio claramente favorables para las economías italianas.[185]

Esta hegemonía se hizo extensible también a la seda, aunque en este negocio, junto a los genoveses, también encontramos una notable presencia de comerciantes de origen milanés. El control que los genoveses desarrollaron durante los siglos XVI-XVII en el mercado internacional de la seda en bruto era evidente, no solo en la península Ibérica, sino también en los reinos de Sicilia y Nápoles. Las palabras de Jacques Savary, escritas en 1675, corroboran esta posición hegemónica sobre una de las materias primas esenciales para la industria de lujo en Europa:

> *Les génois y ont acquis dès longtemps des seigneuries dans les endroits meilleurs et les plus abondants en soie; dont ils sont les maîtres et par ces acquisitions qui les rendent citoyens, ils sont exempts de tous droits de sortie et les douanes que les étrangers sont obligés de payer ce qui est un avantage qu'aucun français ne peut avoir; ainsi quand il*

---

[182]   HERRERO SÁNCHEZ, Manuel y otros, *Génova y la monarquía hispánica: 1528-1713*, Génova, Società Ligure di Storia Patria, 2011; SELLA, Domenico, *L'economia lombarda durante la dominazione spagnola*, Bolonia, Il Mulino, 1980; GALASSO, Giuseppe, *Alla periferia dell'impero: il regno di Napoli nel periodo spagnolo (secoli XVI-XVII)*, Turín, Einaudi, 1994.

[183]   WALLERSTEIN, Inmanuel, *The modern-world system. Capitalist agriculture and the origins of European world economy in the sixteenth century*, Nueva York, Academic Press, 1974.

[184]   Ante la amplitud bibliográfica, nos limitaremos a remitir nuevamente a HERRERO SÁNCHEZ, Manuel y otros, *Génova y la monarquía hispánica...*, op. cit.

[185]   En relación con el flujo exportador de materias primas desde Castilla a Italia durante la Edad Moderna, remitimos a la tesis doctoral de Rafael M. Girón Pascual, *Las Indias de Génova. Mercaderes genoveses en el reino de Granada durante la edad moderna (ss. XVI-XVIII)*. Tesis doctoral. Universidad de Granada, 2012. Los principales resultados de esta investigación se recogen en GIRÓN PASCUAL, Rafael M., *Comercio y poder: mercaderes genoveses en el Sureste de Castilla durante los siglos XVI y XVII (1550-1700)*, Valladolid, Ediciones Universidad de Valladolid, Cátedra Simón Ruiz, 2018.

leur plaira ils peuvent troubler les entreprises des achats sur les lieux en les baillant à meilleur prix qu'on ne pourrait faire.[186]

El interés que los principales centros sederos italianos tuvieron en el aprovisionamiento de esta mercancía en el contexto ibérico se remonta a los orígenes mismos de esta industria. La circulación de materia prima de seda en el Mediterráneo occidental, por tanto, se desarrolló desde el periodo medieval, como lo atestiguan la participación de mercaderes de origen italiano (genoveses, pero también luqueses, toscanos o venecianos) en los circuitos comerciales granadinos y la articulación de redes de exportación a través de los puertos levantinos, entre los que destacaba Valencia al menos desde finales del siglo XIV.[187] No obstante, este tráfico fue cambiando con el paso de las décadas, como lo demuestra la presencia de comerciantes milaneses en el reino de Valencia durante la segunda mitad del Quinientos, especializados en un negocio novedoso, el aprovisionamiento de simiente de seda hacia la Italia centro-septentrional.

La presencia de agentes mercantiles italianos en los mercados sericícolas españolas no es, por tanto, una novedad del siglo XVI. La experiencia adquirida en estos circuitos desde el periodo bajomedieval contribuyó a reforzar su predominio, aunque la realidad de este tráfico comercial cambió considerablemente a lo largo de esta centuria, intensificando el flujo de mercancías y promoviendo una mayor integración de estos comerciantes extranjeros en la estructura económica y social de las regiones productoras. El estrechamiento de los lazos políticos entre ambas penínsulas y el protagonismo creciente de los genoveses en los territorios de la Monarquía Hispánica contribuyeron a incentivar la expansión de la morera en amplias regiones agrícolas de la fachada mediterránea, como Valencia y Murcia, favoreciendo la inserción de este cultivo en la estructura agraria de estas regiones. El reforzamiento de la conexión marítima entre España e Italia a partir de la década de 1570, derivado de la inestabilidad en la conexión comercial con Flandes e Inglaterra y la consolidación del eje financiero Barcelona-Génova para la expedición de plata americana a Europa, reforzó considerablemente la actividad portuaria de los puertos del Mediterráneo español, entre los que sobresalió el de Alicante, el cual *acapara una gran parte del tráfico con Italia, que venía verificándose a través de Sevilla*, siendo el puerto de Génova el destino principal de las rutas marítimas que conectaron ambas penínsulas.[188]

---

[186]   Jacques Savary, *Le parfait negociant*, París, 1679 (1ª ed., 1675). Cita extraída de HERRERO SÁNCHEZ, Manuel, "La finanza genovese e il sistema imperiale spagnolo", *Rivista di Storia Finanziaria*, 19 (2007), p. 55.

[187]   FÁBREGAS GARCÍA, Adela, "Aprovisionamiento de la seda en el Reino Nazarí de Granada. Vías de intervención directa practicadas por la comunidad mercantil genovesa", *En la España Medieval*, 27 (2004), pp. 53-75; JACOBY, David, "Silk crosses the Mediterranean", en Gabriella Airaldi (ed.), *Le vie del Mediterraneo..., op. cit.*, pp. 55-79; — "Genoa, silk trade and silk manufacture in the mediterranean region (ca. 1100-1300)", en Anna Rosa Calderoni Masseti y otros (eds.), *Tessuti, oreficerie, miniature in Liguria XII-XV secolo*, Bordighera, Istituto internazionale di studi liguri, 1999, pp. 11-40.

[188]   VÁZQUEZ DE PRADA, Valentín, "La actividad económica del Levante español en relación con Italia a finales del siglo XVI", en *VI Congreso de Historia de la Corona de Aragón*, Madrid, 1959, p. 902; FRANCH BENAVENT,

En este contexto, se articuló un comercio bidireccional claramente deficitario para la Monarquía Hispánica (exportadora de materias primas y consumidora de manufacturas importadas), integrada en la periferia de este sistema económico, cuyo epicentro se situó en los centros urbanos del norte de Italia, articulando una dinámica región económica en torno al área lombarda, cuyos confines se extendían más allá de las fronteras políticas de los estados italianos.[189] Pese a ello, a escala regional, la intensificación de este tráfico internacional favoreció el establecimiento de unas dinámicas redes comerciales de origen italiano (genovesas y lombardas por lo general), profundamente enraizadas en la economía y los sectores productivos de diferentes territorios hispánicos, cuyas estrategias mercantiles fomentaron el desarrollo de productos especulativos, como la lana, la caña de azúcar, el alumbre o la seda.[190]

Una vez delineada la estrecha conexión comercial entre la España mediterránea y los territorios italianos, analizaremos con mayor profundidad el vínculo entre el reino de Valencia y la Italia centro-septentrional; una conexión especialmente intensa, derivada de factores geográficos evidentes, pero también a los fuertes lazos (políticos, económicos, sociales y culturales) que unían ambas regiones desde el periodo bajomedieval.[191] No obstante, chocamos ante una fuerte desigualdad en el estudio del tráfico importador y exportador. Mientras que las fuentes documentales valencianas han permitido estudiar con bastante detalle el comercio de importación hacia Valencia desde el siglo XV hasta finales del XVIII, no sucede lo mismo con la exportación de mercancías desde los puertos valencianos a Italia, que se conoce de manera muy difusa y general.[192]

Ricardo, "El comercio en el Mediterráneo español..., *op. cit.;* MARTÍN CORRALES, Eloy, "El comercio mediterráneo en la época de Felipe II", en Ernest Belenguer (coord.), *Felipe II y el Mediterráneo..., op. cit.*, vol. I, pp. 335-356; MONTOJO MONTOJO, Vicente, "El comercio de Alicante en los reinados de Felipe II y Felipe III", *Cuadernos de Historia Moderna*, 32 (2007), pp. 87-111; GRENDI, Edoardo, *La repubblica aristocratica dei genovesi*, Bolonia, Il Mulino, 1987, parte IV "Il traffico portuale di Genova (1500-1700)", pp. 309-364.

[189] Diferentes autores han remarcado en sus trabajos la articulación de una extensa región económica que se extendía por la *pianura padana* y el área transalpina. Véase TONELLI, Giovanna, "La Lombardia Spagnola nel XVII secolo. Studi di storia economica dopo Sella", *Mediterranea. Ricerche storiche*, Anno V, 13 (2008), pp. 403-404.

[190] La bibliografía sobre la presencia genovesa en la España moderna es prácticamente inabarcable. Sirva como ejemplo el ilustrativo trabajo de ANDÚJAR CASTILLO, Francisco, "Los genoveses en el reino de Granada. Comercio y estrategias mercantiles", en Ernest Belenguer (coord.), *Felipe II y el Mediterráneo..., op. cit.*, pp. 357-375. Véase también: IGUAL LUIS, David; NAVARRO ESPINACH, Germán, "Los genoveses en España en el tránsito del siglo XV al XVI", *Historia. Instituciones. Documentos*, 24 (1997), pp. 261-332; FRANCH BENAVENT, Ricardo, "Los genoveses en la España moderna: finanzas, comercio y actividad laboral de los protagonistas de un intenso flujo migratorio", en Luciano Gallinari (dir.), *Genova, una "porta" del Mediterraneo..., op. cit.*, pp. 643-683.

[191] IGUAL LUIS, David, *Valencia e Italia en el siglo XV. Rutas, mercados y hombres de negocios en el espacio económico del Mediterráneo occidental*, Valencia, Universitat de València, 1996; IRADIEL, Paulino y otros (eds.), *Identidades urbanas Corona de Aragón-Italia. Redes económicas, estructuras institucionales, funciones políticas (siglos XIV-XV)*, Zaragoza, Prensas de la Universidad de Zaragoza, 2016.

[192] Como primeras aproximaciones al tema, véase MUÑOZ NAVARRO, Daniel, "Relaciones comerciales entre el reino de Valencia y el norte de Italia en el tránsito del siglo XVI al XVII", *RiMe.*

A partir de las fuentes fiscales (entre las que sobresale el *peatge de mar*), se han trazado las líneas generales del tráfico marítimo desde el norte de Italia hacia la ciudad de Valencia, así como la composición y tipología de estos bienes importados, entre los que predominaban las manufacturas (productos elaborados o semielaborados). El puerto ligur ejercía un papel de redistribución de manufacturas variadas, remitidas a esta ciudad, tanto por tierra como por mar, por lo que en las embarcaciones fletadas en Génova se cargaban productos de procedencias diversas. A pesar de la diversidad de investigaciones y fuentes empleadas para el conocimiento de este tráfico comercial, existen unas características comunes, que se mantuvieron a lo largo de toda la Edad Moderna. Desde el periodo bajomedieval, la presencia de mercaderes ligures y lombardos en tierras valencianas fue muy significativa. Un hecho que generó un fuerte intervencionismo de estos agentes comerciales en las estructuras productivas del reino de Valencia y un enraizamiento dentro de los sectores comerciales muy marcado, que les permitió mediatizar y controlar el comercio de importación entre Génova y las diferentes ciudades portuarias que se distribuían a lo largo de la fachada oriental de la península Ibérica.

Al parecer, los genoveses apoyaron su poderío naval sobre una marina en su mayor parte formada por grandes embarcaciones, que confirieron a la marina ligur un papel muy destacado en los itinerarios navieros del Mediterráneo occidental. Como señala, David Igual *desde Génova, la nao solía marchar semivacía, y su personal quedaba encargado de rellenar durante el camino las bodegas con numerosos productos. Esta actividad proporcionó a los propietarios amplios márgenes gananciales y subraya la trascendencia estibadora de las escalas ejecutadas entre la cabecera y el final del recorrido.*[193] En cuanto a la tipología de géneros importados, este mismo autor, establecía un total de cinco categorías que englobaban la mayor parte de este tráfico, en que predominaban los géneros manufacturados ya desde el periodo bajomedieval.[194]

De la misma manera, los estudios sobre el *peatge de mar* nos ofrecen una imagen similar del comercio marítimo desde Génova hacia el reino de Valencia durante el siglo XVI y XVII. Un análisis que muestra una imagen difuminada pero aproximada a la realidad comercial del periodo. Para la región noroccidental de la península Itálica el puerto de referencia indudable era Génova, con un 82,3 % del total de naves

---

Rivista dell'Istituto di Storia dell'Europa Mediterranea, 4 (giugno 2010), pp. 319-335; — "La conexión marítima entre los puertos de Alicante y Livorno y la circulación de materias primas industriales en el Mediterráneo occidental (1565-1611)", en Lluis Guia, Maria Grazia Mele y Giovanni Serrelli (eds.), *Centri di potere nel Mediterraneo occidentale. Dal Medioevo alla fine dell'Antico Regime*, Milán, FrancoAngeli, 2018, pp. 303-312.

[193]   IGUAL LUIS, David, *Valencia e Italia en el siglo XV...*, *op. cit.*, p. 355.

[194]   *Ibid.*, p. 340. Se distinguen cinco tipologías de mercancías importadas: Especias, drogas, perfumes y resinas de procedencia oriental y norteafricana; tintes y mordientes empleados en la industria textil; tejidos y obrados de lana, seda, lino y algodón; metales en bruto o con elaboraciones sencillas; y manufacturas en madera y papel.

procedentes de esta área, seguida del puerto de Livorno, con un 13%. El puerto de Génova regulaba este intenso tráfico, a través de la *Casa di San Giorgio*, comerciando con una gama muy variada de mercancías, tanto autóctonas como procedentes de un hinterland extenso que utilizaba el puerto de Génova como puerta al Mediterráneo.

A partir de los estudios de Emilia Salvador, Álvaro Castillo y Roberto Blanes conocemos la naturaleza del comercio de importación en el tránsito entre el siglo XVI y XVII.[195] De nuevo, esta tipología de productos importados estaba marcada por las manufacturas. Entre estos destacaban los géneros textiles, con una procedencia y tipología variada, así como el papel, en sus múltiples formas, usos y calidades. Por último, el tercer grupo en esta trilogía son las manufacturas metálicas y metales, en su estado primario, entre los que se incluían armas y piezas de artillería. En menor medida, están presentes los productos alimenticios y derivados, pequeñas cantidades de cereales o legumbres, pescado y salazones. También continuaba importándose plantas medicinales, especias, tintes, gomas o resinas. Por último, materiales de construcción y elementos artísticos, así como elementos suntuarios y decorativos, como espejos, muebles, camas de campo...

A fin de ejemplificar este tráfico comercial que acabamos de definir y del control ejercido por los mercaderes italianos (genoveses, pero también milaneses), analizaremos el naufragio que se produjo en 1571 en las inmediaciones de la playa de Denia, de la nave ragusea conocida como La Marolina, procedente del puerto de Génova.[196] La mayor parte del cargamento llegó a la playa de Denia o fue recogido por los marineros de la zona, quedando en manos del baile de la villa. Los expedientes de reclamación de las mercancías cargadas en la nave nos permiten conocer la tipología de géneros importados, pero también los mercaderes y cargadores de la nave.[197]

La composición de la carga de este navío ya fue analizada por Lapeyre, por lo que omitiremos su análisis, limitándonos a indicar que coincide plenamente con la tipología del comercio de importación que nos ofrecen los registros del *Peatge de Mar*. Entre los géneros textiles encontramos una amplia gama de tejidos, de procedencia diversa, como telas de Alemania, lienzos y telas de Saint Gall, raixa negra de Florencia,

---

[195]   La serie documental del *Peatge de Mar*, conservada en la serie *Mestre Racional* del ARV, ha permitido realizar numerosos estudios sobre el comercio marítimo y de importación en Valencia a lo largo de la época moderna. De manera muy especial, destaca la amplia labor desarrollada por la profesora Emilia Salvador, a través de sus investigaciones, pero también de la tarea de dirección de un buen número de tesinas relativas a este tema. SALVADOR ESTEBAN, Emilia, *La economía valenciana...*, op. cit.; CASTILLO PINTADO, Álvaro, *Tráfico marítimo y comercio...*, op. cit.; BLANES ANDRÉS, Roberto, *El puerto de Valencia: Encrucijada de rutas, productos y mercaderes (1625-1650)*, Valencia, Generalitat Valenciana, 2003.

[196]   Una primera aproximación al estudio de este naufragio en LAPEYRE, Henri, "Le naufrage de la Marolina", en Maxime Chevalier, Robert Ricard, Noël Salomon (eds.), *Mélanges offerts a Marcel Bataillon par les hispanistes français*, Bordeaux, Féret, 1962, pp. 159-165.

[197]   Las cuentas relativas al naufragio de la nave pueden consultarse en ARV, Mestre Racional, exp. 9882 (1572). A ello podríamos añadir una larga lista de procesos de reclamación incoados por los mercaderes (genoveses y lombardos básicamente) ante el Procurador Patrimonial del rey, conservados en la sección Bailía del mismo archivo.

gorguerán de Génova, estamets de Milán o damascos y terciopelos procedentes, probablemente, de Lombardía o del Piamonte. Es muy significativa la presencia de metales, como el acero o el cobre, así como diversas manufacturas metálicas (hilo de hierro, paellas, calderas, cobre obrado, tachas, clavazón…) o armamento (hojas de espadas de Milán, dagas, talabartes o arcabuces). Asimismo, dentro de la embarcación encontramos hasta 390 balas de papel. En menor medida, también se transportaban pequeñas cantidades de otros productos, tales como diversos elementos arquitectónicos (cajas de mármoles labrados) y mobiliario (espejos, sillas, camas de campo…), así como algunos productos alimenticios y especias.

Si analizamos los consignatarios de las mercancías transportadas, cuyo destino era la ciudad de Alicante, se observa que el predominio de los mercaderes italianos entre los cargadores de la nave es total. Principalmente se trata de linajes asentados en la ciudad de Génova, entre los que destacaban los Parravicino, Imperiale, Grimaldo, Doria, Ferro, de Franquis, Mucefi, Uso di Mare… También hay algunos procedentes de Milán, entre los que destaca Giovanni Andrea Ullius, junto a Ambrosio Canobbio. La mayor parte de estos linajes comerciales son rastreables en las fuentes documentales, tanto valencianas como genovesas, donde se demuestra la intermediación que realizaban en el tráfico marítimo entre España e Italia, beneficiándose del dinamismo creciente de este comercio bidireccional.

Ya hemos destacado la integración económica de los mercaderes italianos en el reino de Valencia. Esta colonia, además del control mercantil, participaba en el arrendamiento de impuestos sobre el comercio. Es el caso de Nicolás Imperial, mercader genovés asentado en Alicante, uno de los consignatarios, que había cargado a través de un agente comercial llamado Giannotto Uso di Mare, varias cajas de espejos y breviarios, tejidos procedentes de Alemania, así como papel y calderas de metal en La Marolina. Algunas décadas después, en 1602, el mismo Nicolás Imperial arrendó el *dret de la mercaduria*, que debían pagar todas las mercancías que entraban a la ciudad de Alicante para ser embarcadas, la mayor parte de ellas con destino a Génova.[198]

En cambio, el comercio de exportación desde los puertos valencianos hacia el norte de Italia es un aspecto apenas estudiado hasta el momento. Tampoco es nuestra intención cubrir este vacío historiográfico, sino plantear una primera aproximación a las fuentes, que corrobore el papel jugado por la simiente de seda dentro de este entramado mercantil. Los fondos de la *Casa di San Giorgio*, custodiados en el *Archivio di Stato di Genova*, son una documentación fundamental para estudiar este comercio. Al igual que el *Peatge de mar*, en este archivo se conservan los registros anuales de entrada al puerto de Génova, en la serie conocida como *"Carati e diritti"* (*Introitus caratorum maris et drictuum*), una documentación susceptible de ser analizada sistemáticamente.[199] En estos registros son habituales las referencias a embarcaciones procedentes de puertos de la fachada mediterránea de la península

---

198   ARV, Procesos de Madrid, Letra P, exp. 582.
199   FELLONI, Giuseppe, *Inventario dell'Archivio…, op. cit.*

Ibérica, entre ellos el puerto de Alicante o el de Valencia. Los registros nos detallan el tipo de embarcación, el patrón de esta, así como la carga que transportaban, los cargadores y las marcas comerciales con que venían marcadas las mercancías.[200]

La combinación de las fuentes italianas con la documentación custodiada en los archivos valencianos permitiría realizar un estudio mucho más complejo en torno a este tráfico comercial. La intensa presencia de mercaderes y artesanos genoveses en la Valencia moderna quedó reflejada en las fuentes, especialmente en los fondos judiciales, donde las referencias a compañías comerciales formadas por genoveses o milaneses son frecuentes. Sin ánimo de exhaustividad, en estos registros portuarios son fácilmente identificables los principales linajes que habían importado géneros hacia Valencia en La Marolina.

Sirva como ejemplo de este intenso vínculo el contrato de flete de un barco genovés para transportar lana y otras mercaderías (principalmente simiente de seda) hasta Italia, a través del puerto de Livorno y Génova, a través del cual se intuyen las líneas generales de este comercio.[201] Los cargadores italianos transportaban sus mercancías, cargadas en el puerto de Alicante a bordo de una nave ragusea, en dirección a los principales puertos italianos. Entre estas mercancías destacan las materias primas industriales, tales como la lana castellana, tanto limpia como sucia, la cochinilla, la barrilla o las pieles, entre otros géneros relativamente conocidos. Sin embargo, junto a la lana, que podemos considerar como el producto estrella de este tráfico, llama la atención la importancia cualitativa de la simiente de gusanos de seda. Esta novedosa mercancía era muy valorada en los emergentes centros sederos del norte de Italia, especialmente en determinadas zonas de la Lombardía y el Piamonte.

Sin embargo, las rutas que conectaron el reino de Valencia y la Italia centro-septentrional incluían otras escalas fundamentales. Nos referimos a dos ciudades portuarias clave en esta conexión internacional: Alicante y Livorno.[202] La primera era conocido como "la puerta de Castilla", por el papel que jugaba en la comercialización de diferentes mercancías castellanas (entre las que destacaba la lana, pero también otros géneros como las pieles o la barrilla) y productos coloniales (como la grana cochinilla, el palo de Brasil o el azúcar, entre otros); mientras que la segunda, definida como *la pupilla dell'occhio della Toscana*, fue un enclave portuario promovido bajo el gobierno de los Medici al frente del Gran Ducado de la Toscana, siendo la ciudad de Florencia el centro de destino principal de las mercancías importadas, buena parte de las cuales eran materias primas industriales.[203]

---

[200] FELLONI, Giuseppe, "Organización portuaria, navegación...", *op. cit.*, pp. 237-267.

[201] ARV, Procesos de Madrid, Letra J, exp. 878.

[202] En relación con la conexión marítima entre España e Italia, véase: RIBOT GARCÍA, Luis A.; ROSA, Luigi de (dirs.), *Naves, puertos e itinerarios...*, *op. cit.*; VITTORIO, Aldo Di; BARCIELA, Carlos (eds.), *La storiografia marittima in Italia e in Spagna...*, *op. cit.*

[203] ZAMORA RODRÍGUEZ, Francisco, *La pupilla dell'occhio della Toscana y la posición hispánica en el Mediterráneo occidental (1677-1717)*, Madrid, FEHM, 2013.

Sin duda, el punto de partida a la hora de reivindicar la relevancia del tráfico marítimo del puerto de Livorno, especialmente en su conexión con los territorios hispánicos, debe ser la ya citada obra de Fernand Braudel y Ruggiero Romano, en la que se apuntaba, de manera un tanto descriptiva y excesivamente general, la importante actividad comercial en torno a esta plaza portuaria durante la segunda mitad del siglo XVI y los primeros años del siglo XVII, incentivada gracias al impulso político de los Medici.[204] De manera más reciente, otros estudios han abordado la actividad portuaria livornesa, aunque las obras de mayor profundidad toman como punto de partida el año 1676, momento en el que la ciudad recibió oficialmente el privilegio de puerto franco.[205]

El auge comercial vivido durante la segunda mitad del siglo XVI provocó una gran transformación urbana, haciendo que Livorno pasase de ser una pequeña villa de unos 700 habitantes a un enclave portuario de primer orden a escala europea, con una población de unos diez mil moradores.[206] El impulso político de los Medici durante este periodo dio lugar a la construcción del principal puerto de la Toscana.[207] Un enclave estratégico en el que convivían embarcaciones del Báltico, del norte de África, de Inglaterra y las Provincias Unidas y, por supuesto, que conectaba con el comercio atlántico y con el Nuevo Mundo, haciendo escala en la Monarquía Hispánica, gracias, en buena medida, a la concesión de determinados privilegios, promulgados a finales del siglo XVI, los cuales se fueron ampliando durante el siglo XVII (se trata de las *legge livornine* de 1591 y 1593 o la ya mencionada concesión del puerto franco en 1676).

La conexión entre el puerto de Livorno y el mundo ibérico fue, en palabras de Ghezzi, la de mayor peso, dentro de la amplitud de rutas comerciales que desembocaban en esta ciudad portuaria. En este tráfico no solo jugaron un papel importante los productos coloniales, entre los que el azúcar y la grana cochinilla predominaban sobre el resto, sino que buena parte de las materias primas que se desembarcaban en Livorno eran mercancías producidas en España e importadas a través de las redes de agentes comerciales italianos asentados en la Monarquía Hispánica. Otra característica común era el predominio de las materias primas industriales, destinadas a abastecer a los centros manufactureros del centro de Italia.[208] La conexión con Oriente y con el mundo islámico, que se consolidó a mediados del

---

[204]   BRAUDEL, Fernand; ROMANO, Ruggiero, *Navires et marchandises...*, op. cit.

[205]   FILIPPINI, Jean Pierre, *Il porto di Livorno e la Toscana (1676-1814)*, Nápoles, Edizioni Scientifiche Italiane, 1998.

[206]   TRIVELLATO, Francesca, *The familiarity of strangers: the sephardic diáspora, Livorno, and cross-cultural trade in the early modern period*, New Haven, Yale University Press, 2009.

[207]   PROSPERI, Adriano (ed.), *Livorno 1606-1806. Luogo di incontro tra popoli e culture*, Turín, Allemandi, 2009. Dentro de la misma obra, remitimos a: Lucia Fratarelli-Fisher, "La Livornina. Alle origini della società livornese", pp. 43-62; Renato Ghezzi, "Il porto di Livorno e il commercio mediterraneo nel Seicento", pp. 324-340; Gigliola Pagano, "Livorno: porto della Toscana", pp. 341-349.

[208]   GHEZZI, Renato, *Il porto di Livorno...*, op. cit., pp. 324-340.

siglo XVII, todavía era incipiente en torno a 1600, mientras que el contacto con el mundo ibérico era el más relevante, tanto por el volumen de las mercancías transportadas como por el impacto económico que éstas tuvieron sobre las estructuras productivas de ambas regiones.

Por su parte, el dinamismo comercial del puerto de Alicante durante los siglos XVI y XVII le permitió convertirse en el centro portuario de mayor relevancia en todo el reino de Valencia, aunque la actividad mercantil a través de esta infraestructura superaba los límites de la Corona de Aragón, ya que era el puerto principal de embarque de diferentes materias primas castellanas.[209] Una preponderancia que se vio reforzada a partir de 1550, cuando Alicante se impuso a Cartagena gracias a una concordia que reducía a la mitad el pago de derechos aduaneros para las mercancías procedentes de Castilla. La presencia de agentes comerciales de origen italiano en este puerto valenciano reforzó este flujo comercial, gracias a las redes mercantiles transnacionales que conectaban diferentes espacios económicos a escala europea.[210]

El progresivo reforzamiento de esta ruta comercial y de la actividad portuaria del puerto de Livorno queda reflejada en *le portate di navi* (registros de embarque) conservados en el *Archivio di Stato di Firenze*, a través de los cuales podemos comprobar cómo Livorno se convirtió en la puerta de entrada de determinadas materias primas que servían para alimentar los centros industriales establecidos en la Toscana, entre los que destacan Lucca y Florencia.[211] Pese a que los registros portuarios no son sistemáticos, la documentación permite definir las líneas maestras del tráfico exportador de simiente de seda valenciana hacia Livorno desde mediados del siglo XVI a comienzos del siglo XVII.

El periodo para el que disponemos de una mayor información es el que se enmarca entre 1573 y 1593, para el que se contabilizaron más de 3.000 embarcaciones arribadas a Livorno, incluyendo tanto la navegación de cabotaje como la de larga distancia. De todas ellas, un total de 328 embarcaciones llegaron desde la península Ibérica (con tres focos principales: Lisboa, Cádiz y Alicante), de las cuales 161 partieron o hicieron escala en el puerto alicantino (49,09 % sobre el total). Pero más allá del dato, resulta sintomático el hecho de que prácticamente

---

[209] GIRÓN PASCUAL, Rafael M., "Los lavaderos de lana de Huéscar (Granada) y el comercio genovés en la Edad Moderna", en Manuel Herrero Sánchez y otros, *Génova y la monarquía..., op. cit.*, vol. 1, pp. 191-202.

[210] Sobre la actividad portuaria alicantina: MONTOJO MONTOJO, Vicente, "El comercio de Alicante..., *op. cit.*; MUÑOZ NAVARRO, Daniel, "Las dinámicas de cooperación y competencia entre los agentes comerciales de origen italiano en el puerto de Alicante a comienzos del siglo XVII", *Revista Jerónimo Zurita*, 90 (2015), pp. 113-132.

[211] GOLDTHWAITE, Richard A., *The economy of Renaissance Florence*, Baltimore, Johns Hopkins University Press, 2009. Este autor define a las industrias textiles como el motor de la economía florentina, especialmente la lana y la seda. Para comprender el paso de la economía de la lana a la de la seda: MALANIMA, Paolo, *La decadenza di un'economia cittadina: l'industria di Firenze nei secoli XVI-XVIII*, Bolonia, Il Mulino, 1982.

todas las naves que fondearon en la ensenada alicantina eran de gran calado (121 naves y 17 galeones de las 150 embarcaciones identificadas), confirmando que durante la segunda mitad del XVI Alicante era un puerto de primer orden, insertado en las rutas del gran comercio internacional y escala casi ineludible en la conexión entre el Atlántico y el Mediterráneo.[212] Al analizar la naturaleza de las mercancías transportadas desde Alicante, se apunta a un comercio exportador de materias primas entre las que destaca la lana, la seda, los cueros o pieles (nacionales o de las Indias), la barrilla o soda y la grana cochinilla, aunque también se hace referencia a otros géneros de menor relevancia como la miel, los frutos secos, algunos paños o la simiente de gusanos de seda o *seme di seta*.[213] Braudel y Romano analizaron el auge marítimo del puerto de Alicante, relacionándolo con la conexión marítima entre este y las Baleares, estableciendo una ruta comercial que desembocaba en los puertos de Génova o Livorno.

Esta obra no aporta datos concretos en cuanto al volumen de géneros importados, aunque algunos trabajos más recientes, especialmente los desarrollados por Rafael Girón, sí han profundizado en este aspecto, concentrando su atención en la exportación de la lana castellana y otras mercancías, como las espadas.[214] Así mismo, los registros de naves para el periodo entre 1594 y 1611 son menos numerosos que para la fase previa, aunque a través de ellos se intuyen continuidades y cambios en la estructura del comercio livornés. Por lo que respecta a la conexión con Alicante, hay más inercias que rupturas y, a la altura de 1609, la única novedad destacable era que la simiente de seda se había convertido, junto a la lana, en la materia prima española más demandada en Italia.

2.2. *Los factores clave del comercio internacional de simiente de seda valenciana*

Pese a la importancia adquirida por la simiente de seda española en el mercado internacional durante la segunda mitad del siglo XVI, las referencias a este comercio escasean en la bibliografía especializada, ante el desconocimiento generalizado sobre esta mercancía. Ello ha generado que, en ocasiones, el término valenciano *llavor de seda* (simiente de seda o *seme-bachi*) se identificase erróneamente con la seda en bruto o con determinados géneros textiles de seda.[215] No obstante, al menos desde la década de 1950, se hacía referencia a este tráfico en algunos estudios de relevancia, tanto italianos como españoles, reivindicando el peso que esta mercancía desempeñó en el

---

[212]   BRAUDEL, Fernand; ROMANO, Ruggiero, *Navires et marchandises...*, *op. cit.*, pp. 45-48.

[213]   *Ibid.*, p. 47.

[214]   GIRÓN PASCUAL, Rafael M., *"Cruzando aceros". El comercio de espadas entre España e Italia en los siglos XVI y XVII*, Gladius, 36 (2016), pp. 161-179.

[215]   Es el caso de Henri Lapeyre, quien identificaba de manera errónea el término *lavor de seda*, señalando que *parece tener un sentido muy general y abarcar a la vez la seda semipreparada y unos obrajes de pasamanería*. LAPEYRE, Henri, *La Taula de Cambis en la vida económica de Valencia a mediados del reinado de Felipe II*, Valencia, Del Cenia al Segura, 1982, p. 289.

comercio entre España e Italia en el tránsito entre los siglos XVI y XVII.[216] Desde la perspectiva española, ya en 1959 Valentín Vázquez de Prada apuntaba la importancia del negocio de la seda en la actividad económica del Levante español, aunque de manera poco precisa, remarcando que este *estaba en manos de los italianos* [...] *Esta seda, en gran parte, se consumía en el mercado interior, sobre todo en Toledo, capital española de la industria de la seda en la época, pero era importante la suma que se exportaba a Italia, en forma, generalmente de capullo («simiente de seda»).*[217]

A través de este capítulo, desgranaremos el contexto en el que surge el negocio de la producción y comercialización de la simiente de seda valenciana a escala internacional, la colaboración necesaria de agentes locales, así como los riesgos de un tráfico comercial que evolucionó y fue adaptándose a una coyuntura cambiante durante una centuria. Pero antes de examinar los datos, resulta conveniente situar el contexto histórico y delinear los factores que lo fomentaron.

La defensa de la costa y la expansión de la sericicultura valenciana

No es necesario insistir más en el hecho de que a lo largo del Quinientos la morera se introdujo de manera generalizada en la estructura agraria de alguna de las regiones más dinámicas del reino de Valencia (tales como la Vega Baja, La Costera, la Ribera del Júcar y la Huerta de Valencia). La proliferación de esta creciente actividad productiva en los campos valencianos no pasó desapercibida para las autoridades, que vieron en ella una fuente de ingresos fiscales no explotada hasta el momento, en un contexto marcado por los problemas financieros y la constancia de ataques piráticos que asolaban las costas valencianas.

La financiación de la defensa de la costa fue una preocupación constante para las autoridades políticas valencianas, que pusieron los ojos en el floreciente comercio de materia prima de seda (en madeja o torcida) hacia Castilla, como posible solución a este problema fronterizo.[218] Ya en las Cortes de 1547 se indicaba que la cosecha de seda era la mayor del reino y se autorizaba a los representantes de los Estamentos a imponer los gravámenes necesarios para sufragar la defensa de la costa frente a los corsarios norteafricanos y garantizar el control de los moriscos asentados en el reino. Pero fue en las Cortes de 1552 donde se procedió a crear un tributo específico, el *nou imposit de la seda*, desgajado del *General de la Mercaderia*, que gravaba el comercio

---

216 BRAUDEL, Fernand; ROMANO, Ruggiero, *Navires et marchandises...*, *op. cit.*, p. 47.

217 VÁZQUEZ DE PRADA, Valentín, "La actividad económica del Levante..., *op. cit.*, p. 907.

218 En relación con la defensa del litoral valenciano, PARDO MOLERO, Juan Francisco, *La defensa del imperio: Carlos V, Valencia y el Mediterráneo*, Madrid, SECC, 2001. GARCÍA MARTÍNEZ, Sebastián, *Bandolers, corsaris i moriscos*, Valencia, 1980.

de exportación de esta materia prima, imponiendo un conflictivo control sobre la producción de seda a escala local.[219]

Este impuesto *ad valorem* se fijó inicialmente en el 5% para la seda en bruto y en el 2,5% en la seda torcida, aunque fue incrementado en dos ocasiones más durante el reinado de Felipe II. En 1564, las imposiciones se fijaron en el 7,08% para la seda en madeja y el 4,58% en la torcida; y en 1585 se volvió a incrementar el porcentaje, situándolo en el 12,50% y el 7,91% respectivamente.[220] Estas modificaciones respondían a los pobres resultados recaudatorios, muy por debajo de los inicialmente previstos. No obstante, a pesar de los incrementos impositivos, la recaudación no mejoró sustancialmente y nunca se alcanzó el objetivo para el cual había sido creado: financiar la fortificación y defensa de la costa. En cambio, de esta medida se derivaron algunos efectos perniciosos sobre la economía y finanzas valencianas, como la proliferación del contrabando de seda hacia Castilla y problemas en el aprovisionamiento de materia prima para los sederos valencianos.[221] Pese a ello, como ha señalado Ricardo Franch, estos bruscos incrementos fiscales *parece que no interrumpieron el crecimiento tanto de la sericultura como de la actividad exportadora.*[222]

Pero el florecimiento del fraude de seda hacia Castilla no fue la única consecuencia de la creación de este tributo, sino que, junto a esta actividad ilícita, se desarrolló un fuerte flujo de exportación de simiente de gusanos de seda hacia Italia, una mercancía que no gravaba el *nou imposit*, permitiendo eludir el pago de este tributo de manera lícita. De este modo, los sericicultores valencianos pudieron adaptar su producción a partir de 1552, reduciendo de manera voluntaria la cantidad de seda cosechada e incrementando la de simiente, remitida en su mayor parte hacia Alicante y otros puertos secundarios para ser embarcada en dirección a Italia, aprovechando la demanda internacional. La fuerte integración de los mercaderes genoveses y milaneses en la economía valencia y las redes comerciales internacionales que estos desarrollaron, centralizadas en el puerto de Génova, contribuyeron a canalizar la oferta de simiente valenciana hacia Italia, favoreciendo una mayor integración económica y la especialización productiva de ambas regiones dentro del ámbito comercial del Mediterráneo occidental.

La ineficacia recaudatoria de este tributo y las negativas consecuencias derivadas de su establecimiento motivaron su supresión a comienzos del siglo XVII,

---

[219]   CASTILLO DEL CARPIO, José María, *En la periferia del centro. La hacienda de la Generalitat valenciana durante el siglo XVI*, Valencia, PUV, 2019, pp. 22-24.

[220]   *Ibid.*, p. 24. Véase también del mismo autor, "El sistema tributario del reino de Valencia durante el siglo XVI", *Estudis*, 19 (1993), p. 113-115.

[221]   Esta cuestión se analiza de manera detallada en MUÑOZ NAVARRO, Daniel, "Per camins inussitats i sendes molt apartades. Contrabando de seda valenciana hacia Castilla durante la segunda mitad del siglo XVI", *Revista de Historia Moderna. Anales de la Universidad de Alicante*, 33 (2015), pp. 229-241.

[222]   FRANCH BENAVENT, Ricardo, "La evolución sedería valenciana…", *op. cit.*, p. 292-293.

de modo que en las Cortes de 1604 se decidió eliminar esta tasa.[223] No por casualidad, en este mismo parlamento se estableció un impuesto específico sobre la exportación de simiente de gusanos de seda y otros derivados, como el *capell foradat* o las *camisetes*, tratando de poner freno a este tráfico, que, pese a ser legal, generaba una recaudación fiscal reducida y, a su vez, dificultaba el aprovisionamiento de materia prima para los telares valencianos.

No pocos autores han mencionado la reducción fiscal sobre la exportación de hilo de seda (en madeja o torcido), pero nadie ha remarcado la mutación del sistema fiscal para adecuarlo a la realidad comercial de comienzos del siglo XVII. El alivio que suponía para los tejedores de seda valencianos la supresión del *nou imposit de la seda*, venía acompañado de tributos específicos sobre la exportación de simiente de seda (2 sueldos por cada onza de simiente y 2 onzas por cada libra de valor del *capell foradat* y las *camisetes* o la *seda esqueixada*).[224] A la hora de reforzar el espíritu fiscalizador de esta reforma fiscal, cabe remarcar que las autoridades impusieron una tasa específica sobre la exportación de simiente de seda basada en su peso (mesurado en onzas), frente al modelo tributario *ad valorem* que se venía aplicando sobre esta mercancía, cuyo precio en origen, por lo general, era muy bajo, como analizaremos posteriormente. A esta medida se unían otras disposiciones encaminadas a favorecer al sector sericícola, como la reducción de la carga fiscal para la exportación de seda en madeja (del 12,50% al 6,25% de su valor) y aparejada (del 7,91% al 3,75% de su valor), así como estipulando que pese a las prerrogativas de los electos para incrementar los tributos en función de las necesidades financieras de la defensa de la costa, estos no podrían imponerse *sobre aquelles en les quals se hauràn imposats drets per a les dites galeres y guarda de la costa, ni sobre moreres ni altres arbres.*[225] A ello se unía una última disposición que elevaba las cargas fiscales a la entrada de ropa extranjera, concretamente:

> *que sobre la seda obrada que entrarà de Italia, y de altres qualsevol parts en lo regne, axí texida com ab aparells o en altra especie, la qual se haja de restar en lo present*

[223]   CÍSCAR PALLARÉS, Eugenio, *Las Cortes valencianas de Felipe III*, Valencia, Universidad de Valencia, 1973, pp. 109-116 (*De la erectió de quatre galeres, y imposició de drets per a la compra y conservació de aquelles*). Una transcripción y estudio más reciente, en MUÑOZ ALTABERT, Maria Lluïsa, *Les Corts Valencianes de Felip III*, Valencia, Universitat de València, 2005. Véase también Guillem Ramón Mora de Almenar, *Volum e recopilació de tots los furs y actes de cort que tracten del negocis y affers respectants a la Casa de la Deputació y Generalitat de la ciutat y regne de València*. Año 1625, f. 153.

[224]   *Ibid., Ítem, que sia imposat dret de dos sous en cada onça de llavor de cuchs que·s traurà del present regne, axí per terra com per mar. Y açò se entenga ultra dels altres drets que alias estaven imposats, y·s paguen per rahó de la treta de dita llavor de cuchs del present regne. Ítem, que sia provehit se impose sobre lo capell foradat, camisetes y sedes esqueixades que·s trauran del present regne, axí per terra com per mar, dos sous per lliura de diners, compresos qualsevols altres drets que al present se paguen per la treta del dit capell foradat, camiseta, y seda exqueixada.*

[225]   *Ibid., Ítem, que de la seda que's traurà del present regne en madeixa, se hajen de pagar quinze diners per lliura de diners, y de la seda aparellada que exirà del present regne se paguen nou diners per lliura de diners.*

regne, se imposen dos sous per lliura de diners del valor de la dita seda. Y la que vindrà de pas per a exir, y exirà del present regne, paguen tan solament per dret del General la mateixa o consemblant quantitat que solia pagar per lo dret del nou imposit.[226]

Si tenemos en cuenta que estos cambios en el marco fiscal coinciden con el periodo de apogeo de la exportación de simiente de seda valenciana hacia Italia (con cantidades anuales que superaban las 100.000 onzas), se comprenden mejor estas medidas proteccionistas, que permitían teóricamente obtener unos ingresos regulares a las arcas de la Generalitat. Estas rentas debían nuevamente contribuir a la defensa del litoral valenciano, aunque su efectividad parece que tampoco alcanzó las previsiones iniciales. A su vez, esta reforma fiscal pretendía combatir la generalización del contrabando de seda a Castilla, reducir la dependencia comercial con Italia (claramente deficitaria para los intereses valencianos) y defender un sector al alza de la economía valenciana, el de la producción de seda, tanto por los intereses industriales de los sederos como por el potencial de la creciente actividad sericícola.

Sin embargo, la adaptación del marco tributario valenciano a la realidad del mercado internacional de la seda a comienzos del siglo XVII no desincentivó este flujo comercial, a tenor de los datos que nos aportan los registros fiscales, al menos de manera inmediata. El tráfico exportador de simiente de seda valenciana hacia Livorno y Génova se mantuvo activo en las décadas siguientes, pese a que parece que se fue debilitando progresivamente a partir de 1620. La actitud puramente fiscalizadora de las autoridades valencianas con respecto a la actividad sericícola contrasta con el planteamiento de sus homólogos italianos, que durante este mismo momento implementaron una amplia gama de disposiciones de fomento de la sericicultura que, si bien pretendía también mejorar la recaudación fiscal, se fundamentaba en un planteamiento muy diverso, contribuyendo a la modernización económica y la afirmación de la *economia della seta* en la Italia centro-septentrional en el tránsito entre los siglos XVI y XVII. En el caso italiano, la pugna de intereses entre las corporaciones de tejedores urbanos y los productores rurales de hilo de seda se decantó a favor de los segundos. Esta realidad contrasta claramente con la actitud mantenida en el reino de Valencia y otros territorios de la Monarquía Hispánica. Las quejas de las poblaciones implicadas en la producción de hilo de seda fueron constantes, ante la creciente fiscalización y el incremento del control en torno a esta actividad, unida a la férrea oposición del gremio de *velluters* a la liberalización del mercado de la materia prima de seda.[227]

---

[226]   *Ibid.*

[227]   Diversos documentos de queja referidos a los territorios del Duque de Gandía, que se oponen a la obligación de declarar la producción de seda en 1581, y a otras medidas de control impuestas por real provisión de 12 de septiembre de 1587, pueden verse en AHNob, Osuna, c. 545, doc. 24 (30 de mayo de 1581) y doc. 27 (4 de octubre de 1587). Sobre el mismo asunto, *Memorial que puso el procurador fiscal en la Real Audiencia de Valencia contra lo articulado por el señor Duque de Gandía, don Carlos de*

El negocio de la simiente de seda decayó notablemente en las décadas de 1620 y 1630, siendo cada vez menos las compañías mercantiles interesadas en el mismo, aunque no desapareció de inmediato. El porqué de este cambio no resulta fácil de responder, y nuevamente tenemos que buscar las causas a ambas orillas del Mediterráneo. Desde la perspectiva italiana, el arraigo de la sericicultura y los esfuerzos políticos por mejorar la calidad de la simiente autóctona parece que comenzó a dar sus frutos. Las innovaciones técnicas y las mejoras de los medios de producción fomentaron el desarrollo de una producción local de simiente de seda de calidad, capaz no solo de competir con la valenciana, sino de sustituirla en los mercados consumidores, destacando la procedente de Bolonia. Por otro lado, la estructura agraria valenciana probablemente se vio afectada por la pérdida de mano de obra que supuso la expulsión de los moriscos, y la menor disponibilidad de fuerza de trabajo doméstico pudo afectar a la calidad de la simiente producida. Así mismo, el empeoramiento de la coyuntura política a partir de las confrontaciones bélicas y la quiebra del sistema hispano-genovés en 1627, parece que afectó a las redes comerciales que surcaban el Mediterráneo. A partir de aproximadamente 1630, el negocio de la simiente de seda valenciana quedó prácticamente desarticulado, como manifestaron la compañía de Capponi y Lozoya en 1637 en una carta remitida a los hermanos Cernezzi en 1637:

> *Sentiamo la mala fortuna che voi et altri hanno sentito in questo negotio più che se si trattasse de nostro proprio interesse, però non havendo detto Lucino ne noi in ciò colpa alcuna doverete havere patienza, come in simili casi ognuno la deve havere. E per le relatione che habiamo non solamente de Milano, ma anco de altri luoghi de Lombardia e di Piemonte, non occore più fare capitale nessuno di semenza di Spagna quando il suo prezzo ecceda quello della bolognese e veronese, che trovono riesce tanto bene come la detta spagnola, e pur di detta bolognese ne stano gettato assai come della spagnola, che molti per li temporali, corsi et altri per povertà non hanno in esso.[228]*

De esta manera, resulta lógico que fuese sólo cuestión de tiempo la mejora en la técnica y selección de la simiente para la cría del gusano de seda en Lombardía y otras regiones italianas y, en consecuencia, el desarrollo de una producción autóctona de simiente de gusanos de seda de calidad que sustituyese a la proveniente de regiones españolas, como el reino de Valencia o el de Murcia. Más aún si tenemos en cuenta el insuficiente control de esta actividad en la Monarquía Hispánica y la escasa formación del campesinado encargado de controlar el proceso, lo que redundó en un descenso de la calidad de la simiente y, por tanto, de la materia prima de seda que producían estos gusanos. Así lo corrobora una consulta presentada ante el Gobernador del Estado de Milán en 28 de agosto de 1642 por parte del senador

---

Borja, respecto del manifiesto de la seda [...] y un tanto de los tornos de seda que había en Gandía el año de 1588. AHNob, Osuna, c. 545, docs. 29-32.

[228]   ASRoma, Fondo Odescalchi, 2-D-3.

Baldassare Lambertengo en relación con la crisis de las industrias textiles lombardas, oponiéndose a la exportación de la seda cruda o semielaborada.[229] Al referirse al aprovisionamiento de simiente de seda se planteaba un panorama clarificador del cambio que se había producido en torno a 1640, donde la simiente valenciana había sido sustituida por la boloñesa:

> *Il seme de'bigatti bolognese, e d'altri parti, che fa sì male effetto, doverebbesi prohibire in ogni modo, ma prima dare commodità, che da Valenza di Spagna si torni ad incettare, con avisare per ciò li mercanti, perché diano le commissioni a tempo, facendo però che il seme fosse di quella perfettione che era in altri tempi, e non corrotto come d'alcun tempo in qua […] che questa partita rendarà al datio tre volte più di quello fa di presente, oltre al gran beneficio della miglior qualità della seta.*

Si prolongamos nuestra mirada al siglo XVIII, podemos observar que, en esta centuria, no sólo se había interrumpido totalmente la exportación de simiente de seda, sino que resultaba necesario importar esta mercancía desde Italia u otras regiones, ante los problemas de la producción autóctona.[230] Junto a las referencias de archivo, resulta muy ilustrativa la afirmación realizada en diferentes tratados y pliegos de cordel, cuya finalidad era la de instruir a los sericicultores valencianos. Como se apunta en un romance publicado en Valencia a mediados del siglo XVIII, *la simiente de gusanos debe ser, según entiendo, de fuera de nuestra España y de países buenos, como son Calabria, Buda, Milán, Bolonia y en estos Aviñón del Papa, que así la tienen muchos expertos.*[231] En esta misma línea, las *Instrucciones sobre la cría del gusano de la seda*, realizadas por Tomás de Otero a instancia de la Real Sociedad Económica de Valencia en 1794, manifestaban las deficiencias técnicas de la sericicultura valenciana:

> *la necesidad que hay de una instrucción clara, sucinta y metódica de lo que debe observarse en la cría del gusano de la seda, fruto precioso que tanta riqueza procura a este país,* [siendo] *el ramo de agricultura más interesante que tiene el Reyno de Valencia, pues forma su mayor riqueza, pero el modo con que se trata es tan poco observativo […] y que la cosecha de seda regularmente se hace por gentes poco instruidas […] La desidia e inacción de los que se dedican a estas crías es la causa esencial de tanto atraso.*[232]

La falta de innovación en los campos valencianos, unida al aumento de la presión fiscal y al debilitamiento de la disponibilidad de mano de obra barata y

---

[229]   ASCMilano, Fondo Materie, c. 269. Cita extraída de VIGO, Giovanni, *Nel cuore della crisi. Politica economica e metamorfosi industriale nella Lombardia del Seicento*, Università di Pavia, Pavia, 2000, p. 162.

[230]   AMV, Tribunal de Comercio, c. 174, exp. 9 (1786) y c. 197, exp. 33 (1789). Referencias a importación de varias partidas de simiente de seda desde Milán a Valencia, a través del puerto de Génova.

[231]   *Nuevo, útil y curioso romance…*, s.f.

[232]   Tomás de Otero, *Instrucciones sobre la cría del gusano de la seda…* (1794).

cualificada, tras la expulsión de los moriscos, lastró la calidad e incrementó el precio de la simiente de seda de esta región, que progresivamente fue perdiendo cartel dentro del contexto italiano, en favor de la producción autóctona.[233] En definitiva, la pérdida de calidad de la simiente y las crecientes dificultades que presentaba su comercialización, junto a las deficiencias que se presentaban en el hilado y devanado de la seda en el reino de Valencia ya desde el siglo XVI, lastraron la competitividad de la sericicultura valenciana durante toda la Edad Moderna.

El fomento político de la gelsibachicoltura *en la Italia centro-septentrional*

Al referirnos a la expansión de la sericicultura en la Italia del Renacimiento, ya mencionamos el proceso de despegue de la *gelsibachicoltura*. Esta profunda transformación ha sido estudiada en detalle para el caso de la región lombarda, a partir del trabajo que desarrolló hace ya algunas décadas Angelo Moioli. Este autor remarca que su estudio se centra en la *"grande occasione serica"* que proporcionó el mercado internacional, a través de una demanda creciente de seda en bruto e hilada. Este contexto se plasmó en una transformación agrícola generalizada en las regiones rurales de la Lombardía más aptas para el desarrollo de la sericicultura.

A la hora de reconstruir el volumen de producción de seda lombarda a comienzos del siglo XVII, una estimación elaborada por los comerciantes *auroserici* (de seda y oro) milaneses, realizada en 1606, apuntaba a una cantidad próxima a las 300-400.000 libras (100-130 toneladas anuales), pero lo más interesante es que este cálculo se realizaba en base a las importaciones de simiente de seda realizadas desde España, aplicando una ratio de producción de cinco libras de seda por cada onza de simiente:

> *Nei «Rilievi a favore della richiesta inoltrata dai Mercanti di oro et seta» di quell'anno, si legge: «Quanta seta faccia lo Stato meglio si comprende dalla semenza che viene da Spagna, che da altro. Questo anno sono venute 58 mila onze, ciascuna onza sossopra fa cinque librette di seta, si che la seta fatta sarà 300 mila librette. Al più altre volte sono venute 80 mila onze che fanno 400 mila librette. E si opone quella parte della semenza di Spagna che va a male, e va fuori, a Bergamo, Crema, Vercelli, Piacenza, et che di gran lunga avanza la nostrana».*[234]

Este mismo autor profundizaba en la conexión comercial establecida por parte de las grandes compañías comerciales milanesas con el reino de Valencia, a través de los puertos de Génova y Livorno, afirmando que *la vendita del seme bachi, e non soltanto di quello proveniente dal regno di Valencia, fosse già alla fine del '500 un grosso affare*

---

[233]   Algunas referencias a la participación de mujeres moriscas en la cría de gusanos de seda. AHNob, Osuna, c. 596, doc. 87. *Que en lo any propassat envià lo dit Blasco Tello a Valentia tres morisques de Llombay per a enfilar lo capell, per a fer dita llavor.*

[234]   Cita extraída de MOIOLI, Angelo, *La gelsibachicoltura..., op. cit.,* p. 13 (cita nº 1). ASMilano, Fondo Commercio, c. 228.

sopratutto per i mercanti milanesi, grazie alla loro capacità di controllo dell'offerta in senso quantitativo e qualitativo, lo riconoscevano sia i sindaci dei contadi dello Stato di Milano nel 1593 ...sia il promotore di un progetto di controllo pubblico del commercio di seme spagnolo, Giuseppe de Leca, nel 1595.[235]

Siguiendo esta estela, el profesor Renzo Corritore profundizó en el análisis del proceso de afirmación de la sericicultura lombarda, analizando las profundas repercusiones que tuvo para esta región. El declive de la *economia della lana* fue compensado parcialmente por el auge de la *economia della seta*, que vino acompañado de una creciente especulación en torno al negocio de la simiente de seda y la promulgación de toda una serie de disposiciones para limitar el fraude en la comercialización de esta mercancía procedente de España (principalmente valenciana), frente a la de otras procedencias meridionales (Calabria, Sicilia…).[236] En este contexto de cambio, los intereses de los poderosos sederos *auroserici* de Milán se vieron supeditados a los intereses generales del Estado de Milán, promoviendo la expansión de un modelo productivo orientado netamente al mercado internacional, especialmente a partir de la disposición de liberalización de la exportación de materia prima de seda de 1595, que fue un elemento clave para el crecimiento del sector sericícola en las regiones rurales de la Lombardía y, por extensión, en sus áreas colindantes.[237] Según Corritore:

> *In solo due o tre decenni l'economia lombarda passa quindi da una condizione di dipendenza verso l'estero nell'approvvigionamento di semilavorato serico per le sue manifatture urbane a una condizione di strutturale surplus, per quanto riguarda il prodotto della gelsibachicoltura e la sua prima trasformazione. Protagoniste sono le strutture produttive agricole e rurali, capaci di rendersi autonome dalle volontà del ceto mercantile eminente della metropoli, trovando però udienza nell'amministrazione centrale.*[238]

A pesar del incremento de los aranceles sobre la exportación de simiente valenciana, este tráfico se mantuvo activo, dada su relevancia para el negocio de la seda en Italia. Las referencias documentales atestiguan el interés de las autoridades lombardas por garantizar el abastecimiento de simiente de seda española, resaltando su mayor calidad y denunciando las adulteraciones que se producían con cierta frecuencia.[239] La adquisición de esta embrionaria materia prima necesariamente venía acompañada de una política de fomento del cultivo de la morera en las regiones receptoras, cuya hoja era imprescindible

---

[235]   *Ibid.* Nota 16.

[236]   CORRITORE, Renzo, "Storia economica, ambiente…, *op cit.*

[237]   COVA, Alberto, "Interessi economici e impegni istituzionali delle corporazioni milanesi nel Seicento", en Cesare Mozzarelli (ed.), *Economia e corporazioni. Il governo degli interessi nella storia d'Italia dal Medioevo all'età contemporanea*, Milán, Giuffrè, 1988, pp. 109-132.

[238]   CORRITORE, Renzo, "Storia economica, ambiente…, *op. cit.*

[239]   LUCA, Giuseppe De, *Commercio del denaro e crescita economica a Milano tra Cinquecento e Seicento*, Milán, Il Polifilo, 1996, pp. 154-155.

para alimentar a los gusanos, tras realizar el avivado de la simiente importada. Dentro de las políticas implementadas por estos estados italianos encontramos una amplia batería de medidas relacionadas con el fomento de la sericicultura y la exportación de una parte creciente de su producción, que incluían mecanismos de control sobre el aprovisionamiento de simiente y la cosecha de seda. Evidentemente, la perspectiva fiscal formaba parte del incentivo público, generando un contexto favorable a la introducción de novedades organizativas e innovaciones técnicas (como los molinos hidráulicos de seda) y la mejora de esta actividad productiva. Según Rosso, *finalità fiscali e obiettivi di controllo della qualità di una produzione sempre più rilevante per la bilancia commerciale e, attraverso il gettito daziario, per le casse dello Stato, si mescolavano inestricabilmente.*[240] Una sintética definición de la política de fomento de la seda en los dominios de los Saboya, que puede hacerse extensible a toda la Italia centro-septentrional.

Entre los aspectos más destacables conviene remarcar el esfuerzo por la difusión de la sericicultura en las regiones rurales y, unido a estos, para favorecer la libertad comercial en la extracción de seda (en contra, por lo general, de los sectores industriales urbanos), aunque tratando de limitar el contrabando y los frecuentes fraudes a las arcas públicas.[241] A partir de la década de 1580, pero especialmente en las postrimerías del siglo XVI y las primeras décadas del siglo XVII, se suceden disposiciones en este sentido, que contribuyeron a consolidar el predominio de la seda en la estructura industrial de estas regiones, frente a la decadencia generalizada y progresiva de la producción lanera, derivada de una creciente competencia de las manufacturas textiles importadas desde Francia, Holanda e Inglaterra.

En este contexto, la reorientación de la política económica de las regiones más desarrolladas en favor de la expansión de la morera vino a compensar solo parcialmente el declive de las tradicionales industrias urbanas, generando un proceso de especialización basado en la producción y exportación del hilo de seda, como producto semielaborado, cuyo epicentro se situaba en el medio rural. Una de las líneas de acción para garantizar esta transformación productiva era asegurar el aprovisionamiento de simiente de seda de calidad y a buen precio, coincidiendo en que esta debía de ser la procedente de España, y más concretamente la de Valencia. Aunque la información sobre las medidas adoptadas es limitada, para el caso de la Lombardía y del Piamonte contamos con varias recopilaciones de disposiciones en este sentido, que nos permiten analizar en profundidad la acción política sobre el comercio de simiente de seda.

Aunque las noticias al respecto son escasas, disponemos de algunas referencias relativas a los esfuerzos por implementar mejoras en el proceso de cría del gusano de la seda en la Toscana. Entre ellas, destaca el privilegio otorgado por el III duque de

---

[240] ROSSO, Claudio, "Dal gelso all'organzino..., *op. cit.*, p. 46.
[241] CORRITORE, Renzo, "Storia economica, ambiente..., *op. cit.* Puede verse una recopilación de disposiciones en ASCMilano, Gride, cartelle 11 y 18. Véase también ASMilano, Fondo Commercio, cartella 228.

la Toscana, Fernando de Medici, a Magino di Gabriello, para introducir en Florencia un nuevo sistema para la cría del gusano de seda, *nuovo segreto di fare la seta due volte l'anno, col servirsi della seconda foglia de gelso*, otorgado en 18 de junio de 1588, al cual ya hicimos referencia en el primer capítulo de este estudio.[242] Los intentos para implementar una segunda cosecha de seda evidencian el esfuerzo político por mejorar la producción por parte de las autoridades florentinas, que otorgaron un privilegio en modo de patente de exclusividad al mencionado Maggino di Gabriello y sus herederos, por un periodo de 30 años, a cambio de obtener un beneficio del 5 % del precio y una onza por cada libra de seda obtenida a través de esta nueva técnica en la segunda cosecha (divididos al 50 % entre la *Camera Ducale* y su introductor).[243] Pese a que el privilegio finalmente fue aprobado, llama la atención que pocas semanas antes se elevase una queja por parte de los diputados de los tejedores de seda florentinos, criticando esta innovación y exponiendo sus razones al respecto, en la misma línea que los sederos milaneses se habían mostrado contrarios a las transformaciones llevadas a cabo en la sericicultura lombarda.[244]

Cabe destacar la participación directa de diferentes mujeres vinculadas a la familia Medici en la cría de gusanos de seda, las cuales solicitaban el suministro de simiente procedente del reino de Valencia. Sin duda, el ejemplo más destacado es el de la mismísima Cristina de Lorena, gran duquesa consorte de la Toscana y esposa de Fernando I de Medici, quien en 1593 remitía una orden a Francesco Guicciardini, embajador florentino en Madrid, para que este le remitiera una cantidad indeterminada de simiente de seda valenciana, la cual se apremió a cumplir, *et nel medesimo luogo di Valenza, dove si fanno le meglio sete di questi regni, ho già commesso che ne sia mandato qui del seme di bachi da seta per inviarlo alla Ser.ma nostra patrona che me lo chiese*.[245] Algunas décadas más tarde, encontramos otra referencia, aunque de un personaje mucho menos relevante, la religiosa *Suor Maria Vettoria Medici, monacha nelle Murate, una delle sorelle di Don Pietro*, quien a la altura de 1624 solicitaba permiso al secretario del Gran Duque para criar tres onzas de simiente de gusanos de seda dentro de su convento, como se le había concedido en años previos, *perche' lei non metterebbe a porre il seme fino a che non sapessi chiaro che la Serenissima gli facessi tale gratia conforme a che gli ha fatto ogn' anno*.[246]

Estas sucintas referencias, unidas a los registros de las *portate di navi* y otra documentación, demuestran la conexión existente entre el fomento de la sericicultura

---

[242] Un ejemplar del mencionado privilegio en: AHNob, Osuna, c. 571, doc. 166.

[243] LISCIA BEMPORAD, Dora, *Maggino di Gabriello...*, *op. cit.*, pp. 31-32.

[244] ASFirenze, Mediceo del Principato, vol. 798, f. 473 (27 de mayo de 1588). Referencia extraída de catálogo del *Medici Archive Project*.

[245] ASFirenze, Mediceo del Principato, vol. 5080, f. 975. 6 de noviembre de 1593. Referencia extraída de catálogo del *Medici Archive Project*.

[246] ASFirenze, Mediceo del Principato, vol. 1703. 30 de marzo de 1624. Referencia extraída de catálogo del *Medici Archive Project*. *M'ha mandato a fare istanze che io voglia significare a S.A. che desidererebbe gratia d'havere tanta foglia che gli nutrisse tre oncie di seme da bachi.*

toscana y el aprovisionamiento de simiente de seda valenciana, considerada como la de mejor calidad a finales del siglo XVI. La dependencia externa en el aprovisionamiento de materia prima de seda en la Toscana no se limitó a la adquisición de hilo, sino que se hizo extensiva también al aprovisionamiento de simiente de seda española, unida a las políticas para el fomento del cultivo de la morera, intensificadas a partir de 1576 y especialmente bajo el gobierno de Fernando I; una cronología que encaja perfectamente con el incremento del tráfico exportador de esta materia prima entre España e Italia.[247] En palabras de Battistini, la tendencia creciente de la producción de seda en bruto en la Toscana a lo largo del siglo XVI se derivó de la creciente demanda de materia prima para la industria urbana, pero también de *ripetute misure di incoraggiamento della gelsibachicoltura stabilite dai Medici a partire della metà del Cinquecento in avanti.*[248]

La imprecisión de las referencias para el caso toscano contrasta con una relativa abundancia en las regiones de Lombardía y Piamonte.[249] El Estado de Milán modificó su política en torno a la exportación de la materia prima de seda ya desde 1578, en primer momento prohibiendo su exportación, para posteriormente liberalizar este tráfico a partir de 1594-1595. Esta actitud demuestra, según Corritore, *la coerenza, pur nell'adattamento ai cambiamenti indotti dallo sviluppo delle forze produttive e all'evoluzione degli equilibri istituzionali interni, della linea seguita dall'amministrazione centrale, così come le sue capacità di rispondere alle sollecitazioni provenienti dall'esterno*, y era una consecuencia directa de la extraordinaria expansión de la sericicultura lombarda durante las dos décadas previas, en las que la producción se orientó a la exportación de seda hila de calidad media-baja.[250]

Coincidiendo con la liberalización de la exportación de seda de 1595, se planteó al rey en el Consejo de Estado, a través del gobernador interino del Estado de Milán, don Pedro de Padilla, la *introdutione del nuovo appalto che procura di fare la città di Milano di buona e vera semente di seta valentiana*. Aunque no fue esta la primera medida tomada al respecto. Durante el gobierno de Don Carlos de Aragón, duque de Terranova, ya se había publicado una primera orden, fechada en 18 de febrero de 1592, que prohibía expresamente la introducción de simiente de seda que no fuera española en territorio lombardo, imponiendo la obligación de notificar la introducción de esta

---

[247] MALANIMA, Paolo, "Industria e agricoltura in Toscana...", *op. cit.*, pp. 288-289.

[248] BATTISTINI, Francesco, "La produzione, il commercio e i prezzi della seta grezza nello Stato di Firenze 1489-1859", *Rivista di Storia Economica*, anno XXI-3 (2005), p. 238. —, *Gelsi, bozzoli e caldaie...*, *op. cit.*

[249] Las referencias a estas disposiciones han sido extraídas de CORRITORE, Renzo, "Storia economica, ambiente...", *op. cit.*; ROSSO, Claudio, "Dal gelso all'organzino...", *op. cit.*

[250] CORRITORE, Renzo, "Storia economica, ambiente...", *op. cit.* Una primera aproximación al tema, desde la perspectiva ordenancista, puede verse en el trabajo clásico de VERGA, Ettore, "Il Comune di Milano e l'Arte della Seta dal secolo decimoquinto al decimottavo", *Annuario Storico-statistico del Comune di Milano*, anno XXXII, vol. II (1915), pp. 7-59. Véase el apartado "Il Comune e la semente dei bachi", pp. 48-49.

mercancía en un plazo de tres días ante los *Abbati dei Mercanti* de Milán, además de conservar la documentación acreditativa con respecto a la procedencia del mismo.[251] No obstante, parece que la eficacia de este bando fue escasa, *poichè si è visto esser stato poco osservato forse per esser troppo rimesso nella pena*, obligando a las autoridades lombardas a tomar nuevas medidas, ante la escalada del fraude y la especulación en torno al negocio de la simiente de seda importada.

El proyecto de monopolio público planteado por Giuseppe de Leca el 30 de septiembre de 1595 pretendía acabar con los frecuentes abusos que se producían en el aprovisionamiento de simiente de seda en Lombardía, pese a generar una notable controversia entre los agentes implicados. En la justificación de esta medida se planteaba que el volumen anual de esta materia prima ascendía a unas setenta u ochenta mil onzas, *la qual se trae del Reyno de Valencia a este Estado de Milán, por diversos mercaderes, ansí milaneses como ginoveses, y otras personas, por ser la mexor y más perfeta de todas la de Valencia.*[252] El memorial apunta a la ineficacia de las muchas diligencias previas que se habían emanado con la finalidad de evitar las prácticas fraudulentas que se estaban produciendo, ante el incremento de la demanda de simiente y el elevado margen de ganancia que generaba, de manera que:

> *visto esta ganancia por algunas personas codiciosas y de poca conciencia se han puesto a hazer la dicha simiente de seda acá, en Verona y en Vicenza y en Génova, y en Mantova, y en otras partes, y cada año van creciendo por el enterés que ay, la qual simiente de seda venden por de España y de Valencia, y engañan a todos los que la mercan. Y los destruyen porque no vale nada en comparación de la de Valencia...*[253]

Para evitar estos abusos se planteaba un sistema de monopolio en el aprovisionamiento de simiente de seda, concediendo privilegio a la Comunidad de Milán para nombrar a la persona o personas encagardas de *meter la dicha simiente de seda de Valencia, en sus caxas cerradas y selladas, con el sello real de la ciudad de Valencia.* No obstante, esta disposición generó disensiones entre los implicados en este tráfico, viéndose obligado a intervenir el *Vicario di Provisione della città e ducato di Milano*, para defender la medida frente a las quejas de los mercaderes, expresadas a través de los *Abbati de Mercanti*, de los representantes de otras ciudades lombardas (como Cremona y Pavía), y de los *Sindici dei Contadi*, que veían con reticencias el

---

[251] ASCMilano, Fondo Materie, Seta, cartella 873. "*siano obligati tener conto delle lettere che saranno state scritte da quel suo corrispondente, che gli haverà ricevuto nelli porti di Finale, Genoa et Livorno, dove è solito esser scaricato, et il conto delle spese*". Sobre la labor del Duque de Terranova como gobernador de Milán, véase SCALISI, Lina, "«Gobernar las fronteras». Terranova y el ejercicio del poder en los conflictos del estado milanés", *Estudis. Revista de historia moderna*, 40 (2014), pp. 91-113.

[252] ASCMilano, Gride, cartella 6. Carta de S.M. de 30 de septiembre de 1595. BRERA, Alessandro, *Le gride e il filosello. L'affermazione della gelsibachicoltura, della filatura e del commercio della seta nella Lombardia Spagnola attraverso le gride milanesi (1578-1700). Tesi di laurea* dirigida por Renzo Corritore. Università degli Studi di Pavia, 2007.

[253] *Ibid.*

acaparamiento del aprovisionamiento de esta materia prima estratégica.[254] La medida se defendía en base al bien público y la necesidad de *proveder semene realmente buona*, pese a las alegaciones presentadas, que hacían referencia a posibles abusos de las personas delegadas para el control del aprovisionamiento de la simiente o los ataques contra la actividad mercantil de las compañías dedicadas a este negocio. Ante todas ellas, el *Vicario di Provisione* alegó la necesidad de la medida, ante el desorden generalizado, del cual se deriva:

> *pericolo di molto peggio, se veramente, e a tempo non se gli provede poiche in tanto frequenta hora la falsificata che fa star adietro l'altra, con danno anche de venditori di quella di Valenza, che si lascia adietro per la commodità della nostrana, la qual per un poco di buon mercato, che se ne fa, alletta gli idioti e poco pratici ad appigliarsi piú alla cattiva che alla buona.*[255]

Un aspecto que también queda reflejado en la información sumaria presentada por los mercaderes milaneses es la omnipresente amenaza de contrabando, ya que *si vorrà prohibiré a mercanti dello Stato che non incettino o introduchino semente, non si puó però prohibire a mercanti forastieri confinanti al Stato di Milano, come Bressani e simili.*[256] No obstante, se remitía a la autoridad del monarca a la hora de controlar este tipo de tráficos ilegales, y que llegado el momento se tomarían la medidas que fueran necesarias.

Por lo tanto, la medida se mantuvo inalterada, añadiendo que, si de ella se derivaba algún beneficio fiscal para Milán, serviría al desendeudamiento de esta ciudad, gracias a la benevolencia del monarca. No obstante, pese a que no podemos afirmarlo con seguridad, la ausencia de referencias posteriores hace suponer que su aplicación se limitase en el tiempo, debido a los enormes problemas que generaban estas medidas proteccionistas (como analizaremos a través del ejemplo piamontés). Desde luego no parece que resolviese el problema del fraude, así como tampoco el del acaparamiento de este tráfico en manos privadas, que adulteraban su precio en los mercados de venta. Así se desprende de la *grida circa la vendita di semenza di bigatti* presentada el 16 de marzo de 1613, en la que se denunciaba *delli monopoglii e fraudi che si commettono in questa città e Stato di Milano da alcuni revenditori o come dicono recatoni di semenza de bigatti, che con le loro astutie cagionano alteratione del prezzo di essa.*[257]

El carácter especulativo de este negocio favorecía todo tipo de abusos, difícilmente controlables por parte de las autoridades, que trataron de limitar la intervención de intermediarios con la obligación de manifestar la simiente introducida en el Estado de Milán por cada mercader, prohibiendo a estos recurrir a

---

[254]   Las consultas y el debate en torno a esta polémica medida se prolongaron durante varios años. ASCMilano, Fondo Materie, Seta, cartella 873.

[255]   ASCMilano, Gride, cartella 6. Carta del Magistrado Ordinario de 12 de enero de 1596.

[256]   *Ibid.*

[257]   ASCMilano, Gride, cartella 6. Grida de 16 de marzo de 1613.

personas interpuestas o nombres falsos en las declaraciones, de manera que nadie *faccia ammaso del detto semente*, imponiendo penas pecuniarias de mil escudos (en las que el denunciante percibiría la mitad de lo recaudado) y la pérdida de la simiente de seda incautada. El 24 de julio de 1619 los mercaderes *auroserici* milaneses manifestaban esta realidad nuevamente, evidenciando el *grande daño por la malicia de algunos, poco temerosos de Dios, que venden semiente de seda d'estas tierras por de España, hechando a perder a los pobres que la compran porque no se aprovechan d'ella, y que en su tribunal penden tantas causas sobre este particular que es cosa lastimosa*, solicitando al *Vicario di Provisione* que se endureciesen los castigos a través de nuevos bandos, insistiendo en defender la exclusividad de la simiente de seda española para el aprovisionamiento de la sericicultura lombarda.

Junto al fraude en la procedencia de la simiente, la especulación y el acaparamiento de los mercaderes que controlaban este tráfico fue el otro gran problema al que las autoridades tuvieron que enfrentarse, obligando al Senado a *dar ordine al Tribunale di Provisione d'usar ogni diligenza per obviar al monopolio che si dubita esser seguito nel seme di bigatti, vedendosi tanto notabilmente alterato il prezzo presentaneo da quello* el 1 de abril de 1626.[258] La gravedad del asunto, ante el auge desorbitado del precio de la simiente, que había alcanzado las 12 libras por onza en ese año,[259] obligó a tomar medidas drásticas, accediendo de manera simultánea a las casas de los comerciantes para revisar sus libros de contabilidad y cuantificar de ese modo la simiente de seda disponible dentro de la ciudad de Milán con el fin de evitar nuevos acaparamientos.[260] No obstante, algunos meses más tarde, en febrero de 1620, un memorial de los mercaderes de Milán apuntaba que *facendosi a mesi passati diligenza, perché non s'introducesse in questo Stato altro seme che di Valenza di Spagna, per li mali accidenti occorsi l'anno passato, questo è stato stimato interesse il che causa hora, benché ne sia venuto di Spagna gran quantità commesa, che non si sa qual sia la Spagnuola, o la cattiva, et ne seguirà di peggio per allettamento di veder il cattivo valer a comparatione del buono.*[261]

Pese a las disposiciones adoptadas a lo largo del siglo XVII, su reiteración corrobora la pervivencia de estas prácticas fraudulentas y de los intentos vanos de las autoridades lombardas por frenar la especulación y el fraude en la importación de

---

[258]   ASCMilano, Fondo Materie, Seta, cartella 874.

[259]   *Ibid. A quest'effettto con la presteza e securezza possibile essendosi li signori Dodeci et io ripartiti in diversi luoghi della città, et andati tutti nell'istesso tempo alle case dei particolari negocianti dove era opinione che si dovesse trovare quantità di detta semente […] Il prezzo che a loro costa, computate le condutte, dacii e simili è di circa soldi 46 l'onza. Il prezzo delle vendite fatte qui fu da principio di lire 3 overo 4 l'onza, ma poi è andato crescendo, in maniera che adesso si vendeva sin a lire 12 l'onza.*

[260]   *Ibid.* El documento incluye una "*Notta della semente de bigatti ritrovata in Milano, e delle persone che la tengono, quali tutti dicono essere della Spagnola*", a la cual nos referiremos en el siguiente capítulo, así como los testimonios e interrogatorios llevados a cabo a los comerciantes implicados en la introducción y venta de simiente de seda en la ciudad de Milán durante este año.

[261]   Cita extraída de VIGO, Giovanni, *Nel cuore della crisi..., op cit.*, p. 109.

simiente de seda desde otras regiones de Italia. El 17 de abril de 1653 se publicó una nueva orden contra los monopolios que se producían en torno a la simiente de seda, indicando que durante este año el precio de la misma había alcanzado la exorbitante cifra de 18 libras por cada onza, *il che s'intende essere cagionato dall'ingordigia d'alcuni mercanti, quali havendone fatti grossi ammassi e perciò ritrovandosi deto seme presso a pochi, quelli si fanno lecito ogni prezzo*, obligando a reiterar unas medidas que se mostraban claramente ineficaces.[262] A este respecto, en coyunturas concretas de desabastecimiento o elevación excesiva de los precios se reeditaron nuevas órdenes por parte del *Vicario di Provisione*, como la del 6 de marzo de 1668 o la del 29 de marzo de 1689, que promulgaba un nuevo *divieto di tenere e vendere semenze di bigatti di seta senza autorizzazione della Camera dei Mercanti*, ante la inobservancia de las anteriores:

> *tra altre sotto li giorni 16 marzo 1649, e 6 marzo 1652, e che ciò non ostante continui l'abuso, che ogni persona, benche non mercante si facci lecito di vendere semenza tanto all'ingrosso, quanto a minuto, e per il più per di Bologna, benche sii d'altra parte, committendosi molte fraudi in danno del publico e discredito de mercanti.[263]*

Nuevamente se imponían sanciones económicas y pérdida de la mercancía a aquellas personas que retuvieran la simiente de seda con la intención de adulterar e incrementar su precio de venta. Llama la atención que en este momento ya no se hace referencia a la simiente de seda española, sino que la medida se orienta a la comercialización de simiente autóctona o de otras regiones italianas, haciendo mención expresa de la boloñesa.

Si comparamos el caso lombardo y el piamontés, podemos observar similitudes evidentes, disponiendo para esta última región de una información detallada de las intervenciones políticas sobre el aprovisionamiento de simiente de seda valenciana a partir de la de década de 1590, gracias a la labor de sistematización desarrollada por Felice Amato Duboin durante la primera mitad del siglo XIX.[264] La sucesión de disposiciones que vamos a proceder a analizar se incluye en el título noveno "*Del setificio*", cuyo primer capítulo se dedica exclusivamente a la "*produzione dei bozzoli*".[265] La creciente importancia de la producción de seda en Piamonte a caballo entre los siglos XVI y XVII ha sido puesta de manifiesto, entre otros autores, por Claudio Rosso, quien apunta que la *seta greggia piemontese comincia a trovare*

---

[262]   ASCMilano, Fondo Materie, Seta, cartella 874.

[263]   ASCMilano, Gride, cartella 18. Grida de 29 de marzo 1689.

[264]   Felice Amato Duboin, *Raccolta per ordine di materie delle leggi, editti, manifesti, ecc., pubblicati dal principio dell'anno 1681 sino agli 8 dicembre 1798*. Tomo 16, vol. 18, libro 9. "Industrie et commercialisation de ses produits. Métiers, manufactures et commerce en général. Filatures de soie et de laine. Coton, lin et chanvre" (1849).

[265]   *Ibid.*, pp. 70-104.

all'estero stabili sbocchi durante estos años.[266] No obstante, algunas décadas antes ya encontramos una referencia a la importación de simiente de seda desde Génova al Piamonte, durante el gobierno de Emanuele Filiberto, quien parece que en el mes de febrero de 1565 envió un comisionado al puerto ligur para adquirir cierta cantidad de una nueva simiente de seda, que pese a que no se indica expresamente, por la cronología, podría tratarse de la materia prima procedente de Valencia, la cual comenzaba a afluir con regularidad a los puertos italianos:

> *So che in febbraio del 1565 fu spedito a Genova d'ordine di Emanuele Filiberto un pedone a prender semenza di seta. Ma da ciò non si vuole inferire che fossero mancati in Piemonte; solo si deve credere che fosse venuta notizia di qualche specie distinta di quei vermi, e che per farne esperimento, il duca mandasse ad averne provvisione.*[267]

Vernazza y otros autores se hicieron eco de estas políticas de fomento del cultivo de la morera y la sericicultura en Piamonte ya desde la década de 1560, bajo la tutela de Emanuele Filiberto.[268] Pese a que el volumen productivo a finales del siglo XVI estaba lejos del de la vecina región lombarda, en esta intensa actividad de fomento político de la sericicultura promovida por la casa de Saboya, participó activamente la duquesa Catalina Micaela de Austria, infanta de España, segunda hija de Felipe II y consorte del Duque de Saboya, Carlo Emanuele I desde 1585.

La primera disposición referida a la simiente de seda está firmada precisamente por la infanta Catalina en 16 de octubre de 1594 y se refiere a la concesión del monopolio para *proveder al suo Stato di semenza bona di Spagna*, labor que debía recaer en la persona del milanés Andrea Botazzo por el tiempo de 6 años, en la misma línea que se había procedido en el caso lombardo solo unas pocas semanas antes y bajo los mismos preceptos, el *notabil danno e spesa venendo particularmente causato da una diversità di persone forastiere il piú delle volte falliti che discorrendo soi Stati vendano la semente dei bigati, per qual si cava la seda falsa et adulterata, etiandio a precii eccessivi.* La regulación de este tráfico implicaba la imposición de un precio político para la simiente y asegurar el abastecimiento de al menos seis mil onzas, que equivaldría a una modesta producción de unas 30.000 libras de seda, frente a las 350-400.000 libras producidas en el Estado de Milán durante ese mismo año, a partir de un volumen de importación de 70-80.000 onzas de simiente valenciana.

Las referencias a la dependencia de la simiente valenciana para el correcto desarrollo de la sericicultura piamontesa son recurrentes, en todas las disposiciones

---

[266] ROSSO, Claudio, "Del gelso all'organzino..., *op. cit.*, pp. 45-51. CHIERICI, Patrizia, "Una città della seta: industrializzazione e trasformazioni urbane in Racconigi tra Sei e Settecento", *Storia Urbana*, 20 (1982), pp. 4-45. CHICCO, Giuseppe, *La seta in Piemonte..., op. cit.*

[267] VERNAZZA, Giuseppe, "*Della seta negli Stati del Re, al Conte di Lemie*", *Giornale ligustico di Archeologia, Storia e Letteratura*, Anno X (1883), pp. 72-77. Cita extraída de la p. 75, en la que consta la referencia: ASTorino, *Tesoreria Generale*, Conto 1564-1565.

[268] ROSSO, Claudio, "Dal gelso all'organzino..., *op. cit.*, pp. 41-43.

hasta la década de 1630. A tenor del notable número de regulaciones al respecto, podemos afirmar que el gobierno saboyano intervino constantemente y con éxito en el aprovisionamiento de la mejor simiente, una actitud que queda reflejada en el surgimiento de nuevas rutas de aprovisionamiento de la materia prima valenciana a través del puerto de Niza durante las primeras décadas del siglo XVII. Una realidad que se reflejó en el exuberante aumento de la producción de seda a lo largo de este periodo, sentando los cimientos que permitieron convertir al Piamonte en la principal región exportadora de hilo de seda de Europa durante el siglo XVIII.

Volviendo a finales del siglo XVI, la controvertida concesión del mencionado monopolio de la simiente de seda chocó con la oposición de la *Camera dei Conti* y de alguna de las principales comunidades sericícolas turinesas, obligando a revertir la medida, cuya aprobación se retrasó a 1595,[269] solo dos años más tarde, en 1597, a través de una orden de la misma infanta Catalina, *col quale annullando un privilegio anteriormente conceduto rende liberi a tutti i sudditi l'introduzione e il comercio della semente di bachi*, como consecuencia de:

> *le difficoltà et oppositioni che si proponevano contro detto privileggio […] havendo alcune comunità et particolari, et fra le altre Turino, Vercelli e Racconiggi, havuto da noi ricorso supplicandoci che per esser detto privileggio impeditivo del comercio publico, et repugnate alla libertà nella quale ogn'uno si ritrovava di poter introdurre et vender della detta semenza nelli Stati nostri, volessimo annularlo et revocarlo.*[270]

La ambigüedad en las directrices políticas refleja las presiones entre los partidarios y detractores de la liberalización del mercado de aprovisionamiento de simiente de seda, como queda reflejado en las disposiciones aprobadas algunas décadas más tarde, para garantizar nuevamente el abastecimiento en exclusiva de la simiente de seda procedente del reino de Valencia. A la altura de 1623, se promovió una medida similar para conceder a dos mercaderes turineses, Giovanni Giacomo Costa y Clemente Rossi, el privilegio exclusivo durante diez años *di provvedere lo Stato di semente di bigatti vera di Valenza e di commerciarla nello Stato*, incluyendo en él los territorios del condado de Niza.[271] La justificación de esta medida, al igual que en el caso lombardo, se sustentaba en la generalización de prácticas fraudulentas en la venta de simiente de seda, *non vera di Valenza*, y en la inflación excesiva de los precios de la misma, motivando la intervención de las autoridades políticas sobre este negocio. Entre las concesiones dictadas se fijaba, nuevamente, un precio político de un escudo de oro por cada onza, ante la especulación frecuente a la que era sometida esta mercancía en los mercados de venta. Entre las condiciones impuestas a los mencionados Costa y Rossi destaca la insistencia en *procurarne l'abbodanza et procedendo essa principalmente dall'introduttione di buon seme de'bigatti, che*

---

[269]   Felice Amato Duboin, *Raccolta per ordine...* 11 de agosto de 1595.

[270]   *Ibid.* 31 de agosto de 1597.

[271]   *Ibid.* 29 de junio de 1623.

realmente sia di Valenza vera di Spagna, así como que en este cometido estuviesen asistidos por un diputado nombrado a tal efecto por la Magistratura Ducal.[272]

No obstante, esta concesión, que había sido ratificada durante los meses de enero y febrero de 1624 por medio de dos órdenes ducales ante la inobservancia de algunos mercaderes, fue anulada durante el mes de agosto, estando en vigor apenas un año, *essendo stati noi da diverse parti supplicati di rimetter tal negotio in liberta come era prima, del che essendosene noi contentati per molte consideratione resultanti a beneficio della libertà de'negotii e de'nostri ben amati popoli*.[273] Este tipo de medidas proteccionistas se activaban en momentos de dificultad en el aprovisionamiento o de especulación excesiva en los precios de la simiente, siendo, por lo general, rápidamente anuladas, en favor de la libertad comercial, que beneficiaba los intereses comerciales y fiscales.

Nuevamente, los Magistrados intervinieron sobre el mercado de la simiente de seda en Piamonte a través de la obligatoriedad de consignar toda la mercancía existente en este territorio a comienzos de 1627 y la que se pudiera introducir del extranjero hasta el mes de marzo ante el Magistrado Extraordinario nombrado a tal efecto, con la intención que *non venga a mancare per quell'anno l'ordinaria provvisione di semente di bachi*. Una medida que se prolongó y endureció hasta el mes de marzo del año siguiente, recurriendo nuevamente al privilegio privativo de venta, esta vez recayente en manos de Sebastiano Falconetto, mercader de Racconigi, ante la inobservancia y *per rimediare agl'abusi che correvano nel Stato a danno del negotio e comercio delle sete, uno de'principali beneficii che ricevano i popoli et finanze*.[274]

Sin embargo, la concesión privativa a Falconetto parece que tuvo una breve duración, ante la renuncia de este, pasando a manos de Giambattista Baronis y otros mercaderes, los cuales recibieron *la facoltà d'introdurre e vendere tredici mila once di seme di Valenza nella Spagna*.[275] En la orden de 24 de Marzo de 1628 se hace constar no solo que la simiente se importase desde el reino de Valencia, sino que figuran algunas de las principales poblaciones sericícolas, todas ellas de la Ribera del Júcar:

> *con obligo d'introdurla solamente della vera si Valenza, Alcudia, Gualdazoar* [Guadassuar], *Gianetto* [Alginet], *Gemesi* [Algemesí] *di Spagna, et non ecceder un prezzo ragionevole che all'hora fu stabilito... l'impresario suddetto potrà lui solo provedere, introdurre et vendere ne'Stati di S.A. di quà da monti, incluso il Contado di*

---

[272]   *Ibid. Che d'anno in anno durante detto termine lo comprino in detta città di Valenza et luoghi circonvicini con assistenza d'uno deputato che dal Magistrato nostro predetto sarà mandato per quest'effetto, il quale darà lo prezzo d'uno scudo d'oro per ogni onza, che venderanno in detti nostri Stati.*

[273]   *Ibid.* 29 de enero 1624.

[274]   *Ibid.* 24 de marzo 1628.

[275]   *Ibid.* 24 de marzo 1628. Referenciado también en Gaudienzio Claretta, "Di una nobile famiglia subalpina benemerita de l'industria serica nel secolo XVI e di analoghe relazioni del Piemonte col Genovesato", *Giornale ligustico di Archeologia, Storia e Letteratura*, Anno X (1883), p. 55.

Nizza, la semenza de'bigati forastiera, purchè sia vera di Valenza, o luoghi sudetti di Spagna, et ben conditionata, et tanta che basti per il bisogno di tutti essi Stati.

Se insistía en la necesidad de mantener estas medidas intervencionistas, ante la inobservancia generalizada, reforzando el papel del Magistrado Extraordinario nombrado por el Duque de Saboya para supervisar todas las cantidades de simiente existente en el Estado, entre las que ya no solo se incluía la importada, sino también la *paesana* o *nostrana*, evidenciando el progresivo desarrollo de una producción autóctona de simiente.[276] No obstante, la reiteración constante de los edictos en momentos de desabastecimiento evidencia que su eficacia y aplicación se limitaba a coyunturas concretas de dificultad. Es lo que sucederá nuevamente en 1636, con el motivo del naufragio de las naves que transportaban una gran parte de la simiente destinada para Italia, lo que obligó nuevamente a estatalizar el aprovisionamiento de simiente de seda a fin de garantizar la siguiente cosecha.[277]

El 27 de febrero de 1636 se derogaba cualquier disposición contraria a la libre comercialización de la simiente de seda, manteniendo la obligación de pagar los derechos establecidos, ya que *la permissione da noi tuolta gli anni passati attorno il smaltimento della semenza de'bigati non solo non ha partorito quelli effetti di utilità al servitio de nostri ben amati popoli che noi credevamo, ma piuttosto danno et pregiudicio.*[278] Sin embargo, solo dos semanas más tarde, el 8 de marzo de ese mismo año se anulaba la mencionada orden, aunque solo para ese año debido a la pérdida en el mar de gran parte de la simiente, manteniéndose la libertad comercial teóricamente en los venideros. La justificación de la orden es reveladora, ya que muestra la cooperación entre las autoridades políticas y las grandes compañías comerciales turinesas a la hora de abastecer de simiente de calidad y a buen precio.

Il danno grande c'hanno sentito i nostri ben amati popoli l'anno passato per la poca introduttione fatta della semenza de'bigati ci ha mossi di far sapere a diversi e migliori mercanti dello Stato di farne in questo anno buona introduttione, affinchè con l'abbondanza di essa si rendesse minore il prezzo et maggiore lo smaltimento, in conformità di che già ne haveva la Camera vostra de'Conti fatto l'ordine per evitare ognuno a farne liberamente l'introduttione. Ma perchè gli istessi mercanti ci hanno fatto intendere che per sommersione d'alcuni vascelli, sopra quali era una gran parte della semenza destinata per Italia, ve ne sia giunta poca quantità alle marine, e per questo non poter essi assicurare la provisione necessaria, anzi hanno dichiarato non volersi caricare, per lo dubio c'hanno non si facci lo smaltimento ordinario per causa de'presenti tumulti.[279]

---

[276]   Felice Amato Duboin, *Raccolta per ordine...* Orden del 15 de febrero de 1629.
[277]   Rosso, Claudio, "Dal gelso all'organzino...", *op. cit.*, p. 47.
[278]   Felice Amato Duboin, *Raccolta per ordine...* 27 de febrero 1636.
[279]   *Ibid.* 8 de marzo 1636.

No obstante, como refleja esta cita, ante situaciones de carestía o dificultad, que pusieran en riesgo los beneficios de los comerciantes o que pudiesen desembocar en revueltas sociales, el poder político se veía obligado a intervenir el mercado, incautando todas las cantidades de simiente existentes en el territorio y aquellas que pudieran ser introducidas, asignando a diferentes personas encargadas de regular su comercialización en las diferentes provincias del Piamonte, en este caso a un precio político que ascendía a cuatro libras turinesas por cada onza.

A partir de la década de 1640, las disposiciones se limitan a pequeñas referencias en órdenes generales sobre la extracción de sedas. Probablemente, en ello tuvo que ver la progresiva pérdida de importancia de la simiente española, sustituida por producción local o por simiente procedente de Bolonia. No obstante, los fraudes y abusos continuaron existiendo, fruto del carácter estratégico de esta materia prima. Así, en un edicto de 27 de febrero de 1649, referido a la extracción de las sedas piamontesas, se hace referencia a *che tuttavia si commettono abusi, tanto nell'introduttione e vendita di molta semenza de'bigatti*. Para tratar de combatir esta práctica tan habitual, se imponía la obligación de declarar toda la producción y comercialización de seda en el Piamonte, así como que *tutta la quantità di semenza de'bigatti che haveranno comprato o in altro modo se ne saranno serviti, con espressa specificatione da chi l'habbino accomprata, et in quali luoghi, e se l'habbino venduta per semenza di Spagna, Bologna e forestiera, o d'altra qualità.*[280] Esta referencia, que coincide con los registros fiscales, confirma que, a mediados del siglo XVII, el aprovisionamiento de la simiente de seda en Piamonte, y, por extensión, en todas las regiones sericícolas de la Italia septentrional, ya no dependía exclusivamente de la importación de simiente de seda valenciana.

Alla ricerca del seme *"migliore"*. *Rasgos biológicos de la simiente de seda española*

Antes de dibujar la evolución cuantitativa del tráfico exportador de simiente de seda entre Valencia e Italia, resulta imprescindible interrogarse sobre el porqué se desarrolló este comercio internacional, pudiendo encontrar mercados de aprovisionamiento en regiones mejor conectadas, como las áreas sericícolas de la Italia meridional, o a través de la producción autóctona de esta materia prima. Esta pregunta solo puede ser respondida a partir de una conjunción de factores socioeconómicos y políticos, pero también técnicos y biológicos, aunque estos últimos no siempre son fáciles de interpretar a través de la documentación.

Uno de los primeros estudiosos en abordar este tema, concretamente para el caso lombardo, fue Ettore Verga, quien apuntaba que *la semente più ricercata sul mercato*

---

[280]   *Ibid.* 27 de febrero 1649.

lombardo era quella spagnuola, di Valenza, da tutti ritenuti la migliore.[281] Pero ¿qué significa ser la mejor simiente de seda? Para responder a esta cuestión, recurriremos a la literatura sericícola del siglo XVI, tanto italiana como española, a la que ya nos hemos referido en el primer capítulo de este libro. Estas obras aportan pistas sobre los aspectos técnicos vinculados al aprovisionamiento de simiente de seda.

La idea fundamental es que la clave de este comercio internacional no estaba en el precio de la simiente, sino en las diferencias biológicas en las razas de los gusanos y, por consiguiente, en las características de la fibra textil producida, de manera que el hilo de seda de los gusanos valencianos criados en Italia era más sutil, delicado y, en definitiva, mejor que el producido por la simiente calabresa o siciliana. Una realidad que se mantuvo invariable durante toda la mitad del siglo XVI y las primeras décadas del siglo XVII, momento en que las tornas se fueron cambiando. Evidentemente el factor económico está presente, pero no se limita al valor de la mercancía, cuyo ínfimo peso facilitaba su transporte y comercialización, sino al carácter especulativo del negocio de la seda en el mercado europeo y la articulación de una creciente división internacional del trabajo en el contexto de las regiones sericícolas mediterráneas.

En *Le vinti giornate dell'agricoltura* de Agostino Gallo (1569), la decimosexta jornada tiene por título *nella quale si tratta del nodrire i cavalieri che fanno la seta*. Junto a las referencias sobre la expansión del cultivo de la morera en los campos italianos, se indica cómo proceder a la cría del gusano de seda:

> *dovendovi poi chiarire qual sorte di semenza si debbe porre in covo [...] che sempre si debbe pigliar della migliore che sia nel paese, o piutosto della Spagnuola o Calabrese; percioché si come di queste due sorti, la spagnuola fa la seta molto fina, et gli animali piccioli, cosí la calabrese, per produrli piú grossi, fa generare anco maggior quantità di seta, et stanno piú gagliardi nei mali tempi. Avvertiscasi però che tutte le semenze non passino un'anno.*

En los *Avvertimenti di Levantio Mantoano* (1569) la referencia a la simiente de seda es más general, sin indicar su calidad o procedencia, limitándose a insistir en el hecho de que *il bombice gliè animale che da l'ova nasce, e l'ova peggiorano per vecchiezza, però chi bramerà conseguire il desiato frutto, haurà cura d'impadronirsi di seme recente e novo, qual non habbia piú tempo d'un anno*. Siguiendo esta tradición cultural, conectada entre sí, llegamos a la obra de Corsuccio, *Il vermicello* (1581), la cual aporta una información algo más concreta sobre cuáles eran las mejores simientes de seda, y las diferencias entre ellas:

> *Le sementi nostrane sono assai buone, per esser originali del paese, e per esser habituate a questo clima.*

---

[281]   VERGA, Ettore, "Il Comune di Milano...", *op. cit.*, p. 48. Este autor apuntaba que *sulla fine del secolo XVI, molti speculatori s'eran messi a comperar seme prodotto a Verona, Vicenza, Mantova, Genova, e a rivenderlo qui come valentino, con loro cospicuo guadagno, e danno degli acquirenti.*

Le sementi di Spagna sono molto buone, se bene s'hanno con qualche difficoltà et faccino i vermicelli molto piú piccioli de nostri non dimeno la seta è molto piú fina della nostra, si come sono piú fine le lane, e questo avviene per regnare nella Spagna maggior caldi, e se bene qui in Romagna, o nostri convicini, non vi siano si gran caldi, non dimeno i detti vermicelli terrano in parte la finezza c'hanno in quel luogo dove sono stati tolti.

Le sementi del regno di Napoli sono perfettissime in questi nostri paesi, e non è gran fatica haverne si per la fiera di Nocea, come anco per la via di Roma, perche fanno i vermicelli piú grandi assai de nostri, sono piú gagliardi et atti a sostenere ogni tempo contrario.

A tal che come maggiori producono la quinta parte piú de nostri, e fanno la seda anco piú fina. E ben vero che in capo de tre anni se imbastardiscono, e tornano come i nostri, ma non è gran cosa farne nuova provisione, come altre volte havete fatto.

Por último, haremos referencia a los *Dialoghi* de Magino Gabrielli (1588), quien también dedicaba algunas líneas de su tratado a la calidad de la simiente, apuntando que

le sementi vogliono esser nuove e non vecchie […] Circa di che sorte debba essere non è dubbio che il seme di paesi caldi è il piú eccellente, come quel di Soria [sic] potendolo haver fresco, quel di Spagna, e quello di Calavria e di simile provincie, e pero vedete ch'essendo quest'animali frigidissimo appetisce luoghi caldi, e nelle parti fredde di Tramontana, come Suetia, Pollonia e Moscovia non alligna...

Pese a todas estas referencias, la realidad es que la cría del gusano de seda a lo largo de la Edad Moderna tuvo un carácter práctico y experimental, siendo una actividad fundamentalmente doméstica y campesina, desarrollada por trabajadores escasamente formados, por lo general poco atentos respecto a los mecanismos de selección y mejora de la simiente o a mantener unas condiciones de higiene y ventilación óptimas para la cría del gusano de seda.[282] La multiplicidad de razas europeas, surgidas a partir de la llegada regular de remesas de simiente de seda procedente de Oriente en una cronología indeterminada, apuntan a un proceso empírico de selección genética y adaptación climática de estos insectos al contexto europeo, que dio lugar al surgimiento de variedades locales de gusanos de seda. Gracias a este proceso, surgió una sericicultura autóctona en la Europa mediterránea, que redujo enormemente la dependencia asiática hasta la llegada de la pebrina. La simiente de seda sobre la cual se sustentó el despegue de la sericicultura mediterránea era fundamentalmente autóctona, promoviendo intercambios regulares entre las regiones sericícolas españolas e italianas durante los primeros siglos modernos, ampliando este escenario también a otros territorios, entre los que destacó Francia.

El primer aspecto remarcable es la práctica habitual de renovar la simiente de seda de manera periódica, a poder ser anualmente; una necesidad que explicaría en parte la búsqueda de mercados regulares de aprovisionamiento que fueran capaces

---

282   ZANIER, Claudio, "La sericicoltura dell'Europa mediterránea…, *op. cit.*

de sustentar el despegue de la sericicultura en Italia o, en otro contexto completamente diferente, promover su reimplantación (con escaso éxito) en el reino de Granada tras la revuelta de las Alpujarras. La documentación fiscal corrobora que el aprovisionamiento de simiente de seda en el Mediterráneo occidental se concentraba en los territorios españoles (Valencia fundamentalmente) y Calabria, pero también en el caso de Venecia encontramos referencias a la importación de simiente desde ciudades del Mediterráneo oriental, como Bursa o Alepo.

El segundo factor es la cuestión de las diferentes razas de gusanos de seda de cada una de estas regiones y las diferencias en la calidad y cantidad de hilo producido por cada una de ellas. En este caso, se insiste en la mayor fortaleza y aclimatación de los gusanos procedentes de la Italia meridional y de producción local, pero cuya seda era más gruesa y basta con respecto a los gusanos de seda procedentes de España, que daba lugar a gusanos de menor tamaño y con una producción inferior a los calabreses, pero que, en contrapartida, generaban una fibra más sutil y una seda de mayor calidad, si tomamos estas referencias como ciertas. En este punto, el de la calidad, es en el que debemos insertar la clave explicativa del aprovisionamiento de simiente de seda valenciana para las regiones sericícolas de la Italia centro-septentrional.

Las fuentes fiscales corroboran que las compañías comerciales y las autoridades políticas coincidieron en crear una especialización regional claramente delimitada. La adquisición de seda en bruto se llevaba a cabo en la Italia meridional, con Calabria y Sicilia como principales nodos, mientras que la simiente de seda se adquiría en el reino de Valencia, aprovechando la excelente conexión marítima internacional del puerto de Alicante. En el caso valenciano, junto a la simiente de seda se vendían también importantes cantidades de capullo agujereado (*bozzoli sfarfallati*), camisetes (*galette buse*) o *strazzi* de seda. Esta materia prima de calidad inferior era poco apreciada en Valencia, pero parece que su bajo precio impulsó su comercialización en el norte de Italia, donde, gracias a unas técnicas de hilado y torcido más desarrolladas, se aprovechaba esta materia prima, rentabilizando así la inversión inicial.

La política lombarda y piamontesa de aprovisionamiento de simiente de seda, analizada previamente, evidencia la dependencia existente con respecto a la llegada de simiente de seda valenciana, siendo esta una estrategia productiva arriesgada, pero enormemente especulativa y rentable durante algunas décadas. Los argumentos que sostenían algunas de estas medidas se basaban en afirmaciones sobre la calidad de la simiente de seda, que conviene tener en cuenta, aunque resulten difícilmente corroborables. Uno de estos manuscritos, vinculado a la propuesta de Giuseppe de Leca para imponer un monopolio en el aprovisionamiento de simiente de seda española en Lombardía a la altura de 1595 expone que:

L'esperienza di molt'anni passati et del presente in particolare ha dimostrato quanto grave danno apporti al pubblico et al privato l'introdure et usare in questo stato il seme de bigatti o come dicono cavallieri d'altri paesi, che di Spagna, e di ciò se ne possono piutosto addurre verisimili raggioni che apportarne la vera, cioè o sia per la differenza della pastura, come di quello di Calabria, dove si pascono i bigatti di foglia di Moroni negri, che è piú grossa et soda, che non è questa nostra de moroni bianchi, che è piú sottile et delicata, o sia per un'incognita proprietà dell'aria, quale suole molte volte ad un'istessa cosa conferire più in un luoco ch'in un'altro.[283]

La medida justificaba la preferencia de la simiente valenciana en su mejor aclimatación y adaptación a la alimentación con hoja de morera (*morus alba*), aduciendo diferencias en la calidad del hilo producido. Un argumento que se repetía décadas más tarde, en 1642, en un memorial que al referise a la simiente de seda boloñesa afirmaba que *se bene il frutto di questa semenza sia d'inferior bontà et belleza di quello che produce la semenza di Spagna per il che si venda anco a minor prezzo della medesssima di Spagna, per il che si dica che consumi maggior quantità di foglia de moroni.*[284]

Las diferencias existentes entre estas razas de gusanos de seda, así como el efecto que tenía el consumo de hoja de morera o de moral respecto al hilo de seda producido por estos, eran argumentos frecuentemente empleados, aunque este tipo de memoriales solían tener una escasa base científica o técnica, estando condicionados por los intereses particulares de aquellos que los promovían, por lo general las élites mercantiles vinculadas con el negocio de la seda.[285] Por lo tanto, si bien inicialmente el factor determinante para el desarrollo de este comercio internacional debemos buscarlo en las características biológicas de la simiente de seda valenciana, la de mejor calidad en el contexto mediterráneo de finales del siglo XVI, este hecho no fue inmutable. Como analizaremos más adelante, la incertidumbre y riesgos que rodeaban a este intercambio biológico podía alterar la calidad de la simiente, *che per non esser venuto in tempo debito, si sia riscaldato per viaggio o bagnato o habbi altrimente patito in modo che si trovi haver perduto in tutto o in parte del suo vigore naturale.*[286]

2.3. *Producción y exportación de simiente de seda en el reino de Valencia (siglos XVI-XVII)*

A comienzos del siglo XVII, el cronista valenciano Gaspar Escolano definía el negocio de la seda en una de las principales regiones sericícolas de Valencia, la Ribera del Júcar, con estas elocuentes palabras:

Sin duda es una India lo que se saca en todo este paraje de seda, arroz, granos menudos, mahíz, vino y passas. La negociación de la seda es tanta que, de pequeños lugares, han venido a crecer y hazerse populosas villas, en razón de la inmensa riqueza que con ella

---

[283]   ASCMilano, Fondo Materie, Seta, cartella 873.

[284]   ASMilano, Fondo Commercio, P.A., cartella 243.

[285]   En este sentido, existen memoriales que, para el caso granadino, defienden precisamente lo opuesto; es decir, una mejor calidad del hilo de seda de los gusanos alimentados a partir de la hoja de moral, cultivo predominante en este reino castellano. GARCÍA GÁMEZ, Félix, "Seda y repoblación...", *op. cit.*

[286]   ASCMilano, Fondo Materie, Seta, cartella 873.

acaudalan y con otras que de la seda resultan, quales son el trato de los capullos agujereados, del hiladillo, de las vetas o trenças y mantos que se texen del hiladillo y la incierta, pero rica granjería de la simiente de los gusanos.[287]

Al referirse a la simiente de seda, se remarcaba su carácter especulativo y lo lucrativo de este negocio, pero también el riesgo e incerteza que entrañaba este comercio, sujeto a una multitud de variables difícilmente predecibles. No obstante, conviene remarcar que esta materia prima no puede ser considerados como una mercancía de intercambio antes de 1550. Pese a la relevancia que adquirió la cosecha de seda en la Valencia del siglo XVI, el estudio de la actividad sericícola en los campos valencianos ha sido escaso, contando únicamente con algunas pinceladas generales al tema, centradas de manera especial en la Ribera del Xúquer.[288] En estos trabajos se analiza la evolución de este cultivo dentro de la estructura agraria valenciana durante el periodo moderno (volumen de producción, técnicas de cultivo, participación señorial...), pero apenas aportan datos sobre la cría del gusano de seda.

Hasta mediados del siglo XVI, la producción de simiente de seda en Valencia se circunscribía al autoabastecimiento o a pequeños intercambios en ámbito local o regional, que apenas han dejado rastro documental. Los registros fiscales del *Dret de la mercaderia* de Alzira y Xàtiva previos a esa fecha reflejan alguna pequeña transacción de simiente de seda (unos pocos centenares de onzas) dentro de un contexto de radio corto. Este hecho encaja con la idea de que tradicionalmente la simiente utilizada por sericicultores valencianos era una mercancía de autoconsumo o adquirida en el mercado local (con lo cual no pagaría tributo alguno), con la intención de renovar los gusanos y evitar enfermedades endémicas, por el cruce excesivo de la propia simiente.

No obstante, esta realidad comenzó a cambiar, coincidiendo con la creación del impuesto específico sobre el comercio de seda en bruto, al que ya nos hemos referido. En la década de 1550, empezamos a identificar en los registros fiscales las primeras remesas relevantes de este producto, enviadas a Alicante en su tránsito a Italia, aprovechando el fortalecimiento de la actividad marítima internacional de este puerto. Inicialmente, el mercado que se articuló de manera más prematura fue el de Alzira, en el que anualmente se remitían ya varios miles de onzas al año durante esta década, mientras que en Xàtiva la exportación de simiente de seda se retrasaría hasta los primeros años de la década de 1560. Por tanto, es en este momento en el que podemos situar el comienzo de un flujo regular de esta mercancía a escala internacional.

---

[287] Gaspar Escolano, *Décadas de la historia de la insigne y coronada ciudad y reino de Valencia*, Valencia, 1610, libro IV, capítulo II, p. 672 (edición facsímil, 1972). Cita extraída de GARÉS TIMOR, Vicent M., "Conflictividad social, nuevas oligarquías y contrabando de seda en la Ribera del Júcar durante segunda mitad del Quinientos", en Félix Labrador (ed.), *Líneas recientes de investigación en Historia Moderna*, Madrid, Universidad Rey Juan Carlos, 2015, pp. 1.097-1.114, nota 16.

[288] PERIS ALBENTOSA, Tomás, *Història de la Ribera..., op. cit.*; VALLÉS BORRÀS, Vicent, *El conreu de la morera..., op. cit.*

Sacar la simiente de seda era una labor campesina, doméstica y femenina, que implicaba dedicar una parte de los capullos producidos a este fin, reduciendo de ese modo el volumen de seda hilada que se producía, con vistas a disponer de simiente propia para la siguiente cosecha o comerciar con ella. La disponibilidad de simiente en abundancia, de buena calidad y de confianza era básica para garantizar una buena cosecha de seda, obligando a las autoridades políticas a intervenir en este asunto, como ya hemos analizado previamente. Esta actividad productiva escapaba en buena medida al control de los señores y las autoridades (pese a que todos ellos se beneficiaron de este auge), y en ella las compañías comerciales italianas jugaron un papel relevante, especialmente a la hora de incentivar la producción de simiente de seda.

Como muestran los registros fiscales, el volumen de exportación de esta mercancía creció de manera sostenida hasta finales de la centuria, alcanzando su zénit a comienzos del siglo XVII. Esto implicaba la participación de miles de criadores de seda, cuya producción solía ser modesta, condicionada por la cantidad de hoja de morera a su disposición y la capacidad de trabajo de cada familia. Por lo general, esta cantidad se limitaba a la cría de entre 1 y 4 onzas de simiente de seda, que permitían producir unas pocas decenas de libras de seda en bruto (a razón de una ratio de 5 libras por onza) y/o en torno a 75 onzas de simiente por cada onza respectivamente.[289] La producción individual de simiente de seda se limitaba a pocas onzas, diversificando la producción y fluctuando, en base a factores climáticos, socioeconómicos o de organización del trabajo doméstico, más intensivo en las fases finales del ciclo productivo.[290]

La comercialización de la simiente de seda valenciana comenzaba en las casas de las familias campesinas que orientaron parte de su capacidad de trabajo a la sericicultura, adaptando sus interiores domésticos a las necesidades de la cría del gusano y la elaboración inicial de la seda en bruto.[291] La decisión de producir simiente

---

[289]   En relación con la cantidad de simiente de seda criada por cada familia campesina, remitimos al reparto de simiente realizado por el Duque de Gandía entre sus vasallos de la villa de Llombay en 1610, realizado a través del procurador general, Luís de Berbegal, *per a repartir entre los vassalls y pobladors de dit marquesat, y dit Berbegal repartí aquella entre aquells, aquí una onsa, aquí dos, tres y quatre*. AHNob, Osuna, c. 596, exp. 87 (1610). Sobre las ratios de producción de la simiente, nos basamos en CORRITORE, Renzo *Storia economica, ambiente...*, *op. cit.*

[290]   Para el caso murciano, la cantidad por familia se situaba en 4-10 onzas de simiente de seda, aunque dependía de las condiciones acordadas para la cría, predominando el sistema al tercio, en la que los "señores de la hoja" proporcionaban los medios de producción, la hoja y la simiente, percibiendo los criadores por su trabajo un tercio de la cosecha. MIRALLES MARTÍNEZ, Pedro, *Seda, trabajo y sociedad en la Murcia del siglo XVII*, Universidad de Murcia. Tesis doctoral. Universidad de Murcia, 2000, pp. 138-140.

[291]   En los interiores domésticos de las familias campesinas de las regiones sericícolas era habitual encontrar herramientas rudimentarias vinculadas con la producción de seda, como tornos de hilar, calderas, balanzas, así como cajas o armarios para conservar el hilo, el capullo o la simiente. Como ejemplo, remitimos al embargo de bienes llevado a cabo contra varios vecinos de la villa de L'Alcúdia de Carlet, por contrabando de seda y simiente de seda a Castilla en 1577. ARV, *Bailia*, Procesos, letra P, nº 825.

de seda no era aleatoria ni pasiva, y en ella los campesinos se basaban en su experiencia y en la circulación de información sobre la evolución de la cosecha, la demanda internacional y la fluctuación de los precios en los principales mercados locales sederos, que, en el caso del reino de Valencia, eran las villas de Alzira y Xátiva. Una vez sacada la simiente de seda, esta debía conservarse en un lugar fresco y seco, evitando acumular demasiada en un mismo recipiente para evitar que las larvas de estos insectos se dañasen por el recalentamiento. El objetivo de los criadores era la comercialización, reservando una porción suficiente para garantizar su cosecha de seda del año venidero. Como veremos, el precio de venta de la simiente en el mercado local era bajo (aunque su valor fue incrementándose ligeramente a medida que la demanda internacional se intensificó), pero suponía un ingreso en metálico regular (al igual que sucedía con la seda en bruto), que contaba con la ventaja de pagar menos impuestos y ser más fácil de transportar debido a su ínfimo peso. Así mismo, también se comercializaba el *capell foradat* y la *seda esqueixada*, con la cual se podía negociar con más calma, al no tener el carácter perecedero de la simiente.

El periodo de venta se iniciaba generalmente en septiembre y octubre y no solía dilatarse más allá de diciembre, por los riesgos que entrañaba conservar la simiente más tiempo, y que esta se depreciase o no encontrase comprador. Esperar a los primeros meses del año era una opción arriesgada, pero muy especulativa, que los campesinos difícilmente podían permitirse. En este punto entraban en juego las compañías comerciales italianas, que acaparaban buena parte de esta simiente en los mercados locales, fundamentalmente Alzira y Xátiva, pero también la ciudad de Valencia, gracias a la intermediación de agentes locales que se encargaban de satisfacer los encargos recibidos por parte de los mercaderes italianos (genoveses y milaneses principalmente).[292]

La producción de simiente de seda se concentraba en las principales regiones sericícolas del reino de Valencia, por razones obvias. Como se aprecia en el mapa adjunto, los tres núcleos principales fueron la Ribera del Xúquer, la Costera (en torno a la ciudad de Xàtiva y la vall d'Albaida) y la Huerta de Valencia.[293] El cultivo de la morera se desarrollaba de manera especialmente intensa en perímetros irrigados, aunque no en los campos de mejor calidad, sino en espacios con una aportación de agua limitada y a través de una agricultura combinada, y sin sustituir plenamente al cultivo básico y principal, que sería el cereal.[294] La integración de la morera en el

---

[292]   LUCA, Giuseppe De, *Commercio del denaro...*, pp. 145-146 y ss.

[293]   Pese a existir otras áreas sericícolas relevantes en Valencia, como la huerta de Orihuela, no hemos localizado referencias a remesas de simiente de seda a Italia desde ellas. Aunque no resulta descartable, esta zona estaba más estrechamente conectada con la sericicultura murciana. OLIVARES GALVAÑ, Pedro, *El cultivo y la industria..., op. cit.*

[294]   PERIS Albentosa, Tomás, *Història de la Ribera...*, pp. 79-96. Según este autor, a lo largo del siglo XVII se fue generalizando también la aparición de campos de moreras espesos en algunos pueblos de esta región.

Mapa 1. Principales zonas de producción de simiente de seda en el reino de
Valencia y puertos de embarque hacia Italia en torno a 1600[295]

295   Fuente: ARV, Generalitat, Registros fiscales de la Mercadería, Doble Tarifa y Derechos Nuevos.

modelo agrario valenciano, a diferencia del caso italiano, fue promovida desde la base, siendo los medianos y pequeños campesinos los más proclives a expandir este cultivo, al cual estaba asociada la cría del gusano de seda. El objetivo principal era incrementar los ingresos agrícolas a través de una actividad complementaria, que requería de una escasa inversión y de la disponibilidad de mano de obra campesina, entre la que destacaba la labor femenina e infantil.[296]

La participación en la cosecha de seda por parte de grandes propietarios (laicos o eclesiásticos) por lo general fue indirecta, limitándose a la cesión en arrendamiento de las propiedades agrarias. No obstante, existen algunas excepciones, entre las que destaca el caso del Duque de Gandía en la baronía de Llombay durante el siglo XVII o el Marqués de la Calzada en Carcaixent durante el siglo XVIII.[297] No obstante, pese a que en general los grandes propietarios facilitaron la expansión del cultivo de la morera en sus propiedades, este proceso no estuvo exento de polémica. La expansión del moreral en las zonas de regadío redundaba en el retroceso de otros cultivos, fundamentalmente frutales o vid, pero también del arroz, cuyas cosechas pagaban rentas más altas que la hoja de morera. En este contexto, la orden de Montesa se quejaba ante la Real Audiencia del descenso de rentas que había sufrido por la expansión de este nuevo cultivo en Sueca, población de señorío de la Ribera Baja. Ante esta denuncia, los campesinos defendieron que *són estats i estan en pacífica e quieta possessió* [...] *de plantar moreres en les heretats.*[298]

Sobre los sistemas de comercialización y el transporte a los puertos de embarque hablaremos más adelante, pero resulta necesario mencionar las rutas y mercados de destino. Como hemos venido apuntando, la demanda de las regiones sericícolas de la Italia centro-septentrional fue la que incentivo el negocio de la simiente de seda valenciana, siendo estos territorios el mercado consumidor casi exclusivo de esta materia prima. Sin embargo, debemos remarcar algunas referencias a envíos de simiente valenciana en dirección a otros territorios, especialmente el reino de Granada; así como diversas tentativas de participación en este negocio, por lo general poco exitosas, por parte de otros agentes comerciales. Estas referencias corroboran la idea del control monopolístico ejercido por las compañías italianas sobre la exportación de simiente de seda valenciana.

Aunque se trate de una actividad fundamentalmente rural, el auge que adquirió la exportación de esta mercancía a lo largo de la segunda mitad del XVI, promovió la participación de otros agentes, que trataron de aprovechar el carácter especulativo de

---

[296] PERIS Albentosa, Tomás, *Història de la Ribera...*, pp. 83-84.

[297] Del marqués de la Calzada, se afirma que *su casa señorial no era sino un inmenso criadero en la que se podían avivar y cosechar de 7 a 8 libras de simiente.* FOGUÉS Juan, Francisco, *Historia de Carcagente. Compendio geográfico-histórico de esta ciudad,* Carcaixent, Ajuntament de Carcaixent, 2000 (ed. original, 1934-1936), p. 174.

[298] Cita extraída de FURIÓ DIEGO, Antoni, *Història del País Valencià*, Valencia, Institució Alfons el Magnànim, 1995, pp. 283-284.

este negocio, a fin de obtener beneficios. En este contexto, el reino de Granada era un posible mercado de destino para una pequeña parte de la simiente producida en el reino de Valencia. La desarticulación productiva que generó la salida forzosa de la población morisca en las regiones de tradición sericícola granadina, como las Alpujarras, conllevó un empobrecimiento generalizado de buena parte de los criadores de seda, incapaces de producir su propia simiente de seda. En este sentido, tenemos constancia de envíos regulares, aunque de escasa entidad, de simiente de seda desde el reino de Valencia, pero también de otras regiones de Andalucía, e incluso desde Calabria, siendo considerada esta como el último recurso debido a su inferior calidad.[299]

El predominio del moral en el reino de Granada hizo que se prefiriese la simiente de los reinos andaluces (Jaén, Cazorla, Priego...), por cercanía y por considerarla mejor adaptada al clima y de igual calidad a la local. De manera complementaria, se recurría a la simiente valenciana (para las zonas donde había morera), y, en caso de necesidad, se recurría a la procedente del sur de Italia (calabresa o siciliana).[300] En 1583, ante los problemas de abastecimiento de simiente se pedía al rey que facilitase la compra pública por anticipado de hasta 3.000 onzas anuales a costa de la Renta de la Seda:

> que las pueda repartir entre los criadores, gente pobre, que no la puede comprar, de quien se tendrá cuydado a su tiempo la paguen, con que la que se dexare de cobrar por la pobreça de los que la devieren o por haverse ausentado o por otra causa, y por el riesgo que huviere la simiente que se comprare, sea a cargo de la Renta, pues se compra y reparte para el beneficio de la Renta, y que's de menos inconviniente que aya alguna pérdida que no que se dexe de criar la seda ques la que viene a causar los derechos […] porque de aver bastante simiente es una de las más ymportantes cosas que es menester para que la cosecha sea buena, porque aviendo falta de simiente aunque el tiempo haga bueno al tiempo de la cría, la cosecha por la dicha falta de simiente será mucho menor.[301]

El empobrecimiento generalizado de buena parte de los sericicultores granadinos tras la revuelta de las Alpujarras contrasta con el fenómeno expansivo en torno al cultivo de la morera en el reino de Valencia. La petición realizada planteaba importar anualmente una cantidad de en torno a tres mil onzas anuales de simiente a Granada, de las cuales expresamente se indicaba que 500 o 600 onzas fuera de simiente de morera, la cual se a de comprar en Valencia, de los mejores lugares della, y a de estar comprada y puesta en Granada en fin de cada año para que se pueda repartir al principio de el año siguiente. No obstante, la intervención pública se concentraba en determinados lugares, en particular para las Alpujarras, a fin de evitar que este cultivo

---

[299]   García Gámez, Félix, "Seda y repoblación...", op. cit.

[300]   AGS, Consejo y Juntas de Hacienda, leg. 164, carp. 9 (adquisición de simiente de seda siciliana para el reino de Granada por valor de 3.000 ducados, c. 1585); AGS, Consejo y Juntas de Hacienda, leg. 465, carp. 9 (compra de simiente de seda al fiado para los criadores granadinos, 1606).

[301]   AGS, Consejo y juntas de Hacienda, leg. 210, carpeta 11.

se abandonase definitivamente, como se hace constar en la relación de 1583 para proveer de simiente al fiado a los criadores granadinos más empobrecidos:

> *Las causas porque los criadores del dicho reyno de Granada no sacan toda la simiente que an menester para criar su seda a otro año es por ser necesitados muchos dellos que quieren aprovecharse de toda su seda para hilalla y vendella, y sacar sus dineros y no quitar parte della para sacar simiente porque hazen cuenta que el tesorero o administrador de la dicha renta se la a de vender fiada pues le importa [...] porque los que son ricos y abonados o sacan simiente para criar su seda o la compran por su dinero más barato y ansí no la compran fiada como los demás, y también conviene más venderla a la gente necesitada que a los demás, porque si no se les fiase no criarían seda.*[302]

Sin embargo, algunos años antes, en 1577, ya tenemos constancia de la llegada de simiente de seda valenciana a Granada, aunque en este caso de manera ilícita. Ese año se había iniciado un pleito contra Andreu Torrella, Gabriel Marco, labradores, y Tomás Marqués, torcedor, todos ellos vecinos de la villa de la Alcudia de Carlet, por contrabando de seda al reino de Granada, *denunciats per altres fraus que han comés e públicament son tenguts y reputats per persones que fan oficio e vihuen de defraudar.*[303] La proliferación de este comercio ilícito de seda en bruto hacia Castilla ya ha sido mencionada, aunque resulta poco frecuente encontrar referencias a que este fraude incluyera también simiente de seda. Junto a las mulas en las que viajaban hallaron tres cargas de seda en bruto escondida, las cuales fueron incautadas en uno de los mesones de la villa de Campillo de Arenas (Jaén). Así mismo, algunos días más tarde, el mesonero Agustín Ruiz denunció que su esposa había hallado en las cuadras de su posada *dos talegas con simiente de seda [...] qubierta con paja [...] que Graviel Marco e sus compañeros la escondieron porque no se la hallasen.* Durante el interrogatorio, Gabriel Marco declaró haber traído la simiente de seda desde el reino de Valencia, que *no sabe la cantidad della, que la da al diablo la simiente que él truxo.* En conjunto, fueron aprehendidas una cantidad total de 348 libras de seda y 126,5 onzas de simiente de seda, en medida castellana.[304]

Llama la atención el escaso volumen de simiente valenciana transportado a Granada (por lo general de unos centenares de onzas), el cual contrasta con las decenas de miles de onzas de esta simiente que se remitían anualmente a Italia, lo que corrobora la idea del control monopolístico ejercido por los comerciantes italianos sobre este tráfico. En el caso de Granada, la adquisición de simiente valenciana no era una prioridad y su llegada parece que se limitaba a algunos intercambios puntuales en momentos de carestía, más que a una relación continuada de aprovisionamiento de esta materia prima.

---

[302]   *Ibid.*

[303]   ARV, Bailia, Procesos Letra P, exp. 825 (1577).

[304]   La libra castellana (de 12 onzas) equivale a 0,345 gramos, mientras que la valenciana es de 0,355 gramos. La diferencia entre ambas se puede desechar. VIDAL Y POLO, José María, *Tablas de reducción...*, op. cit.

La promoción de iniciativas de carácter empresarial o compañías concretas dedicadas a la producción de simiente de seda fue consecuencia directa del auge de este comercio internacional. Una realidad que conllevó la participación de personajes de estratos sociales diversos, entre los que figuran grandes señores, como los duques de Gandía, pero también personas aparentemente ajenas al negocio de la seda, como escribanos, mercaderes e incluso eclesiásticos. La proliferación de este negocio a finales del Quinientos y el carácter especulativo de esta materia prima estimuló algunas iniciativas empresariales en torno a esta mercancía, que no siempre fueron provechosas.

La integración de las compañías mercantiles italianas en la economía valenciana se focalizó fundamentalmente en su labor de intermediación comercial y financiera en diferentes territorios de la Monarquía Hispánica. No obstante, alguna de las compañías surgidas para canalizar el amplio abanico de mercancías importadas y exportadas a través del reino de Valencia, también se interesó en la producción de simiente de seda. El 26 de noviembre de 1594 se acordó la formación de una sociedad comercial entre el financiero lombardo Giovanni Pietro Carcano y Ottavio Rusca radicada en la ciudad de Valencia, cuyo objetivo era la comercialización de tejidos de seda milaneses y de otras procedencias en España. En este acuerdo, Carcano aportaba un capital inicial de seis mil escudos, y se obligaba a mantener un crédito continuo de otros tres mil. Hasta aquí no implicaba ningún cambio sustancial con respecto a otras compañías. Sin embargo, entre las atribuciones de Rusca se incluía el alquiler de una casa en la ciudad de Valencia, *per il fatto che a Valencia si fanno vermi de setta ne possa prendere una dove si possano fare 1.000 once di detto seme*, a cargo de la compañía.[305] No obstante, las referencias a una participación directa de los agentes comerciales de origen italiano en aspectos productivos, como este caso, son poco frecuentes, teniendo en cuenta el bajo precio de esta materia prima en el mercado de origen, así como la inversión, el trabajo y el riesgo que implicaba.

Por su parte, otros personajes ajenos a las redes comerciales italianas trataron de obtener rédito del negocio de la simiente de sede. Fue el caso del mercader valenciano Francesc Crespo, quien trataba de dar salida a varias porciones de simiente de seda entre finales de 1595 y los primeros meses de 1596, la cual, según él, *ha tret ma muller, que cada any fa esta grangeria, [...] que's la millor que de així es anada ni anirà*, con una cantidad total que ascendía a 600 onzas *de llavor de cuchs de escuma fina de Alginet i de L'Alcúdia*, criada en su casa, en la ciudad de Valencia.[306] Para ello, remitió varias misivas a personas de confianza en Zaragoza y Barcelona, aunque a tenor de su insistencia, sabemos que no consiguió vender toda la simiente de seda. El 28 de diciembre de 1595 remitió dos cajitas de simiente, con 150 onzas en cada una de ellas,

---

[305]   LUCA, Giuseppe De, *Commercio del denaro...*, *op. cit.*, p. 165. ASMilano, Fondo Notarile, cart. 14265, not. Alessandro Carcano (26 de noviembre de 1594).

[306]   ARV, Varia, sign. 424. Manuscrito transcrito y publicado por IBORRA LERMA, José Manuel; VILA LÓPEZ, Margarita, *Cartes comercials i lletres de canvi de Francés Crespo, mercader valencià (1585-1601)*, Col·lecció Fonts Històriques Valencianes, Valencia, PUV, 2013. Las misivas citadas pueden verse en las pp. 182, 184 y 185.

a Joan de Gosas en Zaragoza y a Jaume Llebre en Barcelona, las cuales pretendía vender a 8 reales/onza (0,77 libras valencianas). En los meses siguientes intercambió varias misivas con estos para conocer el estado de este y otros negocios, insistiendo en que se despachara con diligencia. Si bien la remesa a Zaragoza parece que encontró comprador, no sucedió lo mismo con la simiente enviada a Barcelona, que en 18 de febrero de 1596 seguía sin vender. Ante la posibilidad de que esta se perdiese, le planteó *si à ocasió de bon pasaje i no li par a V.m. tart, la porà inbiar a d'algún amich, aventurant-la si rehixirà o no, que jo en Hitàlia no i conech ningú i si per sort la enbia, procure vaja a persona de confiansa.*[307] Como alternativa, planteaba que la vendiese a cualquier precio y si no encontraba comprador la remitiese nuevamente a Valencia. A tenor de una nueva misiva de 13 de marzo de 1596 no hubo movimientos y se pedía a Jaume Llebre que la despachase a cualquier precio, *perquè no aja de tornar así de ninguna manera,* aunque por las quejas constantes, parece que el negocio fracasó, generando pérdidas considerables a su dueño.[308]

A pesar del quebranto, Crespo no tenía intención de renunciar a este negocio, tratando de establecer contactos en el mercado italiano, a fin de garantizar una salida más satisfactoria para su cosecha de simiente, aunque a tenor de la carta que remitió a un pariente suyo asentado en Nápoles el mismo 13 de marzo de 1596, se puede entrever que el motivo del fracaso de este negocio fue el deseo de obtener un precio mejor, especulando con la simiente:

> *Yo suelo sacar lavor cada un anyo en una baronía que tengo arrendada del duque del Infantado que son las baronías de Alberique i Alcoser, i saco cada un anyo cosa de 1.000 onsas i oganio por mis pecados todo se me ha quedado por vender por querer sacar della 1.000 ducados, que me la pagavan a rasón de 5 reales la onsa i no la quise dar.*
>
> *Quería que se m'informase de Sr. Justiniano o de Marí qué ganansia ai en dicha lavor en Italia, porque entiendo que este anyo que viene han de dexiar de sacar della por la grande pérdida que han perdido los que tal trato han hecho, i como ascarmentados creo que no se atreverán muchas a dársela, i jo no dexiaré de sacar, porque a dónde he perdido la capa, en aquello la quiero cobrar, i para esto tengo necesidat de saber en qué parte de Italia tiene más valor, i cómo ha valido oganio en Milán, i si se vende a onsas i a cómo se han vendido la onsa, i si se vende de contado o fiada, i también si por caso me agradase inbiar a quién la pueda inbiar que sea persona deligente i segura.*[309]

El escaso conocimiento que demostraba tener Francés Crespo sobre el funcionamiento del negocio de la simiente de seda valenciana con Italia confirma las dificultades de penetrar en estos circuitos para agentes comerciales ajenos a las compañías comerciales italianas, que controlaban este tráfico en todas sus etapas, basando su éxito en la confianza y eficacia de sus redes. Solo puntualmente se

---

[307]   *Ibid.*, pp. 188-189.
[308]   *Ibid.*, pp. 192 y 195.
[309]   *Ibid.*, p. 199.

recurría a personas ajenas o comisionados externos, para que actuasen como intermediarios a la hora de llevar a cabo alguna transacción.

A través del libro de cuentas de otro mercader asentado en Valencia a comienzos del siglo XVII, Jean Augier, de origen francés, podemos aproximarnos a uno de estos personajes que puntualmente participaban del negocio de la simiente de seda que floreció dentro de la ciudad de Valencia. En este caso, Augier actuaba como intermediario de un comerciante genovés, Antonio Cherri, en la remisión de un total de 732 onzas de simiente, que fueron enviadas al puerto de Alicante para ser embarcadas al de Livorno en 1604, y finalmente remitidas a través de diversos comisionados a la ciudad de Milán. En este caso se hace referencia a la adquisición de esta mercancía, comprada a diferentes particulares, entre los que destaca un canónigo de la catedral de Valencia, Juan Bautista Gay, evidenciando la participación de una amplia gama de agentes en la cría de simiente de seda en el entorno urbano de la ciudad de Valencia.[310]

Uno de estos ejemplos es el de Blasco Tello, notario de profesión, pero que en 1610 entregó 162 onzas de simiente de seda por orden del duque de Gandía a su procurador, para que fuesen repartidas entre sus vasallos del marquesado de Llombay. El proceso civil se deriva del embargo realizado por los acreedores censalistas al duque, a los que el mencionado Tello solicitaba que se le pagase la simiente, cuyo valor ascendía a 1.296 reales castellanos (equivalentes a un total de 124,2 libras valencianas, a razón de 23 dineros por cada real). Gracias a los testimonios podemos aproximarnos a una de estas iniciativas de fomento sericícola, y sabemos que esta simiente *era propia del dit Blasco Tello, feta en casa de aquell en la ciutat de València y la qual llavor se li havia de pagar a rahó de huyt reals castellans cada onsa.* Otros de los testimonios es algo más explícito en sus declaraciones, indicando que *en lo any propassat envià lo dit Blasco Tello a València tres morisques de Llombay per a enfilar lo capell per a fer dita llavor.*[311] Por su parte, esta entrega al fiado de la simiente venía acompañada del compromiso por parte del duque de Gandía de abastecer también de hoja de morera a sus vasallos, los cuales a cambio se comprometían a pagarle a razón de tres libras y media de seda en bruto por cada onza entregada.

Conforme fue avanzando el siglo XVII, el comercio internacional de la simiente de seda valenciana se fue debilitando, aunque las remesas hacia el norte de Italia se mantuvieron activas durante algunas décadas. No obstante, los sistemas de comercialización fueron adaptándose a un contexto cambiante y la década de 1620, tras el inicio de la guerra de los Treinta Años, tenemos constancia de una diversificación en

---

[310]   AMV, *Manuals de la Taula de Valencia*, z⁹-1. Libro de cuentas de Jean Augier (1597-1613). En el f. 272v se hace referencia a la adquisición de simiente en Valencia, *comprat de Francesc Moric, el canonje Gay y altres, a diversos preus.* PÉREZ VILLALBA, María Teresa; PASTOR GUILLEM, Pedro, "El libro de cuentas del mercader valenciano Joan Augier, año 1604", *Studia historica. Historia moderna,* Vol. 39, n° 2 (2017), pp. 223-256.

[311]   AHNob, Osuna, c. 596, exp. 87 (1610).

las rutas comerciales, con una demanda cada vez más relevante de la sericicultura piamontesa (pero también de Lyon o Zurich), recurriendo a la navegación de cabotaje, que conectó algunos puertos valencianos secundarios, como el de Cullera o Sagunto, con otros enclaves portuarios de menor entidad, como el puerto de Arlés o el de Niza;[312] una ruta de aprovisionamiento alternativa, de la que participaron activamente los comerciantes italianos, pero también algunos franceses.[313] Así se desprende del análisis de la correspondencia mercantil de la compañía de Stefano Muralti, en la que se reflejaba la creciente competencia internacional y la quiebra de la confianza de parte de su clientela, ante los problemas en el aprovisionamiento de materia prima (bien como simiente o como seda en bruto). Una competencia gala que se hacía extensible también al comercio al por menor de telas en Valencia, ante las dificultades crecientes que encontraban para la venta de estos géneros textiles, diciendo que *solomente si smaltiscono quelle delli francesi, per haver loro boteghe aparte e non esservine al presente altre, per non potersi salvare al precio che loro danno le rope.*[314]

Por último, haremos referencia al libro de cuentas de otro mercader italiano establecido en la ciudad de Valencia, Paolo Antonio Apiano.[315] Los registros contables de este, referidos a los años 1624 y 1625, reflejan diversas remesas de simiente de seda a Italia, fundamentalmente a compañías comerciales establecidas en Milán. El puerto de destino era el de Génova, pero el punto de embarque de esta simiente ya no era solo la ciudad de Alicante, sino que se canalizaba a través del puerto de Sagunto y, en menor medida, del de Cullera. Estos envíos se analizarán de manera pormenorizada en el siguiente capítulo, pero cabe reseñar que entre las remesas se identifican pequeños envíos de simiente a otras ciudades españolas.[316]

El repaso que acabamos de realizar en relación con la producción y los mercados de destino de la simiente de seda valenciana nos permite afirmar que este negocio se fundamentó en la demanda internacional italiana, sin la cual no se explica el auge en la producción de esta materia prima embrionaria, generándose una relación de dependencia comercial y una especialización productiva. La actividad estaba completamente controlada por las compañías comerciales genovesas y milanesas, entre las cuales fue creciendo la competencia de manera considerable durante las

---

[312]　CALCAGNO, Paolo, "Entre Génova y Marsella: un espacio económico común, múltiples fronteras políticas", en Valentina Favarò, Manfredi Merluzzi y Gaetano Sabatini (coords.), *Fronteras: procesos y prácticas de integración y conflictos entre Europa y América (siglos XVI-XX)*, México, FCE, 2017, pp. 499-508.

[313]　Esta nueva realidad queda reflejada en la correspondencia mercantil de Stefano Muralti (ARV, Real Cancillería, libro 649), quien el 14 de septiembre de 1621 hablaba de la escasa disponibilidad de simiente de seda en Valencia, *per essere già stata comprata tuta de diversi patrioti e francesi, in particolare di questi Cernezzi e Acharte d'Alzira, ben e vero de loro hanno la magior parte della comissione.*

[314]　ARV, Real Cancillería, sign. 649. Lettera a Carcano di Milán (16 de febrero de 1621).

[315]　AMV, Z^2-113. Libro mayor de cuentas de Paulo Antonio Apiano (1624-1625).

[316]　*Ibid.*, ff. 64 y 274. Remesa de 115,25 onzas de simiente a Zaragoza a Lupicino Lupicini (1 de octubre de 1625). *Ibid.*, f. 90. Envío de 4 onzas a Joan Batista Oriol, de Tortosa (4 de noviembre de 1624).

décadas iniciales del siglo XVII. Desde la perspectiva italiana, la rentabilidad de este tráfico exportador estaba prácticamente asegurada. El carácter estratégico de este comercio era evidente, con lo que su impacto económico iba mucho más allá de su propio valor intrínseco o de la ganancia derivada de su venta. Independientemente del amplio margen de beneficio que generaba la comercialización de la simiente de seda valenciana, el proceso productivo que esta mercancía desencadenaba sustentó durante décadas el negocio de la producción de hilo de seda en el norte de Italia, siendo este uno de los pilares de la economía italiana. Para ello, se aprovecharon las redes mercantiles preexistentes, diversificando y dinamizando la actividad comercial de estas compañías, conectando este intercambio de materias primas y manufacturas entre España e Italia con las actividades financieras y de giro de letras a las principales ferias de cambio, tanto en Castilla (Medina del Campo) como en el norte de Italia (Piacenza), e incluso en Francia (Besançon).[317]

Por otro lado, desde la perspectiva valenciana la producción de simiente de seda vino a diversificar más la actividad económica de las regiones rurales dedicadas a la seda, pero su efecto no fue transformador ni innovador. Los señores se beneficiaron solo indirectamente de este nuevo cultivo, los derechos fiscales se incrementaron muy por debajo de lo previsto, y las medidas que primaron fueron aquellas que favorecían los intereses urbanos de los tejedores, representados por el gremio de *velluters*. En cualquier caso, la expansión de la morera a lo largo del siglo XVII, pese a los efectos de la crisis agraria y económica de la primera mitad de la centuria, sentó las bases para el desarrollo de una agricultura de orientación comercial. También permitió renovar parte de la oligarquía local, gracias a la acumulación patrimonial que generó en aquellos que supieron aprovechar las posibilidades a nivel local.[318] El reino de Valencia se especializó en la producción de materia prima de seda, orientada fundamentalmente a la exportación hacia los centros sederos castellanos, con Toledo al frente.[319] La exportación de simiente de seda contribuyó a reforzar esta tendencia durante algunas décadas, pero generando una dependencia con respecto a la demanda internacional, que a medio plazo lastró el desarrollo de la sericicultura valenciana. A comienzos del siglo XVII, el control extranjero sobre la estructura comercial, la caída de las exportaciones (tanto de seda en bruta hacia Castilla como de simiente de seda hacia Italia) y la decadencia de la sedería valenciana durante el siglo XVII implicaría

---

[317]   MARSILIO, Claudio, "Le fiere di cambio tra il XVI e il XVII secolo: Piacenza nel cuore della finanza internazionale", *Bollettino Storico Piacentino*, vol. 102-2 (2007), pp. 251-269; SAN RUPERTO ALBERT, Josep, "¿Una feria de cambios a la valenciana? Debate financiero y energía emprendedora en el siglo XVII", *Hispania*, vol. 80, n° 264 (2020), pp. 79-108.

[318]   Este fue el caso de Pere de Casasús o Bartolomé Acharte. MUÑOZ NAVARRO, Daniel, "Del negocio sedero…, *op. cit.*

[319]   CASEY, James, *El regne de Valencia…, op. cit.*, p. 106 y ss. Véase también: ARDIT, Manuel, *Els homes i la terra del País Valencià (segles XVI-XVIII)*, Barcelona, Curial, 1993, vol. I, pp. 294-298. Sirva como ejemplo el análisis de la importancia del trabajo doméstico vinculado la sericicultura y la "revolución de la morera" en la villa de Alzira. PERIS ALBENTOSA, Tomás, *Propiedad y cambio social. Alzira (1465-1768)*, Valencia, Institució Alfons el Magnànim, 1989, pp. 53-59, 92-98 y 186-200.

un retroceso coyuntural de la morera y la cosecha de seda en el reino de Valencia, que comenzaría a recuperarse a partir del último cuarto de la centuria, dando lugar al periodo de máximo esplendor de la sericicultura y la industria de la seda valenciana a lo largo del siglo XVIII.[320]

Sistemas de comercialización y transporte de la simiente de seda

La complejidad inherente al transporte de la simiente de seda a escala internacional implicaba la interacción de múltiples agentes y la movilización de recursos en espacios económicos distantes. No obstante, las redes comerciales no siempre fueron eficaces y la confianza depositada en algunos de estos agentes se rompía ante un mal negocio, una quiebra inesperada, o la sombra de fraudes o abusos cometidos por alguna de las personas delegadas. El carácter estratégico que adquirió la simiente valenciana para la sericicultura italiana quedó reflejado en la creciente regulación desarrollada para garantizar su aprovisionamiento, como ya hemos mencionado. A diferencia de la lana o la seda en bruto, lo que se intercambiaba en este caso eran las larvas de este animal, es decir, un intercambio biológico regular que adquirió un papel clave en el incremento y mejora de la producción de hilo de seda en la Italia centro-septentrional.

A comienzo del siglo XVII, disponemos de un documento singular que nos permite reconstruir con un grado de detalle excepcional un envío concreto de simiente de gusanos de seda desde la villa de Alzira al puerto de Génova. En él, los mercaderes genoveses Cesare Agasolo y Pompeo Breve querían dejar constancia de la remesa que habían realizado en el mes de septiembre de 1609 de 2.000 onzas de simiente de gusanos de seda, por encargo de Gerolamo Leva, comerciante milanés asentado en la villa y Corte de Madrid en ese momento.[321] Aunque desconocemos la causa que motivó esta petición, probablemente esté relacionada con disputas económicas entre las partes, gracias a las cuales contamos con el testimonio de todos los implicados, ratificadas por el Justicia civil y criminal de la villa de Alzira en 1610.[322]

La presencia de las compañías comerciales italianas en estos mercados se sustentaba en un intercambio fluido de correspondencia entre los agentes implicados, que permitía actuar con mayor eficacia a las redes mercantiles, en base a la evolución de las previsiones para la cosecha venidera o las estimaciones de producción de los sericicultores, los cuales podían elegir entre producir seda en bruto o simiente de seda

---

[320] MUÑOZ NAVARRO, Daniel; FRANCH BENAVENT, Ricardo; "El artesanado sedero y las fluctuaciones del mercado laboral en la Valencia preindustrial (1479-1836)", *Investigaciones de Historia Económica*, 17-4 (2021), pp. 16-28.

[321] La figura del mercader Gerolamo Leva resulta interesante a la hora de entender las redes de negocios italianas enraizadas en la Monarquía Hispánica. FERNÁNDEZ MARTÍN, Luis, "La colonia italiana de Valladolid, Corte de Felipe III", *Investigaciones históricas: Época moderna y contemporánea*, 9 (1989), p. 183; CAYUELA, Anne, *Alonso Pérez de Montalbán. Un librero en el Madrid de los Austrias*, Madrid, Calambur, 2005.

[322] ARV, Manaments i Empares, año 1610, libro VIII, mano 72, ff. 13r-23v.

(y sus derivados), en función de la demanda y la fluctuación en los precios de una y otra materia prima.[323] En este punto, conviene remarcar el papel desarrollado por mercaderes locales, los cuales actuaban como intermediarios entre la compañía comercial que realizaba el pedido y los pequeños productores de simiente. Este es el caso de Pere de Casasús, mercader de origen francés, establecido en Alzira a finales del siglo XVI, el cual desarrolló una actividad económica muy diversificada, entre la que se incluía el acopio de simiente de seda en su propia casa, actuando como comisionista de los comerciantes italianos, radicados en la ciudad de Valencia o Alicante, a cambio de un porcentaje o comisión sobre el valor total de la mercancía (del 2-3%).[324]

La labor de estos intermediarios era clave a la hora de garantizar el éxito de este tráfico comercial, ya que no solo se encargaba de comprar las diversas partidas a los productores locales, sino también de almacenar la mercancía en su propia casa, pesarla personalmente y mandarla embalar. Para ello, contaba con la colaboración de artesanos locales, que acondicionaban la delicada simiente en pequeños sacos de tela (de aproximadamente 250 onzas), que se acomodaban en cajas de madera (en cada una de las cuales se introducían dos sacos, es decir, 500 onzas de simiente de gusanos de seda), con el fin de preservar su calidad en el largo trayecto, tanto por tierra como por mar, hasta el mercado de destino. Según afirmaba Luis Martí, carpintero de Alzira:

> *Pere de Casasús, mercader, habitador de la present vila de Algezira donà orde a ell testimoni per a que fes moltes caixetes de cuchs de seda, les quals ell dit testimoni feu, y en particular li dix dit Casasús ne fes quatre per a Cèsar Agasolo y Pompeyo Breve, que cascuna de aquelles cabés cinc-centes onses en dos sachs, çó és cascun sach dos-centes cinquanta onses, fetes les quals quatre caxetes com desús té dit ell testimoni feu portar aquelles a la casa del dit Pere de Casasús, y essent en la casa de aquell, en presència de ell testimoni y de Pere Monall, calseter, qui estava en dita casa per a enbalar dites caixes, lo dit Pere de Casasús comensà a pesar de un muntó de llavor que tenia en dita casa, y de aquella omplint sachs y en cascun sach posà dos-centes cinquanta onses de llavor de cuchs de seda y plens que foren dits huit sachs conforme desús té dit ell testimoni acomodà aquells y dita llavor en dites quatre caixetes, clavant e acomodant aquelles com se sol acomodar la llavor de seda que s'envia per mar.*[325]

---

[323]   Un buen ejemplo del funcionamiento de estas redes epistolares lo encontramos el 16 de junio de 1621, cuando los herederos de Stefano Muralti escribían a los hermanos Carelli, de Turín, lo siguiente: *quest'anno molti hano lassato di cavari del detto seme per li molti sinistri che hanno. Consicutivamente visto a la chiara sucede non essere la quantità del anno passato. Non hè tempo ancora di tratare spaccio. Quando si rompa, subito velo diremo...* ARV, Real Cancillería, sign. 649.

[324]   Al igual que Pere Casasús en Alzira, encontramos a otros personajes actuando a escala local. Es el caso de Josep Correjas en Xátiva. Ambos figuran en la correspondencia mercantil de Stefano Muralti en 1620-21, como personas de su confianza. *Se li farà costare come Giuseppe Correjas de Xàtiva e Pedro de Casasús de Alzira, persone che ha molto tempo che atendono a negocii con onoratissima sodisfazione.* ARV, Real Cancillería, libro 649, 29 de diciembre de 1620.

[325]   ARV, Manaments i empares, año 1610, Libro VIII, mano 72, ff. 13r-23v.

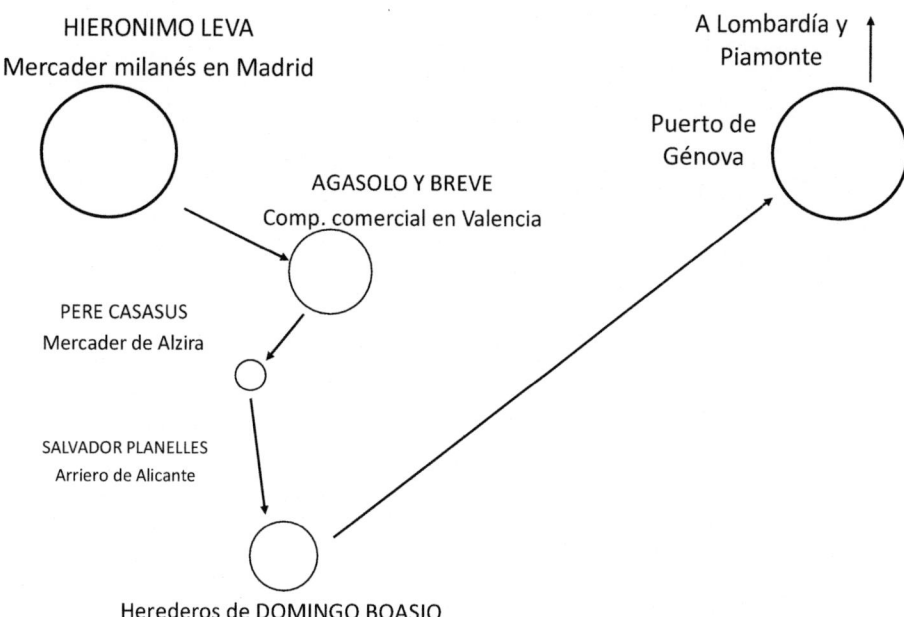

Figura 1. Diagrama de la red comercial de origen milanés encargada de la remesa de simiente de seda valenciana al norte de Italia (1609)

Una vez acondicionada la mercancía, se iniciaba el proceso de transporte hacia el norte de Italia. Para ello, se recurría a arrieros de confianza especializados en cubrir la ruta terrestre entre las ciudades de Valencia y Alicante, siendo este el puerto de embarque principal, ante el carácter internacional que adquirió esta ciudad portuaria a lo largo del siglo XVI. Este era el caso de Salvador Planelles, trajinero de la ciudad de Alicante, *home molt conegut, fiat y ordinari de trechinar de Alacant a València, y al qual se li acostuma donar a port molts diners y moltes robes y mercaduries de molta valor y suma.*

La simiente de gusanos de seda, al igual que otras materias primas de exportación, eran consignadas en la ciudad de Alicante a agentes o comisionados de las redes mercantiles milanesas y genovesas, los cuales se encargaban de embarcarla en dirección a Livorno y fundamentalmente Génova. No por casualidad, en esta ciudad portuaria se había asentado una dinámica colonia de mercaderes extranjeros, entre los que destacaban los italianos, aprovechando la inclusión de esta escala dentro de las rutas marítimas internacionales.[326]

En esta ocasión, la mercancía transportada por Planelles fue consignada en la ciudad de Alicante a Tomás Pascual y los herederos de Domenico Bossio o Domingo

---

[326]   MUÑOZ NAVARRO, Daniel, "Las dinámicas de cooperación…, *op. cit.*

Boasio, mercader de origen piamontés, residente en esta ciudad portuaria desde hacía décadas, donde llegó a ser nombrado cónsul de la nación alemana y flamenca. En este punto, los comisionados debían cumplir las instrucciones dadas por Gerolamo Leva, a la hora de embarcar la simiente, siendo la confianza una de las claves para el éxito del negocio. Esta intermediación era fundamental a la hora de agilizar los envíos, así como de evitar o reducir los posibles riesgos que implicaba la navegación mediterránea. Para ello, los comisionados recibían órdenes concretas sobre qué hacer con la mercancía desde las casas matrices italianas, a través de la correspondencia que intercambiaban entre sí. Evidentemente, estas misivas no se destinaban solo a organizar el tráfico de simiente de seda, sino que en ella se refleja un intrincado universo de contactos comerciales y financieros entre los territorios italianos y españoles, que incluyen la importación de géneros textiles y otras manufacturas o el pago de letras de cambio en las ferias castellanas o del norte de Italia principalmente.[327]

A través de los registros de embarque podemos constatar la remisión de la simiente de seda a los puertos de Génova y Livorno, aunque resulta más complejo rastrear esta mercancía en el ámbito italiano, donde nuevamente se recurría a agentes para recibir y transportar la simiente de seda hasta los mercados de destino, fundamentalmente ubicados en núcleos urbanos de relevancia, como Milán, Florencia, Como o Turín, desde donde las compañías mercantiles que contralaban este tráfico lo distribuían entre sus clientes habituales, dando lugar a no pocos conflictos. El destino final eran las áreas rurales especializadas en la producción de hilo de seda. Sobre cómo se distribuía esta mercancía, adquirida al por mayor por grandes compañías comerciales, disponemos de algunas referencias aisladas, como las que aportó Claudio Rosso para el caso de la simiente valenciana remitida a Piamonte, *importato in gran parte dalla Spagna da grossi commercianti e rivenduto nelle campagne attraverso una rete di negozianti medi e piccoli.*[328]

El destino final de este circuito era la cría de esta simiente a manos de las familias campesinas repartidas en las regiones sericícolas del centro y especialmente el norte de Italia, de la cual dependía en buena medida el resultado de la cosecha de seda cada año. Durante décadas el resultado de la cosecha de seda en estas regiones dependía en buena medida de un aprovisionamiento adecuado de simiente española. No obstante, este tráfico estaba salpicado de eventualidades y riesgos, que representaban un problema

---

[327]   Un buen ejemplo de ello lo encontramos en la documentación epistolar de la compañía de Stefano Muralti, uno de los más activos mercaderes lombardos asentados en Valencia a comienzos del siglo XVII, del cual se conserva un libro copiador de cartas para el bienio 1620-1621. ARV, Real Cancillería, sign. 649. Así mismo, la compañía de los Cernezzi-Odescalchi también participó activamente de este tráfico.

[328]   ROSSO, Claudio, "Dal gelso all'organzino..., *op. cit.*, p. 47. Las relaciones de clientes de comerciantes piamonteses como los hermanos Carelli, Giovanni Antonio Ferrari o los hermanos Ponte, permiten comprender mejor la comercialización al detalle de la simiente importada, aunque *non sempre è possibile seguire il passaggio della semenza di mano in mano, o capire se quella detenuta dai mercanti arriva o no direttamente dalla Spagna.*

para todos los agentes económicos implicados, desde los sericicultores a las autoridades políticas implicadas en el fomento de esta actividad, pasando por las compañías mercantiles transnacionales especializadas en este comercio.

Los riesgos del intercambio de simiente de seda a escala internacional

Pese al carácter especulativo de este comercio y su relevancia para el desarrollo de la *gelsibachicoltura* en Italia, existían importantes riesgos, limitaciones y obstáculos que lo dificultaban, los cuales podían derivar en problemas de rentabilidad y confianza para las compañías comerciales implicadas en él, así como en dificultades de aprovisionamiento de simiente de seda en los mercados de destino, frente a los que las autoridades se vieron obligadas a intervenir. A la hora de definir los riesgos asociados a este comercio internacional, diferenciamos tres tipologías básicas:

1. Las dificultades relacionadas con la articulación de compañías de comercio y con la presencia de agentes comerciales en los mercados locales.
2. Los problemas de transporte y embarque de la simiente, tanto por tierra como por mar, junto a problemas aduaneros o portuarios.
3. Los inconvenientes relativos a la comercialización de la simiente en los mercados de destino y su puesta en producción, derivados de prácticas fraudulentas o del menoscabo de la simiente durante su transporte.

Las redes mercantiles italianas eran las responsables de articular este tráfico internacional, movilizando recursos y personas, a través de la emigración de agentes de confianza al reino de Valencia, por lo general conectadas por lazos de sangre, las cuales, a su vez, establecían vínculos a nivel local. La eficacia de estas redes se sustentaba en un considerable grado de movilidad de sus miembros, en el fluido intercambio de información por vía epistolar, y en una red de confianza mutua a la hora de rendir cuentas y garantizar los pagos. No obstante, el auge de este tráfico también generaba procesos de competencia dentro de la diáspora italiana asentada en el reino de Valencia, y, en ocasiones, incluso dentro de la misma red mercantil, cuando los lazos de confianza se quebraban, por desavenencias en la gestión del negocio o en la rendición de cuentas. Una realidad que queda patente en las frecuentes disputas judiciales que se conservan en los fondos judiciales valencianos.

Por lo general, estos conflictos no se limitaban a una mercancía concreta, debido a la gran diversificación mercantil de estas compañías, que incluía la comercialización de manufacturas textiles importadas o el giro de letras de cambio, además de la exportación de materias primas españolas. Un buen ejemplo de estas tensiones lo encontramos en la quiebra y disolución de la compañía de negocios establecida en la ciudad de Valencia por los hermanos Orattio y Gerolamo Parravicini junto a Herculano Pusterla y Ludovico Serón.[329] Los capítulos de creación de esta sociedad mercantil estipulaban su duración por un periodo de 4 años, entre 1604 y 1608, su capital inicial de 12.000 libras valencianas, así como la tipología de su actividad, muy variada, en la que se daba libertad a Pusterla para negociar con cualquier mercancía que se creyese conveniente, también fuera de la ciudad de Valencia, que en vista de los deudores tiene amplias ramificaciones en Italia (Génova y Milán principalmente) y España (Alicante, Madrid, Zaragoza, Sevilla…). Dentro de la diversificada actividad de esta compañía, se incluía el comercio de simiente de seda, a través de una partida de 1.534 onzas de simiente de seda que *lo dit Pusterla tenia en La Olleria, les feu pasar en nom y cap del dit Seron [...] dit Seron feu portar dita llavor a la ciutat de Alacant per a embarcarla.*[330]

Los desacuerdos se derivaban de la presunta apropiación de importantes cantidades de dinero de esta sociedad por parte de Pusterla y Serón, dando lugar a diligencias judiciales, iniciadas en la Real Audiencia y posteriormente apeladas al Consejo de Aragón, que se prolongaron durante años. No fue este el único caso de quiebra entre estas compañías, ante la ausencia de los socios capitalistas, generalmente radicados en Italia, los cuales canalizaban sus negocios en España a través de sociedades comerciales, gestionadas por agentes de supuesta confianza, que no siempre cumplían su cometido de manera adecuada.

En ocasiones, los conflictos no se derivaban de problemas internos en las sociedades mercantiles, sino de una creciente competencia por alcanzar una posición dominante en el negocio de la simiente de seda. La correspondencia de Stefano Muralti evidencia estas dinámicas de rivalidad entre los mercaderes italianos por los puntos de aprovisionamiento, pese a formar parte de una misma nación comercial. La creciente competencia y especialización de algunas compañías milanesas sobre el negocio de la simiente agudizó estas tensiones, debido al acaparamiento de buena parte de la producción de simiente valenciana por parte de la compañía lombarda de los hermanos Cernezzi durante la década de 1620, en detrimento de otros compatriotas, como los herederos de Stefano Muralti (todos originarios de la ciudad de Como).[331]

Desde comienzos del siglo XVII, los Muralti eran una de las compañías comerciales que se dedicaba a exportar simiente valenciana en dirección a la Lombardía española, no sólo a la ciudad de Milán, sino también Piacenza (situada en el centro del área rural en la que se difundió con mayor intensidad el cultivo de la morera) y otras poblaciones de menor relevancia, como Pavía, Lodi o Como.[332] Sin

---

[329]   ARV, Procesos de Madrid, Letra P, exp. 618.

[330]   *Ibid.*, f.378v (envío de simiente de seda desde L'Olleria) y f. 421r y ss. (capítulos de la sociedad comercial). Las diligencias continúan hasta 1612. ARV, Procesos de Madrid, Letra L, exp. 196 y 206.

[331]   MUÑOZ NAVARRO, Daniel, "Las dinámicas de cooperación...", *op. cit.*, pp. 129-130.

[332]   Los Muralto son una importante familia de Como en el siglo XVI. MITA, Alessandra, *Economia e istituzioni a Como sotto gli Asburgo: il ruolo di Giambattista Giovio.* Tesis doctoral inédita. Università degli Studi dell'Insubria, 2013.

embargo, esta compañía comercial se encontraba en horas bajas a comienzos de la década de 1620, lastrada por inconvenientes de toda índole, entre los que destaca la competencia internacional en el negocio de la simiente de seda. Los problemas con este tipo de envíos comenzaron en el mes de septiembre de 1620, cuando una de las embarcaciones sobre la que esta compañía había cargado buena parte de la simiente de seda remitida a sus clientes en el norte de Italia fue apresada por corsarios, con las consecuentes pérdidas materiales y, lo que probablemente fuese más relevante, un fuerte descrédito ante el incumplimiento de los encargos realizados. A través de la correspondencia se trataba de justificar este infortunio ante sus clientes. En una de las cartas remitidas a uno de ellos, los Sauli de Génova en 13 de enero de 1621 se decía que *piacia a Dio guardarci de novi incontri e a tuti restaurare in altro che veramente è compasione del modo che vano le cosse del mare, poi in queste spiagie non si sente altro a la giornata che prese de vaselli, e se non viene del cielo il remedio non si potrà negociare in mercancie. Detta nave portava molta partita di seme di seta come già vi habiamo detto, e esendo arivata in cosí mal potere.*[333]

Pero además de esta pérdida, también recibió la compañía algunas quejas en relación al precio y peso de las mercancías remitidas. Concretamente, la carta remitida a Giustiniani de Génova en 26 de enero se refería a este problema en la compra de seda y simiente de seda, *per farli vedere per altra volta dil modo che ci hano di giudicare e non habiamo hauto simile repliche con li amici di Zurigo, perche sano le variacione che fa questa mercantia tanto nel precio come nel peso.* Concretamente, se refería probablemente a la compañía de Henrico Verdmuler, asentada en Zúrich, a la cual remitían capullos de seda (*gallete*) valenciana habitualmente. El 10 de marzo de 1621 les expedían una misiva informando de las previsiones de producción de seda en Valencia, ante la ausencia de noticias o encargos de estos en una fecha tan próxima a la nueva cosecha, *con dirvi che il tempo va molto bene per la stagione delli moralli; se continuarà a Dio piacendo vi doverà essere buon raccolto de sette. Galete non sapiamo quello sarà perche essendo quatro anni che il seme di seta de quale si cava come sapete non ha favore, ma bene si butaria. Potria essere che la gente ne volese piú presto fare alducari perche stano in opinione di quello. Si andara vociferando a la giornata, sarete avisato e se come detovi ci darete alcuna comanda procuraremo ben servirvi come dalle opere vederete.*[334]

El mal camino de la actividad comercial parece que se remontaba varios años atrás y no sólo dependía de la eficacia de la red mercantil, sino también de la benevolencia del tiempo y la cosecha de seda, así como de la decisión del campesinado valenciano de optar por producir simiente de seda o seda en bruto. En cualquier caso, durante los meses de febrero y marzo los Muralti contactaron con sus principales clientes para ofrecerles sus servicios para la siguiente cosecha, que solía iniciarse en los meses de abril, mayo y junio. En todas ellas, solicitaban la recepción

[333]   ARV, Real Cancillería, sign. 649, f. 51r.
[334]   *Ibid.*, f. 103r.

de encargos y comandas de simiente de seda, justificándose con los clientes por la pérdida del negocio del año anterior por la nave apresada.[335]

Continuando con las desgracias, el 29 de marzo de 1621 fallecía el socio principal de la compañía, Stefano Muralti.[336] El contexto al que debía de enfrentarse la compañía no era sencillo, fruto de las deudas acumuladas, del mal funcionamiento del negocio y de la situación familiar que dejaba en el momento de su muerte. Su viuda, Geronima Barrachi, quedaba al cargo de sus dos hijos pequeños, una niña de cuatro años y un niño de apenas 10 meses, por lo que fue su sobrino, Giovanni Battista Capponi, el encargado de continuar con la actividad de la compañía y hacer frente a sus obligaciones. Una vez pasada la cosecha de seda, llegaba el momento de hacer frente a los encargos que la compañía había recibido, y fue en este preciso momento cuando los problemas se acentuaron. A finales de agosto la compañía remite varias misivas a diferentes clientes, diciendo que no están seguros de poder responder a las comandas, aunque esta vez el culpable no es una mala cosecha, sino la entrada en escena de un nuevo agente comercial, los Cernezzi. El 28 de agosto se informa a Zerminasio y Perla, una compañía de Lodi, que *en quanto a la compra* [de simiente de seda valenciana] *vi diremo che questi Sernezi ne hanno comprato la magior parte per non esservi stato in piaza altri compratori, crediamo per il mancamento del'ordinario con il qual dovevano venire le comande. Estante il trovarsi già impegnati atendono a comprare quanta possiamo a soldi 10 in soldi 10..4, volendo restingerla in loro mani per fare certi il negocio grato.* [...] *E cosí andiamo comprando alli deti precii del medemo modo che loro per servicio vostro e delli altri cometenti, asicurandovi molto che non fate mancamento e conforme al detovi non po mancare de reusire il negocio grato certi piacia a Dio che cosí sia per consolatione delli molti danni hauti li anni pasati.*[337]

En esta y otras cartas similares se informa de la dificultad de aprovisionamiento que estaban encontrando, debido a que los Cernezzi habían acaparado buena parte de la producción, llegando antes que ellos a las plazas comerciales (principalmente Alzira y Xàtiva). También se indica que el precio de la simiente había subido, pasando de 0,4 libras valencianas por onza a superar con creces la media libra. En la correspondencia se aprecia la decadencia de esta compañía comercial, incapaz de hacer frente a sus ya de por sí escasos pedidos. La competencia de los Cernezzi, unida al resto de dificultades por las que atravesó la compañía, terminó por dar la puntilla a la compañía, que había perdido buena parte de la confianza de sus clientes, algo fundamental para el buen funcionamiento del comercio de la simiente de seda, que *in mercantia di tanto pericolo non è bene confidarsi con quello po sucederé.*[338] Pese

---

[335]   Se remitieron cartas a Milán, Génova y Piacenza principalmente, pero también a Crema, Pavía, Lodi, Bérgamo, Turín y Zurich.

[336]   ARV, Real Cancillería, sign. 649, f. 116v.

[337]   *Ibid.*, f. 239v. En los folios siguientes se remiten nuevas misivas del mismo tenor.

[338]   *Ibid.*, f. 59v.

a la competencia, en las misivas intercambiadas con diferentes clientes se les advertía que guardasen el secreto *per l'amitizia che habbiamo con deti Sernezi*. Los herederos de Muralti (compañía encabezada por su sobrino Giovanni Battista Capponi, junto al mercader valenciano Ventura Lozoya) trataron de mantener una buena relación con los Cernezzi, una de las compañías comerciales italianas más potentes en la Valencia del siglo XVII, cuya actividad comercial y financiera creció durante toda esta centuria. Estas precauciones nos revelan la complejidad de las relaciones sociales entre los diferentes agentes comerciales italianos, combinando las dinámicas de cooperación y de competencia en función de sus intereses y de la coyuntura.

Los riesgos del transporte internacional de la simiente de seda no se limitaban a la adquisición del producto en el mercado local, sino que gran parte del peligro que entrañaba se derivaba de la delicadeza de esta mercancía y los problemas que podía presentar su transporte hacia los puertos de destino. El envío por tierra desde las zonas productoras podía verse afectado por bloqueos coyunturales o cordones sanitarios derivados de episodios epidémicos, como el que se produjo a partir del mes de julio de 1600 en torno a la ciudad de Alicante, afectando al mercader genovés Nicolao Imperiale, arrendador del *Dret de la mercaderia* de esta ciudad entre los 1599 y 1601, quien solicitaba una rebaja en la cantidad abonada por dicho arrendamiento.[339] Este denunciaba que *per haver-se prohibit la entrada de la llavor de seda se an portat a embarcar a la dita ciutat de València pus de trenta mil onces de llavor de seda, que se hagueren embarcat en esta ciutat si no y haguera dita prohibició*; un bloqueo comercial que afectó al resto de materias primas exportadas a Italia a través del puerto de Alicante (lana, cochinilla, azúcar, barrilla...).[340]

La conexión entre seda y epidemia no se limitaba a los bloqueos comerciales, sino que la cría del gusano y los desperdicios y malos olores que generaba dio lugar a la intervención de las autoridades competentes en materia de salud pública de la ciudad de Milán y otras poblaciones lombardas, que llegaron a prohibir la introducción de simiente de seda o gusanos en el espacio intramuros a consecuencia de *le inmonditie, fettori e mali odori di qualsiasi voglia sorte all'intera salute che gode questa città*, especialmente tras los episodios epidémicos posteriores a la peste de San Carlos (1578) y la de 1633.[341] Estas disposiciones que se publicaban de manera recurrente en coyunturas delicadas, implicaban sanciones para aquellos que directamente o a través de terceros *metano dentro le mura che circondano questa città vermi da far seta, che chiamano cavalieri, et a chi ne havesse già messi o fatti mettere o permessi, contra il*

---

[339]   Entre las disposiciones para el gobierno de la ciudad de Valencia en época foral se incluye la referencia a que no se arrojen capullos agujereados ni desperdicios de seda a las calles, para garantizar la limpieza del espacio urbano, evitando malos olores o posibles enfermedades infecciosas.

[340]   ARV, Procesos de Madrid, Letra P, exp. 582.

[341]   ASMilano, Fondo Commercio, P.A., cartella 243. Incluye diferentes disposiciones en relación con esta prohibición en los años 1550, 1583-84, 1596-97, 1633, 1689 y algunas posteriores, del siglo XVIII.

presente ordine, che subito gli facciano levar via et portar fuora, aunque admitían ciertas excepciones en los espacios liminares de la ciudad.[342]

Volviendo al ámbito valenciano, a las dificultades anteriormente expuestas se unían diferentes corruptelas y sobornos en los puertos de embarque, entre los que sobresale la actuación del Baile General de la Gobernación de Orihuela, Don Juan Vich.[343] El 1 de octubre de 1596, en presencia del gobernador de la ciudad de Alicante, Mossen Antoni Migot, se presentaron Tomasso Leveratto y Orazio Parravicini, como procuradores de Giovanni Battista Parravicini, los cuales *dixeren que ells tenien necessitat ab altres mercaders de juntar-se per a tractar certs negocis concernents a la ciutat y comerci de aquella*.[344] Los genoveses y milaneses defendieron sus intereses como una única nación. Aunque este hecho no resulta una novedad, ya que desde finales de la Edad Media se había establecido en Valencia la "archicofradía de Nuestra Señora de la Consolación, San Juan Bautista y San Carlos Borromeu, dicha vulgarmente de los genoveses"; que aglutinaba principalmente a los miembros de esta comunidad mercantil.[345]

La causa que había motivado la petición era la acción conjunta frente a los abusos que estaban sufriendo por parte del baile Don Juan Vich. Tras reunirse en la casa de Giovanni Battista Parravicini, los principales agentes comerciales italiano asentados en la ciudad de Alicante amenazaron a las autoridades locales con desplazar su actividad comercial a Cartagena (abandonando el reino de Valencia) si no se atajaban antes de final de año los agravios que sufrían las embarcaciones que llegaban al puerto de Alicante y los mercaderes que en ella comerciaban.[346]. Esta denuncia se sustentaba en las arbitrariedades y extorsiones que presuntamente se llevaban a cabo en la visita de los navíos y la concesión de licencias de embarque en el puerto de Alicante. Sin entrar en por menores, todos ellos coincidían en la actitud deshonesta de Joan Vich y en la obligación tácita de entregarle diferentes cantidades

---

[342]   *Ibid. Che se ne possa mettere et tenere nei borghi cioè fra le mura e la fossa navigabile, mentre habbiano per via delle conveniente visite o un altra maniera...*

[343]   ARV, Procesos de Madrid, Letra P, sign. 521. Proceso contra Don Juan Vich, Baile General de la Gobernación de Orihuela, por los excesos cometidos en el ejercicio de su labor.

[344]   IGUAL LUIS, David, "La confraria dels genovesos de València. Una associació interprofesional a les darreries de l'Edat Mitjaba", en Lluis Virós (ed.), *Organització del treball preindustrial: confraries i oficis*, Barcelona, 2000, pp. 91-102.

[345]   LUCA, Giuseppe De, *Commercio del denaro...*, pp. 145-146. *Dalle lettere di cambio dei compratori che risiedevano a Milano si deduce che il loro principale centro d'acquisto fosse Valenza, dove lombardi e genovesi formavano una nazione sola.* Sobre la actividad de la nación italiana, representada a través de los consules genoveses en el puerto de Alicante, véase ASGenova, Archivio Segreto, Consoli, sign. 2670; y Giunta di Marina, Consoli, 1-4. Entre los asuntos principales se trata sobre la construcción de una capilla de los genoveses en Alicante.

[346]   Un total de 14 comerciantes se reunieron en la casa, todos ellos de origen italiano: Giovanni Andrea Ullius, Giovanni Battista Parravicini, Nicolao Imperiale, Tomasso Leveratto, Ottavio Ansaldo, Sebastiano Niccolini, Mateo Serravale, Marco Antonio y Agostino Amigon, Giacomo Toponi, Vincenzio y Benedetto Ganduccio, Francesco Canyisia y, por último, Andrea Merelo.

de dinero en cada visita que realizaba a una embarcación, citando el caso también de algunas naves raguseas y flamencas que habían sufrido estos abusos al atracar en el puerto de Alicante en 1596. En palabras del anteriormente mencionado Nicolao Imperiale, estaban *els capitans de les naus tan desgustats que deyen públicament que volien mudar lo comerci a altra part per lo maltractament que se 'ls feya.*[347]

Pese a la intervención de la justicia real, parece que se avanzó poco en este aspecto y Don Juan Vich siguió ocupando su cargo y este tipo de prácticas abusivas en el embarque de mercancías en Alicante siguieron siendo frecuentes, pese a la queja de la comunidad mercantil establecida en la ciudad. No en vano, algunas décadas más tarde se denunciaban los excesos cometidos por Jacinto Boasio, hijo de Domingo Boasio, mercader de origen piamontés establecido en Alicante y cónsul de las naciones flamenca y alemana en este puerto, por practicas similares, acusándole además de ser *hombre mal opinado y que en muchos anyos pasados por materia de ynterés de que quería defraudar los drechos reales y d'esta ciudad, cargando çierta simiente de seda sin manifestar.*[348]

Pero, volviendo al comercio de simiente de seda, uno de los principales riesgos que corría esta mercancía no se hallaba en tierra, sino en el mar, una vez embarcadas las mercancías, por la frecuencia de daños en la carga, naufragios de naves o el riesgo constante de apresamiento por piratas berberiscos. El carácter perecedero de la simiente de seda agudizaba los problemas relativos a su transporte, en el que se debían extremar las precauciones en el acondicionamiento de las cajas en que se transportaba para evitar que las larvas sufriesen daños por el efecto del agua salada o por unas condiciones climáticas poco favorables. El transporte de grandes cantidades de simiente de seda valenciana, por lo general decenas de miles de onzas, en uno de los navíos que partía en dirección a Italia desde Alicante suponía un riesgo añadido, ya que, si la embarcación no llegaba a buen puerto o era apresada, se ponía en riesgo toda la producción de seda en Lombardía o Piamonte.

En septiembre de 1595 partió de Alicante con rumbo a Italia el galeón raguseo *Santa Maria delle Danze*, una de las embarcaciones que cubría habitualmente esta ruta marítima internacional que conectaba España e Italia. En esta ocasión, se vio sorprendida por una fuerte tormenta en las proximidades del cabo de Formentor (Mallorca), viéndose obligados a cortar el palo mayor y arrojar parte de la carga por la borda a fin de evitar el naufragio de la embarcación.[349] Ante la sentencia favorable de los Cónsules del Mar de La Alcudia (Mallorca), se procedió al reparto y

---

[347]   *Ibid.*

[348]   ACA, Consejo de Aragón, leg. 587, exp. 40. Informaciones sobre el proceso de Jacinto Boasio, cónsul de las naciones flamenca y alemana, referente al asunto de comercio y contrabando de Alicante (1628-1639).

[349]   BERTI, Marcello, "Il «rischio» nella navigazione commerciale mediterranea nel Seicento: Aspecti tecnici ed aspetti economici. Prime ricerche", en Saverio di Bella (ed.), *La rivolta di Messina (1674-78) e il mondo mediterraneo nella seconda metà del Seicento*, Cosenza, Luigi Pellegrini Editori, 2001, pp. 215-256.

liquidación de la Avería, teniendo acceso a la composición detallada de la carga transportada en sus bodegas. Esta coincide plenamente con las características delineadas previamente para el comercio de exportación desde el reino de Valencia a la Italia septentrional, e incluye, además de importantes cantidades de lana, cochinilla, pieles..., una gran remesa de simiente de seda. En total, esta embarcación transportaba un total de 36.898 onzas de simiente de seda (poco más de una tonelada de peso), cuyo valor ascendía a 14.755 escudos, a razón de 0,40 escudos las onza (equivalente a 2,40 libras imperiales); un 10,26 % de la estimación monetaria total de la carga.[350] El elemento más destacable es que un único galeón podía transportar aproximadamente un tercio de toda la simiente de seda valenciana remitida a la Italia centro-septentrional en un año, con el consecuente riesgo que ello implicaba, si la nave sufría algún percance.

Ya nos hemos referido al naufragio del galeón Santo Pietro que afectó a la compañía de Stefano Muralti en el año 1620, el cual transportaba más de 20.000 onzas de simiente de seda procedente del reino de Valencia en dirección a Livorno. Gracias a la correspondencia intercambiada con sus clientes, en la que informaba sobre los problemas acontecidos, podemos aproximarnos a la realidad de este incierto tráfico. Inicialmente la falta de noticias desde los puertos italianos hizo pensar en un naufragio, con la pérdida de toda la simiente embarcada que ello implicaba. No obstante, con el paso de las semanas se tuvo constancia del apresamiento de la misma y su traslado a Argel, planteándose en este caso un inconveniente todavía mayor, hasta el punto de afirmar que:

> Havessimo volhuto che fusse andata a male la grossa partita dil seme di seta che portava, poi sarebe intrato in opinione il resto. E ora sarà stato pegio se fuse capitato cosí. Poi con il dubio che arrivarà a Liorna di nascosto e che ne farano comodo ogni uno andarà lento in intrare, e veramente che ci da qualche pensiero per le nostre onze 1.100, mandatove con la saetia del patron Vaux.[351] Dandoci la douta ragione, havuto inteso come la nave Santo Pietro, che credevamo qua fusse persa, era stata presa de corsalli, assay danno per il seme di seta. Poi intendiamo che n'era già capitato parte a Livorno. A noi ci da pensiero questo negozio.[352]

Se trata de la reexportación de esta simiente apresada a Livorno, con el consecuente impacto sobre los precios de venta final de la simiente en los mercados de destino. La pérdida de la mercancía suponía de facto un incremento en el valor de venta de la misma, pero si esta finalmente era reintroducida en el mercado italiano a

---

[350]   Ibid., pp. 249-253. Llama la atención el escaso valor monetario de la simiente de seda, frente a las 1.631 sacas de lana limpia y sucia transportadas, que representan el 62,34% del valor total (89.671 escudos) e incluso por detrás de la estimación de 65 barriles de cochinilla, cuyo precio ascendía a 27.400 escudos (19,05%). En conjunto, estas tres materias primas industriales representaban el 91,65% del valor total de la carga. La equivalencia entre escudos y libras milaneses es de 1:6.

[351]   ARV, Real Cancillería, libro 649, f. 61v. Lettera ai Sauli di Genova (26 de enero de 1621).

[352]   Ibid., f. 160r. Lettera a Crivelli di Milano (17 de mayo de 1621).

través de Livorno, las perspectivas de especulación se difuminaban. Este tipo de apresamientos eran frecuentes, así como la reexportación de las mercancías capturadas en dirección a Italia, dando lugar a circuitos comerciales secundarios que conectaban las plazas corsarias del norte de África con el puerto de Livorno, gracias a la intermediación de la comunidad mercantil hebrea. En marzo de 1622 se documenta una remesa de once cajas de simiente, con un total de 4.500 onzas, las cuales habían sido apresadas a una nave partida del puerto de Sagunto, y posteriormente enviadas desde Túnez a Livorno:

> *La nave di Molvedro fu condota in Tunis, il quale locho è tornata con onze 4.500 semenza a Livorno, che nisuno sino adesso la voluta comprare. Che li hebrei la volevano mandar a Milano per loro conto […] et pareva che in detto Milano havesse havuto maggiore reputatione, che tratavano de lire 9 per onza quella bona che si anderà.*[353]

Los problemas acarreados a la compañía de Muralti por el fracaso del negocio de la simiente no se derivaban exclusivamente de la pérdida de la mercancía, sino que la consecuencia fundamental era el descrédito que se generaba entre su clientela, la cual reclamaba no haber recibido la cantidad consignada y recriminaba a la compañía no haber sabido gestionar adecuadamente este tráfico. Acusaciones a las que se respondía en una misiva remitida el 17 de mayo de 1621 a Crivelli de Milán diciendo que *stano stipulando se si fecce o non si fece cose che non sono di persone piane, e qua si negocia come si può e non come si vuole*. Pese a ello, se informaba de la evolución de la nueva cosecha de seda, animando a los clientes a realizar nuevos encargos, aunque mostrando reticencias sobre el negocio de la simiente, *per vedere la gente desanimata per li cattivi sucessi che ogni anno hacorti questo negozio.*[354] No obstante, el problema principal no era la mala suerte, sino la pérdida de posiciones en el mercado de aprovisionamiento con respecto a la compañía de los Cernezzi, como ya hemos señalado previamente.

Los inconvenientes sufridos en el mar eran frecuentes, afectando no solo a los Muralti, sino también al resto de compañías italianas que participaban de este tráfico. En 3 de septiembre de 1622, el patrón genovés Giovanni Battista Carro publicó una carta de flete para su embarcación, *nombrada la Perla y Nuestra Señora del Rosario, de portada de tres mil duhicientas […] para cargar lanas limpias, susias y qualesquiera oltras suertes de mercadurías, para llevarlas en la ciudad de Liorna y la de Genova.*[355] Entre estas otras mercancías se hallaba la simiente de seda, cuyo flete se fijaba a razón de 3 reales por cada cien onzas. En este caso, la nave, que partió del puerto de Alicante pocos días más tardes,

---

[353]   ASRoma, Fondo Odescalchi, XXXII F 2. (27 de marzo de 1622). Cita extraída de SAN RUPERTO ALBERT, Josep, *Emprenedors transnacionals. Les trajectories econòmiques i d'ascens social dels Cernezzi i Odescalchi a la Mediterrània Occidental (ca.1590-1689)*. Tesis doctoral. Universitat de València, 2017.

[354]   ARV, Real Cancillería, libro 649. Lettera a Crivelli di Milano (17 de mayo de 1621).

[355]   ARV, Procesos de Madrid, Letra J, exp. 878, s.f.

comenzó a hacer agua en las inmediaciones de la villa de Benidorm y tuvo que ser socorrida y remolcada a puerto para evitar su hundimiento, con el consecuente daño para los propietarios de las mercancías embarcadas, principalmente sacas de lana remitidas a Livorno, pero también simiente de seda. Dejando de lado el resto de mercancías, los principales implicados fueron los hermanos Giovanni Battista y Giuseppe Parravicini con 8.450 onzas de simiente, junto a Giovanni Musitelli con 3.050 onzas, y otras remesas de menor entidad a nombre de Giovanni Antonio Triddi y Guglielmo Muzio. Todos ellos insisten en que, a diferencia de la lana u otras materias primas, ese género no puede quedar detenido, *perque la dita llavor patiria per estar encaxada y ab lo temps* […] *es pedria.*[356]

Ante los riesgos crecientes de la navegación desde Alicante, a partir de la década de 1620 las compañías comerciales comenzaron a diversificar los puertos de embarque (incluyendo fondeaderos de menor importancia como Sagunto, Cullera o Denia), recurriendo a embarcaciones de menor calado, que llegaban a los puertos italianos a través de la navegación de cabotaje (recurriendo en ocasiones a otros puertos de destino como Arlés, Niza o Finale). También se daba orden para repartir las remesas de simiente en varias embarcaciones, reduciendo de este modo el riesgo de perder toda la mercancía embarcada, pese a que ello supusiera un coste algo mayor en el flete y transporte. No obstante, tampoco de este modo se estaba exento de riesgo, ya que las tareas de carga eran más complejas y arriesgadas, pudiendo generar problemas en las remesas.

Por último, una vez que la simiente era consignada en los puertos de destino, todavía quedaba un largo trecho hasta su entrega a los sericicultores italianos, siendo habituales también los problemas en la comercialización, pero especialmente en las prácticas fraudulentas que se producía en esta fase final de redistribución, de la que participaban una amplia gama de agentes sociales. Junto a las grandes compañías, destaca un *ben più elevato numero da altri commercianti e intermediari non configurabili in modo altrettanto preciso, non solo come accaparratori di materia prima, bensì anche in qualità di promotori delle piccole «poste» cittadine e rurali, per le quali forniscono seme, foglia, e persino i locali.*[357] La actitud de estos no siempre fue impecable y podemos encontrar ejemplos que lo demuestran. En 1593, los banqueros lombardos, Giovanni Andrea Quiterio y Ottavio Sicco, habían adquirido en Génova 15 cajitas de simiente con doscientas onzas cada una de *"semensa de vermi de setta de Spagna"*. Sin embargo, al llegar a Milán estas pesaban poco más de dos mil onzas; una diferencia notable que se debía al desfalco cometido por el traginero que trasladaba la mercancía.[358]

---

[356]   *Ibid.*
[357]   MOIOLI, Angelo, *La gelsibachicoltura...*, op. cit., p. 18.
[358]   LUCA, Giuseppe de, *Commercio del denaro...*, op. cit., pp. 155.

Pese a la reiteración de disposiciones, analizadas previamente, sabemos que era frecuente que se produjeran adulteraciones o fraude en la comercialización de la simiente valenciana, tanto en la falsificación de su procedencia como en el acaparamiento de la simiente para inflar los precios de manera intencionada. En ambos casos, se trataba de un problema de índole política, que las autoridades trataron de atajar a través de órdenes y decretos punitivos que precisamente por su carácter reiterado nos dejan entrever que tuvieron un alcance limitado. De manera insistente, se hacía hincapié en garantizar la calidad de la simiente de seda, como punto de partida para producir un hilo de seda excelente, identificando la de procedencia valenciana como la mejor. El argumento de la mayor calidad del hilo producido por esta es frecuente en las disposiciones políticas, desaconsejando la cría de simiente de seda procedente de otras regiones sericícolas del Mediterráneo occidental, como Calabria o Nápoles, y prohibiendo estrictamente que se defraudase a la hora de venderla, haciéndola pasar como valenciana sin serlo. Para entender la realidad de este fraude, recurrimos a un memorial presentado en 1596, relativo al proyecto de introducción del *nuovo appalto che procura di fare la città di Milano di buona e vera semente di seta valentiana*:

> *Notoria è la fraude che da molti anni in quà da alcuni del guadagno piú che'l dovere avidi è stata introdotta nel mischiar semente de bigatti forastiera e d'altre parti con la semente di Valenza di Spagna, e (ch'è anco peggio) co'l suponer e vender l'una per l'altra evidente è anco il danno che da ciò ne è seguito, e tuttavia ne segue, in danno non solo del datio, che vien sfrosato nell'introdur detta semente forastiera per non esser scoperto chi la introduce, ma vi è piú à pregiudicio de poveri, che quasi tutta una estade travagliano con impegnar sino a i proprii panni per pascer i bigatti, e all'ultimo poi si trovano come si dice le mani piene di mosche, non fiuttando detta semente forastiera, se non ben puoco e quasi nulla.*[359]

No insistiremos más sobre este último factor de riesgo, analizado ya en detalle en un apartado previo. Nos limitaremos a indicar que, pese a la complejidad, incertidumbre y los riesgos asociados al comercio de simiente de seda valenciana a escala internacional, los mercaderes genoveses, pero especialmente lombardos, incentivaron este tráfico comercial. En palabras de Moioli, *la vendita del seme bachi, e non soltanto di quello proveniente dal Regno di Valencia, fosse già alla fine del '500 un grosso affare soprattutto per i mercanti milanesi, grazie alla loro capacità di controllo dell'offerta in senso quantitativo e qualitativo.*[360] Una posición dominante sobre esta mercancía y su comercialización, basada en su carácter especulativo y en los amplios márgenes de beneficio que generaba.

---

[359]   ASCMilano, Gride, cartella 6. Memorial del Magistrado Ordinario de 12 enero 1596.
[360]   MOIOLI, Angelo, *La gelsibachicoltura...*, *op. cit.*, p. 18, nota 16.

Un negocio basado en la especulación. Precios y margen de beneficio

Desde una perspectiva cuantitativa, la simiente de gusanos de seda quedaba ensombrecida y arrinconada entre las enormes cargas de materias primas industriales que se transportaban en las bodegas de las embarcaciones que conectaban los puertos valencianos e italianos a comienzos de la Edad Moderna. Sin embargo, si nos centramos en el potencial productivo de esta mercancía, la perspectiva cambia radicalmente. A diferencia de la lana, las pieles o la cochinilla, este tráfico tenía un carácter estacional y se concentraba generalmente en los meses de otoño, debido a sus singulares características (no podemos olvidar que se trata del intercambio de las larvas de un ser vivo). Además, por su reducido volumen y peso (mesurado en onzas) puede dar la falsa impresión de que se trata de un comercio secundario, casi testimonial o exótico. Lo mismo sucede con su precio, ya que el valor monetario de esta materia prima en fase embrionaria es poco relevante si lo comparamos con el de la lana.

Pese a ello, si nos atenemos a la peculiar tipología de esta mercancía y al desarrollo económico y productivo que desencadenó en las regiones sericícolas de la Italia centro-septentrional, entendemos mejor el papel estratégico de este comercio y el notable interés que desarrollaron en torno a él las compañías comerciales de origen italiano. En palabras de Giuseppe de Luca, *era ovvio che il mercado del seme-bachi, non ancora allevato localmente, fosse soggetto a fortissime tensioni speculative*, culpando de ello a los mercaderes genoveses y milaneses que monopolizaban este tráfico y adulteraban los precios.[361] Para estos, el negocio de la simiente de seda se derivaba del carácter especulativo de esta mercancía, sobre la que se sustentaba buena parte de la cosecha de seda en bruto, una materia prima altamente demandada en el mercado europeo y principal producto de exportación para las economías norditalianas en torno a 1600. Pese a que las referencias son escasas y no siempre homogéneas, conviene hacer alusión a la evolución del precio de la simiente de seda a lo largo del periodo abordado en esta obra, marcado por la volatilidad de este negocio, *troppo raroso et che tiene l'animo sempre sospeso*, como fue definido en 1622 por Giovanni Muzio, comisionado en Alicante de la compañía de los hermanos Cernezzi.[362]

A través de los registros fiscales valencianos podemos construir una serie de precios, fragmentaria pero relativamente representativa, a partir de los dos principales mercados de aprovisionamiento de la simiente de seda valenciana, Alzira y Xátiva. Estamos hablando de promedios, ya que el precio al que se pagaba una onza de esta mercancía fluctuaba considerablemente en función de la abundancia de este producto, cuya producción podía incrementarse o reducirse a

---

[361]   LUCA, Giuseppe De, *Commercio del denaro...*, *op. cit.*, p. 154-155.
[362]   ASRoma, Fondo Odescalchi, X B 6, 29 de mayo 1622. Cita extraída de SAN RUPERTO ALBERT, Josep, *Emprenedors transnacionals...*, *op. cit.*, p. 202.

criterio de los sericicultores. Por un lado, la tendencia podía ser ascendente, como consecuencia de la escasez de suministro con el que abastecer la demanda internacional. No obstante, en ocasiones, el movimiento de los precios era el opuesto, ante el carácter perecedero de la simiente de seda, obligando a vender a cualquier precio el remanente, antes de que se deteriorase o no llegase al mercado de destino en el momento adecuado para su avivado.[363]

Como puede apreciarse en la tabla y el gráfico anexos, los precios de la simiente en los mercados de origen oscilaron considerablemente en base a las coyunturas, aunque existe una cierta correlación entre unos y otros, como se refleja en las series polinómicas, aportando fiabilidad a la fuente empleada. Los datos recogidos para el caso de Alzira y Xátiva se corresponden a promedios de las ventas reflejadas en los registros fiscales de la Doble Tarifa, junto a los que se incluyen también otros datos aislados de precios de venta. Debido al carácter fragmentario de estos datos y a las fluctuaciones coyunturales de los precios, hemos recurrido a su valor nominal (en libras valencianas) sin deflactar, tratando de aportar una imagen aproximada del valor medio de la onza de simiente de gusanos de seda entre mediados del XVI y el primer tercio del siglo XVII. Por lo general, el valor se situaba entre las 0,20 y las 0,50 libras/onzas (entre 4 y 10 sueldos en moneda valenciana), aunque en momentos concretos ese valor pudiese verse incrementado o reducido en base a una multiplicidad de factores. Teniendo en cuenta que, en los momentos álgidos de este tráfico, se llegaban a exportar en torno a cien mil onzas, esto implicaría un valor en origen de la mercancía que no alcanzaría las cuarenta mil libras valencianas, siendo esta una cantidad modesta si lo comparamos con el montante global de la lana o la seda en bruto, y aún más si se compara con el volumen de negocio asociado a la actividad financiera de alguna de las grandes compañías comerciales implicadas en este negocio.

Si establecemos una correlación entre el precio de venta en origen de la simiente de seda (entre 0,2-0,5 libras valencianas) y el salario diario de un oficial de la construcción en Valencia, que, según Hamilton, era de 4 sueldos para el siglo XVI y de 6 sueldos para el siglo XVII (0,2-0,3 libras valencianas respectivamente), podemos calcular que el valor de una onza de simiente equivalía al jornal de 1-2 días de trabajo.[364] Teniendo en cuenta que los pequeños campesinos difícilmente podían producir más de unas pocas decenas de onzas de simiente a lo largo del año, por las limitaciones en la disponibilidad de hoja y en su capacidad de trabajo, se comprende mejor que esta actividad tuviese un carácter complementario, combinándose con otras ocupaciones, generalmente de

---

[363]   Fue el caso de las remesas de simiente realizadas por Francés Crespo a finales de 1595 a Barcelona, la cual aún no se había vendido en marzo de 1596. Este mercader valenciano pidió a su comisionado que *per qualsevol preu, vena-la i fasa deseixida d'ella*. IBORRA LERMA, José Manuel; VILA LÓPEZ, Margarita, *Cartes comercials...*, *op. cit.*

[364]   HAMILTON, Earl J., *El tesoro americano y la revolución de los precios en España: 1501-1650*, Barcelona, Ariel, 1975 (ed. original, 1934), pp. 411-421.

tipo agrario. No obstante, estos ingresos se obtenían en moneda, y a ellos habría que sumar las rentas obtenidas por la venta de otros productos, como el capullo agujereado o el hilo de seda producido. En conjunto, la sericicultura permitía a las familias campesinas obtener unos ingresos modestos, pero relativamente garantizados, complementando su economía doméstica y mejorando el acceso de estas al mercado, a cambio de intensificar su capacidad de trabajo.

Año	Precio simiente seda en libras valencianas/onza		
	Alzira	Xátiva	Sin determinar
Año 1537	0,36	0,31	
Año 1538		0,14	
Año 1540		0,1	
Año 1541	0,38		
Año 1542	0,19	0,2	
Año 1543	0,16		
Año 1556	0,31	0,36	
Año 1557		0,22	
Año 1558	0,15		
Año 1559		0,52	
Año 1560		0,25	
Año 1561		0,35	
Año 1565			0,13
Año 1568		0,15	
Año 1572		0,2	
Año 1573		0,26	
Año 1604			0,34
Año 1607	0,14	0,14	
Año 1608	0,53	0,7	
Año 1609		0,59	
Año 1610		0,23	
Año 1621			0,5
Año 1624			0,45
Año 1625			0,22
Año 1626			
Año 1629	0,20	0,19	

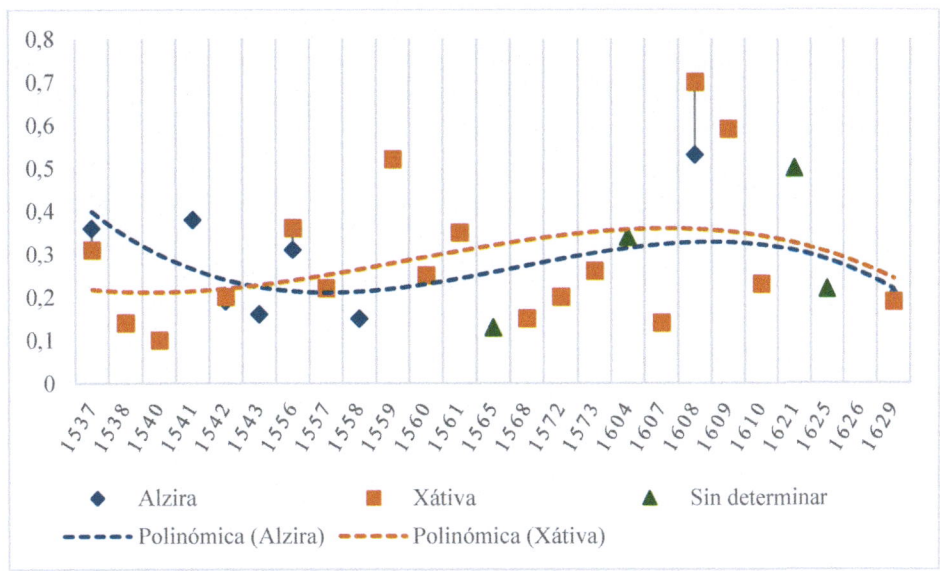

Tabla 1 y gráfico 1. Serie precios de la simiente de seda valenciana
(libras valencianas/onza). Fuente: Elaboración propia[365]

Pese a lo limitado de la muestra, podemos apreciar una ligera tendencia al alza en el precio de la simiente valenciana durante la segunda mitad del siglo XVI, coincidiendo con el auge de la demanda internacional de esta mercancía. Sin embargo, esta tendencia parece verse interrumpida a partir de la década de 1610, momento en que cada vez son más frecuentes las quejas y cautelas en relación con el resultado de este negocio en las regiones de destino. A lo largo del primer tercio del Seiscientos, esta actividad mercantil progresivamente fue perdiendo interés, ante el incremento de la competencia de simiente de otras procedencias, y la inestabilidad política que obligó a modificar las rutas tradicionales de exportación, ante la inseguridad de la navegación de altura en el Mediterráneo occidental. A ello habría que unir un posible empeoramiento de la calidad de la producción valenciana, tal vez vinculada con la expulsión de la población morisca, que haría que este negocio perdiera atractivo y se buscasen alternativas de aprovisionamiento más seguras y rentables.

El carácter especulativo de este negocio apenas se reflejó en los mercados de aprovisionamiento de simiente de seda valenciana. El precio de la materia prima, por lo general, era asequible, ya que su valor podía multiplicarse notablemente en el norte de Italia, sin que los gastos derivados de la

---

[365] Fuentes: Registros fiscales del *Dret de la Mercaderia* para la villa de Alzira (ARV, Generalitat, sign. 2104 y 2192) y la ciudad de Xàtiva (sign. 2157, exps. 14-34), entre los años 1537 y 1641. AMA, *Llibre de la sisa de la Mercaderia* (1565). AMV, *Manuals de la Taula de Valencia*, z⁹-1, ff. 272v y 276r (1604). ARV, Real Cancilleria, sign. 649 (1621). ASComo, *Notai*, sign. 1751, s.f., (01/12/1625).

comercialización de la simiente de seda (compra, embalaje, transporte, impuestos, flete...) supusiesen una barrera insalvable, como lo demuestran los dos ejemplos concretos de remesas de simiente de seda valenciana al norte de Italia de que disponemos.

El primero de ellos tiene como protagonista a Juan Augier, mercader de origen francés que actuó como agente de un comerciante genovés en el envío de 732 onzas de simiente valenciana a Milán en 1604.[366] El segundo ejemplo se refiere a los hermanos Cernezzi, que registraron ante notario en Como a finales del año 1625 una cuenta de gastos por la remesa de 400 onzas de simiente con la misma procedencia y destino que la primera. En el primer caso, más allá de la cantidad concreta de simiente remitida por Augier, lo que nos interesa es cómo reflejó en su contabilidad privada esta transacción, desgranando su coste en diversas categorías, así como la información cualitativa que reflejó en este documento. El 13 de octubre de 1604, asentó la deuda de 250,1 libras valencianas que había contraído con él Antonio Cherri, mercader genovés, *per lo cost de 732 onces llavor de seda he comprat per son qonte*. Por su parte, el análisis de la cuenta de gastos registrada por los Cernezzi en 1625 nos permite apreciar similitudes, pero también divergencias, con la remesa de Augier en 1604.

Si comparamos ambas remesas, comprobamos que el coste principal de este tráfico era la adquisición de la materia prima, con un porcentaje variable, que se sitúa por encima de las dos terceras partes del montante global de la operación. El porcentaje varía en función del precio de la misma, pero también de otras variables, entre las que destaca la presión fiscal sobre este tráfico. Los gastos de compra y embalaje, incluyendo el envío por tierra hasta el puerto de embarque, muestran un valor modesto, que se situaría entre el 6-8 %. El escaso peso y volumen de la mercancía determinaba un reducido valor en costes de transporte y flete, aunque este podría elevarse si la mercancía era asegurada.[367] El coste de la materia prima era el más relevante (el 65 y el 78% del total en los casos analizados respectivamente), tanto en el mercado de origen, a la hora de adquirir la simiente de seda, como en el de destino, para abastecer de materia prima los telares italianos. Estos porcentajes se aproximan considerablemente a los señalados por Giuseppe de Luca para la fabricación de tejidos de seda en la ciudad Milán (60-75%) o Goodman para el caso de Florencia (60-70%).[368] A tenor de

---

[366]   AMV, *Manuals de la Taula de Valencia*, z⁹-1. Libro de cuentas de Jean Augier (1597-1613).

[367]   A partir de la correspondencia de Stefano Muralti, podemos inferir que, por lo general, esta mercancía no solía estar asegurada, con algunas excepciones. No es de extrañar ya que, pese al elevado riesgo de que la mercancía sufriese algún daño, su valor monetario era bajo y no generaba pérdidas sustanciales en los balances de las compañías.

[368]   LUCA, Giuseppe De, *Commercio del denaro...*, *op. cit.*, p. 155. GOODMAN, Jordan, "Financing pre-modern European industry: an example from Florence 1580-1660", *The Journal of European Economic History*, 10-2 (1981), pp. 415-435. *The purchase of raw silk accounted for between 60% and 70% of the total costs of production*, p. 418.

estos datos, se comprende mejor la relevancia que adquiría el mercado de aprovisionamiento de la materia prima (en forma de simiente o como hilo de seda) para las economías norditalianas, siendo la piedra angular sobre la que descansaban su industria sedera, pero también el cada vez más relevante mercado exportador de seda en bruto y semielaborada.

Mención aparte merece la cuestión fiscal, que varió considerablemente a comienzos del siglo XVII, como ya hemos mencionado. La creación de un tributo específico sobre la exportación de simiente de seda valenciana en las Cortes de 1604 evidenció que las autoridades políticas eran conscientes que este tráfico perjudicaba sus intereses fiscales. Si comparamos ambas remesas vemos como en el primer caso el porcentaje que representaron los diversos tributos regnícolas *ad valorem* (general y sisa de la mercaduria, y derecho italiano) se situaba en torno al 7%, mientras que, a partir de 1604, se aplicó un sistema tributario distinto, basado en la cantidad de simiente exportada, elevando este porcentaje hasta el 17%.[369] La comparativa entre ambas operaciones refleja bien el escaso impacto de los cambios en el marco fiscal valenciano para gravar la exportación de simiente de seda. Esta medida proteccionista no parece que tuviera un efecto inmediato sobre el negocio, que seguía generando una rentabilidad más que atractiva para las compañías mercantiles italianas.

Los datos reflejados en los gráficos anexos evidencian que, desde el punto de vista económico, la simiente de seda era un negocio que generaba pingües beneficios cuando la suerte acompañaba. No obstante, los riesgos que implicaba eran elevados y el carácter estratégico de esta mercancía para la sericicultura italiana implicaba que las compañías arriesgasen su reputación y prestigio al comprometerse a abastecer el mercado consumidor año tras año exclusivamente con simiente de seda valenciana, ya que la pérdida o mala calidad de la misma suponía un problema político de primer orden para las autoridades implicadas en el fomento de la sericicultura, especialmente lombardas y piamontesas.

Las referencias disponibles sobre la venta de simiente de seda en los mercados de destino, pese a su parquedad, refuerzan la idea del carácter especulativo de este negocio. La creciente demanda de esta mercancía y su enorme potencial productivo, en conexión con la expansión de la *gelsibachicoltura* en la Italia centro-septentrional, hacía de ella la piedra angular sobre la que reposaba la producción de seda en bruto. En consecuencia, el valor alcanzado por una onza de simiente de seda valenciana en la Italia centro-septentrional se disparó hasta superar con creces las 5 libras genovesas.[370]

---

[369] Sobre el marco tributario aplicado sobre el comercio valenciano en el tránsito entre los siglos XVI-XVII, véase SALVADOR ESTEBAN, Emilia, *La economía valenciana...*, op. cit., pp. 261-287 y CASTILLO DEL CARPIO, José María, "El sistema tributario...", *op. cit.*

[370] SAN RUPERTO ALBERT, Josep, *Emprenedors transnacionals...*, op. cit., p. 199, nota 12.

Tabla 2. Envío de 732 onzas de simiente de seda a Livorno, para ser remitidas posteriormente a Milán (1604)

	Cantidad	Precio (moneda valenciana)	Libras	Sueldos	Dineros	Total	% valor total	% valor materia prima
Materia prima	732 onzas	6 sueldos 10 dineros/onza	250	2	0	250,10	77,84	100,00
Comisión comprador	1	2%/precio simiente	5	12	0	5,60	1,74	2,24
Impuestos y corretaje	1	23 dineros/libra	23	19	2	23,96	7,46	9,58
Embalaje	2	Saquitos con el escudo de Valencia	3	12	0	3,60	1,12	1,44
Portes y derechos	1		8	16	5	8,82	13,07	16,79
Flete y otros gastos	1	Estimación 10%	29	4	0	29,20	9,09	11,68
TOTAL						321,28	100,00	128,46

	Precio onza (libras valencianas)	Valor total (libras valencianas)	%
Precio inicial	0,34	250,10	100,00
Precio en Alicante	0,40	292,08	116,79
Precio final (con portes)	0,44	321,28	128,46

Incremento del 16,8% por cada onza en puerto de embarque (Alicante)
Incremento del 28,5% por onza en puerto de destino (Génova)

Tabla 3. Envío de 400 onzas de simiente de seda a Milán (1625). Costes de remisión

	Cantidad	Precio (moneda valenciana)	Libras	Sueldos	Dineros	Total	% valor total		% valor materia prima
Materia prima	400 onzas	4 sueldos 5 dineros/onza	88	6	8	88,33	65,51	65,51	100,00
Comisión comprador	1	3 dineros/onza	5	0	0	5,00	3,71		5,66
Gastos compra	1		1	8	0	1,40	1,04		1,58
Embalaje mercancía	1		3	16	0	3,80	2,82		4,30
Impuestos. Dret italià	1	10 d/libra. 80 libras	3	6	8	3,33	2,47		3,77
Impuestos. Llavor de seda	1	1 ₤/onza	20	0	0	20,00	14,83	24,87	22,64	37,96
Gastos portuarios. Alicante	1		4	0	0	4,00	2,97		4,53
Provisión compañía	1	3 % cuentas y gastos	3	15	5	3,77	2,80		4,27
Flete mercancías. Galera	1	4 %/libra. 130 libras	5	4	0	5,20	3,86	9,62	5,89	14,68
TOTAL						134,84	100,00		152,65

	Precio onza (libras valencianas)	Valor total (libras valencianas)	%
Precio inicial	0,22	88,33	100,00
Precio en Alicante	0,30	121,87	137,96
Precio final (con portes)	0,34	134,84	152,65

Incremento del 38% por cada onza en puerto de embarque (Alicante)
Incremento del 52,65 % por onza en puerto de destino (Génova)

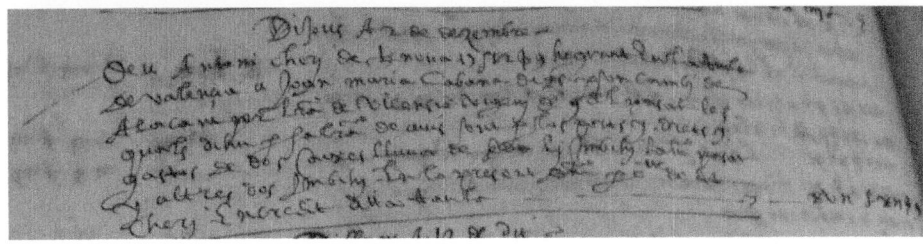

Fuente: AMV, *Manuals de la Taula de Valencia*, z⁰-1, ff. 272v y 276r.
Libro de cuentas de Jean Augier 1597-1613.

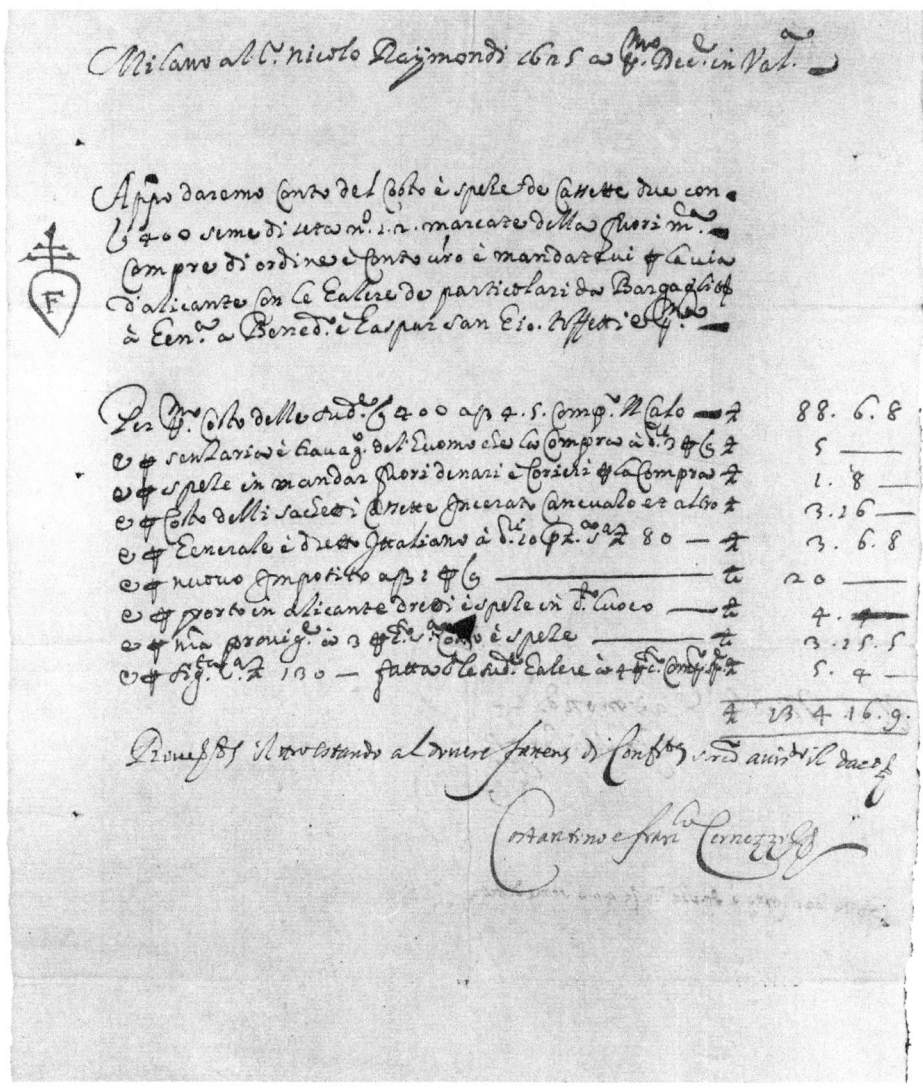

Fuente: ASComo, *Notai*, sign. 1751, s.f., 1 de diciembre de 1625.

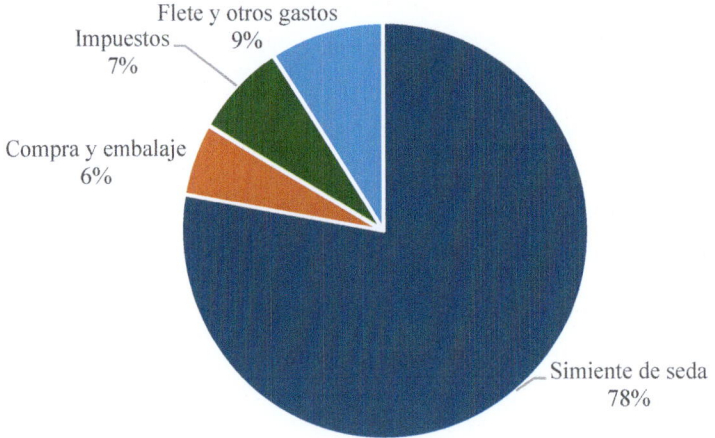

Gráfico 2. Comparativa porcentual envío de 732 onzas simiente de seda a Milán (1604)

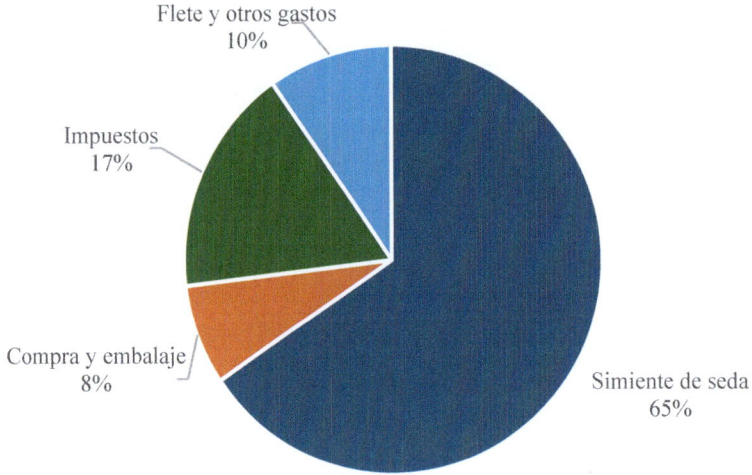

Gráficos 3. Comparativa porcentual envío de 400 onzas simiente de seda a Milán (1625)

Una vez definido el coste de compra y transporte de la materia prima, trataremos de fijar el margen de beneficios aproximado que obtenían las compañías implicadas. Para ello, se realiza un cálculo ficticio, basado en el precio indicado por los hermanos Cernezzi en su correspondencia mercantil en 1621, aplicando un valor de 5 libras genovesas y 18 sueldos (equivalente a un escudo de plata) por onza, aunque el precio no era homogéneo, situándose en 5 libras genovesas en Livorno y alcanzando las 9 libras en Milán.[371] En base a las 40.700 onzas remitidas por los Cernezzi durante ese año a los puertos italianos, San Ruperto calcula un valor de venta aproximado de 240.130 libras genovesas, que equivaldrían a 221.913,24 libras valencianas. Resulta difícil aportar datos fehacientes, dada la escasez de datos disponibles, pero si damos por buena la información recabada por Josep San Ruperto para la compañía de los hermanos Cernezzi durante la década de 1620, podemos aproximarnos al beneficio neto que obtuvieron con esta mercancía.

A partir de una venta concreta de 400 onzas a 5 libras genovesas y 18 sueldos, San Ruperto calcula un beneficio neto de venta de 2.214 libras genovesas, detraídos unos gastos de compra y comercialización que se situaban en 145 libras genovesas (6%), lo que significaba multiplicar casi por 17 la inversión inicial.[372] No obstante, la volatilidad del negocio hacía que esos márgenes pudieran fluctuar considerablemente, como sucedió en el año 1621, cuando, según la correspondencia mercantil de Stefano Muralti, el precio de la simiente valenciana adquirida por los Cernezzi se situó en torno a las 0,5 libras valencianas (10 sueldos). En este caso, el beneficio neto sería más bajo, aunque continuaría multiplicando al menos por ocho la inversión inicial.[373]

El proceso especulativo que se desarrolló en torno a esta mercancía se fue intensificando con el paso de los años, y el valor de la simiente de seda se disparó en coyunturas concretas de desabastecimiento o como consecuencia del acaparamiento llevado a cabo por la pequeña oligarquía que controlaba estas redes de aprovisionamiento, como ya hemos mencionado al hacer referencia a las disposiciones que trataban de combatir estos abusos. Para el año 1626, disponemos de una referencia concreta derivada de la intervención pública sobre este mercado:

Ha il Tribunale [di Provisione] *giudicato espediente di far la descrittione della semente che si trova in Milano, si per accertarsi della quantità piú che sia possibile, si anco per assicurare che ogni volta che si venghi in parere di abbasargli il prezzo non si mandi in*

---

[371] A tenor de las referencias expuestas previamente, esta escalada en los precios de la simiente de seda en su principal mercado de destino, la ciudad de Milán, no se detuvo.

[372] La transformación de libras genovesas en valencianas se realiza a partir de la cotización de cien escudos de marca en la feria de Piacenza durante el año 1621 (equivalente a 134 libras valencianas y 145 libras genovesas).

[373] El memorial remitido por Giuseppe de Leca en 1595 hacía una referencia escueta al precio de la simiente de seda valenciana, cuyo precio inicial situaba en 5-6 reales castellanos (aproximadamente 0,5 libras valencianas) y su venta en Milán a 10-12 reales (en torno a 1 libra valenciana), duplicando su valor, aunque se advertía que este precio se podía incrementar *aún más según al tiempo y la ocasión.*

altre parti per venderla, tutto quello che a mercanti piace. [...] Il prezzo che a loro costa,
computate le condutte, dacii e simili è di circa soldi 46 l'onza. Il prezzo delle vendite
fatte qui fu da principio di lire 3 overo 4 l'onza, ma poi è andato crescendo, in maniera
che adesso si vendeva sin a lire 12 l'onza.[374]

A tenor de estos datos, el coste final de la simiente de seda importada desde
España a Milán, incluyendo impuestos y costes de transporte, era de 46 sueldos/onza
(2,15 libras milanesas), mientras que su precio de venta llegó a alcanzar las 12
libras/onza, suponiendo multiplicar por seis la inversión inicial, con el consecuente
lastre que ello suponía para los sericicultores que dependían exclusivamente de esta
materia prima importada.[375] La intervención de las autoridades buscaba aliviar
puntualmente estos precios, imponiendo aforos que limitasen la avaricia de los
comerciantes. Sin embargo, la facilidad de fraude y ocultación que presentaba esta
mercancía hacía que su aplicación fuese coyuntural y generalmente poco eficaz.

A la escasez de referencias disponibles se une el inconveniente que representa
la equivalencia entre monedas distintas, por lo que estas estimaciones deben ser
tomados con cautela, como una referencia aproximada al fluctuante y especulativo
negocio del comercio internacional de simiente de seda valenciana a comienzos del
siglo XVII. No obstante, no queda duda del enorme interés que despertó esta
mercancía estratégica entre las compañías comerciales italianas. A pesar de los
importantes riesgos que implicaba este tráfico, progresivamente se fue desarrollando
una mayor especialización, profesionalización y acaparamiento de este negocio en
manos de un número limitado de compañías lombardas.[376] Junto a la búsqueda de
una mayor calidad de la simiente de seda, también fueron surgiendo fuertes intereses
comerciales en torno a la subsistencia de este tráfico, especialmente por parte de
aquellas pocas compañías que controlaban este tráfico desde su lugar de origen, el
reino de Valencia. El acaparamiento en pocas manos y la tendencia especulativa en
los precios de venta final de la simiente de seda importada en Milán era una realidad
contrastada ya desde finales del siglo XVI, que se intensificó en las décadas
posteriores.[377] Este factor pudo influir decisivamente en la búsqueda de vías
alternativas de aprovisionamiento, ante la *sempre più ricorrente presenza di tensioni*
speculative nel mercato del seme bachi e in particolare di quello spagnolo, siano
esse originate dalle manovre dei mercanti milanesi per tenerne elevato il prezzo,

---

[374] ASCMilano, Fondo Materie, Seta, cartella 874.

[375] Incluso algunas décadas más tarde, en 1653, se reporta que la onza de simiente llegó alcanzar el
precio de 18 libras milanesas. *Ibid.*

[376] La otra cara de la moneda fue una menor presencia de los mercaderes genoveses, que
progresivamente fueron reduciendo su participación directa en este negocio, limitándose a actuar como
agentes intermediarios.

[377] LUCA, Giuseppe De, *Commercio del denaro..., op. cit.*, p. 154. La afirmación se refiere al al
memorial de 1593.

oppure derivino dai tentativi per surrogarlo con altri importati da svariate località della Penisola.[378]

La creciente complejidad de la estructura productiva en torno a la sericultura lombarda, analizada de manera precisa por Angelo Moioli, refleja el auge del desarrollo agrario, frente al progresivo declive de las economías urbanas. Este contexto solo se entiende desde una perspectiva internacional, donde el papel de la demanda internacional es la clave para este desarrollo, marcado por la creciente especialización regional y división del trabajo en el contexto del Mediterráneo occidental. El impulso mercantil, unido al fomento político, contribuyeron a reforzar estas redes mercantiles, que, por un lado, canalizaban el aprovisionamiento de materia prima (tanto desde España como desde la Italia meridional), y, por otro, daban salida al creciente volumen de exportación de seda hilada, en dirección a Francia (con Lyon o Tours a la cabeza), pero también hacia Ginebra y otros centros sederos en expansión a lo largo del siglo XVII. El desarrollo de la *gelsibachicoltura* en el norte de Italia, a pesar de la negativa tendencia económica del Seiscientos y de los profundos efectos de la peste de 1630, vino unida a considerables transformaciones productivas, capaces de *inserire stabilmente anche la bachicoltura nelle combinazioni produttive*, siendo uno de los condicionantes necesarios *che si riduca il costo di approvvigionamento del seme, senza gravi riflessi sulla qualità e sulle rese dei bozzoli*, unido a una cierta autosubsitencia en la producción de hoja de morera entre los productores de capullo de seda.[379]

En este punto, durante la década de 1640, la simiente de seda boloñesa fue ocupando el lugar de la española, no solo como consecuencia de las constantes prácticas fraudulentas y especulativas de los proveedores, sino como parte de un proceso de racionalización productiva que incluía una producción de hoja abundante y la certeza de una demanda consolidada, tanto en el mercado interno como externo. En palabras de Moioli, este cambio se debe a:

> *Un preciso calcolo dei proprietari di gelsi che avendo deciso di destinare la foglia che «hanno del suo» all'allevamento dei bachi, puntano a preferire un seme di minore costo rispetto a quello spagnolo, in ciò accontentati con prontezza dai mercanti che si occupano di questo commercio. Si aggiunge che a loro non importa molto se la semente bolognese dà bozzoli di qualità più ordinaria e se richiede, come sembra un maggior consumo unitario di foglia.*[380]

Este proceso queda reflejado en el memorial presentado ante el Senado por parte del Magistrado Ordinario del *Tribunale di Provisione* el 23 de enero de 1642, en el que se analizaba la posibilidad de imponer un control sobre la simiente de seda

---

[378]   MOIOLI, Angelo, *La gelsibachicoltura...*, *op. cit.*, p. 28-29.
[379]   Sobre esta transformación agraria en los campos lombardos, extensible también al área piamontesa, y basada fundamentalmente sobre la formula organizativa de la repartición a medias, o *mezzadria*, véase *Ibid.*, pp. 32 y ss.
[380]   *Ibid.*, p. 37.

italiana con el pago de 10 sueldos (0,5 libras por onza), como medida para evitar el fraude y dar prioridad a la simiente española. El contenido de este documento ilustra los múltiples intereses que se concentraban en torno a este negocio internacional, que irremediablemente estaba condenado a desaparecer, pese a la insistencia de algunos, especialmente de las grandes compañías milanesas que lo monopolizaban.[381] La reflexión realizada pretendía contribuir a *lasciar distinte queste semenze di Italia da quelle di Spagna, le quali non si dovevano intendere comprese con le altre*, planteando para ello diversas consideraciones.

En primer lugar, se hacía referencia a la mayor calidad y fineza de la seda producida a partir de simiente de seda procedente de España, lo cual influía en su precio final, superior al de la *semenze di Bologna, et altre,* [que] *è stata introdotta in questo stato da pochi anni in quà.* A ello se unía un consumo de hoja superior en estos gusanos, un factor poco relevante ante la abundancia de esta cosecha en los campos lombardos, que favorecía el autoabastecimiento de los sericicultores. A pesar de las desventajas, *si va generalmente usando ogni giorno più questa, et disusando quella di Spagna*, debido a su menor precio (en torno a 2,5 libras/onza), que *procede dalla vicinanza delle provincie, d'onde viene senza pagamento de tanti dacii condotte, ne risico di navigatione o altre infortunii, a quali è soggetta quella di Spagna, e anco delle facilità di sfrosi del Datio.* Los factores que justificaban la adopción de medidas políticas (se proponía la notificación de toda la simiente de seda existente en el Estado de Milán, importada o autóctona, y la introducción de un tributo específico sobre la simiente boloñesa) eran fundamentalmente de carácter fiscal, ante la menor presión tributaria sobre la simiente de seda italiana. Pero, junto a estos, el elemento clave se deriva del rol estratégico que jugaba esta materia prima industrial en la balanza comercial hispanoitaliana, ya que *dall'introduttione di questa semenza, e disuso dell'altra di Spagna, ne segue non solo a la Real Hazienda et Traffico di questo Stato molto danno, ma etiandio alli altri regni di Sua Magestà, perche [...] non si paga ancora il datio di Spagna ne da qui si mandano per cavarla di là altre merci, li cui datii non si pagano ne qui ne là.*[382]

En este sentido, los intereses comerciales contribuían a reforzar los argumentos en defensa de la simiente de seda valenciana, pese a que los sericicultores se decantaban por la simiente boloñesa, por *il beneficio di comprarla a più buon mercato e alla mano*, habiéndose introducido un total de diecisiete mil onzas durante el año 1641 solo en la ciudad de Milán. El memorial advertía que las medidas propuestas podían suponer *qualche amarezza nell'universale*, especialmente entre la población más pobre, sugiriendo que la introducción del tributo se retrasase al año próximo. Pese a las presiones de la élite mercantil lombarda, el negocio de la simiente de seda valenciana en el norte de Italia tenía las horas contadas en el momento en que se redactó este memorial. El contexto de transformación de la sericicultura lombarda,

---

[381]   ASMilano, Fondo Commercio, P.A., cartella 243.
[382]   *Ibid.*

marcado por una intensificación del cultivo de la morera durante el siglo XVII extensible a toda la Italia septentrional, vino acompañado de cambios en la cría del gusano de seda. En este sentido, la búsqueda de un modelo productivo menos dependiente con respecto al aprovisionamiento externo, conllevó *l'incremento di numero e di dimensioni degli allevamenti dei bachi* [...] *utilizzando fra l'altro del seme comprato a prezzi ormai modici o addirittura già fabbricato in propio.*[383] Esta transformación resulta trascendental, ya que implicaba una especialización en las técnicas bacológicas que permitía reducir la presencia de intermediarios y especuladores, moderando considerablemente el precio de la simiente y mejorando la rentabilidad agraria vinculada a la morera y la cría del gusano de seda. Tanto es así que, según afirma Moioli, a la altura de 1670, la mayor parte de la simiente de seda empleada en el Estado de Milán provenía de su propia cosecha.[384]

En consecuencia, el negocio de la simiente de seda se vio prácticamente desarticulado, al menos por lo que respecta a la de procedencia española, como lo confirma la evolución de los registros fiscales que analizaremos en detalle en el próximo capítulo. No obstante, conviene insistir en el hecho de que el desarrollo inicial de la *gelsibachicoltura* en la Italia centro-septentrional se sustentó sobre el aprovisionamiento regular de simiente de seda valenciana, siendo esta la más rentable y de mejor calidad. El fervor especulativo que se desató en torno a este negocio durante las primeras décadas del Seiscientos dio lugar a toda una serie de prácticas fraudulentas, que entorpecieron este circuito comercial, contribuyendo a la búsqueda de mercados alternativos. En un contexto proclive al desarrollo de innovaciones organizativas y técnicas en torno a la sericicultura, resulta lógico que se desarrollase una producción autóctona de calidad y, por tanto, la simiente de seda dejase de ser una mercancía a escala internacional; hasta que, siglos más tarde, la epidemia de pebrina de mediados del siglo XIX obligó a los mercaderes italianos, nuevamente, a ir en búsqueda del *"seme perduto"*.[385]

---

[383]   Moioli, Angelo, *La gelsibachicoltura...*, *op. cit.*, p. 39.
[384]   *Ibid.*, nota 60.
[385]   Zanier, Claudio, *Alla ricerca del seme perduto...*, *op. cit.*

CAPÍTULO III

REDES MERCANTILES E IMPACTO ECONÓMICO DE LA SIMIENTE DE SEDA VALENCIANA EN ITALIA (C. 1550-1640)

Essendo le sete che si fanno nei Stati nostri de'più principali redditi et entrate dei nostri sudditi [...] debbiamo perciò in ogni modo procurarne l'abbondanza et procedendo essa principalmente dall'introduttione di buon seme de'bigatti, che realmente sia di Valenza, vera di Spagna.

Carlo Emanuele I di Savoia (1623)

El papel jugado por la simiente de seda valenciana en el despegue de la sericicultura italiana resulta innegable a tenor de lo expuesto hasta ahora. No obstante, el carácter huidizo de esta mercancía en las fuentes documentales dificulta un análisis sistemático de este tráfico exportador durante el periodo que abarca esta investigación (1550-1640). A la hora de ponderar la importancia real que jugó esta materia prima a ambas orillas del Mediterráneo occidental resulta necesario aproximarnos al volumen anual de exportación de esta. Para ello recurriremos al cruce de información procedente de diferentes registros documentales, tanto españoles como italianos, a fin de trazar la evolución de este flujo mercantil y las diferentes fases que atravesó, gracias fundamentalmente a los registros fiscales. Pese a las limitaciones, el volumen comercial que aflora (probablemente infravalorado a consecuencia de la facilidad que entrañaba el fraude y la ocultación de esta mercancía) pone de manifiesto que, junto a la lana y la cochinilla, debemos incluir la simiente de seda como una de las materias primas industriales fundamentales en la estructura comercial que conectaba las penínsulas ibérica e itálica en los siglos XVI y XVII.

No por casualidad el auge de este tráfico en torno al año 1600 coincide con una presencia mucho más intensa de comerciantes milaneses en tierras valencianas, con sagas tan destacadas como la de la familia Cernezzi, que seguía la estela de otros linajes de mercaderes lombardos que les precedieron (D'Adda, Lodi, Ullius, Parravicini...), emigrando con éxito a este reino, en buena medida gracias a las lucrativas oportunidades que presentaba este negocio emergente (no tan monopolizado como el de la lana por parte de los genoveses) aprovechando la coyuntura internacional del mercado de la seda. Dentro de este contexto, la principal aportación de nuestro estudio no es la exactitud en los datos, sino el hecho de documentar y cuantificar de manera fehaciente el negocio que durante décadas desarrollaron diversas compañías mercantiles italianas, trazando una tendencia general estimada del volumen de exportación de simiente de seda valenciana hacia Italia, que nos permita aproximarnos al impacto económico de este flujo comercial a ambas orillas del Mediterráneo.

3.1. La exportación de simiente de seda a través de los registros fiscales

Pese a no existir un impuesto específico sobre la simiente de seda en el marco tributario valenciano hasta 1604, el creciente control fiscal sobre el comercio de la seda durante la segunda mitad del siglo XVI nos permite aproximarnos al tráfico de esta materia prima. Para ello, contamos con los registros fiscales del *Dret de la mercaderia*, un impuesto perteneciente a los derechos de la *Diputació del General* recaudado a escala local, que imponía una tasa general *ad valorem* del 2,5% sobre las transacciones comerciales.[386] Tras el cambio tributario adoptado en las Cortes de 1604, se creó una tasa específica sobre la exportación de simiente de seda a Italia, quedando reflejada (aunque de manera muy parcial) en los registros posteriores a esta adaptación fiscal, denominados como *Derechos nuevos y doble tarifa*, siempre dentro de los fondos de *Generalitat*, custodiados en el ARV.

A pesar de lo fragmentaria que resulta la información, los registros reflejan las cantidades de simiente de seda exportadas en los dos mercados básicos de adquisición de esta mercancía: la villa de Alzira y la ciudad de Xàtiva, dos de las principales plazas comerciales del reino y puntos clave en la producción sericícola valenciana. En estas localidades se concentraba la producción dispersa de simiente de gusanos de seda de su entorno y en ellas se organizaba la comercialización de este producto hacia los mercados de destino, contando con la colaboración de comisionados locales que ejercían un papel de intermediario entre el pequeño sericultor y la gran compañía comercial que adquiría esta mercancía, como ya hemos descrito en el capítulo anterior.

Los datos recabados evidencian que la evolución de este tráfico siguió una pauta muy similar en ambas localidades, tanto en volumen de exportación como en el precio medio de la mercancía, permitiéndonos distinguir diferentes fases y una tendencia común de estos circuitos de comercialización. A tenor de los datos podemos afirmar que la creación del *nou imposit de la seda* (1552) supuso un punto de inflexión en la producción y exportación de simiente de seda en el reino

---

[386]   En el apartado previo ya hemos analizado la política fiscal valenciana en torno a la seda. El trabajo de referencia al respecto es CASTILLO DEL CARPIO, José María, *En la periferia del centro...*, *op. cit.* Para el marco tributario del siglo XVII, véase también CORREA BALLESTER, Jorge, *La hacienda foral valenciana: el real patrimonio en el siglo XVII*, Valencia, Consell Valencià de Cultura, 1995, p. 60.

de Valencia.[387] Hasta este momento, este producto se intercambia a escala local o directamente se destinaba al autoconsumo, es decir, cada cosechero producía únicamente la simiente que necesitaba, en función de las previsiones de disponibilidad de hoja de morera que tenía. No obstante, en la segunda mitad del siglo XVI se produjo un cambio de tendencia y el volumen de exportación no paró de crecer. Como refleja la tabla 1, antes de las Cortes de Monzón de 1552, podemos afirmar que, en ambas localidades y por extensión en el reino de Valencia, la simiente de gusanos de seda no era un producto comercial. Las escasas transacciones de simiente que se registran antes de esta fecha eran de reducida entidad y tenían como destino un mercado regional de corta distancia, aprovechando los meses más fríos del año (enero y febrero). El volumen de ventas era algo mayor en el caso de Alzira (en torno al millar de onzas vendidas en 1542 y 1543), mientras que en Xátiva ni siquiera se alcanzaban las 100 onzas anuales.

No obstante, el panorama cambia de manera progresiva durante el último tercio de la centuria, a causa de los factores condicionantes anteriormente señalados, alcanzando a distinguir varias etapas. Durante los primeros años tras la imposición de la nueva tasa, el tráfico comercial de este producto se incrementó significativamente en ambas localidades, aunque de manera mucho más intensa y prematura en Alzira, ante el mayor arraigo del cultivo de la morera en el entorno de esta población a lo largo del siglo XVI.[388] No obstante, esta actividad todavía no estaba bien estructurada y las remesas no eran muy significativas, ya que la participación de las compañías comerciales italianas era aún incipiente. Fue en estos momentos cuando comenzaron a remitirse algunas cantidades modestas de simiente de seda hacia Italia, principalmente hacia Génova y Milán.

La parquedad de la información aportada en estos registros fiscales, que se limitaban a indicar el peso, el valor y el nombre del vendedor, no nos permite extraer demasiadas conclusiones, pero sí confirmar el momento en que la simiente de seda valenciana comienza a figurar entre las remesas de exportación a Italia, dando lugar a una actividad productiva que anteriormente se limitaba a la producción de capullo e hilo de seda. Ya en este momento podemos identificar a alguno de los personajes pioneros en este nuevo negocio, como fue el caso de Fioristano di Lodi, Giovanni Antonio D'Adda o Marco Antonio y Nicolao Olginato, todos ellos de origen italiano.

---

[387]   Con el fin de sufragar la defensa de la costa, se imponía *un sou per lliura, dels diners del preu de la seda, que sería arrendat pels diputats y com no hi hauría prou, es trauríen anualment dues o tres mil lliures més de les sobres dels drets de la Generalitat, y es completaría per via de tacha general fins la cantitat de once o dotze mil lliures anuals amb un nou impost sobre la seda que s'exportara sense teixir.* SALVADOR ESTEBAN, Emilia, *Cortes valencianas del reinado de Felipe II*, Valencia, Universidad de Valencia, Departamento de Historia Moderna, 1974, p. 21.

[388]   La villa de Alzira ejercía como centro de redistribución, mientras que el arraigo del cultivo de la morera, en este caso, se retrasó hasta el siglo XVII. PERIS ALBENTOSA, Tomás, *Propiedad y cambio social...*, op. cit., pp. 186-201.

	ALZIRA		XÁTIVA	
	Cantidad (en onzas)	Precio (libras valencianas/onza)	Cantidad (en onzas)	Precio (libras valencianas/onza)
Año 1537	610,50	0,36	69,00	0,31
Año 1538	-	-	81,00	0,14
Año 1539	-	-	45,00	1,02
Año 1540	-	-	368,00	0,10
Año 1541	809,00	0,38	-	
Año 1542	1.117,00	0,19	64,00	0,20
Año 1543	1.005,00	0,16	120,00	-
Año 1556	7.968,50	0,31	412,00	0,36
Año 1557	-	-	922,00	0,22
Año 1558	5.535,00	0,15	-	-
Año 1559	-	-	587,00	0,52
Año 1560	-	-	3.640,00	0,25
Año 1561	-	-	6.335,00	0,35
Año 1568	-	-	2.180,00	0,15
Año 1572	-	-	39.930,00	0,20
Año 1573	-	-	18.339,00	0,26
Año 1607	36.971,00	0,14	22.013,00	0,14
Año 1608	13.625,00	0,53	22.716,00	0,70
Año 1609	25.679,00	-	1.100,00	0,59
Año 1610	-	-	7.900,00	0,23
Año 1626	14.000,00	-	-	-
Año 1629	1.050,00	0,20	2.750,00	0,19
Año 1641	0,00	-	0,00	-
TOTAL	108.370,00		129.571,00	

Tabla 1. Comercio de exportación de simiente de seda en la villa de Alzira y la ciudad de Xàtiva (1537-1641). Fuente: Elaboración propia[389]

---

[389]	Registros fiscales del *Dret de la Mercaderia* para la villa de Alzira (ARV, Generalitat, sign. 2104 y 2192) y la ciudad de Xàtiva (sign. 2157, exps. 14-34), entre los años 1537 y 1641.

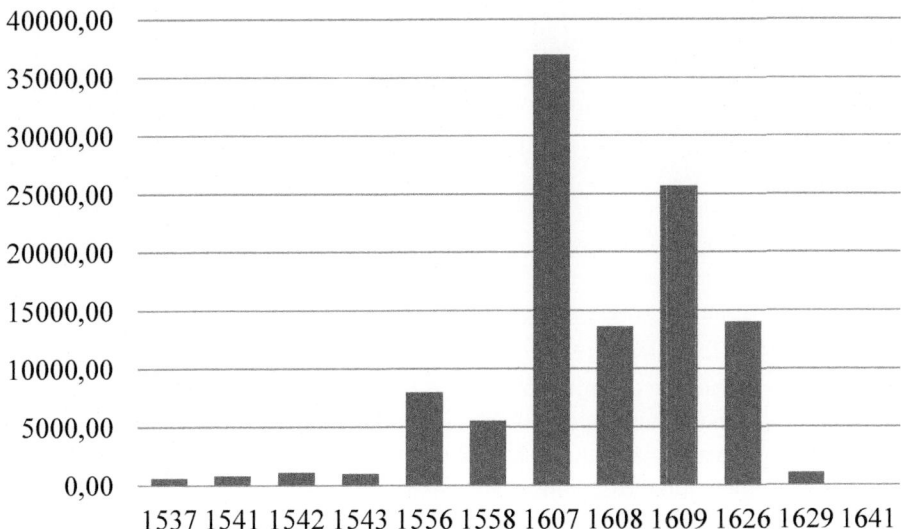

Gráfico 1. Exportación de simiente de seda en la villa de Alzira,
según los registros del Dret de la Mercaderia (1537-1641).

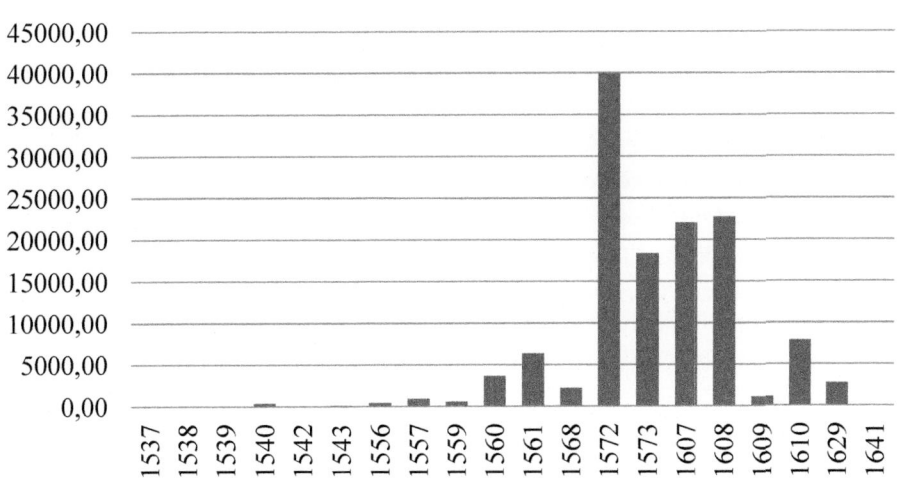

Gráfico 2. Exportación de simiente de seda en la ciudad de Xàtiva,
según los registros del Dret de la Mercaderia (1537-1641)
Fuente: Elaboración propia a partir de los registros anteriormente citados.

No fue hasta las décadas de 1560-1570 cuando se produjo un verdadero despegue de la exportación de simiente de seda valenciana hacia Italia.[390] A partir de este momento, la intervención de los mercaderes genoveses y milaneses propició el desarrollo de un comercio regular y a gran escala a través del cual se abastecía de esta materia prima a las incipientes regiones sericícolas del norte de Italia. El crecimiento del volumen de exportación es exponencial en pocos años, manteniéndose como principal mercado abastecedor hasta bien entrado el siglo XVII. Una actividad de estas características hacía necesario el desarrollo de mecanismos de comercialización bien articulados y, por supuesto, la combinación del comercio terrestre y el marítimo, a fin de conectar la región productora y la receptora, contribuyendo a la especialización productiva de ambos territorios.

Pese a la escasez de información para las décadas de 1570-1580, es durante estos años cuando se está fraguando el boom comercial vinculado a la exportación de simiente de seda valenciana. Junto a los linajes pioneros (Lodi, Olginato, D'Adda), anteriormente mencionados, comienzan a aparecer nuevos personajes, sobre los que recaerá la explotación de este recurso en las décadas posteriores, actuando como intermediarios. Es el caso del milanés Giovanni Andrea Ullius o los genoveses Giovanni Battista y Pietro di Franquis, que se instalaron en el reino de Valencia en torno a 1570, comenzando a desarrollar un tráfico comercial diversificado, que no se limitaba a la simiente de seda, sino que incluía también otras actividades comerciales y financieras. Así mismo, las familias D'Adda (a través de nuevos miembros, como Herculeo y Alessandro) y Olginato continúan participando directamente de este negocio, con envíos cada vez de mayor volumen. Por lo general ya se recurría a agentes de la comunidad local para canalizar las comandas, como es el caso de Juan Cucaló, siendo esta una práctica que se convertirá en habitual durante las décadas posteriores. Entre las compañías comerciales interesadas encontramos tanto mercaderes genoveses como milaneses, aunque estos últimos fueron los que demostraron una implicación más intensa y duradera en estos circuitos mercantiles.

Pese a que siguen figurando algunas pequeñas remesas de simiente hacia Castilla, así como en dirección a Orihuela, el grueso de la producción se orientaba ya "a Alicante, para embarcar", con destino al norte de Italia, con un volumen exportador anual que, en el caso de la ciudad de Xàtiva se sitúa generalmente en torno a las 20-30.000 onzas anuales, llegando a alcanzar incluso las 40.000 onzas en el año 1572 solo desde este enclave.[391] Estos datos implican que el tráfico exportador global debía situarse muy por encima de esta cifra, alcanzando con facilidad un volumen

---

[390]   Posteriormente analizaremos en detalle el *llibre de la sisa de la mercaduria* de la ciudad de Alicante del año 1565, en el que la exportación a Italia superaba ya las 30.000 onzas.

[391]   Para la década de 1570 no se conservan los registros fiscales del *General de la mercaderia* en la villa de Alzira.

aproximado de 50-60.000 onzas anuales para las décadas de 1570 y 1580, e intensificándose más aún a finales de la centuria.[392]

Las importantes lagunas que presenta esta fuente, especialmente durante las décadas finales del siglo XVI y los primeros años del siglo XVII, pueden ser compensadas parcialmente con el cruce de otra documentación complementaria. A partir de los archivos italianos, disponemos de algunas referencias cualitativas que permiten contrastar los datos de los registros fiscales valencianos. En primer lugar, disponemos de los datos fiscales del *mercimonio* del Estado de Milán para el año 1580, los cuales reflejan que las entradas oficiales de simiente de seda solo para esta región (la principal, pero no única consumidora de simiente de seda valenciana), ascendían a la cantidad de 44.198 onzas, la mayor parte de las cuales sabemos que procedían del reino de Valencia.[393]

No obstante, fue en la década de 1590 y durante los primeros años del Seiscientos cuando las remesas de simiente valenciana enviadas a Italia alcanzaron su cénit. Nuevamente, un memorial de los mercaderes milaneses, fechado en el año 1606, hace referencia al volumen de simiente de seda importada hacia esta región durante ese mismo año, el cual sitúa en 58.000 onzas, señalando que este volumen ascendió hasta las setenta u ochenta mil onzas anuales en los años previos a su redacción.[394] Unos datos que concuerdan con los expuestos por el credenciero de los derechos de la sisa de la mercadería de Alicante para el periodo 1599-1601, así como con los registros de entrada de mercancías de los puertos de Génova y Livorno, como veremos más adelante, otorgando fiabilidad a las fuentes manejadas en esta investigación.[395]

Resulta fundamental el testimonio aportado por Gaspar Ramiro Despejo, credenciero de los Derechos Reales de la ciudad de Alicante, en un pleito incoado por Nicolás Imperial, caballero de la República de Génova. A través de este documento podemos conocer las dos principales mercancías que se embarcaron en el puerto de Alicante a lo largo del trienio 1599-1601, argumentando *que la siutat de Valencia es lo cap del present regne, però que molt més concurs y enbarcassió sol haver cascun any en esta ciutat de llanes, llavor de seda y capell foradat que no en Valencia, per aixó que com té dit los mateixos mercaders de Valencia embien a esta ciutat a embarcar.*[396]

---

[392]   Sirva como ejemplo que, en el año 1587, Marco Antonio Mucefi pagó en la *taula de canvis* de la ciudad de Valencia los derechos correspondientes a 26.900 onzas de simiente exportadas desde la tabla de la ciudad de Xátiva. Henri Lapyere, *La Taula de Cambis...*, *op. cit.*, p. 289.

[393]   SABA, Franco, *Il valimento del mercimonio del 1580. Accertamento fiscale e realtà del commercio della città di Milano*, Milán, EGEA, 1990; CORRITORE, Renzo, "Storia economica, ambiente...", *op. cit.*

[394]   MOIOLI, Angelo, *La gelsibachicoltura...*, *op. cit.*, 13-14.

[395]   Posteriormente analizaremos el potencial productivo de esta materia prima, en base a las ratios de producción estimadas que aporta la documentación coetánea: *ciascuna onza sossopra fa cinque libbrete di seta. Ibid.*, p. 13, nota 1.

[396]   ARV, Procesos de Madrid, Letra P, exp. 582. Los datos del credenciero f. 543v-545v. La cita se extrae del testimonio aportado en el f. 278v.

Los datos reflejan el gran volumen de exportación que se desarrolló durante estos años, coincidiendo con la tendencia observada a través de los registros fiscales de Generalitat. Además de ello, hemos de tener en cuenta que la mercancía remitida hacia Italia no se embarcaba únicamente en Alicante, sino que otros puertos secundarios como Cullera, Denia, Gandía, Sagunto o el mismo grao de Valencia eran también empleados como puntos de embarque, aunque en el siglo XVI estas remesas eran poco frecuentes, a diferencia de lo que sucederá en las décadas posteriores.

Productos exportados	Año 1599	Año 1600	Año 1601	1599-1601
Lana limpia (arrobas)	135.188	173.429	119.469	428.086
Lana sucia (arrobas)	34.006	26.628	13.328	73.962
Simiente de seda (onzas)	76.350	104.187	88.816	269.353

Tabla 2. Principales productos exportados a través del puerto de Alicante
entre 1599 y 1601, según las declaraciones del aduanero

Fue durante este periodo de tránsito entre el siglo XVI-XVII cuando las grandes compañías comerciales norditalianas comenzaron a monopolizar el negocio de la exportación internacional de simiente de seda valenciana, fomentando un proceso ascendente de especulación y fraude en los precios finales de venta de esta materia prima, que obligó a intervenir a las autoridades italianas, aunque con escaso éxito, como hemos analizado previamente. Los agentes comerciales implicados en este tráfico en torno al año 1600 fueron múltiples, tanto genoveses como milaneses.[397] Entre ellos, destacamos a linajes como los Parravicini, los Campazzi, o los Muralti, pero también la compañía de Paulo Emilio y Papirio Odescalchi, en conexión con los hermanos Cernezzi. Todos estos linajes tenían en común su lugar de procedencia, la ciudad de Como, estableciendo una estrecha conexión económica entre esta localidad y, por extensión, toda la región lombarda con el reino de Valencia, que convendría explorar más en detalle en futuras investigaciones.[398] La participación de los comerciantes ligures, muy intensa en el último tercio del siglo XVI, progresivamente se fue debilitando, ante los crecientes riesgos e incertidumbres en torno a este tráfico, reduciendo su papel a meros intermediarios y colaboradores necesarios de las compañías milanesas.

---

[397] Junto a los genoveses y lombardos, también encontramos el singular caso, ya referido, del piamontés Domingo Boasio, establecido en Alicante en la década de 1580, solicitando su avecindamiento. ARV, Procesos de Madrid, Letra P. Exp. nº 321.

[398] La presencia de mercaderes *comascos* en tierras valencianas ha sido reseñada en el trabajo de SAN RUPERTO ALBERT, Josep, *Emprenedors transnacionals...*, *op. cit.*, al enmarcar la actividad económica de Constantino Cernezzi en el contexto internacional. En relación con los Parravicini, remitimos también al trabajo de OSTONI, Marco, *Il tesoro del re: uomini e istituzioni della finanza pubblica milanese fra Cinquecento e Seicento*, Ricerche di Storia Economica, Nápoles, Istituto Italiano per gli Studi Filosofici, 2010.

El papel económico jugado por estos, y otros muchos mercaderes norditalianos, fue clave para incrementar la demanda y el volumen exportador de la simiente de seda valenciana, insertándola dentro de su dinámica y heterogénea actividad comercial y financiera, dando lugar a una creciente especialización, basada en la formación de sociedades comerciales radicadas, por lo general, en la ciudad de Valencia, pero capaces de movilizar recursos a escala transnacional. La otra cara de la moneda, como ya hemos venido apuntando, fue la creciente dependencia de las regiones sericícolas lombardas y piamontesas para el abastecimiento de esta materia prima, incrementando la competencia mercantil entre todas ellas y favoreciendo un clima de acaparamiento, fraude y especulación en los precios de la simiente de seda en las regiones de destino. A medio plazo, las dificultades crecientes en torno a este comercio implicaron el surgimiento de nuevas rutas, que sustituyeron a la simiente de seda procedente del reino de Valencia.

A partir del año 1607, disponemos de nuevos registros que reflejan las remesas de simiente de seda, siendo esta la década de máximo apogeo en el volumen exportador de simiente valenciana hacia Italia. Se siguen alcanzando niveles más que reseñables a partir de esta fecha, que se situaría en torno a las 60.000 onzas anuales en 1607 (una cantidad muy próxima a la expuesta por los mercaderes milaneses para 1606) y algo más modestas en los años 1608-1609, aunque siempre por encima de las 30-40.000 onzas anuales. Pese a que, como hemos señalado anteriormente, durante las Cortes de 1604 se produjo una reordenación de la política fiscal valenciana, que conllevó la supresión del *nou imposit* y la imposición de una tasa específica de dos sueldos sobre cada onza de simiente valenciana exportada fuera del reino, tanto por mar como por tierra, durante la primera década del siglo el tráfico exportador no decreció significativamente.

Además, la volatilidad de los datos oficial reflejados en los registros fiscales refleja solo parcialmente la realidad de este comercio. Por ello, debemos tener en cuenta varios factores, que evidencian los cambios progresivos que se estaban produciendo en torno a este tráfico internacional. El primero de ellos tiene que ver con la diversificación en los puertos de embarque, que puede hacer que haya remesas que escapen al control fiscal o que se registren en tablas diferentes a las de Alzira o Xátiva. También resulta muy probable que al menos una parte de la simiente exportada por los mercaderes italianos se ocultase, a fin de eludir el pago de la nueva tasa. Las sospechas de fraude fiscal se cernían sobre los comerciantes italianos, ante la impotencia de los Diputados de la Generalitat Valenciana para conocer el volumen real de exportación de simiente de seda a partir de la creación del nuevo tributo en 1604. Así lo afirmaba Salvador Just, comisionado por estos *para haveriguar las cuentas de la lavor de seda que se a embarcado en el anyo pasado [...] que me a dado mucho trabajo y aun no se a podido acabar de haveriguar. Que ahí V. Señorías lo han de mandar resolver y ver en qu'está y adónde difiere causa esta diferencia.*[399] En segundo lugar, la creciente fluctuación de

---

[399]   ARV, Generalitat, Lletres Missives, sign. 1956. Año 1608

los precios hacía que la cosecha de seda en Valencia fuese incierta y la producción de las familias campesinas dependiese de sus expectativas de negocio.[400] Para el año 1607, los Diputados de la Generalitat apuntaban:

> *Que a salido tanta seda en madexa y torcida para Castilla, Francia, Ytalia y otras partes que casi no a quedado en el Reyno, por razón d'eso se ha subido y alterado el precio de 20 reales que valía quando dimos facultad que se despachase en las tablas del Reyno a 2 libras a 32 y 33 reales. Ansí emos acordado de no dar lugar a que nadie se le pase menos que a 50 sueldos desde oy en adelante, ansí lo cumplirá y guardará VM. Sin eçeder un punto dello y avisarnos ha muy en particular quantas libras de seda tiene despachadas asta el día de oy Miguel Falcón en esa tabla, porque nos conviene saberlo...*

El exceso de exportación de seda en madeja y simiente de seda en 1607 redundó en una intervención pública sobre el precio de venta, así como en un mayor control de las autoridades fiscales, que pudo suponer un descenso en el volumen exportador de los años venideros. Conviene apuntar que la política proteccionista de las autoridades políticas valencianas intervino de manera creciente en el mercado de la seda, tratando de garantizar un aprovisionamiento adecuado de materia prima para la industria sedera autóctona, priorizando los intereses urbanos sobre los de los productores sericícolas.

Así mismo, si durante la segunda mitad del siglo XVI el negocio se había centrado exclusivamente en la exportación de simiente de seda, progresivamente este se fue diversificando, dando cabida a otras mercancías derivadas de esta, como son el *capell foradat* o *bozzolli sfarfalati*, las *camisetes* o la *seda esqueixada*. Es decir, la seda de más baja calidad, deteriorada por la perforación del capullo, una vez que la mariposa rompía la crisálida, a fin de completar su ciclo reproductivo. Estos desperdicios de seda, apenas aprovechables para la hilatura valenciana, tenían un precio muy bajo, lo que los convertía en una mercancía productiva para la sericicultura italiana, técnicamente más desarrollada, la cual centraba su exportación de materia prima precisamente en un hilo de seda de calidad media-baja, más económico y con buena venta en el mercado internacional.[401]

Sin embargo, la utilidad de este fondo documental en los años posteriores a 1610 se reduce considerablemente, por las lagunas que presenta la serie, obligándonos a recurrir a otros registros complementarios. Uno de estos lo encontramos en la intervención de las autoridades lombardas sobre el aprovisionamiento de simiente de seda en 1626, momento en el que, como ya se ha indicado, la especulación abusiva de los comerciantes milaneses obligó a las autoridades a inspeccionar sus casas y

---

[400]   ARV, Generalitat, sign. 2157, exp. 29, s.f. (Misiva del 28 de septiembre de 1607).

[401]   En el registro fiscal de la tabla de Xátiva de 1607 figuran el envío de más de 22.000 libras de capullo agujerado embarcado a Italia desde el puerto de Cullera, a cargo de la compañía de los hermanos Campazzi y de la de Stefano Muralti y hermanos. Unos envíos que se repitieron en los años posteriores, evidenciando la complementariedad de esta mercancía junto a la simiente de seda.

hacer constar todas las remesas de simiente de seda española que tuviesen en ellas, así como la cantidad global que habían importado.[402] En base a estas averiguaciones, las autoridades milaneses tuvieron constancia de la introducción de 24.735 onzas de simiente de seda, toda la cual se declaró como española, de las cuales todavía quedaban por vender más de nueve mil, con el hándicap que a comienzos del mes de abril buena parte de este remanente estaba comenzando a avivarse. Una cantidad a la que habría que unir los envíos directos a otras poblaciones lombardas. Pese a las dudas sobre la verosimilitud de los testimonios de los mercaderes implicados, ello corrobora la continuidad en la llegada regular de remesas considerables de simiente de seda española todavía en estos años.

Este proceso de sustitución no fue tan abrupto, aunque el flujo de simiente se fue debilitando a lo largo de la década de 1620, con cantidades más modestas y fluctuantes, que, por lo general, se situaron por encima de las 20-30.000 onzas anuales. Para estos años, la compañía comercial de los Cernezzi-Odescalchi ejercía un dominio aplastante sobre este tráfico, dejando poco margen para otras sociedades mercantiles lombardas. Un buen ejemplo lo representa la compañía de los herederos de Stefano Muralti, encabezada por su sobrino Giovanni Battista Capponi, pero también otros comerciantes como los hermanos Parravicini o Paulo Antonio Juliani, los cuales todavía participaban regularmente de este comercio. Pese a la pertinaz actitud de las autoridades en favor de la simiente de seda valenciana, el volumen comercial de este tráfico fue declinando.

La exportación de simiente de seda fue perdiendo peso a lo largo del primer cuarto del siglo XVII, hasta desaparecer por completo durante la década de 1630. Al menos, así lo atestigua el hecho de que no hayamos localizado referencias a remesas de este producto hacia Italia a partir de esa fecha, y que en los registros del *Dret de la Mercadería* conservados para 1641, tanto en Alzira como en Xàtiva, no se registrase ninguna compra-venta de simiente de seda. La simiente de seda española fue perdiendo protagonismo en el mercado sericícola italiano, siendo sustituida por la boloñesa a partir de la década de 1630. Su rastro documental en las fuentes valencianas prácticamente desaparece, por lo que hemos de recurrir necesariamente a la documentación italiana, que refleja mejor este proceso de declive progresivo.[403]

El negocio de la seda a través de la sisa de la mercaderia de Alicante (1565)

La relevancia que adquirió el puerto de Alicante dentro de las rutas internacionales del comercio marítimo mediterráneo contrasta con la escasez de fuentes documentales para su estudio. No obstante, disponemos de un documento excepcional que nos aproxima a la realidad del comercio alicantino durante los

---

[402] ASCMilano, Fondo Materie, cartella 874. *Notta della semente di bigatti ritrovata in Milano, e delle persone che la tengono, quali tutti dicono essere della Spagnola* (1626).

[403] MOIOLI, Angelo, *La gelsibachicoltura...*, *op. cit.*, p. 36-37.

primeros años del reinado de Felipe II. Se trata del *llibre de la sisa de la mercaderia del año 1565*, único ejemplar que se conserva de esta serie en su archivo municipal.[404] Este registro fiscal ilustra el dinamismo mercantil que la ciudad venía adquiriendo desde mediados del siglo XVI, derivado de la posición fiscal privilegiada que obtuvo en su conexión con las aduanas castellanas. Otro elemento destacable de esta fuente es que nos permite aproximarnos a la temprana y nutrida colonia de mercaderes italianos asentados en la ciudad, una tendencia que se fortaleció en las décadas siguientes, y que tuvo su origen en el control que ejercieron sobre el tráfico comercial entre España e Italia, de manera especial en las materias primas industriales.[405]

En este punto, limitaremos nuestra atención a las remesas de seda registradas, divididas en dos categorías básicas: la seda en bruto (con un total de 8.081 libras contabilizadas) y la simiente de seda (que ascendía a las 35.992 onzas). Los datos pormenorizados de este impuesto quedan reflejados en las tablas adjuntas. Pese a que, desde el punto de vista cuantitativo, las cantidades no son especialmente elevadas, nos permite conocer en detalle la realidad de este negocio que, a la altura de 1565, todavía se encontraba en una fase inicial de desarrollo. El volumen de hilo de seda exportado es modesto, con una cantidad que apenas supera las 8.000 libras de peso y un valor de aproximado de 11.000 libras de moneda valenciana. Aun así, resulta significativo, si tenemos en cuenta que en los registros posteriores la exportación de seda en bruto prácticamente será inexistente (limitándose a la seda de menor calidad derivada de la producción de simiente de seda, como el *capell foradat* o *bozolli sfarfallati*). El origen de estas remesas no se indica siempre, pero, cuando se hace constar, fundamentalmente proviene de Orihuela, junto a pequeñas porciones de otras poblaciones valencianas, como Biar, Gandía o la misma ciudad de Alicante. Aparte de estas, debemos mencionar dos remesas, con un total de 334 libras de seda aparejada, procedente de Granada, por valor de 1.003 libras de moneda (con un precio unitario de 3 libras por cada libra de seda).

	Cantidad	Valor (libras valencianas)	Precio medio
Simiente de seda	35.992 onzas	4.385,60	0,12 libras/onza
Seda	8.109 libras	11.033,93	1,36 libras/libra peso

Tabla 3. Exportación de materia prima de seda desde la ciudad de Alicante (1565)
Fuente: Elaboración propia.

---

[404] AMA, *Llibre de la sisa de la Mercaderia. Any 1565*. Libro de registro que abarca desde el 7 de febrero de 1565 hasta el 6 de febrero de 1566, en el que se figuran todas las mercancías vendidas en la ciudad de Alicante, y el pago correspondiente de este impuesto municipal. Su singularidad estriba en el hecho de que es el único que se conserva, debido a la destrucción de fondos archivísticos, tras los bombardeos que sufrió la ciudad en 1691 y 1708. MONTOJO MONTOJO, Vicente, "El comercio de Alicante..., *op. cit.* p. 91-94.
[405] *Ibid.*, pp. 87-111.

En relación a los responsables de este comercio y el destino de la seda embarcada en Alicante, también podemos extraer algunas conclusiones. El destino principal de la seda registrada en el libro de la mercadería de 1565 fue el puerto de Génova y más del 95% de toda ella estaba en manos únicamente de tres mercaderes de origen genovés, que expidieron en dirección a su ciudad de origen un total de 7.671 libras (además de una pequeña remesa de 55 libras de seda de Orihuela dirigida a Marsella).

Mercaderes	Cantidad seda (en libras)		Valor (en libras valencianas)	
	Valor	% sobre total	Valor	% sobre total
Giovanni Battista Di Franquis	3.642	44,91	5.353	48,51
Gerolamo Doria	3.088	38,08	3.950	35,80
Andrea Scorcia	996	12,28	1.135	10,29
SUBTOTAL	7.726	95,28	10.438	94,60

Tabla 4. Seda en bruto exportada desde la ciudad de Alicante (1565)

El control ejercido por los comerciantes genoveses sobre la exportación de seda ya era evidente a la altura de 1565, aunque circunscrito a un número reducido de compañías, que se fue ampliando y especializando durante las décadas siguientes, pivotando el negocio fundamentalmente hacia la exportación de simiente de seda. Centrando nuestro interés en esta mercancía y su exportación desde el puerto de Alicante, la documentación corrobora que ya era un producto de intercambio a escala internacional en la década de 1560. Durante este año, se exportaron un total de 35.992 onzas de simiente de seda, que si aplicamos la ratio de producción tomada como referente (5 libras de seda en bruto por cada onza de simiente), equivaldrían a una cantidad de unas 180.000 libras de seda en bruto.[406]

El análisis pormenorizado de los envíos de simiente de seda revela la identidad de los agentes comerciales involucrados en este tráfico, que al igual que al referirnos a la seda en bruto, estaba claramente dominado por los de origen italiano. La tabla adjunta refleja a aquellos mercaderes que declararon al menos un millar de onzas, reduciendo la muestra solo a seis personajes, los cuales concentraron en sus manos el 88% del total exportado durante esta anualidad. Entre estos, sobresale Gerolamo Scipione, mercader genovés, que remitió casi la mitad de toda la simiente exportada. Junto a este, también destacó Fioristano di Lodi, asociado con Francesco Bosso, ambos de origen milanés, los cuales remitieron un total de 7.664 onzas. Bastante por detrás de estos dos, figuran otros mercaderes genoveses, como Gerolamo Doria o Giovanni Battista de Franquis, los cuales también se encargaron de remitir seda en

---

[406]   Una onza de simiente de seda (que en Valencia equivalía a 29,58 gramos) permitirían producir en torno a 5 libras de seda en bruto (de 12 onzas cada), lo que arroja una ratio de 1:60.

bruto, así como Pedro de la Guerra o Vincenzo Glaudo (probablemente italiano), de quienes no podemos confirmar su procedencia.

Mercaderes	Cantidad simiente seda (en onzas)		Valor (en libras valencianas)	
	Valor	% sobre total	Valor	% sobre total
Gerolamo Scipione	17.700	49,18	2.187,50	51,07
Fioristano di Lodi	7.664	21,29	956,75	22,34
Giovanni Battista De Franquis	1.800	5,00	225	5,25
Pedro de la Guerra	1.800	5,00	225	5,25
Gerolamo Doria	1.600	4,45	175	4,09
Vincenzo Glaudo	1.000	2,78	125	2,92
SUBTOTAL	31.564	87,70	3.894,25	90,92

Tabla 5. Cantidad de simiente de seda en bruto exportada desde la ciudad de Alicante (1565). Fuente: Elaboración propia

Conviene resaltar la notable participación de mercaderes milaneses, acompañando a los omnipresentes genoveses. Estos personajes fueron los precursores de una nutrida lista de negociantes lombardos, asentados en el reino de Valencia entre el último tercio del siglo XVI y las primeras décadas del XVII, atraídos por las posibilidades de negocio creciente que ofrecía este territorio y la amplia demanda de simiente de seda valenciana en sus regiones de origen.[407] Como veremos, fueron precisamente los milaneses los que controlaron este tráfico comercial, apoyándose en las redes mercantiles preexistentes y en la colaboración necesaria de agentes y comisionados genoveses.

Nada indica esta fuente sobre la procedencia de la simiente de seda, pero sí sobre su destino que, como no podía ser de otra manera, fue el puerto de Génova en gran medida. Un total de 34.562 onzas de simiente fueron embarcadas hacia este destino (96,03 %), mientras que el resto fueron pequeños envíos a Marsella (600 onzas), Livorno (200 onzas) o Castilla (290 onzas).[408] Es poco lo que podemos apuntar sobre la circulación de la simiente de seda, más allá de confirmar la centralidad que desde un primer momento jugó el puerto de Génova, como principal centro redistribuidor de las

---

[407]   No obstante, la presencia de mercaderes milaneses en el reino de Valencia, y otras regiones de la corona de Aragón, se remontaba al periodo bajomedieval, como demuestra el trabajo de MAINONI, Patrizia, *Mercanti lombardi tra Barcellona e Valenza nel basso medioevo*, Bolonia, Cappelli, 1982. En torno al papel de esta diáspora mercantil en el Levante español, OWENS, Jack B., "Markets in the shadows, trade diasporas, and selforganizing trading/smuggling networks", en Juan Carlos Moreno García (ed.), *Markets and Exchanges in Pre-modern and Traditional Societies*, Oxford, Oxbow Books, 2021, pp. 115-154.
[408]   De las 340 onzas restantes, hasta completar el total de 35.992 onzas exportadas, desconocemos su destino.

materias primas de carácter industrial remitidas desde los puertos españoles hacia el norte de Italia. Pese al escaso peso que tiene el puerto de Livorno en el registro fiscal de 1565, sabemos que este enclave fue muy relevante y complementario al de Génova en la conexión comercial entre ambas penínsulas. En cualquier caso, ni Génova ni Livorno eran el destino final de la simiente de seda valenciana, sino los puntos de entrada en Italia, desde los que se articulaba su comercialización hacia las regiones rurales en las que se estaba expandiendo la sericicultura.

Un último aspecto remarcable es el del sistema de transporte empleado. La mencionada internacionalización de la actividad marítima del puerto de Alicante a lo largo del siglo XVI, amplió el tráfico portuario y estrechó la conexión comercial de este puerto fundamentalmente con Italia. No obstante, no todas las embarcaciones eran de carácter comercial, sino que en este tráfico bidireccional que conectaba España e Italia también participaron activamente las escuadras de galeras. A tenor de los registros, podemos observar que la simiente de seda (de escaso peso y valor reducido) se transportaba fundamentalmente a bordo de embarcaciones privadas (como la nave del capitán Scorciabocca o la de Florio di Allegretto), aprovechando el dinámico tráfico comercial que atravesaba el Mediterráneo Occidental, y en el que destacaba el comercio de otras mercancías de gran volumen, como la lana castellana. Por su parte, cuando era posible, la seda en bruto, un producto mucho más valioso y apetecible como botín, se transportaba a bordo de las galeras (sin determinar exactamente a qué escuadra se refieren). Esta faceta mercantil y logística de las galeras fue muy frecuente para la exportación de seda siciliana o calabresa hacia el norte de Italia, y parece que también se aplicaba en el comercio alicantino, gracias a la conexión mercantil existente entre este puerto y el de Cartagena.[409]

El aprovisionamiento de simiente de seda desde las fuentes italianas

Por último, antes de proceder a analizar el contenido de los registros portuarios, centraremos nuestra atención en aquellos archivos italianos que nos aproximan al mercado de destino de la simiente de seda valenciana, en buena medida derivados del interés de las autoridades políticas lombardas y piamontesas por intervenir el mercado de aprovisionamiento de simiente de seda en sus estados, frente a los abusos de los comerciantes.

El primero de estos documentos es el *valimento del mercimonio* de 1580, a través del cual conocemos el volumen oficial de importación de esta materia prima en todo el Estado de Milán durante ese año. Esta fuente fiscal ha sido clave a la hora de comprender la estructura comercial lombarda de finales del siglo XVI, siendo utilizada por diversos autores, a partir del estudio desarrollado por Franco Saba.[410]

---

[409] LOMAS CORTÉS, Manuel, *Governing the galleys. Jurisdiction, justice and trade in the squadrons of the Hispanic Monarchy (Sixteenth-Seventeenth Centuries)*, Leiden, Brill, 2020, pp. 98-103.
[410] SABA, Franco, *Il valimento del mercimonio...*, *op. cit.*

Para el aprovisionamiento de simiente de seda fue el profesor Renzo Corritore quien extrajo la información básica, relacionándolo con el extraordinario auge que estaba viviendo la *gelsibachicoltura* lombarda en las décadas previas, demostrando que ya en 1580 la producción de seda en el Estado de Milán sobrepasaba ampliamente su demanda interna, y se orientaba hacia el mercado exportador.[411] La información aportada por este autor nos aproxima a un tráfico importador que se situaba ya en las 44.198 onzas de simiente de seda valenciana; una cantidad a la que habría que unir todas las remesas que fueron a otras regiones de la Italia centro-septentrional.[412]

Materia prima	Precio medio (libras milanesas)[413]	Precio medio (gramos plata)
Simiente de seda	2,17/onza[414]	11,48/onza
Seda en bruto	10,30/libra	55,65/libra

Tabla 6. Precio medio de materias primas séricas en el Estado de Milán (1580)[415]

Ciudad	Cantidad (onzas)	Valor total (libras milanesas)	Valor total (en kg plata)
Milán	28.620	62.010,00	328,65
Lodi	11.608	25.150,67	133,30
Pavía	3.365	7.290,83	38,64
Cremona	375	812,50	4,31
Como	230	498,33	2,64
Estado de Milán	44.198	95.762,33	507,54

Tabla 7. Distribución geográfica y valor monetario de la simiente de seda importada en el Estado de Milán (1580)

---

[411]   CORRITORE, Renzo, "Storia economica, ambiente...", *op. cit.* Los datos empleados en las tablas 8-10 y en el gráfico 3 proceden de esta publicación que, a su vez, toma las referencias de SABA, Franco, *Il valimento del mercimonio...*, *op. cit.*

[412]   *Ibid. Ad attestare il boom della seta è l'importazione di seme-bachi nelle città dello Stato nel 1580 (vedi Tabella 4). Le cifre riguardano soltanto il seme-bachi di importazione, generalmente quello valenciano, prescindono invece dalla produzione di semenza nel territorio dello Stato. Anche così, i volumi che si possono stimare sulla base di questo solo dato (Tabella 5) dimostrano che la produzione interna di seta greggia esorbita, già negli anni '80 del Cinquecento, il fabbisogno interno dello Stato, almeno in termini aggregati.*

[413]   El valor monetario se expresa en libras milanesas y gramos de plata. La equivalencia en 1600 es de 1 libra:5,30 gramos. MALAVASI, Luigi, *La Metrologia italiana, nei suoi scambievoli rapporti desunti dal confronto col sistema metrico-decimale*, 1842-44, p. 291.

[414]   La onza en Lombardía equivalía a 27,23 gramos y la libra de 12 onzas ascendía a 327 gramos. En su conversión a kilogramos, hemos aplicado la ratio habitual de 3 libras:1 kg.

[415]   A fin de evitar desviaciones en los cálculos, hemos despreciado las pequeñas diferencias de precios entre las ciudades, reflejadas por Corritore. El precio aplicado es el correspondiente a la ciudad de Milán, haciéndolo extensible al conjunto.

Ciudad	Seda (peso en libras)	Valor (libras milanesas)	Seda (en kg)	Valor (kg plata)[416]
Milán	143.100,00	1.473.930,00	47.700,00	7.811,83
Lodi	58.040,00	597.812,00	19.346,67	3.168,40
Pavía	16.825,00	173.297,50	5.608,33	918,48
Cremona	1.875,00	19.312,50	625,00	102,36
Como	1.150,00	11.845,00	383,33	62,78
Estado de Milán	220.990,00	2.276.197,00	73.663,33	12.063,84

Tabla 8. Estimación de la produción de seda en bruto en el Estado de Milán en base a la cantidad de simiente de seda importada (1580)

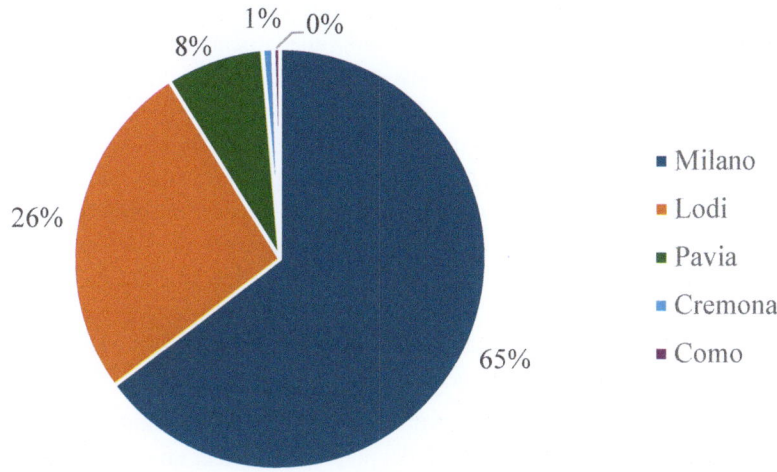

Gráfico 3. Distribución geográfica de la simiente de seda importada en el Estado de Milán (1580). Distribución porcentual por ciudades

Esta fuente refleja la complejidad productiva que estaba adquiriendo la sericicultura en la Lombardía, siendo la simiente de seda valenciana la base de esta actividad productiva, que se fue dispersando por todo el territorio, a partir del cultivo de la morera basado en la agricultura combinada. El precio de la simiente de seda importada se situaba en torno a 43 sueldos/onza (algo más de dos libras), manteniendo un valor bastante estable si se tienen en cuenta referencias posteriores que computaban que el coste de cada onza se situaba en torno a los 46 sueldos/onza

---

[416] El valor de la seda en bruto era de 30,90 libras milanesas/kg de seda en bruto. Su equivalencia es de 163,77 gramos de plata/kg de seda en bruto, en base a los datos ya mencionados.

para el año 1626.[417] Los datos aportados no se refieren a los precios de venta final de una y otra mercancía, sino a su valor de coste en la ciudad de Milán en 1580. Por ello, los consideramos más fidedignos, al no verse sometidos a las fluctuaciones o especulaciones que se experimentaron desde finales del siglo XVI.

En cuanto a la estimación de producción de seda en bruto, conviene señalar que nuestros cálculos difieren respecto a los que refleja Corritore en su estudio, ya que consideramos excesiva la ratio de producción que él empleó (8,33 libras de seda en bruto por onza), reduciéndola a 5 libras por cada onza de simiente de seda, un valor que consideramos más ajustado a la realidad, como justificaremos posteriormente. En cualquier caso, los datos reflejan el carácter hegemónico que la seda estaba adquiriendo sobre el conjunto de la economía lombarda. La importación de en torno a cuarenta y cinco mil onzas de simiente, repartidas en diferentes ciudades lombardas, representaba una inversión que podemos definir como modesta, por debajo de las cien mil libras milanesas (equivalente a media tonelada de plata aproximadamente). En cambio, la puesta en producción de esta materia prima podía generar un valor añadido muy considerable, multiplicando su valor inicial casi por 24 (pese a aplicar una ratio estimada de producción bastante más moderada que la que aplicaba Corritore). Según nuestros cálculos, las 220.000 libras de seda en bruto que se producirían a partir de esta simiente importada (en torno a 74.000 kg en un solo año), tendrían un valor de coste superior a los dos millones de libras milanesas, es decir, más de doce mil kilogramos de plata en un solo año.[418] Debemos tener en cuenta que este es un cálculo teórico, que no tiene en cuenta los costes de producción y comercialización, por lo que no representaría el beneficio neto, pero sí nos aproxima al profundo impacto económico que la seda fue adquiriendo sobre el conjunto de la economía de las regiones del norte de Italia.

Avanzando en el tiempo, observamos que el volumen de importación de simiente de seda valenciana hacia el norte de Italia no paró de crecer en las décadas posteriores, elevándose generalmente por encima de las 80.000 onzas anuales para el periodo comprendido entre la década de 1590 y 1610, con picos puntuales que superaron las cien mil onzas. Una expansión sericícola que se extendió también al Piamonte, aunque en este caso de manera menos explosiva y prematura, con un volumen de importación de simiente de seda que en 1593 se situaba en torno a las 6.000 onzas anuales, límite que figura en la concesión privativa del aprovisionamiento de simiente a Andrea Botazzo, pero que creció considerablemente en los años posteriores, si nos atenemos a la evolución en la producción de seda de esta región.[419]

---

[417]   ASCMilano, Fondo Materie, Seta, cartella 874. *Il prezzo che a loro costa, computate le condutte, dacii e simili è di circa soldi 46 l'onza*. 1 de abril de 1626.

[418]   Esta estimación parcial realizada a partir de los datos concretos del *valimento del mercimonio* de Milán de 1580 será extrapolada posteriormente a todo el periodo que abarca esta investigación (1550-1640).

[419]   Felice Amato Duboin, *Raccolta per ordine...*, *op. cit.* Capitolo II: *Che non sii tenuto d'introdur più di sei millia onze di detta semenza, qual smaltendosi alli quindeci di aprile di cadun'anno si è obligato vendere a tutti del Stato al sudetto prezzo*. ROSSO, Claudio, "Dal gelso all'organzino..., *op. cit.*

Como sucedía al referirnos a las fuentes fiscales valencianas, a partir de 1610 las cifras comienzan a escasear y solo disponemos de referencias puntuales que nos aproximan al volumen de importación de simiente de seda española. La recurrencia de disposiciones políticas en torno al suministro de esta materia prima pone de manifiesto dos aspectos básicos: por un lado, la proliferación de prácticas fraudulentas y especulativas por parte de los mercaderes implicados en este tráfico; y, por otro, la pervivencia de este tráfico internacional, aunque en cifras más modestas, ante el desarrollo de vías alternativas de suministro (la llegada de simiente desde otras regiones italianas y la creciente producción local).

Ya hemos hecho referencia en varias ocasiones a la intervención de las autoridades sobre este mercado en la ciudad de Milán para el año 1626, a través de la cual disponemos de la *Notta della semente de bigatti ritrovata in Milano, e delle persone che la tengono, quali tutti dicono essere della Spagnola*.[420] Gracias a ella no solo disponemos de un dato oficial de entrada de simiente de seda en la ciudad (no exento de sospechas de ocultación o adulteración de su origen), sino que podemos aproximarnos a los mecanismos de distribución de esta materia prima en el último eslabón de la misma.

Comerciantes	Cantidad importada	Cantidad restante	Observaciones
Giorgio Clerici	5.000	222	
Paolo Gerolamo Biumo	2.500	739	
Fabrizio Lauro	414	93	214 onzas de Giorgio Visconti
Giuseppe Monforte	647	480	260 onzas herederos de Carcano, 2.877 a Giorgio Visconti y 100 a Mazzi
Pietro Antonio Crivello	400	30	
Santo Regina	1.000		Todas vendidas
Giovanni Battista Agliati	1.250	400	
Jacomo Filippo del Conte	1.900	1.050	1.200 onzas por su cuenta y 200 a Olgiati 300 onzas que comienzan a nacer
Luigi del Conte	1.500	1.000	Comienza a nacer
Strazza y compañía	2.600	2.000	Comienza a nacer
Francesco Bonazina	250	70	
Ferrando Olginati	400	60	

---

[420] Rosso, Claudio, "Dal gelso all'organzino...", *op. cit.* ASCMilano, Fondo Materie, cartella 874.

Comerciantes	Cantidad importada	Cantidad restante	Observaciones
Giovanni Jacomo Durino	1.300	500	Comienza a nacer
Gio Ambrosio y Gio Pietro Staurenchi	36	36	Comprada a Durino en Milán
Gio Ambrosio Melzo	520	100	
Gio Jacomo Cabotto y Bernardo Agudio	1.932	1.178	
Gerolamo Manzolo	1.000	975	
Niccolo Raimondo	1.000		Vendida fuera de Milán
Herederos Marco Carcano	1.550	44	
Gio Ambrosio Curto	158	158	Comprada a Carcano
TOTAL	25.357[421]	9.135	

Tabla 9. Cantidad (en onzas) y distribuidores de simiente de seda
en la ciudad de Milán (1626)

El listado refleja a aquellos negociantes especializados en la distribución de la simiente de seda en el principal mercado comercializador de esta materia prima, la ciudad de Milán. Entre ellos, no figuran las grandes compañías importadoras, entre las que la sociedad comercial Cernezzi-Odescalchi sobresalía, sino que encontramos a los clientes de estas sociedades, que eran quienes realizaban los encargos año tras año. Es el caso de linajes como los Clerici, Carcano, Olginati, Visconti, Del Conte o Durino, entre muchos otros. Estas casas comerciales recibían la simiente de seda en los puertos de Génova o Livorno, desde donde se transportaba a Milán, u otras localidades del norte de Italia, próximas a las regiones sericícolas. La especulación en torno a este tráfico hacía que la mercancía pasase por diferentes manos, como lo demuestra el hecho de que entre los vendedores no todos habían introducido directamente la simiente en la ciudad, sino que la adquirían de alguno de estos importadores.

Por último, la fecha en la que se realizó la averiguación era muy tardía, ya en plena primavera, por lo que parte de estas 9.135 onzas de simiente sin vender corría el riesgo de avivarse antes de llegar a manos de un sericicultor, lo que suponía un importante riesgo de quebranto económico para sus propietarios por la depreciación de la mercancía o su pérdida completa. No toda esta simiente era puesta en producción en las inmediaciones de la ciudad de Milán, sino que este mercado actuaba como punto de redistribución hacia otros puntos de la Lombardía, lo cual suponía un retraso añadido. Este hecho contrasta con la causa que motivó la intervención de las autoridades, la especulación abusiva en los precios de la simiente

---

[421] La cantidad global que refleja el documento es de 24.735 onzas, aunque la transcripción y posterior suma de las partidas arroja una cantidad algo superior: 25.357 onzas. Una diferencia escasa, que puede deberse a un error de suma o pluma.

de seda establecidos por estos intermediarios, que preferían arriesgar su inversión, perjudicando la calidad de la seda producida por estos gusanos, a cambio de obtener un mayor rédito en la venta de su mercancía. El documento corrobora que la coyuntura de precios elevados no respondía a una situación de desabastecimiento, sino a la actitud acaparadora y especulativa de los negociantes que controlaban este comercio en su fase final, pese a las infructuosas y reiteradas disposiciones de las autoridades políticas.

La simiente de seda valenciana en los registros portuarios de Livorno y Génova (1563-1640)

Las limitaciones que presentan las fuentes valencianas respecto al tráfico marítimo de exportación solo pueden ser corregidas a partir de nuevos fondos archivísticos, que reflejen el tráfico comercial internacional. En este sentido, los registros de entrada de navíos en los puertos de Livorno y Génova representan una oportunidad, no exenta de limitaciones. A partir de ellos tenemos acceso a series cuantitativas que reflejan la llegada regular de miles de navíos, así como la descripción de las mercancías transportadas. Pese a las enormes y diversas potencialidades de estas series, han sido escasamente analizadas por el momento.

En nuestra investigación nos centraremos exclusivamente en las remesas de simiente de seda enviadas a Génova y Livorno entre los años 1563 y 1640 arribadas. Se trata de dos series distintas, equiparables en su estructura interna y contenido, pero diferentes por el grado de conservación y la continuidad de estas. El grueso de la información empleada se refiere al tráfico a través del puerto de Génova, cuyos registros forman parte de los fondos de la *Casa delle Compere e dei Banchi di San Giorgio*.[422] Dentro de la serie *Introitus caratorum maris et drictuum* (*Caratti e diritti*), la sección de *Importazioni* contiene un total de 489 unidades documentales para una cronología que abarca desde 1445 hasta 1797, dividiendo los registros anuales entre los que recogen la llegada de embarcaciones procedentes de los puertos de Oriente y los de Occidente, siendo el puerto de Génova el punto de referencia. Por lo tanto, el comercio con la península Ibérica queda integrado en estos últimos, siendo una serie que presenta una considerable continuidad para nuestro periodo de estudio. Ante la imposibilidad de vaciar todos los registros conservados, se procedió a realizar una selección que incluye un total de 17 anualidades para el periodo comprendido entre 1563 y 1640 (aproximadamente un año por lustro).[423] En nuestra opinión, esta muestra es suficientemente representativa y refleja la tendencia general de este comercio, aunque obviamente se podría enriquecer ampliando la muestra.

---

[422]   FELLONI, Giuseppe, *La Casa delle Compere e dei Banchi di San Giorgio, 1407-1805. Inventario dell'archivio*, 2008. Consulta online en www.lacasadisangiorgio.it
[423]   FELLONI, Giuseppe, "Organización portuaria, navegación...", *op. cit.*

De manera complementaria, también hemos podido analizar los datos procedentes de los registros del puerto de Livorno (las *portate di navi*), que, a diferencia del caso genovés, no son un fondo sistemático y completo, sino que se recogen en dos volúmenes concretos de la sección *Mediceo del Principato*, en los que se registran la entrada de diferentes embarcaciones en el puerto livornés entre 1573 y 1611.[424] Pese al alcance más limitado de la información aportada por estos registros, su análisis detallado y la comparación con los datos genoveses, complementa nuestro estudio, planteando esta infraestructura portuaria como una conexión portuaria de menor actividad, pero estrechamente ligada a la de Génova.

Estos dos enclaves eran la puerta de entrada de la simiente de seda valenciana en la Italia centro-septentrional, por lo que las redes mercantiles que comercializaban esta mercancía estaban perfectamente asentadas en ambas ciudades. Ello implicaba que, pese a que parte de la simiente de seda importada se desembarcase en Livorno, su destino no era necesariamente la región toscana, sino que esta se canalizaba prioritariamente en dirección a Milán, donde la demanda era más intensa y su precio solía ser más elevado.[425]

En las páginas siguientes realizaremos un análisis cuantitativo de este tráfico de exportación, comenzando precisamente por los registros toscanos. En este caso, la información es parcial y no podemos determinar hasta qué punto son representativos de la totalidad del tráfico marítimo livornés para cada año. En consecuencia, estos datos deben ser examinados con precaución, sin buscar en ellos exhaustividad. Su análisis nos permite corroborar la llegada regular de simiente de seda valenciana a este puerto e identificar a los agentes comerciales implicados en este tráfico importador. A diferencia del caso genovés, la contabilización de la simiente de seda se hace por cajas, lo que presenta un problema añadido, ya que el documento no refleja la cantidad de onzas contenida en cada una de ellas. A fin de no invalidar esta fuente, y sirviéndonos de los datos y referencias complementarios, observamos que las cajas, por lo general, no solían contener nunca menos de 250 ni más de 500 onzas, por lo que hemos aplicado un valor promedio estimado de 350 onzas de simiente de seda (equivalente a un kilogramo aproximadamente) para cada una de ellas.[426]

---

[424]   BRAUDEL, Fernand; ROMANO, Ruggiero, *Navires et marchandises...*, *op. cit.*

[425]   Como ya hemos mencionado, además de estos dos puertos, existieron otros enclaves marítimos que sirvieron como puntos de entrada de simiente de seda y otras mercancías en el norte de Italia. Es el caso de Finale, Savona o Niza, careciendo de información para todos ellos, salvo referencias documentales puntuales. A este respecto, véase CALCAGNO, Paolo, *Savona, Porto di Piemonte. L'economia della città e del suo territorio dal Quattrocento alla Grande Guerra*, Novi Ligure, Città del Silenzio, 2013.

[426]   ASFirenze, Mediceo del Principato, sign. 2079-2080.

Años	Nº cajas	Cantidad simiente (350 onzas/caja)	Producción estimada seda (libras)
1573-74	28	9.800	49.000
1577-78	10	3.500	17.500
1578-79	48	16.800	84.000
1580-81	130	45.500	227.500
1581-82	138	48.300	241.500
1583-84	17	5.950	29.750
1585-86	20	7.000	35.000
1586-87	26	9.100	45.500
1591-92	16	5.600	28.000
1592-93	139	48.650	243.250
1594-95	49	17.150	85.750
1598-99	3	1.050	5.250
1603-04	57	19.950	99.750
1607-08	52	18.200	91.000
1608-09	117	40.950	204.750
1609-10	117	40.950	204.750
1610-11	62	21.700	108.500
1573-1611	1.029	360.150	1.800.750

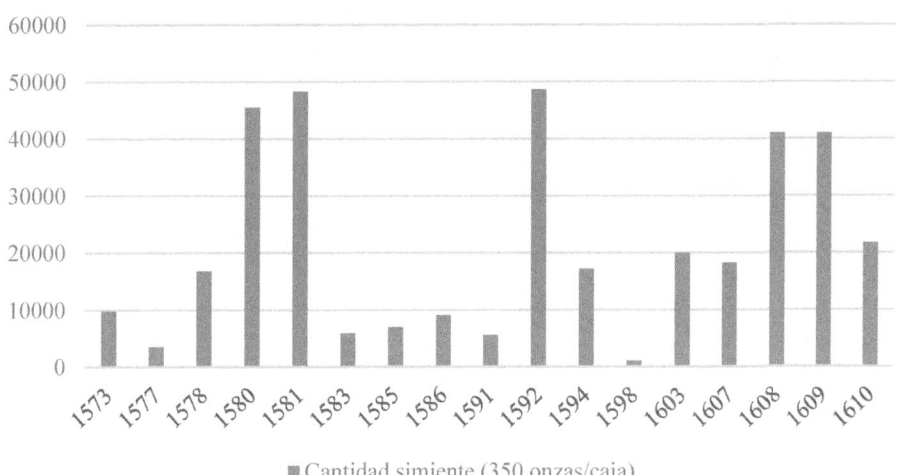

Tabla 10 y gráfico 4. Exportación de simiente de seda valenciana hacia el puerto de Livorno (1573-1611). Fuente: Elaboración propia.

Portata de la nave ragusea *Santissima Trinità*, alias Scorcciabocha, cargada en el puerto de Alicante, arribada a Livorno el 6 de noviembre de 1591.
Fuente: ASFi, Mediceo del Principato, sig. 2079, f. 132.

Pese a la fragmentariedad de esta fuente, su análisis también nos aporta información sobre los receptores de la mercancía en el puerto de llegada, aunque este aspecto será analizado más adelante. En conjunto, hemos podido cuantificar la llegada de más de un millar de cajas de simiente de seda a este puerto, aunque con importantes diferencias en los datos, que en años concretos superaban el centenar. No obstante, no podemos identificar una tendencia clara a partir de estos registros incompletos, por lo que su información cuantitativa es solo complementaria a la de los fondos genoveses, mucho más sistemáticos, donde sí se aprecia una evolución gradual por fases.

En aquellos años en que los registros navales parecen más completos (1580-81, 1592 y 1608-1609), coincidiendo con la etapa más floreciente de este tráfico podemos cuantificar un volumen mercantil superior a las 40.000 onzas anuales, que, extrapolado a la cantidad estimada de seda en bruto, alcanzaría un potencial productivo superior a las 200.000 libras (a razón de una ratio aproximada de 1:5). Resulta imposible discernir el mercado de destino de esta materia prima importada, ya que la fuente se limita a apuntar el apellido de la persona que debía recibir la mercancía. No obstante, a tenor de los registros del puerto de Génova sabemos que, en ocasiones, las remesas se podían consignar en uno u otro puerto, en función de los intereses del comprador y de la evolución de la demanda, debido a la facilidad de transporte que presentaba esta mercancía por tierra, por su ínfimo peso. Entre los consignatarios del puerto livornés, aparecen comerciantes florentinos, luqueses o pisanos, pero también otros de origen genovés o lombardo, cuyas redes mercantiles estaban integradas dentro de la actividad mercantil de esta dinámica plaza comercial a escala internacional.[427]

Avanzando en nuestro estudio, no cabe duda de que los datos extraídos de los registros portuarios genoveses son los que nos permiten trazar una línea de tendencia clara en el comercio internacional de simiente de seda en el Mediterráneo occidental, no solo por la continuidad de la serie, sino por ser este puerto el punto de referencia ineludible en el tráfico comercial bidireccional que conectó las penínsulas Ibérica e Itálica durante buena parte de la Edad Moderna. Su evolución queda reflejada en la tabla y gráfico anexos, que pese a resumir la información en apenas una página, sistematizan una compleja y ardua labor de rastreo y vaciado documental, basada en la lectura metódica de todas las embarcaciones registradas en los diecisiete voluminosos registros que recogen la llegada de embarcaciones desde la vertiente occidental de este puerto, distinguiendo entre la *venuta magna* (la de grandes naves que discurrían por las rutas marítimas de altura) y la *venuta parva* (de embarcaciones de menor calado que recurrían a la navegación de cabotaje). La acumulación serial a través de diferentes campos quedó reflejada en la confección de una base de datos, a partir de la cual hemos podido representar de manera gráfica la evolución de este tráfico a lo largo de casi una centuria.

---

[427] TRIVELLATO, Francesca, *The familiarity of strangers...*, *op. cit.*

Año	Nº cajas	Promedio onzas/caja	Simiente (en onzas)	Estimación seda (en libras)	Estimación seda (en kg)[428]
1563	24	590,83	14.771	73.855	24.618
1573	43	533,80	22.953	114.765	38.255
1578	90	463,70	41.731	208.655	69.552
1582	90	487,78	43.900	219.500	73.167
1585	157	419,57	65.872	329.360	109.787
1587	140	342,93	48.010	240.050	80.017
1592	109	446,02	48.616	243.080	81.027
1596	279	361,42	100.836	504.180	168.060
1600	291	351,84	102.383	511.915	170.638
1604	147	362,80	53.332	266.660	88.887
1605	249	332,93	82.900	414.500	138.167
1608	171	274,21	47.190	235.950	78.650
1621	53	275,00	14.575	72.875	24.292
1626	331	213,57	70.692	353.460	117.820
1630	91	280,63	25.537	127.685	42.562
1636	138	233,18	32.247	161.235	53.745
1640	102	136,55	13.928	69.640	23.213
Total	2.505	331,13	829.473	4.147.365	1.382.455

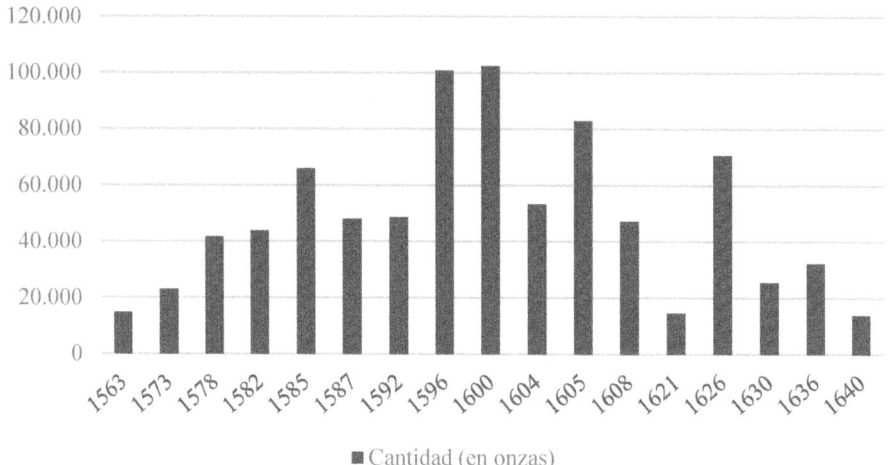

Tabla 11 y gráfico 5. Exportación de simiente de seda valenciana hacia el puerto de Génova (1563-1640). Fuente: Elaboración propia.[429]

---

[428] En la conversión de libras a kilogramos, hemos aplicado la ratio de 3 libras:1 kg.

[429] Fuentes empleadas: ASGenova, Caratti e diritti, Importazione, signs. 27.046 (1563), 27.059 (1573), 27.069 (1578), 27.077 (1582), 27.084 (1585), 27.088 (1587), 27.097 (1592), 27.103 (1596), 27.109 (1600), 27.114 (1604), 27.120 (1608), 27.141 (1621), 27.149 (1626), 27.154 (1630), 27.163 (1636) y 27.168 (1640).

El vaciado sistemático de los registros portuarios nos ha permitido reconstruir una serie de datos prolongada, que sirve como base para este estudio. El análisis cuantitativo de la muestra recoge un total de 829.473 onzas de simiente de seda valenciana llegadas al puerto de Génova a lo largo de los 17 años que componen la muestra, entre 1563 y 1640.[430] Estas se reparten en más de dos mil quinientas cajas, con un promedio de en torno a 330 onzas/caja.[431] A diferencia de los registros livorneses, en este caso la información era mucho más detallada, incluyendo por lo general la cantidad de onzas de simiente de seda contenida en cada caja. A través de estos datos hemos podido calcular un promedio de onzas por caja para cada año en cuestión, que hemos aplicado en aquellos casos en que no se determinaba la cantidad exacta, sino solo el número de cajas.[432]

Llama la atención la tendencia a la reducción del peso en las cajas. Creemos que este hecho puede deberse a que la progresiva intensificación de este tráfico vino unida a un mejor conocimiento y especialización en el transporte de esta delicada mercancía, pasando de una media superior a las 500 onzas a en torno a 250-300 onzas por caja. Ello contribuía a reducir el riesgo de recalentamiento y retrasar de ese modo el avivado de la simiente de seda. Siguiendo con los datos globales, la estimación de seda hilada que se podría producir a partir de esta materia prima superaría los cuatro millones de libras (1,4 millones de toneladas), aunque lo que más nos interesa es la clara tendencia alcista que se aprecia en el volumen comercial a partir de 1563.

Durante este periodo inicial, la cantidad de simiente de seda valenciana importada no dejó de crecer, pasando de unas pocas decenas de miles en la década de los sesenta hasta las más de cuarenta mil onzas del año 1578, confirmando la tendencia que ya se registraba en las fuentes fiscales valencianas. Durante los años 80, este volumen parece que se estabilizó en torno a las 50-60.000 onzas anuales, con algunos picos como el de 1585, pero fue a partir de la década final de la centuria cuando el volumen ascendió considerablemente, llegando a superar la barrera de las 100.000 onzas anuales, tanto en el año 1596 como en 1600. Este auge coincidiría con la intensificación de las políticas de control sobre el aprovisionamiento de simiente,

---

[430] El primer registro analizado es el correspondiente al año 1563, ya que para los años previos hay varias discontinuidades que afectan a la década de 1550. Así mismo, retrotraer el análisis al periodo previo a 1550 no hubiera aportado resultados satisfactorios, ya que sabemos que el comercio de simiente de seda valenciana hacia Italia comenzó a florecer precisamente a partir de mediados del siglo XVI

[431] Para la simiente de seda hemos creído conveniente mantener la onza como medida de peso de referencia, debido al escaso peso de esta sutil mercancía. Las diferencias en el peso de la onza según regiones generaban problemas a la hora de establecer una equivalencia al sistema métrico decimal. La fluctuación es poco significativa, pero conviene tener en cuenta que la onza valenciana (29,58 gramos) era mayor que la lombarda (27,23 gramos) o la florentina (28,29 gramos), lo que también suponía un pequeño margen de beneficio añadido para los comerciantes que la importaban.

[432] Únicamente en el registro del año 1621, donde apenas arribaron medio centenar de cajas de simiente, no se indicaba en ningún caso el contenido en onzas, por lo que para no invalidar el registro hemos tomado como referencia los datos de años anteriores y posteriores y aplicado un valor estimado de 275 onzas por cada caja.

tanto en Lombardía como en Piamonte, que ponen de manifiesto la relevancia
estratégica que había adquirido esta materia prima importada para la producción de
seda en el norte de Italia durante estos años.

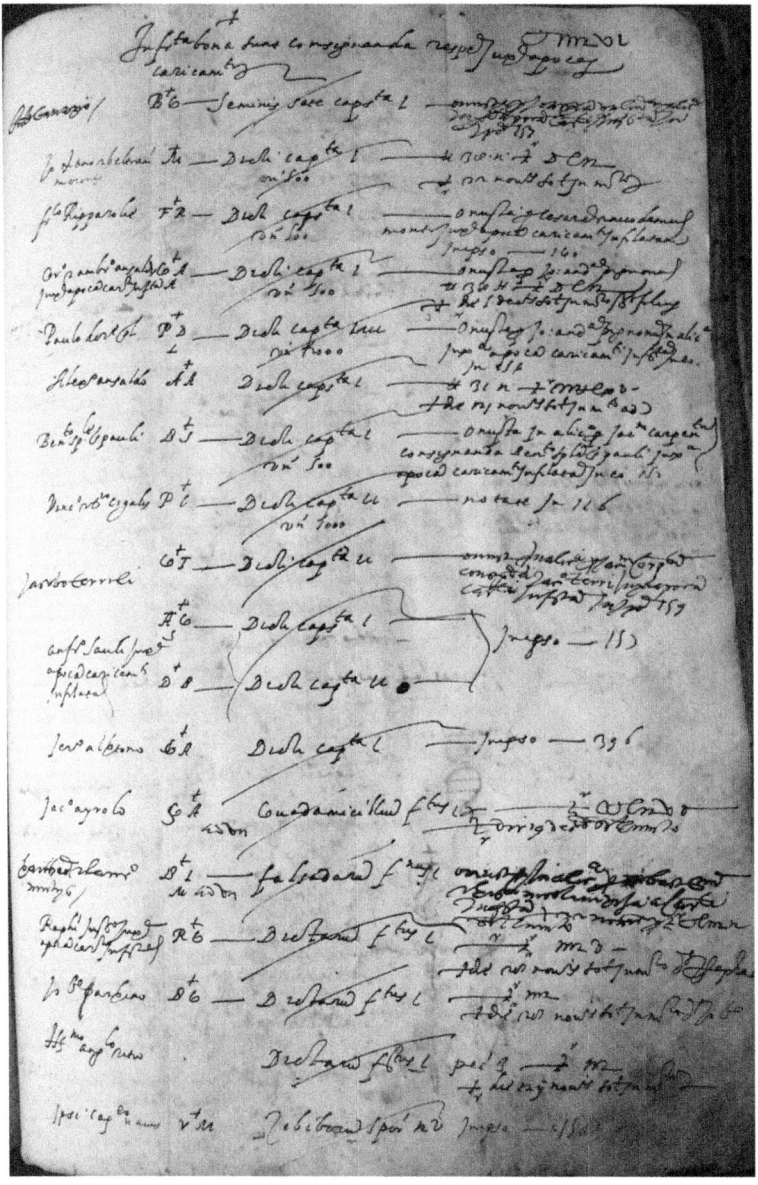

Cargas de simiente de seda en una nave procedente del puerto de Alicante,
arribada a Génova el 15 de noviembre de 1585.
Fuente: ASGenova, San Giorgio Caratti, Importazioni, sign. 27083, f. 146.

Pese a las posibles dudas que puedan arrojar estos datos sobre su representatividad, varios factores refuerzan su validez. Si contrastamos la información de estos registros con los datos del credenciero de la aduana del puerto de Alicante para el periodo 1599-1600, observamos que estos coinciden con una exactitud sorprendente. Este señaló que en 1600 la cantidad de simiente de seda exportada había superado el umbral de las cien mil onzas, coincidiendo con la cantidad registrada en Génova para ese año concreto (ciento dos mil onzas). Así mismo, el volumen que reflejan los registros portuarios genoveses se corresponde *grosso modo* con los datos que nos aportan algunas fuentes italianas, como el *valimento del mercimonio* de 1580 o el memorial de los mercaderes *auroserici* milaneses elaborado en 1606, anteriormente analizados. La similitud en las cifras que refleja este análisis cruzado de fuentes, tanto valencianas como italianas, nos permite corroborar la fiabilidad de esta fuente, la cual tomaremos como referente principal a la hora de estructurar la evolución de este comercio en varias etapas.

A partir de 1610, los registros presentan algunas dificultades de análisis, derivadas de su estado de conservación y de un menor cuidado en el registro de las mercancías, por lo que durante los años posteriores la información de la que disponemos es más escasa y difusa. Pese a ello, volvemos a disponer de registros aprovechables para la década de 1620, en los que observamos un notable cambio en el tráfico exportador de simiente valenciana, el cual se encontraba muy decaído a comienzos de esta década en el puerto de Génova, como lo evidencian los datos del año 1621, con un volumen anual que no alcanza ni tan siquiera las 15.000 onzas. Este descenso, no obstante, también coincide con la información que hemos recabado a través de otras fuentes, que confirman el notable debilitamiento del volumen importador, como consecuencia de diversos factores. La correspondencia de la compañía de Stefano Muralti se hace eco de las dificultades que se estaban produciendo en este negocio, constatando una inestabilidad creciente en las rutas de navegación de altura que conectaban el puerto de Alicante e Italia. Ello conllevó la búsqueda de rutas alternativas, fundamentalmente de cabotaje, que no siempre llegaban al puerto de Génova, recurriendo a otros puertos secundarios, lo que provocaría que no quedasen reflejadas en estos registros de la *Casa di San Giorgio*.

Por otro lado, los abusos por parte de los comerciantes especializados en la importación de seda se habían ido intensificando, obligando a intervenir a las autoridades políticas. Como ya hemos dicho, el fraude principal era adulterar el lugar de origen de la simiente, manifestándola como española, tal y como establecía la legislación lombarda y piamontesa, cuando en realidad provenía de otras regiones de Italia. La intervención más directa sobre este mercado se produjo precisamente en 1626, coincidiendo precisamente con un pico en la llegada de simiente de seda desde Valencia que no parece casual (este año la simiente importada superó las setenta mil onzas, frente al volumen habitual para esta década que solía fluctuar entre las 20-30.000 onzas anuales).

La inestabilidad, fluctuaciones y dificultades crecientes conllevaron un progresivo debilitamiento de este tráfico, que queda reflejado en los últimos años de la serie, llegando a la cantidad más baja registrada para todo el periodo analizado en el año 1640, cuando la llegada de simiente de seda desde Valencia a Génova se redujo a poco más de trece mil onzas, con remesas de escaso montante, y una reducción considerable del promedio de onzas por caja. Nuevamente, la tendencia dibujada por los registros portuarios genoveses (pese al impacto que en ella pudieron jugar las ocultaciones o el contrabando) coincide *grosso modo* con la información extraída a partir de otras fuentes, corroborando su fiabilidad y validez a la hora de trazar la evolución global de este tráfico internacional. En este punto, detuvimos nuestra investigación de archivo, con la certeza de que durante los años posteriores esa tendencia se fue agudizando, hasta interrumpir por completo el aprovisionamiento de simiente de seda valenciana en el norte de Italia.

3.2. Fases del tráfico de simiente de seda entre Valencia y la Italia centro-septentrional

Una vez analizados los datos extraídos de los registros portuarios por separado, conviene realizar una mirada de conjunto y extraer algunas conclusiones a partir de esta panorámica, necesariamente incompleta. Para ello, hemos contado también con algunos datos parciales del volumen exportador desde el puerto de Alicante, incluyendo las referencias que nos aporta el libro de la sisa de la mercadería de 1565, así como también la declaración realizada por el credenciero de la aduana de Alicante en relación con los géneros embarcados durante el periodo 1599-1601. Ambas fuentes han sido utilizadas previamente, pero su análisis cuantitativo en este apartado nos permite complementar los registros de Génova y Livorno y, al mismo tiempo, corroborar la fiabilidad de la información de los registros italianos.[433]

Todo ello queda reflejado en la tabla y el gráfico adjuntos, siendo este último especialmente revelador, ya que condensa toda la información extraída de los registros anteriormente referidos. Cabe remarcar que la muestra recopilada no pretende ser exhaustiva, algo que por otra parte sería un esfuerzo estéril, debido a las sombras de la documentación. Resulta imposible conocer el volumen exacto de simiente de seda valenciana que cruzó el Mediterráneo occidental en dirección a las regiones sericícolas de la Italia centro-septentrional. Sin embargo, la reconstrucción de datos llevada a cabo sí nos permite estimar el volumen de este tráfico en sus diferentes fases, de manera documentada, y, de ese modo, aproximarnos al enorme impacto económico del mismo. Un análisis detallado de su contenido nos permitirá trazar la evolución general de este

---

[433]   Para el año 1600, los registros del puerto de Génova constatan una entrada de simiente de seda de 102.383 onzas, mientras que el credenciero de Alicante afirma que se embarcaron ese mismo año para Italia un total de 104.187 onzas de simiente. Un dato casi idéntico que representa un indicio sobre la fiabilidad de esta fuente.

tráfico exportador, desde su momento de despegue inicial hasta su ocaso, distinguiendo varias fases evolutivas entre 1550 y 1640, que serán analizadas dentro de su contexto, aproximándonos también a los protagonistas de este tráfico.

Año	Génova	Livorno	Alicante	Simiente (onzas)	Seda en bruto (libras)	Seda en bruto (kg)
1563	14.771			14.771	73.855	24.618
1565			35.992	35.992	179.960	59.987
1573	22.953	9.800		32.753	163.765	54.588
1577		3.500		3.500	17.500	5.833
1578	41.731	16.800		58.531	292.655	97.552
1580		45.500		45.500	227.500	75.833
1581		48.300		48.300	241.500	80.500
1582	43.900			43.900	219.500	73.167
1583		5.950		5.950	29.750	9.917
1585	65.872	7.000		72.872	364.360	121.453
1586		9.100		9.100	45.500	15.167
1587	48.010			48.010	240.050	80.017
1591		5.600		5.600	28.000	9.333
1592	48.616	48.650		97.266	486.330	162.110
1594		17.150		17.150	85.750	28.583
1596	100.836			100.836	504.180	168.060
1598		1.050		1.050	5.250	1.750
1599			76.350	76.350	381.750	127.250
1600	102.383*		104.187	104.187	520.935	173.645
1601			88.816	88.816	444.080	148.027
1603		19.950		19.950	99.750	33.250
1604	53.332			53.332	266.660	88.887
1605	82.900			82.900	414.500	138.167
1607		18.200		18.200	91.000	30.333
1608	47.190	40.950		88.140	440.700	146.900
1609		40.950		40.950	204.750	68.250
1610		21.700		21.700	108.500	36.167
1621	14.575			14.575	72.875	24.292
1626	70.692			70.692	353.460	117.820
1630	25.537			25.537	127.685	42.562
1636	32.247			32.247	161.235	53.745
1640	13.928			13.928	69.640	23.213
TOTAL	829.473	360.150	305.345	1.392.585	6.962.925	2.320.975

Tabla 12. Exportación de simiente de seda valenciana hacia la Italia centro-septentrional (1563-1640). Fuente: Elaboración propia a partir de las fuentes citadas previamente.

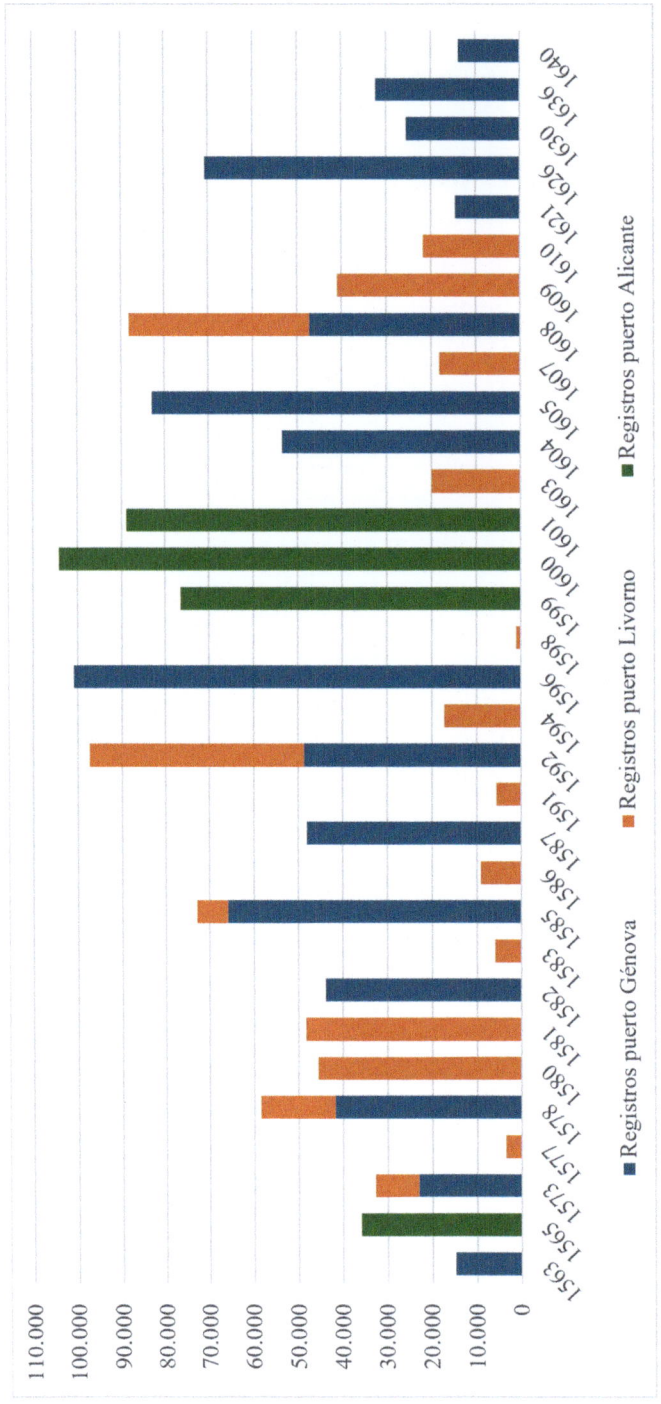

Gráfico 6. Exportación de simiente de seda valenciana a la Italia centro-septentrional (1563-1640). En onzas

La simiente de seda valenciana. Un negocio en ciernes (c. 1550-1560)

Pese a que resulta complejo delimitar con exactitud las fases que atravesó este tráfico a partir de este momento, trataremos de establecer una periodización que permita comprender las transformaciones que se produjeron en torno al negocio de la seda en el Mediterráneo occidental a partir de mediados del siglo XVI. Durante los años posteriores a 1550 se fue articulando progresivamente este comercio internacional, aunque de manera embrionaria y sin planificación aparente, ni una política de fomento que lo implementase, a partir de unos factores clave que ya han sido analizados.

El auge de este tráfico responde a una coyuntura concreta, pero no premeditada, y al carácter emprendedor de algunos agentes comerciales de origen italiano, que fueron capaces de apreciar las posibilidades de negocio que presentaba esta materia prima en un contexto marcado por la transformación de la sericicultura en el contexto mediterráneo. En esta fase inicial no participaron las principales compañías comerciales del momento, sino un reducido grupo de mercaderes italianos, los cuales estaban presentes *in situ* en las regiones rurales valencianas. Por un lado, fueron capaces de promover el auge de la producción de simiente de seda entre los sericicultores valencianos y, por otro, canalizar esta producción hacia los mercados de destino, en los que la *gelsibachicoltura* estaba arraigando de manera decidida durante este mismo periodo.

Las partidas remitidas, por lo general, eran de escasa entidad, y la actividad comercial se limitaba a la exportación de unos pocos miles de onzas de simiente de seda al año. Al analizar los registros fiscales valencianos ya hicimos referencia a los principales protagonistas de esta primera fase de desarrollo comercial (D'Adda, Olginati, Lodi, Scipione...).[434] Pese a que resulta imposible rastrear en detalle la actividad de estos agentes comerciales, todos ellos tienen en común dos aspectos: el primero, proceder del norte de Italia (genoveses y lombardos fundamentalmente); el segundo su vinculación con el tráfico marítimo bidireccional que conectaba el reino de Valencia y la Italia centro-septentrional. La simiente de seda era solo una mercancía más, en este caso novedosa, dentro de esta estructura comercial, caracterizada por la exportación de materias primas industriales desde España a bajo coste y la importación de manufacturas y productos elaborados o semielaborados desde el norte de Italia. La escasa especialización de estas compañías es la tónica general durante esta etapa inicial, en la que la simiente de seda valenciana fluye con una regularidad e intensidad creciente hacia Italia, aunque todavía no ha adquirido el rol estratégico en la transformación de la sericicultura lombarda y piamontesa, por lo que también es habitual la exportación de esta mercancía hacia otras regiones castellanas, como el reino de Granada, aunque con remesas de menor entidad

---

[434] Resulta habitual encontrar estos apellidos, y otros que no podemos citar de manera extensiva, entre las fuentes judiciales valencianas, relacionado con el cobro de deudas o problemas por el pago de derechos fiscales vinculados al comercio.

enviadas a través de intermediarios de origen local o, en algunos casos, directamente por los propios sericicultores.

Auge de la demanda y especialización progresiva de las redes mercantiles (c. 1570-1580)

La progresiva afirmación de la economía de la seda en el norte de Italia durante el último tercio del siglo XVI incentivó la demanda de simiente de seda de calidad, una mercancía que se podía adquirir a buen precio en el contexto rural valenciano. Esta creciente especialización productiva a escala internacional implicaba a tres grandes áreas: por un lado, la Italia centro-septentrional (espacio prioritario de difusión de la sericicultura e hilatura de la seda durante el Quinientos); por otro, los mercados suministradores de seda en bruto para esta en la Italia meridional; y, por último, el reino de Valencia, como principal región especializada en la producción y exportación de simiente de gusanos de seda.

La rentabilidad de este negocio promovió una intensificación de los contactos comerciales entre estos tres espacios, generándose una división internacional del trabajo encabezada por las compañías mercantiles norditalianas. Por lo que se refiere a la simiente de seda valenciana, no solo observamos un incremento cuantitativo en este tráfico, sino también una transformación cualitativa, evidenciada por el reforzamiento de unas redes económicas más especializadas y cada vez más integradas en la estructura socioeconómica valenciana. A efectos prácticos, ello conllevó una mayor presencia de agentes comerciales italianos, así como la colaboración de comisionados locales, presentes de manera permanente en los principales mercados de adquisición de esta materia prima en el reino de Valencia. Estas redes aprovechaban las estructuras comerciales preexistentes y su implantación en los principales espacios portuarios implicados, con Alicante como referente fundamental durante todo el siglo XVI.

Los remitentes y consignatarios que figuran en los registros portuarios genoveses nos permiten conocer más en detalle la estructuración de estas redes y quiénes eran sus protagonistas, los cuales se repiten año tras año, especialmente a partir de la década de 1570, evidenciando esta creciente profesionalización en la comercialización de simiente de seda desde Valencia. A los linajes precursores de este comercio, anteriormente mencionados, se fueron uniendo otros agentes, que dinamizaban este comercio pero que al mismo tiempo incrementaban la competencia interna en el seno de esta comunidad mercantil. Fue el caso de destacados personajes, como los lombardos Giovanni Andrea Ullius o Giovanni Battista Parravicini, presentes ya desde los años setenta del siglo XVI, que seguían vinculados a este comercio tras varias décadas, como queda reflejado en los registros de comienzos del siglo XVII. Progresivamente, este listado de comerciantes que actuaban como intermediarios se fue renovando y ampliando, con nuevos apellidos que tienen en común su origen genovés o milanés (Imperiale, Niccolini, Carpeneto, Musitelli...).

Por lo que respecta a los consignatarios de las mercancías en los puertos de llegada, podemos extraer algunas conclusiones interesantes. En primer lugar, encontramos una serie de apellidos que se repiten en la documentación durante estos años. Entre ellos, destacan los genoveses Agostino y Alessandro Pinello, Jacopo Balbi, Giovanni Battista Cernusculo, y muchos otros (Parravicini, Sauli, Capponi, De Franchis...).[435] Sin embargo, no todas las mercancías reflejadas en los registros del puerto de Génova parece que tocaron tierra en esta plaza, sino que, en ocasiones, eran consignadas a varias personas en Génova o Livorno, ante la posibilidad de que estas estuvieran ausentes, o siendo remitidas directamente al puerto de Livorno, al menos por lo que se refiere a la simiente de seda. A tenor de la documentación, una parte sustancial de las remesas de simiente de seda enviadas a Italia por compañías genovesas o milanesas, se dirigían a este puerto toscano, contando con la presencia de agentes intermediarios, como Vincenzo Ricasoli, Ettore Buonacorsi, Jacopo Ricciardini, u otros negociantes, comisionados por las compañías que controlaban el negocio de la simiente de seda para recibir y posteriormente transportar por tierra esta mercancía hasta sus mercados de destino.[436] De esta manera, observamos la complementariedad entre estos dos puertos, los cuales eran lugares de tránsito e intercambio, en los que las redes mercantiles norditalianas estaban perfectamente conectadas y arraigadas.

El periodo de apogeo del comercio de la simiente valenciana (c. 1590-1610)

Todo lo dicho para la fase anterior de consolidación de la demanda sirve para la etapa comprendida aproximadamente entre 1590 y 1610. Fue durante estas dos décadas cuando el comercio de la simiente de seda valenciana alcanzó su apogeo, convirtiéndose durante estos años en una mercancía indispensable, al menos, para la sericicultura lombarda. Las tendencias anteriormente apuntadas se intensificaron, en un momento en el que la dependencia productiva en torno a esta mercancía estimuló las prácticas fraudulentas y especulativas, que en el medio plazo serían determinantes para el declive de este flujo comercial.

Precisamente este tipo de prácticas comienzan a proliferar en el momento en el que se incorporan a este negocio grandes compañías o linajes milaneses, y en menor medida genoveses, los cuales controlan la totalidad de la red mercantil, integrando en

---

[435]   Algunos de estos nombres, por ejemplo, el de Alejandro Pinello, aparece también vinculado con la conexión mercantil con otros reinos hispánicos como el de Granada. Girón Pascual, Rafael M., *Comercio y poder: mercaderes genoveses...*, op. cit.

[436]   Estos consignatarios eran agentes de confianza en la plaza comercial livornesa, entrando en contacto con múltiples redes mercantiles de carácter transnacional, que se extendían desde el norte de Italia y centro-Europa hasta los puertos ibéricos atlánticos, con Cádiz o Lisboa como referente. A este respecto, véase ALESSANDRINI, Nunziatella, "I porti di Lisbona e Livorno: mercanti, merci e 'gentilezze diverse' (secolo XVI). Alcune considerazioni", en Nunziatella Alessandrini, Mariagrazia Russo, Gaetano Sabatini (coords.), *'Chi fa questo camino è ben navigato': culturas e dinâmicas nos portos de Itália e Portugal (sécs. XV-XVI)*, Lisboa, CHAM, 2019, pp. 129-144.

sus redes a los comisionados en las regiones productoras y a los consignatarios en los enclaves portuarios (tanto en España como en Italia). Los destinatarios de estos envíos masivos, contabilizados en decenas de miles de onzas, controlaban también la redistribución final de la misma, con un número cada vez más reducido de compañías, capaces de interferir en el mercado y adulterar la calidad y el precio de la simiente de seda importada. Ya hemos descrito las constantes intervenciones políticas de las autoridades lombardas y piamontesas para controlar estas prácticas, las cuales se iniciaron en los primeros años de la década de 1590, prolongándose hasta mediados del siglo XVII, e incluso más allá.

En las postrimerías del siglo XVI, ya figuraba en los registros portuarios genoveses la participación de familias de banqueros o grandes negociantes milaneses vinculados a la simiente de seda, entre los que destacan los destacan los hermanos Paolo Emilio y Papirio Odescalchi, quienes comenzaron participar de este tráfico a comienzos de la década de 1580.[437] Junto a este figuran otros destacados personajes de la élite mercantil lombarda, como Ottavio y Lelio Parravicini, Lazzaro Serravalle o Bartolomeo Carcano, junto a otros comerciantes de origen genovés (Durazzi, Capponi, Da Dieci, Musitelli...). Vinculados al puerto de Livorno aparecen diferentes consignatarios, a través de los cuales se canalizaron grandes cantidades de simiente de seda, sin poder determinar con certeza su destino. Estos agentes intermediarios fueron claves para el correcto funcionamiento del sistema de comercialización de la simiente de seda valenciana, que, como ya analizamos, se veía sometido a diversos riesgos, aunque no eran ellos los propietarios de la mercancía. Nos referimos a personajes como Giuliano Lippi o Fabio Orlandini, cuyos nombres aparecen constantemente en los registros portuarios referidos a remesas dirigidas a Livorno, así como a diferentes miembros de la familia Rucellai, Corbinelli o Salviati, entre otros, de los que resulta difícil conocer más sobre su implicación en este negocio u otras actividades mercantiles. Desde la vertiente valenciana, también se dinamiza la participación de agentes mercantiles de diversa procedencia, que se unen a los ya mencionados para la etapa previa (Ullius). Es el caso de los hermanos Gregorio y Paolo Serravalle, Ottavio Rusca, Mariano Cassini (milaneses), Domenico Boassio (piamontés) o Giovanni Battista y Giuseppe Parravicini (probablemente de origen genovés).[438]

---

[437] La primera referencia documentada se remonta al registro del año 1582.

[438] OSTONI, Marco, *Il tesoro del re...*, op. cit., p. 593. *E' difficile dire con certezza se l'esperienza valenciana di Dario, Muzio, Fieramonte e Lodovico Parravicino abbia avuto altri epigoni nella città del Turia. L'impressione è che dall'ultimo decennio del XVI secolo non solo l'attività del futuro tesoriere, ma quella della famiglia nel suo complesso abbia gradualmente e inesorabilmente spostato il proprio raggio d'azione: in senso geografico, incentrandosi su Madrid, e, tecnico, privilegiando i già noti investimenti finanziari di marca speculativa (i cambi) [...]. Le firme ancora presenti a Valencia o nella vicina Alicante a partire dalla seconda decade del Seicento [...] non sembrano avere neppure legami diretti con il nostro ramo dei Parravicino. Piuttosto paiono legati a quel Giovanni Battista che abbiamo trovato attivo ad Alicante sin dagli anni '70 e la cui origine era più probabilmente genovese che non lombarda.*

Al igual que cuando nos referimos a los consignatarios, estamos hablando de eslabones de una cadena más larga, la que forman las complejas redes mercantiles de carácter transnacional que conectaron España e Italia durante los siglos XVI y XVII. Todos estos nombres, por lo general, hacen referencia a los intermediarios, que formaban parte de un entramado mercantil y financiero más amplio, que no solo canalizaba intercambios mercantiles, como el de la simiente de seda o el de la lana, sino también financieros con la circulación de letras de cambio y moneda entre las ferias de cambio de ambas penínsulas, y del que indirectamente participaban y se beneficiaban implicados los grandes banqueros y asentistas de la Monarquía Hispánica a comienzos del siglo XVII.[439]

Especulación, fraude y declive del negocio de la simiente valenciana (c. 1610-1640)

La dinámica alcista que había caracterizado el tráfico de importación de simiente de seda valenciana hacia la Italia centro-septentrional a partir de 1550 se interrumpió en los años posteriores a 1610. Ello no significaba una menor demanda o una interrupción de la expansión sericícola lombarda y piamontesa, que continuó desarrollándose a lo largo del Seiscientos, sino una transformación en las vías de aprovisionamiento de esta materia prima importada, que supuso una menor dependencia productiva respecto al comercio internacional con el reino de Valencia. Si para la etapa previa habíamos hablado de apogeo (como consecuencia del elevado volumen de simiente de seda valenciana importada y la intervención de grandes compañías mercantiles en este negocio), para esta hemos de referirnos al declive gradual del negocio, aunque probablemente ambas dinámicas estén relacionadas. La progresiva monopolización de este tráfico en manos de unas pocas compañías comerciales de origen lombardo derivó en una intensa especulación respecto a los precios de comercialización de la simiente en los mercados consumidores y en el surgimiento de prácticas fraudulentas generalizadas. A ello se une el impacto sobre los campos valencianos que generó la expulsión de los moriscos en 1609 y las dificultades financieras y comerciales que se fueron intensificando entre Génova y la Monarquía Hispánica durante la década de 1620, y culminarían en la quiebra del sistema hispano-genovés de 1627.[440]

La simiente de seda es un producto altamente especulativo y muy delicado, cuyo comercio implicaba importantes riesgos, los cuales, a tenor de los datos, merecía la pena correr a finales del siglo XVI y los primeros años del XVII. No obstante, esta

---

[439] LUCA, Giuseppe De, "Decadencia y desventura de un negocio en crisis: la banca castellana a finales del siglo XVI y su próspero contrapunto milanés", en Giampiero Nigro (ed.), *Le crisi finanziarie: gestione, implicazioni sociali e conseguenze nell'età preindustriale*, Florencia, Firenze University Press, 2016, pp. 283-325. Véase también SANZ AYÁN, Carmen, *Un banquero en el Siglo de Oro. Octavio Centurión, el financiero de los Austrias*, Madrid, La Esfera de los Libros, 2015; OSTONI, Marco, *Il tesoro del re...*, *op. cit.*; SAN RUPERTO ALBERT, Josep, *Emprenedors transnacionals...*, *op. cit.*

[440] HERRERO SÁNCHEZ, Manuel, "La quiebra del sistema hispano-genovés (1627-1700)", *Hispania: Revista española de historia*, vol. 65, 219 (2005), pp. 115-151.

realidad comenzó a cambiar definitivamente con el paso de los años, poniendo fin a un tráfico comercial que floreció durante algo menos de una centuria, pero que jugó un papel clave para el desarrollo económico de las regiones implicadas. En cualquier caso, el flujo de simiente de seda valenciana no se interrumpió inmediatamente, pero sí se vio notablemente mermado en cuanto a su volumen durante los años veinte y treinta del siglo XVII, a pesar de los esfuerzos políticos por la pervivencia de este tráfico, que tenían detrás una serie de intereses comerciales y fiscales de un reducido pero influyente grupo de la élite financiera y mercantil lombarda.

Los registros portuarios de esta última etapa apuntan en esta línea, evidenciando cambios en los sistemas de comercialización que demuestran que todo estaba cambiando y que la conexión comercial entre Valencia y Milán, otrora imprescindible, se había visto alterada por el surgimiento de nuevas vías de abastecimiento de simiente de seda (importada desde Bolonia y otras regiones de Italia o producida directamente por los sericicultores italianos). El primer aspecto remarcable es la diversificación de los puertos de procedencia de las embarcaciones que transportaban la simiente de seda hasta Génova. Junto al puerto de Alicante, que siguió empleándose, jugó un papel clave el de Valencia (aunque en ocasiones se recurría al grao de Sagunto). Este cambio implicaba el uso de embarcaciones de menor calado y el cabotaje como vía de navegación hacia Génova, ante los crecientes riesgos del comercio marítimo a gran escala y la amenaza corsaria. El descenso del volumen comercial y el cambio en las rutas provocó que Livorno jugase una importancia menor durante esta fase final.

En cuanto a los protagonistas de este tráfico, los remitentes desde Valencia pierden peso en la documentación, pudiendo identificar solo a Giovanni Battista Parravicini, como agente de diversas casas comerciales lombardas (como la de Papirio Odescalchi, quien participaba de este comercio desde hacía décadas) y genovesas (como la de Bartolomeo Gallo, Marco Antonio Semino o Vincenzo Francesco Balbi, entre muchos otros: Bottaccio, Carminati, Lumaga, Triddi, Da Dieci...). Sin duda, los grandes monopolizadores de este tráfico durante esta última etapa fueron los hermanos Odescalchi, sirviéndose para ello de una eficaz red mercantil y de diferentes intermediarios, como los Serravalle, pero especialmente los hermanos Constantino y Francesco Cernezzi, establecidos en el reino de Valencia desde finales del siglo XVI. Ya nos hemos referido al control que estos impusieron sobre la adquisición de la simiente de seda valenciana en el mercado local, generando malestar y las quejas veladas de alguno de sus competidores, como la compañía de los herederos de Stefano Muralti.

Sin embargo, los registros corroboran el declive irreversible de este flujo comercial, con un descenso notable en el número de onzas importadas, que trataba de ser compensado mediante el acaparamiento y la especulación en los precios de venta de esta mercancía en Milán y otras ciudades del norte de Italia. Estas prácticas no solo perjudicaban la calidad de la mercancía, que en muchos casos se avivaba antes de ser vendida, sino que incentivó la búsqueda de vías alternativas de aprovisionamiento, aunque estas fueran en contra de las disposiciones políticas. Pese a que, a la altura de

1640, todavía se introdujeron en el puerto de Génova en torno a un centenar de cajas de simiente valenciana, su volumen era el más bajo de toda la serie, evidenciando que este tráfico tenía las horas contadas. Por ello, el marco cronológico de esta investigación y la muestra documental empleada concluyen precisamente este año.

3.3. Las redes mercantiles italianas y su hegemonía sobre el negocio de la seda

La presencia de comerciantes extranjeros en el reino de Valencia fue una constante, al menos desde el siglo XV, un fenómeno que se intensificó a lo largo de los siglos modernos.[441] Entre estos, los italianos fueron, sin duda, la colonia más numerosa y la que alcanzó un mayor grado de inserción dentro de la economía y sociedad valencianas, gracias a toda una serie de factores que favorecieron la integración del reino de Valencia en las grandes rutas comerciales que atravesaban el Mediterráneo.[442] En definitiva, el asentamiento de una colonia italiana en la Valencia de los siglos XVI-XVII es un hecho constatado, así como el papel que jugaron estos inmigrantes, por lo general altamente cualificados, en determinados sectores productivos (especialmente la industria de la seda), comerciales y financieros.

No obstante, si como colectivo su papel ha sido abordado en diversas publicaciones, todavía es poco lo que sabemos sobre los individuos y sobre las tupidas redes mercantiles que se tejieron a su alrededor en el momento de su máximo esplendor, el siglo XVI y las primeras décadas del siglo XVII.[443] Todavía está por hacer una investigación profunda y sistemática, que reconstruya de manera global la intensa actividad económica, fundamentalmente comercial y financiera, de las redes genovesas y lombardas en el reino de Valencia para el periodo foral, momento de máximo apogeo de esta diáspora mercantil, el cual coincide *grosso modo* con el marco cronológico de esta investigación.[444]

---

[441]   SALVADOR ESTEBAN, Emilia, "Mercaderes extranjeros en la Valencia de los siglos XVI y XVII. Entre la atracción y el rechazo", en Luis Miguel Enciso Recio (coord.), *La burguesía española en la Edad Moderna*, Valladolid, Universidad de Valladolid, 1996, vol. III, pp. 1137-1156; — "Presencia italiana en la Valencia del siglo XVI. El fenómeno del avecindamiento", Saitabi, XXXVI, (1986), pp. 167-186; LAPEYRE, Henri, "Els mercaders estrangers al Regne de Valencia en els segles XV i XVI", en Antoni Furió Diego (ed.), *València, un mercat medieval*, Valencia, Diputación Provincial, 1985, pp. 25-45.

[442]   FRANCH BENAVENT, Ricardo, "El papel de los extranjeros en las actividades artesanales y comerciales del Mediterráneo español durante la Edad Moderna", en María Begoña Villar García y Pilar Pezzi Cristóbal (Eds.), *Los Extranjeros en la España Moderna*, Málaga, 2003, vol. I, pp. 39-71; — "La inmigración italiana en la España moderna", en Domingo L. González Lopo, Antonio Eiras Roel (coords.), *La inmigración en España*, Universidade de Santiago de Compostela, Santiago de Compostela, 2004, pp. 103-145.

[443]   La excepción más reseñable es el estudio de la trayectoria económica y social de los Cernezzi-Odescalchi en el reino de Valencia, llevado a cabo por SAN RUPERTO ALBERT, Josep *Emprenedors transnacionals...*, *op. cit.*

[444]   La labor desarrollada para el siglo XV por David Igual Luis y Germán Navarro Espinach es un excelente punto de partida, pero resulta necesario prolongar esta visión al periodo de esplendor de los

Por supuesto, no pretendemos cubrir ese vacío historiográfico, ya que ello conllevaría desarrollar un ambicioso proyecto de investigación, que supera con creces los objetivos iniciales de este libro.[445] Pero sí creemos necesario remarcar algunas de las características sobre las que se cimentó el éxito de esta diáspora mercantil, especialmente aquellas que han pasado más desapercibidas, como el hecho de que cuando nos referimos a italianos en el reino de Valencia, junto a los genoveses, debemos destacar a los agentes comerciales de origen lombardo. Otro aspecto clave fue el interés que despertó la simiente de seda valenciana en los circuitos comerciales internacionales, y la especialización de una parte importante de las redes mercantiles de origen italiano en la comercialización de esta materia prima. Como hemos demostrado, la hegemonía de estas compañías sobre este tráfico fue absoluta, siendo esta una actividad que se enmarcaba en un contexto comercial y financiero mucho más amplio y diversificado.

Junto a la información que nos aportan las fuentes fiscales analizadas hasta el momento, disponemos de una nutrida lista de procesos judiciales que reflejan esta implicación italiana en la realidad cotidiana del reino de Valencia, tanto en el ámbito urbano como en los espacios rurales; una presencia que estuvo salpicada de tensiones constantes y una conflictividad recurrente, que se canalizaba fundamentalmente por la vía judicial, ante la actitud colonizadora de esta nación mercantil sobre la economía mercantil y financiera valenciana.[446] Esta preponderancia de las redes mercantiles italianas en la Monarquía Hispánica se sustentaba en la permeabilidad de las fronteras políticas en favor del comercio internacional, y la constante circulación de personas, mercancías, información e influencias, que les permitió adquirir una dimensión transnacional, teniendo en cuenta que estos procesos de implantación no siempre fueron pacíficos ni exitosos. Un reciente trabajo del profesor Manuel Herrero reflexiona precisamente sobre las causas de este éxito, afirmando que:

> *Expatriated merchants played a crucial role in the integration of different commercial regions and spaces. As historians such as Ana Crespo and Catia Antunes have demonstrated, these were diasporas that being ascribed to corporations based upon a national identity, had a marked transnational character and operated with great ease in highly heterogeneous political and social spaces that, in the case of the Spanish Monarchy, extended across the globe […]*

---

italianos en tierras valencianas. Véase IGUAL LUIS, David, *Valencia e Italia...*, op. cit.; NAVARRO ESPINACH, Germán, "Los genoveses y el negocio..., *op. cit.*

[445]   Existen algunos estudios puntuales sobre actividades económicas de los italianos en Valencia. Véase: BLANES ANDRÉS, Roberto, "Mercaderes italianos en las importaciones marítimas valencianas en el segundo cuarto del Seiscientos (1626-1650)", en María Begoña Villar García y Pilar Pezzi Cristóbal (Eds.), *Los Extranjeros...*, *op. cit.*, vol. I, pp. 217-227; PASTORINO, Stefano, "La participación de los mercaderes ligures en el mercado asegurador valenciano (1519-1520)", en Manuel Herrero Sánchez y otros (coords.), *Génova y la monarquía...*, *op. cit.*, pp. 219-251.

[446]   Pese a no analizar de manera sistemática esta documentación judicial, hemos recurrido a ella con frecuencia para reconstruir determinados aspectos relacionados con el comercio de simiente de seda.

> *The Genoese proved themselves to be the merchant and financial community that was best equipped to operate in a polycentric political structure such as the Spanish Monarchy, where they were able to employ any number of cultural and institutional advantages, not least of which were their proud Catholic pedigree and their unquestionable aristocratic ancestry, traits which meant that they enjoyed a much greater capacity for integration that did members of other commercial diasporas.*[447]

Una realidad que caracterizó también a los negociantes milaneses, como plantea Klemens Kaps, al remarcar el papel crucial que estos jugaron en la integración económica de los mercados centroeuropeos y el mundo atlántico, a partir fundamentalmente de la comercialización de géneros textiles a Cádiz durante el siglo XVIII.[448] La omnipresencia de compañías mercantiles italianas en diversos territorios hispánicos a lo largo de toda la Edad Moderna demostraba su profunda integración socioeconómica, sustentada en:

> *the strong bonds of confidence and collaboration that tied them to local populations and served to amplify and extend their interests, consolidate their trading systems and embed themselves into their host cities. The outcome was a genuine geography of trust that was manifested in mixed marriages or the joint founding of companies and businesses. The Italian merchant families, if only because of their age-old presence in the Spanish monarchy, were undoubtedly advantaged in these processes of adaptation and embedding.*[449]

Esta definición se ajusta a la perfección al papel desarrollado por los comerciantes italianos implicados en el tráfico exportador de simiente de seda valenciana hacia Italia a partir de 1550, tanto genoveses como milaneses. Estos últimos aprovecharon la posición dominante de los primeros en el espacio económico hispánico para servirse de sus redes comerciales en favor de sus propios intereses económicos, facilitando de este modo el aprovisionamiento de las materias primas necesarias para sus industrias urbanas, así como para el desarrollo agrario del cultivo de la morera y la sericicultura en el medio rural.

Así mismo, este comercio regular contribuyó a integrar la economía valenciana no solo con Italia, sino con regiones económicas mucho más amplias, que se extendían hacia otras regiones europeas, gracias al auge que vivió el negocio de la seda a escala internacional durante este periodo. La circulación bidireccional de mercancías a través de las redes de estos emprendedores transnacionales supuso una importante contribución al desarrollo de las relaciones de mercado en el reino de Valencia y, por

---

[447] HERRERO SÁNCHEZ, Manuel, "The business relations, identities and political resources of Italian merchants in the early-modern Spanish monarchy: some introductory remarks", *European Review of History: Revue européenne d'histoire*, 23-3 (2016), p. 335.

[448] KAPS, Klemens, "Small but powerful: networking strategies and the trade business of Habsburg-Italian merchants in Cadiz in the second half of the eighteenth century", *European Review of History: Revue européenne d'histoire*, 23-3 (2016), pp. 427-455.

[449] HERRERO SÁNCHEZ, Manuel, "The business relations...", *op. cit.*, p. 338.

ende, del conjunto de la Monarquía Hispánica, aunque siempre desde una posición periférica dentro de este sistema económico. La articulación de la sedería en Europa coincide con esta creciente vinculación con mercados transnacionales y globales, en la que las regiones mediterráneas participaron activamente. La expansión de la sericicultura valenciana y la integración de los mercaderes italianos en la sociedad local contribuyeron a fortalecer un proceso de integración que, pese a los efectos de la crisis del siglo XVII y de la quiebra del sistema hispano-genovés en 1627, supo adaptarse y perdurar en el tiempo, como lo demuestra la pervivencia de las redes mercantiles italianas en la Valencia del siglo XVIII.[450]

El predominio ejercido por las compañías mercantiles italianas se remontaba a finales de la Edad Media, aunque fue durante el siglo XVI y XVII cuando estos agentes transnacionales consiguieron las mayores cotas de poder dentro de la Monarquía Hispánica, debido a su cercanía a los círculos áulicos y su potente capacidad financiera y de negocio, algo que les hacía indispensables a los ojos de la hacienda española. Estos agentes transnacionales consiguieron extender en pocos años unas densas redes mercantiles capaces de integrarse dentro del tejido económico, político y social, a pesar de su condición de extranjeros, siendo el afán comercial y la posibilidad de negocio su única frontera.

La presencia milanesa en el reino de Valencia durante el "secolo dei genovesi"

La conexión económica entre Milán y Valencia durante el siglo XVI está todavía por explorar, pese a que el arraigo de negociantes de origen lombardo en tierras valencianas era una realidad patente desde el periodo bajomedieval.[451] Hasta el momento, el periodo de esplendor de los mercaderes lombardos en Valencia se identifica con la primera mitad del siglo XV, para posteriormente pasar a ser ensombrecidos ante la omnipresencia ligur en la España del siglo XVI. Dentro del contexto expansivo de la primera globalización, los genoveses desarrollaron unas potentes redes mercantiles de carácter transnacional durante el periodo definido como el "secolo dei genovesi" (1557-1627). Sin embargo, junto a estos, también destacó la actividad de los mercaderes lombardos, que, en palabras de Benedetta Crivelli:

> *Può essere compresa solo in relazione con gli altri soggetti che erano coinvolti nel commercio sulle lunghe distanze e tenendo in considerazione le prassi e le norme legali*

---

[450] FRANCH BENAVENT, Ricardo, "Dinastías comerciales genovesas en la Valencia del siglo XVIII: los Causa, Batifora y Ferrano", en Antonio Eiras Roel (coord.), *La documentación notarial y la historia*, Santiago de Compostela, Universidade de Santiago de Compostela, 1984, pp. 295-316. En un contexto de creciente competencia internacional, la diáspora italiana tuvo que competir con otras colonias extranjeras que se fueron estableciendo en la Monarquía Hispánica. El proceso de sustitución de los genoveses en buena parte de las ciudades españolas por parte de los franceses se observa más claramente durante el siglo XVIII, pero ya era incipiente en la centuria precedente. FRANCH BENAVENT, Ricardo, "El papel de los extranjeros...", *op. cit.*

[451] MAINONI, Patrizia, *Mercanti lombardi...*, *op. cit.*

che governavano gli scambi. Inserendosi nelle dinamiche di circolazione non solo di beni e capitali, ma sopratutto di pratiche, culture e identità, le élite economiche approfondirono le loro connessioni con il re, nella misura in cui divenne il principale distributore delle risorse economiche e sociali.[452]

En este contexto, la simiente de seda valenciana jugó un papel estratégico en la penetración de los milaneses en el reino de Valencia a partir de mediados del XVI, siendo una mercancía clave para su integración social y económica, que iba mucho más allá de un simple intercambio de materia prima. La diversificación de la actividad comercial de las compañías italianas establecidas en el reino de Valencia implicaba comerciar en ambas direcciones (participando tanto de la exportación de materias primas como de la importación de manufacturas), priorizando la circulación de mercancías y letras de cambio a la de capital. Así lo corrobora la misiva remitió el 6 de mayo de 1621 la compañía de los herederos de Stefano Muralti a un posible nuevo cliente genovés, perteneciente a la dinastía Balbi, al cual se le decía que:

Vi afermiamo che il mandare quà papelli rasmi, azalli e padelle come tellerie ha di essere con animo di impregiare l'effetto in dette lanne o altre mercanzie, e di quel modo riuscirebbe il conto. E se volesti provare la mano, lo potremo fare di poca cosa, in particulare delli detti papelli che hanno sempre domanda[453]

La simiente de seda pasó a fomar parte de esas "*altre mercanzie*" que, junto a la lana, favorecían un intercambio bidireccional, que arrojaba una balanza de pagos claramente favorable a las economías del norte de Italia y beneficiaba especialmente a los agentes comerciales genoveses y milaneses. Desde la década de 1550 tenemos constancia documental del establecimiento de comerciantes lombardos en Valencia, participando del tráfico comercial que conectaba España e Italia, pero también de otras actividades económicas, como el arrendamiento de tributos y regalías o participando del mercado financiero, como reflejan los registros de la *Taula de canvis* de Valencia.[454] Pese a no disponer de un análisis pormenorizado de esta colonia mercantil, hemos podido identificar a alguno de sus principales protagonistas, a través del estudio del comercio de simiente de seda, un negocio que atrajo el interés de esta diáspora desde el primer momento.[455]

Destaca el estudio de la exitosa trayectoria familiar del linaje Cernezzi-Odescalchi en Valencia, que, pese a mantener unos vínculos estrechos con su región de origen, optaron por naturalizarse y entroncar por vía matrimonial con una familia de la oligarquía urbana valenciana (los Tàrrega), siendo esta una práctica habitual entre los

---

[452] CRIVELLI, Benedetta, *Commercio e finanza in un impero globale. Mercanti milanesi nella Penisola Iberica (1570-1610)*, Roma, Edizioni di Storia e Letteratura, 2017, p. XXIII.

[453] ARV, Real Cancillería, sign. 649, f. 154v. Lettera a Balbi di Génova (6 de mayo de 1621)

[454] LAPEYRE, Henri, *La taula de cambis..., op. cit.*

[455] A lo largo de este estudio ya hemos referido los nombres y apellidos de estos linajes, por lo que omitiremos su reiteración.

mercaderes extranjeros inmigrados. Una estrategia perfectamente planificada y ejecutada, que implicó la compra del señorío de Parcent y culminó con la concesión del privilegio de nobleza por parte de Felipe IV en 1649, como I conde de Parcent.[456] El estudio de San Ruperto incluye una relación de los principales linajes lombardos establecidos en Valencia a comienzos del siglo XVI, a partir de su interacción con los Cernezzi.[457] Entre estos, realiza una pequeña reconstrucción familiar de linajes milaneses, como los Parravicini, Muralti o Campazzi, teniendo todos ellos un punto común, ser originarios de la ciudad de Como y haber emigrado al reino de Valencia, al igual que los Cernezzi.

Este listado no pretende ser exhaustivo y es solo una pequeña muestra de la nutrida colonia milanesa asentada en Valencia, en la que no figuran los inmigrantes lombardos establecidos en Valencia en la segunda mitad del siglo XVI, que fueron quienes realmente crearon unos vínculos de confianza previos entre ambas regiones, basados en lazos de parentesco y paisanaje, sobre los que se apoyaron las compañías comerciales más exitosas llegadas a Valencia a comienzos del siglo XVII. No todos tuvieron una trayectoria de éxito y ascenso social, encontrando también ejemplos frecuentes de problemas financieros o quiebras comerciales. Siguiendo una trayectoria casi idéntica a los Cernezzi, encontramos al ya mencionado linaje de los Muralti. Ambas familias se asentaron en Valencia casi al mismo tiempo, hacia finales del siglo XVI, pero el destino de los hermanos Simeone y Stefano Muralti, fue bien distinto, en parte por la prematura muerte de ambos. Esta compañía llegó a ser una de las más destacadas en el tráfico mercantil que conectaba el reino de Valencia y los territorios italianos a comienzos del Seiscientos, situando incluso una casa de feria en Medina del Campo, y manteniendo una estrecha relación con el banquero milanés establecido en Madrid, Giovanni Battista Sangiuliano.[458]

La actividad mercantil y financiera de esta sociedad no era una excepción, y se asemejaba a la de otros mercaderes italianos que participaban activamente de un tráfico bidireccional sustentado, por un lado, en la exportación de materias primas industriales hacia los centros productores italianos, y, por otro, la importación y comercialización de géneros textiles y otras manufacturas en los territorios hispánicos. Su excepcionalidad radica en dos factores básicos. El primero, el predominio que adquirieron en la exportación de simiente de seda valenciana en las primeras décadas del siglo XVII, siendo este el epicentro de su negocio comercial (por encima de la lana u otras mercancías); el segundo, la conservación del libro de correspondencia mercantil (*copialettere*) correspondiente a la anualidad 1620-1621,

---

[456] SAN RUPERTO ALBERT, Josep *Emprenedors transnacionals...*, *op. cit.*
[457] *Ibid.*, pp. 82-94.
[458] *Ibid.*, pp. 378-386. ARV, Real Audiencia, Procesos, parte III, sign. 2107. Proceso relacionado con los bienes y herencia del difunto Stefano Muralti, caballero de Como.

a través del cual podemos conocer de primera mano la complejidad de sus actividades económicas y las redes mercantiles que las sustentaban.[459]

La compleja actividad mercantil de los Muralti (asimilable a la de otros competidores milaneses asentados en Valencia) combinaba todos los factores propios de las grandes compañías transnacionales que florecieron en el Mediterráneo Occidental durante el siglo XVI-XVII. El engranaje de su éxito descansaba en tres factores fundamentales:

1) La correcta circulación de las mercancías a escala internacional, que permitían satisfacer las comandas y encargos de su clientela.
2) La seguridad de los pagos de letras de cambio y el flujo monetario por medio de su participación en las principales ferias de cambio (italianas, pero también españolas y francesas).
3) La rapidez y eficacia de las redes de información que permitían obtener ventajas y una posición dominante en los mercados estratégicos, como era el caso de las regiones sericícolas valencianas.

Para ello, por debajo de la estructura formal de la compañía, se debían tejer unas redes informales eficaces, que actuasen como correa de distribución. Sin estos agentes locales, que dinamizaban y materializaban los tratos mercantiles, el funcionamiento de la compañía era inviable. Son precisamente estas redes informales las que afloran en la correspondencia mercantil, permitiéndonos reconstruir el negocio sedero desde su origen (los hogares de los miles de campesinos valencianos que complementaban su economía doméstica gracias a la cría del gusano de seda) hasta su final (aquellos campesinos lombardos que estaban expandiendo la *gelsibachicoltura* en las regiones rurales del norte de Italia, consolidando el sector que representa uno de los pilares básicos de la economía italiana de época moderna). Solo de este modo podremos aproximarnos al impacto económico que este tráfico exportador tan especializado y especulativo tuvo a ambas orillas del Mediterráneo Occidental.

Desde la perspectiva valenciana, los dos mercados urbanos de comercialización sedera fueron la villa de Alzira y la ciudad de Xàtiva, centros neurálgicos de las principales regiones sericícolas del reino, en los que ubicamos a varios mercaderes locales encargados de la redistribución de la producción local de seda en bruto y simiente de gusanos. A la altura de 1621, la compañía de Stefano Muralti confiaba básicamente en dos de ellos: Pedro de Casasús en Alzira y Pedro Correjas en Xàtiva, aunque no fueron estos los únicos. La dinámica actividad de estos agentes locales permitía organizar a pie de campo la compra de las pequeñas porciones de simiente de seda y su envío a los puertos de embarque, entre los que destaca el puerto de Alicante, pero también otros enclaves portuarios de menor entidad, como Denia, Cullera o Sagunto. A su vez, estos comisionistas eran los encargados de dar salida a

---

[459]   ARV, Real Cancilleria, sign. 649. Este tipo de registros son muy poco frecuente en los archivos españoles, donde escasea la documentación privada de compañías comerciales de esta naturaleza.

parte de las mercancías importadas por esta (y otras) compañías mercantiles, fundamentalmente los tejidos de lino centroeuropeos.

El mercado de la seda convirtió a estos dos enclaves en importantes centros redistribuidores de mercancías importadas, gracias a su integración en las redes comerciales terrestres que los conectaban con el interior peninsular. Llama la atención que ante la escasa actividad de venta en las grandes ciudades del reino (Valencia y Alicante), se recomendaba remitir los tejidos a estas dos poblaciones valencianas donde, a tenor de lo expuesto en la correspondencia, estos tenían mejor salida y a precios más convenientes, confiando su venta a los almacenes y tiendas que establecieron estos intermediarios locales. Especialmente revelador del lucrativo negocio generado en torno a estas plazas es el caso de Pere de Casasús, quien en pocas décadas pasó de ser un pequeño negociante de origen francés, recién llegado a Alzira a finales del siglo XVI, al principal hacendado de la localidad, entroncando con las familias de la oligarquía local y alcanzando el ennoblecimiento en cuestión de tres generaciones.[460]

No obstante, la correspondencia de Stefano Muralti pone de manifiesto que el contexto internacional del mercado de la seda en el Mediterráneo Occidental estaba cambiando desde comienzos del Seiscientos. En este cambio jugó un papel cada vez más decisivo el desarrollo incipiente de la sedería francesa, que dependió fundamentalmente del aprovisionamiento de materia prima de seda en el contexto internacional, principalmente desde el norte de Italia. El progresivo ascenso de la demanda de seda francesa y la competencia que generaba a las redes comerciales tradicionales se deja entrever en la documentación, creando nuevos ejes comerciales como el que se estaba estableciendo entre Lyon, Turín y Zurich. La presencia de comerciantes de origen galo asentados en Valencia incrementó la competencia respecto a dos de los pilares del negocio de las redes comerciales italianas, que acusaban a estos de entorpecer su actividad. Por un lado, incrementando el precio de compra de las materias primas sederas y, por otro, introduciendo géneros textiles en estos mercados a precios más competitivos.[461] Una competencia creciente que contribuyó a debilitar la inmigración milanesa, y por extensión italiana, en el reino de Valencia a lo largo de la segunda mitad del Seiscientos.[462]

---

[460]　MUÑOZ NAVARRO, Daniel, "Del negocio sedero al hábito...", *op. cit.*, pp. 629-639.

[461]　En la correspondencia de Muralti son frecuentes las acusaciones contra esta colonia mercantil competidora, especialmente en la correspondencia con compañías de origen italiano establecidas en Lyon, como los Giovi o los Ossio. ARV, Real Cancillería, sign. 649, f. 163r. Lettera a Ossio de Lyon (17 de mayo de 1621). *No vi haverete molte speranze perche li francesi non permettono tempo fa che* [los precios de las sedas] *vagliano a simil segno.*

[462]　LORENZO LOZANO, Julia, *Franceses en Valencia durante el reinado de Carlos II. Entre la atracción y el rechazo.* Tesis doctoral inédita. Universitat de Valencia, 2015.

3.4. El impacto económico de la simiente de seda valenciana a ambas orillas del Mediterráneo occidental

Tras analizar diferentes aspectos relacionados con el comercio internacional de simiente de seda valenciana entre 1550 y 1640, queda en el aire una pregunta básica que hemos venido apuntando a lo largo de este libro: ¿cuál fue el impacto económico de esta actividad para las principales regiones implicadas? No resulta sencillo responder de manera específica a esta cuestión. Sin embargo, como epílogo a esta investigación, trataremos de aproximarnos a esta realidad, sirviéndonos para ello de todo lo expuestos hasta el momento. Como idea principal remarcaremos que esta actividad exportadora generó sinergias económicas en ambas regiones, aunque con diferencias sustanciales en la región productora y la receptora. Las consecuencias fueron mucho más profundas y transformadoras en esta última, evidenciando diferencias en el desarrollo económico de estos territorios en base a una dinámica de centro-periferia.

Desde la perspectiva valenciana, la producción y exportación de simiente de seda tuvo un papel dinamizador, pero poco transformador. El desarrollo de la sericicultura valenciana, vinculada al auge del cultivo de la morera (*morus alba*) se venía desarrollando previamente, favoreciendo una serie de condiciones que favorecieron las oportunidades económicas de las familias campesinas. En el contexto de fiscalización creciente de esta nueva actividad, la demanda internacional de simiente, canalizada a través de las redes mercantiles italianas, permitió diversificar la producción y desarrollar una vía complementaria de mercantilización de la cosecha de materia prima de seda (bien como hilo para el mercado castellano o como simiente para el italiano).

Sin embargo, varios factores limitaron el impacto económico de este tráfico en el reino de Valencia, el cual estuvo motivado básicamente por factores exógenos. El reducido valor añadido de la simiente de seda en los mercados de origen hizo que no se generase una acumulación de capital entre los sectores de pequeños y medianos sericicultores, que eran los que predominaban. La escasa implicación de la nobleza y las élites valencianas en este negocio, más allá de facilitar la introducción de la morera en sus señoríos, evidenciaba el insuficiente apoyo que recibió esta actividad productiva en el contexto valenciano. Lo mismo se puede apuntar en relación con las autoridades políticas, más próximas a los intereses urbanos, y que solo regularon la producción sedera con una finalidad fiscalizadora. La ausencia de medidas políticas de fomento o apoyo a la sericicultura evidencia una diferencia notable con respecto a sus homólogos norditalianos, lo que se tradujo en dos modelos divergentes de desarrollo sericícola. El creciente control sobre la cosecha de seda generó un incremento del fraude y del contrabando, especialmente hacia Castilla, que supuso una sangría constante para las arcas públicas. Pese a la lenta adaptación del marco tributario, los rendimientos de los impuestos vinculados a la cosecha de seda en sus diferentes estados (hoja de morera, seda hilada, torcida o en madeja, simiente, capullo agujereado...) estuvieron muy por debajo de las previsiones iniciales, generando trabas al desarrollo de esta actividad.

Pese al arraigo de esta actividad en buena parte de sus regiones rurales valencianas, la iniciativa reposaba sobre el empuje de los sericicultores, que veían en la morera y la cría del gusano de seda una actividad complementaria para sus economías familiares, que se adaptaba fácilmente al medio físico y a la capacidad de intensificar su fuerza de trabajo doméstico, gracias a la participación femenina e infantil, que les permitió monetizar sus esfuerzos, contribuyendo a una progresiva difusión de las relaciones de mercado en estas regiones rurales, pero sin romper los lazos y cargas feudales que les unían a las actividades agrarias tradicionales. La cosecha de seda se vendía de manera fácil y rápida, generando ingresos en moneda, que favorecieron el desarrollo de esta industria rural en el campo valenciano durante los siglos XVI y XVII. Ello estimuló una especialización productiva notable en torno a la producción de hilo de seda, gracias a la cual se sentaron las bases del despliegue productivo del Setecientos, auténtico siglo de oro de la sericicultura y la sedería valenciana. Sin embargo, ya desde comienzos del siglo XVII, la seda valenciana fue perdiendo competitividad en el contexto internacional, superada por el modelo productivo de la sericicultura italiana y, posteriormente, también de la francesa. El carácter tradicional de las técnicas empleadas por los sericicultores valencianos, que basaban su producción en la intensificación de la fuerza de trabajo, lastró el desarrollo e innovación de las técnicas productivas, ante la falta de apoyo y unos medios de producción rudimentarios. El resultado fue una producción deficiente en cuanto a la calidad final del hilo de seda, que difícilmente podía competir en el contexto europeo.

En definitiva, a falta de indicadores económicos más precisos, podemos afirmar que la morera jugó un papel importante en la transformación agraria y la difusión de las relaciones de mercado en las regiones rurales valencianas, pero sin generar un proceso de crecimiento económico verdaderamente modernizador. Su desarrollo durante los siglos XVI y XVII estuvo supeditado a la dependencia comercial de los mercados consumidores (fundamentalmente de Castilla, pero también de Italia), siendo los mercaderes extranjeros los que realmente fueron capaces de desarrollar prácticas capitalistas en torno a este negocio. Las redes mercantiles italianas, arraigadas en el reino de Valencia, se sirvieron del potencial productivo de los campos valencianos, cuyas características climáticas y edafológicas se adaptan perfectamente a la sericicultura, y de su simiente de seda, la de mejor calidad a finales del siglo XVI, para desarrollar un comercio bidireccional, con una balanza de pagos claramente favorable a sus propios intereses. A su vez, este tráfico favorecía el desarrollo de la sericicultura en sus regiones de origen. Por su parte, el reino de Valencia se convirtió en un espacio "colonizado" por estos mercaderes italianos, que apenas se implicaron en el fomento de esta actividad en un área que, como ya hemos señalado, se situaba en la periferia de esta región económica mediterránea. Viendo las favorables condiciones para el arraigo de la sericicultura que *a priori* existían en la península Ibérica (no solo en Valencia), podemos afirmar que el impacto económico de este tráfico internacional fue limitado, y que esta fue una oportunidad perdida para los intereses de la sericicultura valenciana.

Como contrapunto, el despegue de la *gelsibachicoltura* en la Italia centro-septentrional marcó un cambio de modelo económico con profundas implicaciones, marcado por el paso de la "economia della lana" a la "economia della seta". En la fase inicial de consolidación del "primato italiano", la simiente de seda valenciana jugó un papel central, como parte de una exitosa estrategia de fomento sericícola, orientada hacia el mercado exportador. El aprovisionamiento de simiente de seda valenciana se producía en un contexto favorable a la introducción de innovaciones en las técnicas sericícolas, canalizado a través de unas redes mercantiles especializadas en la importación de materias primas industriales y toda una serie de políticas de estímulo y fomento de la actividad sericícola, que transformaron el paisaje agrario de las regiones implicadas. De este modo, el impacto económico derivado de este tráfico en los territorios de la Italia centro-septentrional fue claramente positivo, contribuyendo al desarrollo y la modernización económica de esta región, aunque no resulte sencillo cuantificar este proceso.

El factor clave a la hora de extrapolar el volumen de simiente de seda importada que reflejan las fuentes a un indicador monetario se deriva de la ratio de producción estimada que se derivaba de su puesta en explotación por parte de los sericicultores, siendo esta una cuestión no exenta de polémica. El único trabajo que aporta un modelo teórico del conjunto de la *filiera serica* del que tenemos constancia es el que llevó a cabo el profesor Renzo Corritore, tomando como referente el modelo de desarrollo de la sericicultura lombarda, afirmando que:

> *Nel corso di pochi decenni, a cavaliere della peste di S. Carlo, avviene quindi nella pianura e nelle prime propaggini dell'altopiano della Lombardia occidentale una profonda trasformazione dei regimi agrari e dell'economia rurale, con l'impetuosa avanzata della gelsicoltura e della bachicoltura [...] Ma quale fu l'impatto di tale rivoluzione sul paesaggio e sulle strutture agrarie dello Stato di Milano, e più in generale del territorio lombardo?*
>
> *Per avere una risposta è opportuno prima ricostruire i nessi tecnici e i rapporti quantitativi fra i segmenti che formano la filiera fin dal primo stadio, dal seme-bachi (e la foglia di gelso) fino al prodotto della prima trasformazione (seta cruda e cascami) o – nel caso di una completa sfarfallatura del gallettame – fino alla produzione concomitante di seme-bachi. Il modello proposto (Figure 2-3) è perfettibile, benché costruito su una serie ampia di dati. In ogni modo l'astrazione è strumento basilare per comprendere i vincoli e le opportunità di tale attività e il reale impatto di essa sulle strutture produttive, commerciali, sociali e persino istituzionali dello spazio lombardo nell'età di transizione.*[463]

Como reflejan las figuras anexas, la estimación teórica que aporta Corritore establece que la ratio de producción era de 1:100. Es decir, que una onza de simiente de seda permitía producir 100 onzas (en torno a 8,33 libras pequeñas) de seda en bruto. Como refleja este esquema teórico, la otra variable fundamental era la disponibilidad de hoja de morera en abundancia. Los gusanos de seda avivados a partir de cada onza de simiente necesitaban al menos una tonelada de hoja de morera para completar su proceso, lo que obligaba a disponer de una importante expansión

---

[463] CORRITORE, Renzo, "Storia economica, ambiente...", *op. cit.*

de este cultivo en las zonas rurales de la Lombardía y otras regiones de Italia, ya que, en este caso, la correlación es de 1:28.800, lo que supone que por cada onza de simiente era necesario disponer de la de hoja de 20 moreras. Estableciendo un cálculo rápido, si tenemos en cuenta que a comienzos del siglo XVII llegaron a importarse más de 100.000 onzas de simiente valenciana, ello implicaría disponer la producción de hoja de al menos dos millones de moreras, con el consiguiente impacto que ello generó en la estructura agraria y el paisaje de las zonas sericícolas del norte de Italia.

La ratio de producción simiente/seda aportada por Corritore, supera las estimaciones de los mercaderes milaneses a comienzos del Seiscientos. En un memorial al que nos hemos referido en diversas ocasiones estipulaban que una onza de simiente valenciana producía aproximadamente 5 libras de seda en bruto (que equivaldría a una ratio 1:60).[464] Así mismo, un testimonio vinculado a la producción de seda en la localidad valenciana de Llombay en 1610, también mencionado previamente, hace referencia a una producción estimada de entre 5-7 libras de seda por cada onza de simiente (ratio 1:60-84). Todas estas referencias resultan válidas, aunque las estimaciones de Corritore (basadas en diferentes manuales de sericicultura de los siglos XVIII-XIX) puede que estén algo sobrestimada para los siglos XVI-XVII, ya que resulta coherente que los rendimientos se fueran incrementando progresivamente con la mejora del proceso de cría del gusano. Por ello, para llevar a cabo nuestra estimación, hemos tomado como referencia la ratio más conservadora, coincidiendo con los testimonios de personajes coetáneos, estrechamente ligados al negocio de la seda.

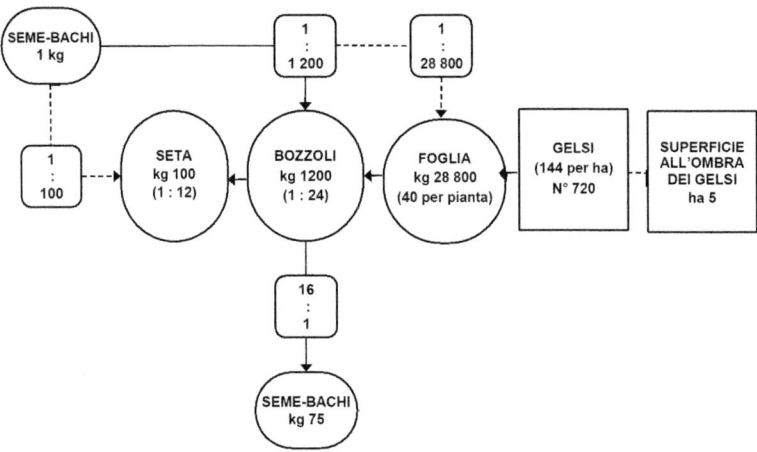

Figura 1. Esquema teórico de la producción sedera
(en base al sistema métrico decimal moderno).

---

[464]   ASMilano, Fondo Commercio, c. 228.

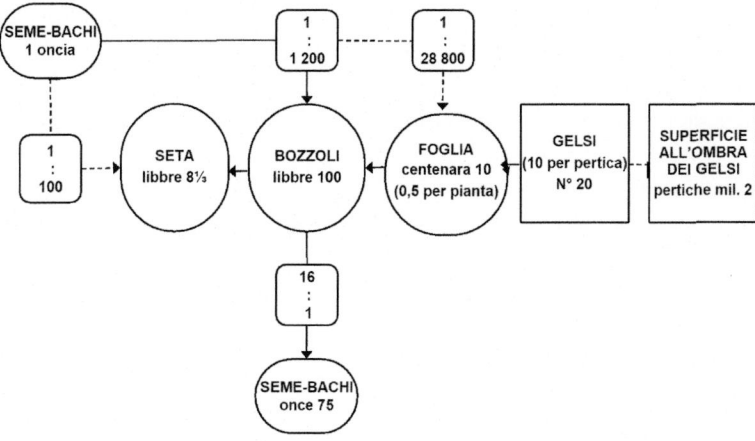

Figura 2. Esquema teórico de la producción sedera
(en base al sistema de medidas previo al sistema métrico). [465]

A la hora de ponderar el impacto de la simiente de seda valenciana, recurrimos nuevamente al memorial de 1606 de los mercaderes milaneses, los cuales, preguntados sobre la producción total de seda en el Estado de Milán, respondían que *quanta seta faccia lo Stato meglio si comprende dalla semenza che viene da Spagna, che da altro.*[466] Estas pocas palabras ilustran a la perfección la relevancia de la simiente de seda valenciana en el norte de Italia, ya que la práctica totalidad de su producción a comienzos del siglo XVII dependía del número de onzas importadas desde España, fundamentalmente del reino de Valencia. En base a este documento, la producción de seda se situaba en torno a 300-400.000 libras anuales (100-130 toneladas), producidas a partir de un volumen de importación que fluctuaba en torno a las 60-80.000 onzas anuales solo para el Estado de Milán. Por lo que respecta al Piamonte, la situación era asimilable al caso lombardo, aunque su producción era más modesta, situándose en torno a las 150-180.000 libras de seda (50-60 toneladas), producidas. Si para la década de 1590, la llegada de simiente valenciana a esta región se situaba en cantidades modestas (en torno a 6.000 para el año 1594), este volumen creció notablemente en los años posteriores, con una estimación que podría rondar las 20.000 onzas anuales durante los primeros años del Seiscientos, para declinar posteriormente hasta las 13.000 onzas para el año 1628.

Tomando como punto de referencia los datos disponibles para el inicio del siglo XVII, la producción total estimada de seda en el norte de Italia a comienzos del siglo XVII era de 410-430 toneladas, siendo Venecia (150 toneladas), Lombardía (100-120 toneladas) y Piamonte (50-60 toneladas) los focos más relevantes de producción de seda en bruto. Estas dos últimas regiones fueron las que se aprovisionaron prioritariamente de simiente valenciana a comienzos del siglo XVII, con un volumen conjunto que fluctuaría

465 CORRITORE, Renzo, "Storia economica, ambiente...", op. cit.
466 MOIOLI, Angelo, *La gelsibachicoltura..., op. cit.*, p. 1.

entre las 150-180 toneladas anuales, según los datos aportados por Battistini.[467] Durante estos años, la llegada de simiente al puerto de Génova oscilaba entre las 80-100.000 onzas anuales, con un potencial productivo que ascendía a 400-500.000 libras de seda (133-150 toneladas). Esto implicaba que en torno al 80-85 % de toda la seda producida en estas dos regiones a comienzos del Seiscientos derivaba de la simiente de seda importada de Valencia. Pese al carácter aproximado de los datos, su análisis corrobora que el fulgurante despegue de la sericicultura lombarda y, en menor medida, de la piamontesa, se sustentó en la llegada regular de simiente de seda valenciana, de calidad y en grandes cantidades, desde 1550 hasta 1610, con un volumen que fue creciendo en paralelo al incremento de la demanda momento hasta su periodo de máximo apogeo, a comienzos del Seiscientos. Una conexión que se rompió a partir de la segunda década de esta centuria, cuando el crecimiento continuado de la producción de seda en el norte de Italia se desligó progresivamente de la llegada de esta materia prima española.[468]

A partir de los datos cuantitativos recabados y de las ratios de producción estimadas que hemos mencionado, trataremos de reflejar una aproximación al volumen total de simiente de seda importada durante los 90 años que abarca este estudio, y el potencial productivo que el avivado de esta simiente pudo generar en las regiones productoras. Cruzando esta información con diferentes estimaciones puntuales sobre el precio de esta mercancía y de la seda en bruto que se producía en Milán en torno a 1580, proyectaremos una apreciación sobre su valor monetario, tanto en moneda de cuenta (libras imperiales) como en plata, teniendo en cuenta que se trata de cálculos teóricos, en los que no quedan reflejadas las variaciones en los precios de estas materias primas ni las fluctuaciones monetarias. La tabla anexa, pese a no reflejar plenamente la realidad, trata de aproximarse a ella, a partir del cálculo de un promedio anual (documentado y por lo general basado en estimaciones moderadas) en torno al volumen de simiente de seda valenciana importada hacia el norte de Italia año tras año. A partir de este dato, desarrollamos una estimación por décadas de la cantidad y valor, tanto de la simiente de seda como de la producción de seda en bruto que se derivaría de este tráfico regular.

Los datos son elocuentes en relación con el potencial productivo de la simiente de seda valenciana en el norte de Italia. Pese a las fluctuaciones en este tráfico, a lo largo del periodo de casi un siglo que abarca nuestra investigación se remitió una cantidad estimada de entre 3-4 millones de onzas, cuyo valor en libras milanesas para 1580 superaría los 8 millones (equivalentes a más de cuarenta y tres mil kilogramos de plata). Estos datos se refieren al precio de la mercancía a su llegada a Milán, que se situaba en 2,17 libras milanesas (43,33 sueldos/onza).[469] Este valor monetario se refiere al valor

---

[467]   BATTISTINI, Francesco, *L'industria della seta...*, *op. cit.*, pp. 87-92.

[468]   Cuando hablamos del norte de Italia, nos referimos fundamentalmente al Estado de Milán y el Ducado de Saboya, excluyendo de este análisis al territorio véneto, ya que carecemos de referencias que hagan pensar que una parte sustancial de la simiente de seda valenciana llegase a esta región.

[469]   En 1626, se apuntaba un dato muy similar a este al calcular el coste de la simiente de seda importada desde España en el mercado, cuantificado en 46 sueldos/onza. ASCMilano, Fondo Materie, Seta, cartella 874.

de coste de esta mercancía para los mercaderes importadores, incluyendo el transporte e impuestos, mientras que su precio de venta al por menor fluctuaba enormemente en función de la disponibilidad y sobre todo de las prácticas especulativas de los negociantes implicados, por lo que hacer una estimación sería poco útil.

Pero a la hora de aproximarnos al impacto económico de este comercio desde la perspectiva norditaliana, lo realmente importante no es el volumen o valor de la simiente importada, sino el proceso productivo que esta desencadenaba en las regiones sericicultoras del norte de Italia, permitiendo obtener una cosecha autóctona de seda (en bruto o semielaborada), estimulada por la demanda creciente de los pujantes centros sederos europeos, con Lyon al frente, y permitiendo reducir a su vez la dependencia en cuanto a la importación de materia prima desde la Italia meridional.

Décadas	SIMIENTE DE SEDA IMPORTADA				SEDA EN BRUTO (calculo teórico ratio 1 onza:5 libras)			
	Estimación anual (onzas)	Estimación por décadas (onzas)	Coste en Milán (libras milanesas)	Coste en Milán (kg plata)	Estimación producción seda (kg)	Coste en Milán (libras milanesas)	Coste en Milán (kg plata)	Valor venta en Milán (kg plata)
1550-59	10.000	100.000	216.667	1.148	166.667	5.150.000	27.295	54.667
1560-69	30.000	300.000	650.000	3.445	500.000	15.450.000	81.885	164.000
1570-79	40.000	400.000	866.667	4.593	666.667	20.600.000	109.180	218.667
1580-89	50.000	500.000	1.083.333	5.742	833.333	25.750.000	136.475	273.333
1590-99	80.000	800.000	1.733.333	9.187	1.333.333	41.200.000	218.360	437.333
1600-09	85.000	850.000	1.841.667	9.761	1.416.667	43.775.000	232.008	464.667
1610-19	40.000	400.000	866.667	4.593	666.667	20.600.000	109.180	218.667
1620-29	25.000	250.000	541.667	2.871	416.667	12.875.000	68.238	136.667
1630-39	20.000	200.000	433.333	2.297	333.333	10.300.000	54.590	109.333
TOTAL	42.222[470]	3.800.000	8.233.333[471]	43.637[472]	6.333.333	195.700.000[473]	1.037.210[474]	2.077.333[475]

Tabla 13. Estimación teórica de la simiente de seda importada al norte de Italia y la seda en bruto producida (1550-1640)

---

[470]   Promedio anual de simiente de seda importada (en onzas).

[471]   2,17 libras milanesas/onza de simiente de seda. Valor estimado a partir del *valimento* del Estado de Milán de 1580. CORRITORE, Renzo, "Storia economica, ambiente...", *op. cit.*

[472]   11,50 gramos de plata/onza de simiente de seda. Equivalencia en plata de la libra milanesa en 1600: 5,30 gramos. MALAVASI, Luigi, *La Metrologia Italiana...*, *op. cit.*, p. 291.

[473]   30,90 libras milanesas/kg de seda en bruto. Valor estimado a partir del *valimento* del Estado de Milán de 1580. *Ibid.*

[474]   163,77 gramos de plata/kg de seda en bruto (precio de producción). Equivalencia en plata de la libra milanesa en 1600: 5,30 gramos. *Ibid.*, p. 291.

[475]   328 gramos plata/kg seda en bruto (precio de venta). Calculado a partir de la referencia aportada por BATTISTINI, Francesco, *L'industria della seta...*, *op. cit.*, p. 98. *La seta calabresa costava a Genova in quel anno* [en 1560] *6,8 lire per libbra, vale a dire 208 grammi d'argento al kg* [...] *A Milano, invece, un kg di setta greggia lombarda costava 328 grammi d'argento, contro i 241 della seta nostrale a Firenze.*

Aplicando la ratio anteriormente justificada (1:60), podemos calcular un volumen de la potencial producción de seda (en libras de peso, que posteriormente hemos convertido en kilogramos, a fin de facilitar un análisis comparativo).[476] La producción global estimada de seda en bruto superaría los 6 millones de kilogramos (casi veinte millones de libras de seda), repartidas de manera desigual, pero con un promedio anual de producción que durante el periodo de apogeo de este comercio (1590-1610) superaba las 130 toneladas anuales, evidenciando la rentabilidad de una simiente de seda que, tras ser criada y transformada en seda en bruto, multiplicaba su valor inicial por 24, alcanzando casi los 200 millones de libras milanesas para todo el periodo, con picos anuales de más de 4 millones de libras milanesas para el periodo de mayor volumen de importación.[477] Esta cuantía tampoco se refiere al precio de venta en el mercado exportador, sino al precio de coste o de producción de la seda cruda en la ciudad de Milán, en su fase inicial, antes de ser elaborada, por lo que la comercialización de este enorme volumen de materia prima generaría un impacto mucho mayor en los libros de cuentas de los comerciantes exportadores y en los registros fiscales aduaneros de los territorios implicados en este negocio.

El último aspecto que representa este cuadro tiene que ver con una equivalencia más contrastable en el tiempo y en el espacio, a partir de la referencia al valor en plata de esta. Un cálculo que no siempre resulta sencillo, y que no está exento de un cierto riesgo de desviación, pero que consideramos útil para concluir nuestro análisis. La problemática generada por el uso de diferentes monedas de cuenta, de las que generalmente desconocemos sus equivalencias o el precio de cambio en feria, nos ha llevado a basar nuestra interpretación en datos concretos de series de precios. Como el mercado de referencia en el norte de Italia, tanto de la simiente como de la seda en bruto, era la ciudad de Milán, hemos calculado el valor económico de ambas mercancías en la capital lombarda, a partir de referencias concretas.[478] El dato fundamental es la equivalencia exacta de la libra milanesa de 20 sueldos en gramos de plata para el año 1600 (5,3 gramos/libra)[479]. A partir de este se puede calcular el precio de coste de un kilogramo de seda en bruto. Este dato, como indica Corritore en su trabajo, se refiere al coste de producción (no de venta), en base a los datos aportados por el *valimento* de Milán de 1580. En base a estos cálculos, un kilogramo de seda en bruto equivaldría aproximadamente a 163,77 gramos de plata, y el conjunto de la producción estimada alcanzaría un valor intrínseco de más de un millón de

---

[476]   Véase la relación de equivalencias de pesos que se adjunta al final del libro. Para llevar a cabo esta conversión hemos obviado las pequeñas diferencias de peso entre la libra valenciana (0,355) y la milanesa (0,327 kg), aplicando la norma general de 3 libras=1 kg.

[477]   Evidentemente, no es este el margen de beneficio neto, ya que no se incluye el coste cría del gusano y producción de esta seda.

[478]   Véanse las notas al pie vinculadas a la tabla 13.

[479]   MALAVASI, Luigi, *La Metrologia italiana...*, *op. cit.*, p. 291.

kilogramos de plata a lo largo de los 90 años que abarca nuestro estudio, alcanzando su techo en las décadas de 1590-1610, en que el valor de la seda producida a partir de la simiente de seda importada superaría los veinte mil kilogramos de plata al año.

En cuanto a su valor en el mercado, disponemos solo de una referencia aportada por Battistini, quien apunta a que en la segunda mitad del siglo XVI un kilogramo de seda lombarda se adquiría en Milán por 348 gramos de plata, un precio sustancialmente superior al de la seda calabresa y la *seta nostrale* florentina, que duplicaba el valor de coste de la seda sin elaborar.[480] Un elemento de contrapunto lo encontramos en las series de precios aportadas por Hamilton para la seda valenciana, analizadas por José María Nombela Rico, quien afirma que una libra de seda en Valencia a comienzos del siglo XVII, equivalían a unos 102´37 gramos de plata, lo que supondría que su valor en plata, al convertir esta medida de peso valenciana al sistema métrico decimal, equivaldría a 307,11 gramos de plata, un valor algo inferior al de la seda lombarda, que se veía incrementado notablemente en el mercado castellano.[481]

El valor conjunto en plata de la estimación de seda en bruto para el periodo 1550-1640 supera las dos mil toneladas, fluctuando su volumen anual en base a la cantidad de simiente importada. El precio de la seda lombarda era claramente superior al de esta misma materia prima en otras regiones sericícolas del Mediterráneo occidental, justificando esta diferencia en una integración más directa de esta en los mercados internacionales, pero también en una mejor calidad del hilo, que repercutía en un precio de venta más elevado. Una diferencia en el precio sustancial que motivó el desarrollo de prácticas fraudulentas en relación con el origen de la simiente empleada, como ya hemos señalado. Los datos para la región toscana son muy escasos y no nos permiten establecer conjeturas, aunque el volumen de la cosecha de seda en esta región creció lentamente durante los siglos XVI-XVII, sin que al parecer se generase una dependencia productiva equiparable con respecto a la simiente de seda valenciana. La entrada de esta materia prima se canalizaba a través del puerto de Génova o del de Livorno fundamentalmente, siendo dos canales complementarios para el aprovisionamiento del norte de Italia, donde el precio de la simiente, en consonancia con el de la seda, era más elevado que en otras regiones italianas.

En este punto, creemos que no es necesario insistir más en el impacto económico que este tráfico tuvo en Lombardía y Piamonte, remitiéndonos a lo ya

---

[480] BATTISTINI, Francesco, *L'industria della seta...*, *op. cit.*, p. 98. Este autor basa sus datos en la serie de precios que aporta MORELLI, Roberta, *La seta fiorentina nel Cinquecento*, Milán, Giuffrè Editore, 1976.

[481] HAMILTON, Earl J., *El tesoro americano...*, *op. cit.*; NOMBELA RICO, José María, "La manufactura textil en España en 1620. El 'primer Memorial' de Damián de Olivares a la luz de los 'Papeles...que los corregidores...enviaron del valor de las mercaderías, años 1617 y 1618'". Comunicación presentada al *XI Congreso Internacional de la AEHE* (2014). [Consulta online: 11/09/2021].

expuesto, y a los trabajos de autores como Moioli, Corritore o Battistini, entre otros.[482] La simiente de seda valenciana fue, sin duda, uno de los pilares sobre los que se sustentó el desarrollo de la *gelsibachicoltura* en estas dos regiones del norte de Italia durante su fase de despegue inicial (1550-1610), las cuales se convirtieron en el epicentro del mercado de la materia prima de seda a escala internacional hasta bien entrado el siglo XVIII.

---

[482]   MOIOLI, Angelo, *La gelsibachicoltura...*, *op. cit.*; Renzo Corritore, "Storia economica, ambiente...", *op. cit.*; BATTISTINI, Francesco, *L'industria della seta...*, *op. cit.*

CONCLUSIONES

Qui tinga cucs, que pele fulla!

Refrán valenciano[483]

El gusano de seda (*vermis sericus*) es un animal fascinante, cuya historia va estrechamente ligada a las sociedades que lo domesticaron y criaron, dejando una profunda y perdurable impronta en todos los ámbitos humanos, desde la economía y sociedad a la cultura y la lengua. Una realidad especialmente evidente en el contexto valenciano, con referencias simbólicas y literarias constantes al pasado sericícola de esta región.[484] No se trata de una excepción, como lo demuestra la proliferación de fenómenos similares en todas aquellas regiones especializadas en el cultivo de la morera y la cría del gusano de seda.[485]

La expansión de la sericicultura a lo largo de los siglos modernos produjo una transformación profunda en las estructuras económicas, sociales, culturales e incluso ambientales en el contexto del Mediterráneo occidental, pese a que esta varía en función de la coyuntura concreta de cada territorio, siendo estas especialmente intensas en el contexto italiano. En este proceso se fue articulando una estructura productiva conectada a escala internacional, que jerarquizó los espacios productivos y los mercados consumidores (a partir de una lógica económica asimétrica de centro-periferia), en torno a la cual se desarrollaron unas redes de aprovisionamiento de la materia prima sedera, tanto en bruto como en su tipología más embrionaria, la simiente de gusanos de seda. En consecuencia, analizar la evolución del negocio de la seda en el Mediterráneo occidental durante la primera edad moderna necesariamente nos obliga a aplicar una metodología de historia comparada.

El despegue de la *gelsibachicoltura* en la Italia centro-septentrional a partir de la segunda mitad del siglo XVI se sustentó inicialmente sobre unas redes mercantiles preexistentes, que conectaban las penínsulas ibérica e itálica a través de un flujo comercial bidireccional, en el que las materias primas industriales jugaron un papel clave. El desarrollo de esta actividad productiva estuvo conectado, aunque su evolución fue muy diferente en uno y otro caso, fruto del proceso de especialización

---

[483] Refrán popular que se refiere a que quién tenga problemas se esfuerce por solucionarlos, tomando como referente la laboriosa tarea de pelar las moreras diariamente para alimentar a los gusanos de seda. Esta expresión se emplea en el sainete de Josep Bernat Baldoví, *Entretenimiento bilingüe en cuatro cuadros y en verso, titulado: Qui tinga cucs que pele fulla, ú, Obedecer al que manda*, Valencia, 1855.

[484] BATALLER CATALÀ, Alexandre; NARBON CLAVERO, Carme, *Les paraules de la seda..., op. cit.*

[485] ZANIER, Claudio, *Miti e culti della seta. Dalla Cina all'Europa*, Padova, CLEUP, 2006.

y modernización productiva sobre el que se sustentó el primado italiano en los mercados europeos de la seda (elaborada o semielaborada). La creciente demanda de tejidos de seda entre los consumidores europeos y la progresiva expansión de nuevos centros industriales en Europa generó una amplia y creciente demanda internacional de esta materia prima, convirtiendo al norte de Italia (Venecia, Lombardía y Piamonte) en el territorio sericícola preponderante durante todo el periodo moderno. El paso de la *economia della lana* a la *economia della seta* se fundamentó en la expansión del cultivo de la morera y la cría del gusano de seda en los entornos rurales de estas regiones, transformando profundamente su estructura agraria, pero también las economías urbanas que se proyectaban sobre estos territorios, siendo esta una actividad que implicaba la participación de múltiples agentes sociales (autoridades políticas, sector mercantil, terratenientes, familias campesinas...). En definitiva, la historia de la seda en Italia, si bien hunde sus raíces en el periodo medieval, adquiere en época moderna un protagonismo inusitado, caracterizando la evolución de su economía nacional al menos hasta mediados del siglo XIX.

En este complejo proceso, que responde a un fenómeno común de alcance europeo (con evidentes conexiones a escala global), se desarrollaron dos modelos productivos divergentes. El dinamismo adquirido por las regiones sericícolas del norte de Italia vino acompañado de un cierto estancamiento productivo de esta actividad en otros espacios de amplia tradición sedera (como es el caso de Sicilia, Calabria o Granada), en los que, pese a que la morera y la seda siguieron siendo parte fundamental de su estructura agraria, no se produjeron procesos análogos de modernización e innovación en la producción de seda, que siguió manteniendo un carácter tradicional, condicionado por las estructuras prestablecidas.

En esta coyuntura expansiva del siglo XVI, el caso del reino de Valencia resulta paradigmático a la hora de entender la conexión y dependencia entre las regiones sericícolas del Mediterráneo. En esta región, en la que la tradición sedera se remontaba al periodo islámico, se desarrolló una sericicultura relativamente dinámica a lo largo del Quinientos, vinculada al auge del cultivo de la morera (frente al tradicional cultivo del moral). En este contexto, la producción de seda se convirtió rápidamente en la principal producción agraria del reino, un hecho que no pasó desapercibido para las autoridades, que desarrollaron un creciente control y fiscalización de la actividad, lastrando su desarrollo. La falta de estímulo político, el desinterés de las élites y la hegemonía de las compañías mercantiles genovesas y lombardas contribuyeron a establecer una conexión comercial internacional, en la que este territorio se especializó en la exportación de materia prima sin elaborar. La seda en bruto tuvo en el mercado castellano su principal mercado de destino, pero, en paralelo, los mercaderes italianos supieron aprovechar las favorables condiciones climáticas y socioeconómicas del reino de Valencia para canalizar parte de su producción sedera hacia Italia, en forma de simiente, un intercambio biológico que tuvo profundas consecuencias en las regiones receptoras.

A lo largo de este libro hemos podido demostrar la enorme relevancia que esta sutil mercancía de importación tuvo en la fase inicial de despegue de la sericicultura norditaliana, como ya habían intuido hace años historiadores como Ettore Verga y, más recientemente, Francesco Battistini, Angelo Moioli, Claudio Rosso o Renzo Corritore, entre otros. A partir de estos indicios, hemos desarrollado una investigación, estructurada en tres grandes bloques, que tiene como objetivo principal reconstruir el impacto económico que se derivó de la producción y exportación de simiente de seda valenciana hacia las regiones sericicultoras de la Italia centro-septentrional, abordando una cronología que abarca desde mediados del siglo XVI hasta la década de 1640, periodo en el que se enmarcan las diferentes fases de auge, apogeo y declive de este comercio.

En primer lugar, hemos examinado el surgimiento y evolución de la sericicultura mediterránea, considerando su evolución como un fenómeno común, insertado en un contexto global cada vez más competitivo. A partir del análisis de una abundante literatura secundaria y de los resultados de nuestra propia investigación, podemos afirmar que, al menos, desde mediados del siglo XVI la mayor parte de la materia prima de seda consumida en Europa tenía un origen autóctono. La afluencia de materia prima asiática (iraní o china), importada por diferentes vías, seguía conectando Oriente y Occidente, pero sin generar una dinámica de sustitución, sino de complementariedad respecto a la creciente producción de esta materia prima en el Mediterráneo.

La seda se convirtió en un elemento estratégico para el desarrollo económico en el Mediterráneo occidental, tanto en el caso español como italiano, aunque la comparación entre ambos países (teniendo en cuenta la diversidad regional de cada uno de ellos y el dualismo norte-sur del caso italiano) presenta diferencias considerables, en cuanto a la introducción de innovaciones técnicas. El análisis de la tradición literaria sericícola en ambos países es un reflejo de estos contextos divergentes, en el que las regiones italianas fueron capaces de adaptarse a la coyuntura mediante la introducción de mejoras técnicas y organizativas. Prueba de ello es la expansión generalizada de la morera prácticamente en toda Italia, con una producción estimada a comienzos del Seiscientos de en torno a 950 toneladas anuales de seda en bruto (*seta greggia*) frente a una implantación geográfica mucho más limitada en el ámbito español, concentrada en los reinos de Granada, Murcia y Valencia, cuyo volumen estimado de producción rondaba las 275 toneladas anuales.

Diferentes factores explican este desequilibrio productivo y una evolución diferente entre la sericicultura italiana y española durante los siglos XVI-XVIII, que en este último caso estuvo marcado por el escaso interés político y la creciente dependencia mercantil y financiera con respecto a las economías italianas y del norte de Europa. Esta realidad lastró el desarrollo de la sericicultura y la sedería en España, que jugó un papel secundario ante la escasa competitividad de su materia prima y sus tejidos. Como contrapunto, las regiones sericícolas del norte de Italia supieron aprovechar las oportunidades del mercado internacional, a través de una conjunción de intereses que se plasmó en el desarrollo de políticas de fomento sericícola, una implicación directa de los terratenientes y sectores mercantiles en el proceso de expansión sericícola, la integración de la morera en los contratos agrarios y el desarrollo de una agricultura intensiva, basada en la intensificación de la capacidad de trabajo de las familias campesinas, especialmente de las mujeres.

A partir de esta contextualización general, se ha profundizado en la conexión comercial entre el reino de Valencia y la Italia centro-septentrional, a través del negocio de la simiente de seda, definiendo el contexto histórico y las características fundamentales de este intercambio biológico, que tuvo en las ciudades de Valencia y Milán sus dos nodos principales, conectados por unas redes mercantiles de carácter transnacional, que se beneficiaron de las posibilidades de negocio que surgían en una y otra orilla del Mediterráneo occidental.

La información recopilada a partir de las fuentes fiscales, los registros portuarios, las disposiciones políticas o los procesos judiciales, entre otros fondos (procedentes de una variada gama de instituciones archivísticas españolas e italianas) nos permite interrogarnos sobre el dónde, el cuándo, el cómo y el por qué la simiente de seda valenciana se convirtió en una mercancía de intercambio internacional altamente demandada en el norte de Italia. Este sutil y casi insignificante producto no podía compararse ni en volumen ni en precio con otras materias primas industriales, como la lana o la cochinilla. Sin embargo, el proceso productivo que desencadenaba tenía unas implicaciones más profundas y transformadoras en todos los sectores económicos, desde la agricultura al comercio, pasando por la industria (rural y urbana). El aprovisionamiento regular de esta mercancía está en la base del desarrollo inicial de la sericicultura lombarda y piamontesa. Su conexión con la creciente expansión del cultivo de la morera y el hecho de tratarse de un intercambio biológico (el de la larva de este insecto lepidóptero, que posteriormente debía ser avivada y criada por los sericicultores norditalianos) tuvieron unas consecuencias profundas sobre la economía, la sociedad e incluso el paisaje y ecosistema de estas áreas, cuya economía se focalizó en el negocio de la seda, tras la decadencia progresiva de las manufacturas urbanas tradicionales.

Las causas que promovieron este nuevo comercio se insertan en una coyuntura específica en la que la expansión de la sericultura valenciana vino acompañada del surgimiento de una fiscalidad específica sobre el comercio de seda, la cual se eludía por dos vías fundamentales: el contrabando de seda en bruto por vía terrestre hacia Castilla, y la exportación de simiente de seda (producto que inicialmente escapaba al control fiscal) por mar hacia Italia. De manera paralela, en las incipientes regiones sericícolas del norte de Italia se desarrolló una demanda creciente de esta mercancía, estimulada desde las décadas finales del siglo XVI por una política estatal de fomento de la *gelsibachicoltura* en Toscana, Lombardía y Piamonte, que incluía medidas para mejorar el aprovisionamiento de simiente procedente de España, hasta el punto de generar una dependencia productiva respecto a esta mercancía importada. El estímulo de la demanda de seda elaborada o semielaborada en el mercado europeo era el telón de fondo en el que se insertan estas transformaciones en las principales regiones sericícolas del Mediterráneo, reforzando la idea de que es la perspectiva comparada a escala internacional la que nos permite comprender este proceso interconectado entre espacios aparentemente alejados y diferenciados.

Una de las preguntas clave a las que esta investigación da respuesta es el por qué se decidió recurrir a la simiente importada desde España, con el sobrecoste y los riesgos que implicaba movilizar esta delicada mercancía entre áreas tan distantes, disponiendo de otras regiones italianas más próximas y mejor conectadas, como Sicilia o Calabria. Todo apunta a que el elemento diferencial, al menos inicialmente, fue la calidad superior de la simiente valenciana y, en consecuencia, del hilo de seda producido a partir de ella, como consecuencia de las diferencias entre las diversas razas de gusanos de seda criadas en estas regiones. Este espíritu emprendedor en defensa de la calidad del hilo motivó a los mercaderes italianos a movilizar sus redes comerciales para favorecer este tráfico. No obstante, esta realidad no se mantuvo inalterada, y durante las primeras décadas del siglo XVII a los rasgos biológicos de los gusanos valencianos se unieron los intereses comerciales y fiscales creados en torno a este negocio, progresivamente monopolizado por un número reducido de grandes compañías comerciales. La inserción de la simiente de seda valenciana dentro de la estructura comercial bidireccional que conectaba Italia y España en los siglos XVI-XVII contribuía a diversificar un negocio, monopolizado por los mercaderes genoveses y lombardos y claramente deficitario para los intereses españoles.

La producción y comercialización de la simiente de seda valenciana queda perfectamente delimitada a partir de la información recopilada, corroborando las ideas anteriormente expuestas y permitiéndonos definir las prácticas especulativas y el elevado margen de beneficios que se derivaba de su envío regular a través de los puertos de Alicante, Génova y Livorno. La rentabilidad de este tráfico exportador estaba prácticamente garantizada, con unos reducidos costes de adquisición y transporte frente a los elevados precios de venta al por menor en las regiones receptoras, incitados por las prácticas especulativas de los mercaderes. Pese a los considerables riesgos que existían, este tráfico se mantuvo activo durante aproximadamente un siglo (c. 1550-1640), siendo el mercado italiano el destino casi exclusivo de esta mercancía. No obstante, a partir de la década de 1610, la generalización del fraude y la especulación, unida al fracaso de las disposiciones políticas que trataban de frenar estos abusos, obligaron a buscar vías alternativas de aprovisionamiento, más seguras y diversificadas, que no pusieran en riesgo el interés general de la cosecha de seda en Lombardía o Piamonte, frente a los intereses privados de una reducida élite mercantil. La simiente de seda boloñesa acabó sustituyendo a la valenciana, unido al desarrollo de una producción autóctona en el norte de Italia, más económica y de calidad aceptable, que reducía la dependencia respecto al exterior y se adecuaba mejor a los intereses de los productores, poniendo fin a un tráfico comercial secular que jugó un papel clave en el despegue inicial de la sericicultura italiana.

Finalmente, hemos desarrollado un análisis cuantitativo de este tráfico, ya que el factor clave para aproximarnos al impacto económico de esta mercancía es el del volumen de seda importado año tras año. Pese a complejidad y enorme laboriosidad de esta investigación, la reconstrucción de una serie de datos fiables nos ha permitido cuantificar y mesurar de manera aproximativa el tráfico exportador de simiente de seda valenciana hacia el norte de Italia. A través de las fuentes fiscales y los registros portuarios corroboramos el desarrollo de un comercio regular de esta mercancía, que pasó de algunos miles de onzas para mediados del Quinientos a superar las cien mil onzas (en torno a tres toneladas) anuales en el periodo de apogeo de este tráfico a comienzos del Seiscientos. La estructuración por fases de este flujo, estimulado por una creciente demanda y especialización de las redes mercantiles italianas, entre las que destacaron las de origen milanés, dibuja una evolución aproximada del mismo, a partir de la cual hemos proyectado una estimación por décadas de la importación de simiente durante el periodo estudiado, con un volumen total que superaría los tres millones de onzas para un periodo de menos de noventa años.

Desde la perspectiva valenciana, el impacto económico de este tráfico fue menor, contribuyendo a dinamizar su estructura agraria, gracias a la difusión de la morera, e incrementando los ingresos monetarios de las familias campesinas, pero sin que este hecho generase unas dinámicas realmente modernizadoras. La integración socioeconómica de los mercaderes italianos en el reino de Valencia es un tema conocido, pero si centramos el foco en los agentes comerciales de origen milanés (con especial profusión de los de la ciudad de Como), observamos que su llegada a partir de mediados del siglo XVI estuvo estrechamente ligada a la exportación de simiente de seda, combinada con otro tipo de negocios. Un nexo económico y social todavía insuficientemente conocido, que deberá ser explorado en futuras investigaciones.

Como ya hemos venido apuntando, este comercio surgió por la iniciativa de algunos comerciantes milaneses y genoveses, que supieron aprovechar la coyuntura para fomentar este tráfico, antes de que las grandes compañías entrasen en el negocio y que las autoridades políticas italianas implementasen medidas de fomento del aprovisionamiento de simiente de seda española. El mercado de destino fundamental era el Estado y la ciudad de Milán, aunque las rutas de comercialización se canalizaban a través de los puertos Génova y Livorno, como puntos de destinos complementarios entre sí, en los que estas redes disponían de comisionados permanentes, que redistribuían las mercancías hacia sus mercados de destino. En estos, la simiente multiplicaba su valor de manera exponencial, con respecto a la inversión inicial desarrollada por estas compañías en las regiones productoras.

A partir de una ratio de producción estimada de 1:60 (1 onza de simiente podía producir en torno a 5 libras de doce onzas de seda en bruto), podemos aproximarnos al volumen estimado de seda en bruto que se podía producir a partir de esta materia prima en estado embrionario, tratando de cuantificar el valor monetario tanto de la mercancía importada como de la seda producida, tanto en moneda de cuenta italiana (libras milanesas) como en gramos de plata. Los datos pormenorizados que se aportan sostienen nuestra tesis principal: que la simiente de seda valenciana desencadenó un proceso productivo de amplia magnitud, que en torno a 1600 representaba el 80-85% de toda la seda producida en Lombardía y al menos el 50-60% de la del Piamonte, siendo estas dos regiones las que basaron el desarrollo de su sericicultura sobre la simiente de seda importada desde Valencia. Más allá de las referencias cuantitativas, resulta clarificador el hecho de que los mismos *mercanti auroserici* milaneses considerasen que el mejor método para calcular la cantidad de seda en bruto producida en Lombardía en el año 1606 fuese conocer el volumen de simiente importado desde España, es decir, desde el reino de Valencia.

En definitiva, nuestra labor investigadora ha consistido en tirar del hilo, en sentido literal y figurado, a partir de un tema aparentemente menor, dentro de la historia de la seda en la Europa moderna. Sin embargo, este libro aborda un aspecto central de la compleja y dilatada historia de la seda en Italia y, por extensión, de la sericicultura mediterránea en época moderna. Las pocas toneladas (en torno a un centenar) de simiente de seda valenciana remitidas a Italia entre 1550 y 1640, infravaloradas o pasadas por alto por la historiografía, fueron, desde la perspectiva española, un estímulo añadido para la especialización sericícola del medio rural valenciano. Sin embargo, desde la perspectiva italiana, estamos ante la piedra angular sobre la que se sustentó el despegue de la *gelsibachicoltura* lombarda y piamontesa, contribuyendo de manera decisiva a la consolidación del *primato italiano* sobre el negocio de la seda en Europa hasta bien entrado el siglo XVIII.

FONDOS ARCHIVÍSTICOS CONSULTADOS Y ABREVIATURAS

ARCHIVOS ESPAÑOLES

Archivo General de Indias (AGI)
- Indiferente general
- Patronato

Archivo General de Simancas (AGS)
- Consejo y Juntas de Hacienda

Archivo Histórico de la Nobleza (AHNob)
- Osuna

Archivo Municipal de Alicante (AMA)
- Llibre de la sisa de la Mercaderia

Archivo Municipal de Valencia (AMV)
- Manuals de la Taula de Valencia
- Mercaderes
- Tribunal de Comercio

Archivo del Reino de Valencia (ARV)
- Bailia. Procesos
- Generalitat
- Manaments i empares
- Mestre Racional
- Procesos de Madrid
- Real Cancillería
- Varia

ARCHIVOS ITALIANOS

Archivio di Stato di Como (ASComo)
- Notai

Archivio di Stato di Firenze (ASFirenze)
- Mediceo del Principato

Archivio di Stato di Genova
- Casa di San Giorgio. Caratti. Importazioni
- Archivio Segreto. Consoli
- Giunta di Marina. Consoli

Archivio di Stato di Milano (ASMilano)
- Fondo Commercio P.A. (Parte antica)
- Fondo Notarile

Archivio Storico Civico di Milano (ASCMilano)
- Fondo Materie
- Gride

Archivio di Stato di Roma (ASRoma)
- Fondo Odescalchi

Archivio di Stato di Torino (ASTorino)
- Tesoreria Generale

Biblioteca del Museo Civico Correr de Venecia
- Fondo Donà dalle Rose

RELACION DE PESOS, MEDIDAS Y MONEDAS (CON EQUIVALENCIAS)

Medidas de peso[486]

1 libra pequeña o sutil (seda o metales preciosos): 12 onzas

- o Valencia
  - Onza= Kg 0,0295833
  - Libra= Kg 0,355
- o Castilla (libra de 16 onzas)
  - Onza= Kg 0,0287558
  - Libra= Kg 0,460
- o Lombardía
  - Onza= Kg 0,02723
  - Libra= Kg 0,327
- o Florencia
  - Onza= Kg 0,028295
  - Libra= Kg 0,336

3 libras de peso: 1 kilogramo (equivalencia general que omite las pequeñas diferencias entre territorios

Unidades monetarias

Moneda de cuenta (valenciana e italiana) en libras, sueldos y dineros:

- o 1 libra:20 sueldos
- o 1 sueldo: 12 dineros

1 libra valenciana=21 reales castellanos

1 ducado castellano=375 maravedís=11 reales castellanos

1 escudo= 6 libras milanesas

1 libra milanesa=5,30 gramos de plata (c. 1600)

---

[486] Vidal y Polo, José María, *Tablas de reducción de las antiguas medidas...*, *op. cit.*; Malavasi, Luigi, *La Metrologia Italiana...*, *op. cit.*

Equivalencias valor/peso de la simiente de seda y la seda en bruto[487]

2,17 libras milanesas/onza de simiente de seda (precio de producción).

11,50 gramos de plata/onza de simiente de seda (precio de producción).

30,90 libras milanesas/kg de seda en bruto (precio de producción).

163,77 gramos de plata/kg de seda en bruto (precio de producción).

Referencias al precio de venta de la seda en bruto en torno a 1600[488]

Seda lombarda: 328 gramos plata/kg (precio de venta).

Seda valenciana: 307 gramos plata/kg (precio de venta).

Seda calabresa: 208 gramos plata/kg (precio de venta).

Seda florentina: 241 gramos plata/kg (precio de venta).

---

[487]   Datos extraídos de CORRITORE, Renzo, "Storia economica, ambiente...", *op. cit.* y SABA, Franco, *Il valimento del mercimonio....* Equivalencia en plata de la libra milanesa en 1600: 5,30 gramos. Luigi Malavasi, *La Metrologia Italiana...*, *op. cit.*, p. 291.

[488]   Datos extraídos de BATTISTINI, Francesco, *L'industria della seta in Italia...*, *op. cit.*, p. 98 y HAMILTON, Earl J., *El tesoro americano...*, *op. cit.*

BIBLIOGRAFÍA

ACUCELLA, Cristina, "L'impresa del baco da seta all'Accademia dei Rinascenti (1612). Il simbolo, il testo, la tradizione", *Lettere Italiane*, 74-1 (2022), pp. 70-97.

AIRALDI, Gabriella (ed.), *Le vie del Mediterraneo. Idee, uomini, oggetti (secoli XI-XVI)*, Génova, ECIG, 1997.

ALBEROLA ROMÀ, Armando, "La actividad comercial de los puertos de Valencia, Alicante y Cartagena durante la edad moderna. Una aproximación historiográfica", en Aldo Di Vittorio y Carlos Barciela (eds.), *La storiografia marittima in Italia e in Spagna in età moderna e contemporánea. Tendenze, orientamienti, linee evolutive*, Bari, Cacucci Editore, 2001, pp. 237-252.

ALESSANDRINI, Nunziatella, "I porti di Lisbona e Livorno: mercanti, merci e 'gentilezze diverse' (secolo XVI). Alcune considerazioni", en Nunziatella Alessandrini, Mariagrazia Russo, Gaetano Sabatini (coords.), *'Chi fa questo camino è ben navigato': culturas e dinâmicas nos portos de Itália e Portugal (sécs. XV-XVI)*, Lisboa, CHAM, 2019, pp. 129-144.

ALESSANDRINI, Nunziatella; RUSSO, Mariagrazia; SABATINI, Gaetano (coords.), *'Chi fa questo camino è ben navigato': culturas e dinâmicas nos portos de Itália e Portugal (sécs. XV-XVI)*, Lisboa, CHAM, 2019.

AMBROSOLI, Mauro, *The wild and the sown. Botany and agriculture in Western Europe: 1350-1850*, Cambridge, Cambridge University Press, 1997.

ANDRÉS ROBRES, Fernando, *Crédito y propiedad de la tierra en el País Valenciano (1600-1810)*, Valencia, Institució Alfons el Magnànim, 1987.

ANDÚJAR CASTILLO, Francisco, "Los genoveses en el reino de Granada. Comercio y estrategias mercantiles", en Ernest Belenguer (coord.), *Felipe II y el Mediterráneo*, Madrid, SECC, 1999, vol. I, pp. 357-375.

ARDIT, Manuel, *Els homes i la terra del País Valencià (segles XVI-XVIII)*, Barcelona, Curial, 1993.

AYMARD, Maurice, "Economie rurale, économie marchande", *Cahiers de la Méditerranée*, 1 (1976), pp. 131-144.

— "Commerce et production de la soie sicilienne aux XVIe-XVIIe siècles", *Mèlanges d'Archéologie et d'Histoire*, 77 (1965), pp. 609-640.

BARANDA, Consolación, "Ciencia y Humanismo: la *Obra de Agricultura* de Gabriel Alonso de Herrera (1513)", *Criticón*, 46 (1989), pp. 95-108.

BATALLER CATALÀ, Alexandre; NARBON CLAVERO, Carme, *Les paraules de la seda. Llengua i cultura sericícola valenciana*, CEIC Alfons el Vell, Valencia, 2005.

BATTISTINI, Francesco, "Seta ed economia in Italia. Il prodotto 1500-1930", *Rivista di Storia Economica*, anno XXIII, n. 3 (2007), pp. 283-313.

— "La produzione, il commercio e i prezzi della seta grezza nello Stato di Firenze 1489-1859", *Rivista di Storia Economica*, anno XXI-3 (2005), pp. 233-272.

— *L'industria della seta in Italia nell'età moderna*, Bologna, Il Mulino, 2003.

— *Gelsi, bozzoli e caldaie. L'industria della seta in Toscana tra città, borghi e champagne (secc. XVI-XVIII)*, Florencia, Olschki, 1998.

— "La diffusione della gelsibachicoltura nell'Italia centrosettentrionale: un tentativo di ricostruzione", *Società e Storia* 56 (1992), pp. 393-400.

BEJARANO ROBLES, Francisco, *La industria de la seda en Málaga durante el siglo XVI*, Madrid, CSIC, 1951.

BELENGUER CEBRIÀ, Ernest (coord.), *Felipe II y el Mediterráneo. Los recursos humanos y materiales*, Madrid, SECC, 1999.

BELVEDERI, Raffaele (ed.), *Rapporti Genova-Mediterraneo-Atlantico nell'età moderna. Atti del II° congreso Internazionale di studi storici*, Genova, 1985.

BERG, Maxine, "Asian Luxuries and the Making of the European Consumer Revolution", en Maxine Berg y Elisabeth Eger, *Luxury in the Eighteenth Century*, Londres, Palgrave Macmillan, 2003, pp. 228-244.

BERNABEU ALBERT, Salvador; MARTÍNEZ SHAW, Carlos (eds.), *Un océano de seda y plata: el universo económico del Galeón de Manila*, Sevilla, CSIC, 2013.

MIGUEL BERNAL, Antonio, *España, proyecto inacabado: costes/beneficios del imperio*, Madrid, Marcial Pons, 2005.

BERTI, Marcello, "Il «rischio» nella navigazione commerciale mediterranea nel Seicento: Aspecti tecnici ed aspetti economici. Prime ricerche", en Saverio di Bella (ed.), *La rivolta di Messina (1674-78) e il mondo mediterraneo nella seconda metà del Seicento*, Cosenza, Luigi Pellegrini Editori, 2001, pp. 215-256.

BLANES Andrés, Roberto, *El puerto de Valencia: Encrucijada de rutas, productos y mercaderes (1625-1650)*, Valencia, Generalitat Valenciana, 2003.

— "Mercaderes italianos en las importaciones marítimas valencianas en el segundo cuarto del Seiscientos (1626-1650)", en María Begoña Villar García y Pilar Pezzi Cristóbal (Eds.), *Los Extranjeros en la España Moderna*, Málaga, 2003, vol. I, pp. 217-227.

BONIALIAN, Mariano, "La seda china en Nueva España a principios del siglo XVII. Una mirada imperial en el memorial de Horacio Levanto", *Revista de Historia Económica-Journal of Iberian and Latin American Economic History*, 35-1 (2017), pp. 147–171.

BORAH, Woodrow, *Silk raising in Colonial Mexico*, Berkeley, University of California Press, 1943.

BRACCO, Giuseppe (ed.), *Torino sul filo della seta*, Turín, Archivio Storico della città di Torino, 1992.

BRAUDEL, Fernand, *El Mediterráneo y el mundo mediterráneo en la época de Felipe II*, México, FCE, 2016 (ed. original en español, 1953).

BRAUDEL, Fernand; ROMANO, Ruggiero, *Navires et marchandises à l'entrée du port de Livourne 1547-1611*, París, Librairie Armand Colin, 1951.

BRERA, Alessandro, *Le gride e il filosello. L'affermazione della gelsibachicoltura, della filatura e del commercio della seta nella Lombardia Spagnola attraverso le gride milanesi (1578-1700). Tesi di laurea* dirigida por Renzo Corritore. Università degli Studi di Pavia, 2007.

BREWER, John; PORTER, Roy (eds.), *Consumption and the World of Goods*, Londres, Routledge, 1993.

BRILLI, Catia; HERRERO SÁNCHEZ; Manuel (eds.), *Italian merchants in the Early-Modern Spanish Monarchy: Business relations, identities ad political resources*, Londres, Routledge, 2017.

BURKE, Peter, "Res et verba: Conspicuous Consumption in the Early Modern World", en John Brewer y Roy Porter (eds.), *Consumption and the World of Goods*, Londres, Routledge, 1993, pp. 148-162.

CAFAGNA, Luciano, *Dualismo e sviluppo nella storia d'Italia*, Venecia, Saggi Marsilio, 1989.

CALCAGNO, Paolo, *Fraudum. Contrabbandi e illeciti doganali nel Mediterraneo (sec. XVIII)*, Roma, Carocci Editore, 2019.

— "Entre Génova y Marsella: un espacio económico común, múltiples fronteras políticas", en Valentina Favarò, Manfredi Merluzzi y Gaetano Sabatini (coords.), *Fronteras: procesos y prácticas de integración y conflictos entre Europa y América (siglos XVI-XX)*, México, FCE, 2017, pp. 499-508.

— *Savona, Porto di Piemonte. L'economia della città e del suo territorio dal Quattrocento alla Grande Guerra*, Novi Ligure, Città del Silenzio, 2013.

CARANDE, Ramón, *Carlos V y sus banqueros*, Barcelona, Crítica, 1977.

CARDINI, Franco; VANOLI, Alessandro, *La via della seta: una storia millenaria tra Oriente e Occidente*, Bolonia, Il Mulino, 2017.

CASEY, James, *El regne de València al segle XVII*, Valencia, Afers, 2006 (ed. original, 1979).

CASTILLO DEL CARPIO, José María, *En la periferia del centro. La hacienda de la Generalitat valenciana durante el siglo XVI*, Valencia, PUV, 2019.

— "El sistema tributario del reino de Valencia durante el siglo XVI", *Estudis*, 19 (1993), p. 113-115.

CASTILLO PINTADO, Álvaro, *Tráfico marítimo y comercio de importación en Valencia a comienzos del siglo XVII*, Madrid, Universidad de Madrid, 1967.

CAVACIOCCHI, Simonetta (ed.), *La seta in Europa sec. XIII-XX*, Prato, Le Monnier, 1993.

CAYUELA, Anne, *Alonso Pérez de Montalbán. Un librero en el Madrid de los Austrias*, Madrid, Calambur, 2005.

CENTENERO DE ARCE, Domingo, "Resistencias a la primera globalización. Sedas chinas y persas, situación americana, contestación castellana y dinámicas imperio-comerciales durante el reinado de Felipe III", *Cuadernos de Historia Moderna*, 47-1 (2022), pp. 87-111.

CHICCO, Giuseppe, *La seta in Piemonte, 1650-1800: un sistema industriale d'ancien régime*, Milán, FrancoAngeli, 1995.

— "L'innovazione tecnológica nella lavorazione della seta in Piemonte a metà Seicento", *Studi Storici*, 33-1 (1992), pp. 195-215.

CICCOLELLA, Daniela, *La seta nel Regno di Napoli nel XVIII secolo*, Nápoles, Edizioni Scientifiche Italiane, 2003.

CHIERICI, Patrizia, "Una città della seta: industrializzazione e trasformazioni urbane in Racconigi tra Sei e Settecento", *Storia Urbana*, 20 (1982), pp. 4-45.

CIRIACONO, Salvatore, "Silk manufacturing in France and Italy in the XVIIth century: two models compared", *The Journal of European Economic History*, 1 (1981), pp. 167-199.

CÍSCAR PALLARÉS, Eugenio, *Las Cortes valencianas de Felipe III*, Valencia, Universidad de Valencia, 1973.

COBB, Matthew, "Malpighi, Swammerdam and the colourful silkworm: replication and visual representation in early modern science", *Annals of Science*, 59 (2002), pp. 111-147.

COMISIÓN ESPAÑOLA DE LA RUTA DE LA SEDA, *España y Portugal en las rutas de la seda: diez siglos de producción y comercio entre Oriente y Occidente*, Barcelona, Universitat Autònoma de Barcelona, 1996.

CORREA BALLESTER, Jorge, *La hacienda foral valenciana: el real patrimonio en el siglo XVII*, Valencia, Consell Valencià de Cultura, 1995.

CORRITORE, Renzo, "Storia economica, ambiente e modo di produzione. L'affermazione della gelsibachicoltura nella Lombardia della prima età moderna", *Mélanges de l'École française de Rome - Italie et Méditerranée modernes et contemporaines*, 124-1 (2012), pp. 291-307.

COVA, Alberto, "Interessi economici e impegni istituzionali delle corporazioni milanesi nel Seicento", en Cesare Mozzarelli (ed.), *Economia e corporazioni. Il governo degli interessi nella storia d'Italia dal Medioevo all'età contemporanea*, Milán, Giuffrè, 1988, pp. 109-132.

CRIPPA, Flavio, "Dal baco al filo", en Luca Molà, Reinhold C. Mueller y Claudio Zanier (eds.), *La seta in Italia dal Medioevo al Seicento*, Venecia, Saggi Marsilio, 2000, pp. 3-33.

CRIVELLI, Benedetta, *Commercio e finanza in un impero globale. Mercanti milanesi nella Penisola Iberica (1570-1610)*, Roma, Edizioni di Storia e Letteratura, 2017.

CROSBY, Alfred W., *Imperialismo ecológico: la expansión biológica de Europa, 900-1900*, Barcelona, Crítica, 1988.

— *The Columbian Exchange: biological and cultural consequences of 1492*, Westport, Greenwood Press, 1972.

DAVINI, Roberto, "A global supremacy: the worldwide hegemony of the Piedmontese reeling technologies, 1720s-1830s", *History of Technology*, 32 (2014), pp. 98-99.

DEMO, Edoardo, *L'«anima della città». L'industria tessile a Verona e Vicenza (1400-1550)*, Milán, Unicopli, 2001.

DINI, Bruno, "L'industria serica in Italia. Secc. XIII-XV", en Simonetta Cavaciocchi (ed.), *La seta in Europa, secc. XIII-XX*, Prato, Le Monnier, 1993, pp. 91-123.

FÁBREGAS GARCÍA, Adela, "Aprovisionamiento de la seda en el Reino Nazarí de Granada. Vías de intervención directa practicadas por la comunidad mercantil genovesa", *En la España Medieval*, 27 (2004), pp. 53-75.

FAROQHI, Suraiya, *Making a Living in the Ottoman Lands, 1480 to 1820*, Estambul, The Isis Press, 1995.

— "Bursa at the crossroads: Iranian silk, european competition and the local economy 1470-1700", en Suraiya Faroqhi, *Making a Living in the Ottoman Lands, 1480 to 1820*, Estambul, The Isis Press, 1995, pp. 114-148.

FEDERICO, Giovanni, "Seta, agricultura e sviluppo económico in Italia", *Rivista di Storia Economica*, anno XXI, n. 2 (2005), pp. 123-154.

— *Il filo d'oro. L'industria mondiale della seta dalla restaurazione alla grande crisi*, Venecia, Marsilio Editori, 1994.

FELLONI, Giuseppe, "Organización portuaria, navegación y tráfico en Génova. Un sondeo entre las fuentes de la Edad Moderna", en Luis A. Ribot García y Luigi de Rosa (dirs.), *Naves, puertos e itinerarios marítimos en la época moderna*, Madrid, Actas, 2003, pp. 237-268.

— *Inventario dell'Archivio del Banco di San Giorgio*, Roma, 1999.

FERNÁNDEZ MARTÍN, Luis, "La colonia italiana de Valladolid, Corte de Felipe III", *Investigaciones históricas: Época moderna y contemporánea*, 9 (1989), pp. 163-196.

FILIPPINI, Jean Pierre, *Il porto di Livorno e la Toscana (1676-1814)*, Nápoles, Edizioni Scientifiche Italiane, 1998.

FOGUÉS Juan, Francisco, *Historia de Carcagente. Compendio geográfico-histórico de esta ciudad*, Carcaixent, Ajuntament de Carcaixent, 2000 (ed. original, 1934-1936).

FONTANA, Giovanni Luigi; GAYOT, Gérard (eds.), *Wool: products and markets: 13th-20th century*, Padova, CLEUP, 2004.

FORTEA PÉREZ, José Ignacio, *Córdoba en el siglo XVI: las bases demográficas y económicas de una expansión urbana*, Córdoba, 1980.

FRANCH BENAVENT, Ricardo, "La seda en la Valencia moderna. De la expansión productiva y manufacturera del siglo XVI al periodo de esplendor del siglo XVIII", en Ricardo Franch Benavent y Germán Navarro Espinach (eds.), *Las rutas de la seda en la historia de España y Portugal*, Valencia, PUV, 2017, pp. 129-161.

— *El comercio en el Mediterráneo español durante la Edad Moderna: del estudio del tráfico a su vinculación con la actividad productiva y el contexto social*, Obradoiro de Historia Moderna, 17 (2008), pp. 77-112.

— "Los genoveses en la España moderna: finanzas, comercio y actividad laboral de los protagonistas de un intenso flujo migratorio", en Luciano Gallinari (dir.), *Genova, una "porta" del Mediterráneo*, Génova, ISEM, 2005, pp. 643-683.

— "La inmigración italiana en la España moderna", en Domingo L. González Lopo, Antonio Eiras Roel (coords.), *La inmigración en España*, Santiago de Compostela, Universidade de Santiago de Compostela, 2004, pp. 103-145.

— "El papel de los extranjeros en las actividades artesanales y comerciales del Mediterráneo español durante la Edad Moderna", en María Begoña Villar García y Pilar Pezzi Cristóbal (Eds.), *Los Extranjeros en la España Moderna*, Málaga, 2003, vol. I, pp. 39-71.

— *La sedería valenciana y el reformismo borbónico*, Valencia, Institució Alfons el Magnànim, 2000.

— "La evolución de la sedería valenciana durante el reinado de Felipe II", en Ernest Belenguer Cebrià (coord.), *Felipe II y el Mediterráneo. Los recursos humanos y materiales*, Madrid, SECC, 1999, pp. 289-310.

— "La producción de seda en el País Valenciano durante el siglo XVIII: distribución geográfica y evolución", *Noticiario de Historia Agraria*, 8 (1994), pp. 67-98.

— "El comercio y los mercados de la seda en la España moderna", en Simonetta Cavaciocchi (ed.), *La seta in Europa, secc. XIII-XX*, Prato, Le Monnier, 1993, pp. 565-594.

— "La política de liberalización económica de Carlos III y la materia prima sedera valenciana", *Estudis*, 14 (1989), pp. 51-81.

— "Dinastías comerciales genovesas en la Valencia del siglo XVIII: los Causa, Batifora y Ferrano", en Antonio Eiras Roel (coord.), *La documentación notarial y la historia*, Santiago de Compostela, Universidade de Santiago de Compostela, 1984, pp. 295-316.

FRANCH BENAVENT, Ricardo; ALBA PAGÁN, Ester, "Los paisajes de la seda. La memoria rememorada", en *Paisajes turísticos valencianos*, Valencia, PUV, 2017, pp. 862-880.

FRANCH BENAVENT, Ricardo; Navarro Espinach, Germán, *Las rutas de la seda en la historia de España y Portugal*, Valencia, PUV, 2017.

FRANKOPAN, Peter, *Las nuevas rutas de la seda. Presente y futuro del mundo*, Barcelona, Crítica, 2019.

FRATARELLI-FISHER, Lucia. "La Livornina. Alle origini della società livornese", en Adriano Prosperi (ed.), *Livorno 1606-1806. Luogo di incontro tra popoli e culture*, Turín, Allemandi, 2009, pp. 43-62.

FURIÓ DIEGO, Antoni, *Història del País Valencia*, Valencia, Institució Alfons el Magnànim, 1995.

— (ed.), *València, un mercat medieval*, Valencia, Diputación Provincial, 1985.

FUSARO, Maria; HEYWOOD, Collin; OMRI, Mohamed-Salah (eds.), *Trade and cultural exchange in the early modern Mediterranean: Braudel's maritime legacy*, Londres, Tauris Academic Studies, 2010.

FUSCO, Idamaria (ed.), *La seta e oltre...*, Nápoles, Edizioni Scientifiche Italiane, 2004.

— "Attività produttive e fiscalità in Calabria tra XVI e XVIII secolo: il settore serico", en Giovanni Anania (ed.), *Scelte pubbliche, strategie private e sviluppo económico in Calabria. Conoscere per decidere*, Catanzaro, Rubbettino, 2001, pp. 181-216.

GALASSO, Giuseppe, *Alla periferia dell'impero: il regno di Napoli nel periodo spagnolo (secoli XVI-XVII),* Turín, Einaudi, 1994.

— *Economia e società nella Calabria del Cinquecento*, Milán Feltrinelli, 1980 (ed. original, 1967).

GALLINARI, Luciano (dir.), *Genova, una "porta" del Mediterráneo*, Génova, ISEM, 2005.

GARCÍA GÁMEZ, Félix, "La seda en Andalucía durante la Edad Moderna", en Ricardo Franch Benavent y Germán Navarro Espinach (eds.), *Las rutas de la seda en la historia de España y Portugal*, Valencia, PUV, 2017, pp. 65-97.

— "Seda y repoblación en el Reino de Granada durante el tránsito de los siglos XVI y XVII", *Chronica Nova*, 28 (2001), pp. 221-255.

— "La seda del Reino de Granada durante el segundo proceso repoblador (1570-1630)", *Chronica Nova*, 25 (1998), pp. 249-273.

GARCÍA MARTÍNEZ, Sebastián, *Bandolers, corsaris i moriscos*, Valencia, 1980.

GARÉS TIMOR, Vicent M., "Conflictividad social, nuevas oligarquías y contrabando de seda en la Ribera del Júcar durante segunda mitad del Quinientos", en Félix Labrador (ed.), *Líneas recientes de investigación en Historia Moderna*, Madrid, Universidad Rey Juan Carlos, 2015, pp. 1.097-1.114.

GARRAD, Kenneth, "La industria sedera granadina en el siglo XVI y su conexión con el levantamiento de la Alpujarra, 1568-1571", *Miscelánea de Estudios Árabes y Hebraicos*, V (1956), pp. 73-104.

GARZÓN Pareja, Manuel, *La industria sedera en España. El arte de la seda de Granada*, Granada, 1972.

GASCH TOMÁS, José Luis, "Transport costs and prices of Chinese silk in the Spanish Empire. The case of New Spain, c. 1571-1650", *Revista de Historia Industrial*, 60 (2015), pp. 15-47.

— *The Atlantic world and the Manila Galleons: circulation, market, and consumption of Asian goods in the Spanish empire, 1565-1650*, Leiden-Boston, Brill, 2019.

GHEZZI, Renato, "Il porto di Livorno e il comercio mediterraneo nel Seicento", Adriano Properi (ed.), *Livorno 1606-1806. Luogo di incontro tra popoli e culture*, Turín, Allemandi, 2009, pp. 324-340.

GIRÓN PASCUAL, Rafael M., "Los mercaderes judeoconversos en la Córdoba del siglo XVI", en Enrique Soria Mesa (ed.), *La ciudad y sus legados históricos (4): Córdoba judía*, Córdoba, RADC, 2019, pp, 215-253.

— *Comercio y poder: mercaderes genoveses en el Sureste de Castilla durante los siglos XVI y XVII (1550-1700)*, Valladolid, Ediciones Universidad de Valladolid, Cátedra Simón Ruiz, 2018.

— "'Cruzando aceros'. El comercio de espadas entre España e Italia en los siglos XVI y XVII", *Gladius,* 36 (2016), pp. 161-179.

— *Las Indias de Génova. Mercaderes genoveses en el reino de Granada durante la edad moderna (ss. XVI-XVIII)*. Tesis doctoral. Universidad de Granada, 2012.

— "Los lavaderos de lana de Huéscar (Granada) y el comercio genovés en la Edad Moderna", en Manuel Herrero Sánchez y otros, *Génova y la monarquía hispánica: 1528-1713*, Génova, Società Ligure di Storia Patria, 2011, vol. 1, pp. 191-202.

GOLDTHWAITE, Richard A., *The economy of Renaissance Florence*, Baltimore, Johns Hopkins University Press, 2009.

GONZÁLEZ LOPO, Domingo L.; EIRAS ROEL, Antonio (coords.), *La inmigración en España*, Santiago de Compostela, Universidade de Santiago de Compostela, 2004.

GOODMAN, Jordan, "Financing pre-modern European industry: an example from Florence 1580-1660", *The Journal of European Economic History*, 10-2 (1981), pp. 415-435.

GRENDI, Edoardo, *La repubblica aristocratica dei genovesi*, Bolonia, Il Mulino, 1987.

— "I nordici e il traffico del porto di Genova: 1590-1666", *Rivista Storica Italiana*, 83 (1971), pp. 23-71.

— "Traffico portuale, naviglio mercantile e consolati genovesi nel Cinquecento", *Rivista Storica Italiana*, 80 (1968), pp. 593-628.

GUENZI, Alberto; PONI, Carlo, *Un 'network' pluriseculare: acqua e industria a Bologna*, *Studi Storici*, 30-2 (1989), pp. 359-377.

GUIA, Lluis; MELE, Maria Grazia; SERRELLI, Giovanni (eds.), *Centri di potere nel Mediterraneo occidentale. Dal Medioevo alla fine dell'Antico Regime*, Milán, FrancoAngeli, 2018.

HAMILTON, Earl J., *El tesoro americano y la revolución de los precios en España: 1501-1650*, Barcelona, Ariel, 1975 (ed. original, 1934).

HASKELL, Yasmin, "Work or play? Latin 'recreational' georgic poetry of the Italian Renaissance", *Humanistica Lovaniensia. Journal of Neo-Latin Studies*, vol. XLVIII (1999), pp. 135-145.

HERZIG, Edmund, "The volume of Iranian raw silk exports in the Safavid Period", *Iranian Studies*, 25 (1992), pp. 61-79.

HERRERO GARCÍA, Diego, "Intercambios transnacionales entre Madrás y Manila: el sistema indopacífico angloespañol desde sus orígenes hasta mediados del siglo XVIII", *Studia Historica: Historia Moderna*, 44-2 (2022), pp. 387–427.

HERRERO SÁNCHEZ, Manuel, "The business relations, identities and political resources of Italian merchants in the early-modern Spanish monarchy: some introductory remarks", *European Review of History: Revue européenne d'histoire*, 23-3 (2016), pp. 335-346.

— "La finanza genovese e il sistema imperiale spagnolo", *Rivista di Storia Finanziaria*, 19 (2007), pp. 27-60.

— "La República de Génova y la Monarquía Hispánica (siglos XVI-XVII)", *Hispania: Revista española de historia*, vol. 65, 219 (2005), pp. 9-20.

— "La quiebra del sistema hispano-genovés (1627-1700)", *Hispania: Revista española de historia*, vol. 65, 219 (2005), pp. 115-151.

HERRERO SÁNCHEZ, Manuel; KAPS, Klemens, *Merchants and trade networks in the Atlantic and the Mediterranean, 1550-1800: connectors of commercial maritime systems*, Londres, Routledge, 2016.

HERRERO SÁNCHEZ, Manuel y otros, *Génova y la monarquía hispánica: 1528-1713*, Génova, Società Ligure di Storia Patria, 2011.

HILLS, Richard L., "From cocoon to cloth. The technology of silk production", en Simonetta Cavaciocchi (ed.), *La seta in Europa, secc. XIII-XX*, Prato, Le Monnier, 1993.

IBORRA LERMA, José Manuel; VILA LÓPEZ, Margarita, *Cartes comercials i lletres de canvi de Francés Crespo, mercader valencià (1585-1601)*, Col·lecció Fonts Històriques Valencianes, Valencia, PUV, 2013.

IGUAL LUIS, David, "La confraria dels genovesos de València. Una associació interprofesional a les darreries de l'Edat Mitjaba", en Lluis Virós (ed.), *Organització del treball preindustrial: confraries i oficis*, Barcelona, 2000, pp. 91-102.

— *Valencia e Italia en el siglo XV. Rutas, mercados y hombres de negocios en el espacio económico del Mediterráneo occidental*, Valencia, Universitat de València, 1996.

IGUAL LUIS, David; NAVARRO ESPINACH, Germán, "Los genoveses en España en el tránsito del siglo XV al XVI", *Historia. Instituciones. Documentos*, 24 (1997), pp. 261-332.

IRADIEL, Paulino, *El Mediterráneo medieval y Valencia: economía, historia y sociedad*, Publicacions de la Universitat de València, Valencia, 2017.

IRADIEL, Paulino y otros (eds.), *Identidades urbanas Corona de Aragón-Italia. Redes económicas, estructuras institucionales, funciones políticas (siglos XIV-XV)*, Zaragoza, Prensas de la Universidad de Zaragoza, 2016.

JACOBY, David, "Genoa, silk trade and silk manufacture in the mediterranean region (ca. 1100-1300)", en Anna Rosa Calderoni Masseti y otros (eds.), *Tessuti, oreficerie, miniature in Liguria XII-XV secolo*, Bordighera, Istituto internazionale di studi liguri, 1999, pp. 11-40.

— "Silk crosses the Mediterranean", en Gabriella Airaldi (ed.), *Le vie del Mediterraneo. Idee, uomini, oggetti (secoli XI-XVI)*, Génova, ECIG, 1997, pp. 55-79.

JAÉN SÁNCHEZ, Pedro José, *De la cría del gusano y el comercio de la seda en la villa de Liétor*, Albacete, Instituto de Estudios Albacetenses "Don Juan Manuel", 2007.

KAPS, Klemens, "Small but powerful: networking strategies and the trade business of Habsburg-Italian merchants in Cadiz in the second half of the eighteenth century", *European Review of History: Revue européenne d'histoire*, 23-3 (2016), pp. 427-455.

LADERO QUESADA, Miguel Ángel, "La producción de seda en la España medieval. S. XIII-XVI", en Simonetta Cavaciocchi (ed.), *La seta in Europa, secc. XIII-XX*, Prato, Le Monnier, 1993, pp. 125-139.

LAPEYRE, Henri, "Els mercaders estrangers al Regne de Valencia en els segles XV i XVI", en Antoni Furió Diego (ed.), *València, un mercat medieval*, Valencia, Diputación Provincial, 1985, pp. 25-45.

— *La Taula de Cambis en la vida económica de Valencia a mediados del reinado de Felipe II*, Valencia, Del Cenia al Segura, 1982.

— "Le naufrage de la Marolina", en Maxime Chevalier, Robert Ricard, Noël Salomon (eds.), *Mélanges offerts a Marcel Bataillon par les hispanistes français*, Bordeaux, Féret, 1962, pp. 159-165.

LEIDY, Silvio, *Gli Annoni. Conductores mercantiarum de partibus Flandrie in Italia. Una famiglia milanese tra Cinquecento e Seicento*, Milán, Francesco Brioschi Editori, 2015.

LI, Lillian M., *China's silk trade: traditional industry in the modern world*, Cambridge, Harvard University Press, 1981.

LINCOLN, Evelyn, "The Jew and the worms: portraits and patronage in a sixteenth-century how-to manual", *Word & Image*, vol. 19, nº 1-2 (2003), pp. 86-99.

LISCIA BEMPORAD, Dora, *Maggino di Gabriello "Hebreo Venetiano". I Dialoghi sopra l'utili sue inventioni circa la seta*, Florencia, Edifir, 2010.

— "Immagini di città nel trattato della seta di Maggino di Gabbriello e una veduta inedita di Bologna nel Cinquecento", *I Quaderni Del m.æ.S.-Journal of Mediæ Ætatis Sodalicium*, 13-1 (2010), pp. 175-187.

LOBO, Manuel; SUÁREZ, Vicente (eds.), *El comercio en el Antiguo Régimen*, Gran Canaria, Universidad de las Palmas de Gran Canaria, 1995.

LOMAS CORTÉS, Manuel, *Governing the galleys. Jurisdiction, justice and trade in the squadrons of the Hispanic Monarchy (Sixteenth-Seventeenth Centuries)*, Leiden, Brill, 2020.

LÓPEZ DE COCA, José Enrique, "'*Morus nigra*' vs '*Morus alba*' en la sericultura mediterránea: el caso del reino de Granada (siglo XVI)", en Gabriella Airaldi (ed.), *Le vie del Mediterraneo. Idee, uomini, oggetti (secoli XI-XVI)*, Génova, ECIG, 1997, pp. 183-199.

LORENZO LOZANO, Julia, *Franceses en Valencia durante el reinado de Carlos II. Entre la atracción y el rechazo*. Tesis doctoral inédita. Universitat de Valencia, 2015.

LUCA, Giuseppe De, "Decadencia y desventura de un negocio en crisis: la banca castellana a finales del siglo XVI y su próspero contrapunto milanés", en Giampiero Nigro (ed.), *Le crisi finanziarie: gestione, implicazioni sociali e conseguenze nell'età preindustriale*, Florencia, Firenze University Press, 2016, pp. 283-325.

— *Commercio del denaro e crescita económica a Milano tra Cinquecento e Seicento*, Milán, Il Polifilo, 1996.

MA, Debin (ed.), *Textiles in the Pacific, 1500-1900*, Aldershot, Ashgate, 2005.

— "The Great Silk Exchange: How the World was Connected and Developed", en Debin Ma (ed.), *Textiles in the Pacific, 1500-1900*, Aldershot, Ashgate, 2005, pp. 1-32.

MADDALENA, Aldo Di; KELLENBENZ, Hermann (eds), *La repubblica internazionale del denaro tra XV e XVII secolo*, Bolonia, Il Mulino, 1986.

MAINONI, Patrizia, *Mercanti lombardi tra Barcellona e Valenza nel basso medioevo*, Bolonia, Cappelli, 1982.

MALANIMA, Paolo, "Le sete nella Calabria", en Idamaria Fusco (ed.), *La seta e oltre...*, Nápoles, Edizioni Scientifiche Italiane, 2004, pp. 55-68.

— *L'economia italiana. Dalla crescita medievale alla crescita contemporánea*, Bolonia, Il Mulino, 2002.

— *La fine del primato. Crisi e riconversione nell'Italia del Seicento*, Milán, Bruno Mondadori, 1998.

— *Il lusso dei contadini. Consumi e industrie nelle champagne oscane del Sei e Settecento*, Bolonia, Il Mulino, 1990.

— *La decadenza di un'economia cittadina: l'industria di Firenze nei secoli XVI-XVIII*, Bolonia, Il Mulino, 1982.

— "Industria e agricoltura in Toscana tra Cinque e Seicento", *Studi* Storici, Anno 21, No. 2 (1980), pp. 281-309.

MALAVASI, Luigi, *La Metrologia italiana, nei suoi scambievoli rapporti desunti dal confronto col sistema metrico-decimale*, 1842-44.

MARÍN LÓPEZ, Rafael, *Documentos para la historia de la seda en el Reino de Granada*, Granada, Universidad de Granada, 2008.

MÁRMOL ÁVILA, Pedro, "Acercamiento a un proceso en marcha: la edición crítica del *Arte para criar seda* (1581), de Gonzalo de las Casas", en *«Melior auro». Actas del IX Congreso Internacional de Jóvenes Investigadores del Siglo de Oro*, Pamplona, Publicaciones de la Universidad de Navarra, 2020, pp. 219-231.

MARSH, Ben, *Unravelled dreams. Silk and the Atlantic World, 1500-1840*, Cambridge, Cambridge University Press, 2020.

MARSILIO, Claudio, "Le fiere di cambio tra il XVI e il XVII secolo: Piacenza nel cuore della finanza internazionale", *Bollettino Storico Piacentino*, vol. 102-2 (2007), pp. 251-269.

— *Dove il denaro fa denaro. Gli operatori finanziari genovesi nelle fiere di cambio del XVII secolo*, Novi Ligure, Città del silenzio edizioni, 2008.

MARTÍN CORRALES, Eloy, "El comercio mediterráneo en la época de Felipe II", en Ernest Belenguer (coord.), *Felipe II y el Mediterráneo*, Madrid, SECC, 1999, vol. I, pp. 335-356.

MATTHEE, Rudolph, *The politics of trade in Safavid Iran. Silk for silver, 1600-1730*, Cambridge, Cambridge University Press, 1999.

MIRALLES MARTÍNEZ, Pedro, "El cultivo, la manufactura y el comercio de la seda en la Murcia moderna. Del éxito del hilado al fracaso del tejido", en Ricardo Franch Benavent y Germán Navarro Espinach (eds.), *Las rutas de la seda en la historia de España y Portugal*, Valencia, PUV, 2017, pp. 187-211.

— *La sociedad de la seda. Comercio, manufactura y relaciones sociales en Murcia durante el siglo XVII*, Murcia, Universidad de Murcia, 2002.

— *Seda, trabajo y sociedad en la Murcia del siglo XVII*, Universidad de Murcia. Tesis doctoral. Universidad de Murcia, 2000.

MITA, Alessandra, *Economia e istituzioni a Como sotto gli Asburgo: il ruolo di Giambattista Giovio*. Tesis doctoral inédita. Università degli Studi dell'Insubria, 2013.

MOIOLI, Angelo, *La gelsibachicoltura nelle champagne lombarde dal Seicento alla prima metà dell'Ottocento*, Trento, Universita degli Studi di Trento, 1981.

MOLÀ, Luca, *The silk industry of Renaissance Venice*, Baltimore-Londres, The John Hopkins University Press, 2000.

MOLÀ, Luca; MUELLER, Reinhold C.; ZANIER, Claudio (eds.), *La seta in Italia dal Medioevo al Seicento. Dal baco al drappo*, Venecia, Marsilio Editori, 2000.

MONTOJO MONTOJO, Vicente, "El comercio de Alicante en los reinados de Felipe II y Felipe III", *Cuadernos de Historia Moderna*, 32 (2007), pp. 87-111.

MORELLI, Roberta, *La seta fiorentina nel Cinquecento*, Milán, Giuffrè Editore, 1976.

MORINEAU, Michel, *Incroyebles gazettes et fabuleux métaux: les retours des trésors américains d'après les gazettes hollandaises: XVIe-XVIIIe siècles*, Cambridge, University of Cambridge, 1985.

MOTTU-WEBER, Liliane, "Production et innovation en Suisse et dans les Etats allemands (XVIe-XVIIIe siècles)", en Simonetta Cavaciocchi (ed.), *La seta in Europa, secc. XIII-XX*, Prato, Le Monnier, 1993, pp. 141-163.

MÜLLER-MARKUS, Christina, "One belt, one road: el sueño chino y su impacto sobre Europa", *Notes internacionals CIDOB*, 148 (2016), pp. 1-6.

MUÑOZ ALTABERT, Maria Lluisa, *Les Corts Valencianes de Felip III*, Valencia, Universitat de València, 2005.

MUÑOZ NAVARRO, Daniel, "Sericulture and literature in late Sixteenth-century Spain. An approach to the Thesaurus puerilis (1575) and the Arte de criar seda (1581)", en Ester

Alba Pagán (dir.), *Weaving Europe Silk Heritage and digital technologies*, Valencia, Tirant lo Blanch, 2021, pp. 239-248.

— "Del negocio sedero al hábito de Montesa. Enriquecimiento y ascenso social del linaje de los Casaús en la Valencia de los siglos XVII-XVIII", en *Monarquías en conflicto. Linajes y noblezas en la articulación de la Monarquía Hispánica*, Madrid, Universidad de Cantabria, 2018, pp. 629-639.

— "La conexión marítima entre los puertos de Alicante y Livorno y la circulación de materias primas industriales en el Mediterráneo Occidental (1565-1611)", en Lluis Guia, Maria Grazia Mele y Giovanni Serrelli (eds.), *Centri di potere nel Mediterraneo occidentale. Dal Medioevo alla fine dell'Antico Regime*, Milán, FrancoAngeli, 2018, pp. 303-312.

— (coord.), *Un Mediterrani transnacional al segle XVII*, Afers, 87 (2017). Número monográfico.

— "La seda en el comercio colonial español durante la segunda mitad del siglo XVIII", en Ricardo Franch Benavent y Germán Navarro Espinach (eds.), *Las rutas de la seda en la historia de España y Portugal*, Valencia, PUV, 2017, pp. 275-311.

— "Las dinámicas de cooperación y competencia entre los agentes comerciales de origen italiano en el puerto de Alicante a comienzos del siglo XVII", *Revista Jerónimo Zurita*, 90 (2015), pp. 113-132.

— "Per camins inussitats i sendes molt apartades. Contrabando de seda valenciana hacia Castilla durante la segunda mitad del siglo XVI", *Revista de Historia Moderna*, 33 (2015), pp. 229-241.

— "Relaciones comerciales entre el Reino de Valencia y el Norte de Italia en el tránsito del siglo XVI al XVII", *RiMe. Rivista dell'Istituto di Storia dell'Europa Mediterranea*, 4 (giugno 2010), pp. 319-335.

MUÑOZ NAVARRO, Daniel; FRANCH BENAVENT, Ricardo; "El artesanado sedero y las fluctuaciones del mercado laboral en la Valencia preindustrial (1479-1836)", *Investigaciones de Historia Económica*, 17-4 (2021), pp. 16-28.

NAVARRO ESPINACH, Germán, "Valencia en las rutas de la seda del mediterráneo occidental (siglos XIII-XV)", en Ricardo Franch Benavent y Germán Navarro Espinach (eds.), *Las rutas de la seda en la historia de España y Portugal*, Valencia, PUV, 2017, pp. 99-128.

— "El arte de la seda en el Mediterráneo medieval", *En la España Medieval*, 27 (2004), pp. 5-51.

— "Los genoveses y el negocio de la seda en Valencia (1457-1512)", *Anuario de Estudios Medievales*, 24, 1994, pp. 201-224.

NOMBELA RICO, José María, "La manufactura textil en España en 1620. El 'primer Memorial' de Damián de Olivares a la luz de los 'Papeles…que los corregidores…enviaron del valor de las mercaderías, años 1617 y 1618'". Comunicación presentada al *XI Congreso Internacional de la AEHE* (2014).

OLIVARES GALVAÑ, Pedro, *El cultivo y la industria de la seda en Murcia en el siglo XVIII*, Murcia, Academia Alfonso X el Sabio, 1976.

OSTONI, Marco, *Il tesoro del re: uomini e istituzioni della finanza pubblica milanese fra Cinquecento e Seicento*, Nápoles, Istituto Italiano per gli Studi Filosofici, 2010.

OWENS, Jack B., "Markets in the shadows, trade diasporas, and selforganizing trading/smuggling networks", en Juan Carlos Moreno García (ed.), *Markets and Exchanges in Pre-modern and Traditional Societies*, Oxford, Oxbow Books, 2021, pp. 115-154.

PAGANO, Gigliola, "Livorno: porto della Toscana", Adriano Prosperi (ed.), *Livorno 1606-1806. Luogo di incontro tra popoli e culture*, Turín, Allemandi, 2009, pp. 341-349.

PARDO MOLERO, Juan Francisco, *La defensa del imperio: Carlos V, Valencia y el Mediterráneo*, Madrid, SECC, 2001.

PASTORINO, Stefano, "La participación de los mercaderes ligures en el mercado asegurador valenciano (1519-1520)", en Manuel Herrero Sánchez y otros, *Génova y la monarquía hispánica: 1528-1713*, Génova, Società Ligure di Storia Patria, 2011, vol. 1, pp. 219-251.

PÉREZ PICAZO, María Teresa; LEMEUNIER, Guy, "La sericicultura murciana. Producción, difusión y coyuntura, siglos XVI-XX", *Revista de Historia Económica-Journal of Iberian and Latin American Economic History*, Año n° 5-3 (1987), pp. 553-575.

PÉREZ VILLALBA, María Teresa; PASTOR GUILLEM, Pedro, "El libro de cuentas del mercader valenciano Joan Augier, año 1604", *Studia historica. Historia moderna*, Vol. 39, n° 2 (2017), pp. 223-256.

PERIS ALBENTOSA, Tomás, *Història de la Ribera: de vespres de les Germanies fins a la crisi de l'Antic Règim (segles XVI-XVIII). La terra del arròs i les moreres* (vol. 2), Alzira, Bromera, 2001.

— "La evolución de la agricultura valenciana entre los siglos XV y XIX: rasgos cualitativos y problemas de cuantificación", *Revista de Historia Económica*, año XIII-3 (1995), pp. 473-508.

— *Propiedad y cambio social. Alzira (1465-1768)*, Valencia, Institució Alfons el Magnànim, 1989.

PEROCCO, Daria, "La seta nella letteratura italiana dal Duecento al Seicente", en Luca Molà, Reinhold C. Mueller y Claudio Zanier (eds.), *La seta in Italia dal Medioevo al Seicento*, Venecia, Saggi Marsilio, 2000, pp. 241-261.

PICAZO MUNTANER, Antoni, "El comercio de Filipinas en el tránsito al siglo XVIII: la política comercial china", *Vegueta: Anuario de la Facultad de Geografía e Historia*, 20 (2020), pp. 253-272.

PONI, Carlo, *La seta in Italia. Una grande industria prima della rivoluzione industriale*, Bolonia, Il Mulino, 2009.

— "Da Bologna a Bergamo: costruire mulini da seta a ruota idraulica fra XVII e XVIII secolo", en Alessandra Fiocca, Daniela Lamberini y Cesare Maffioli (eds.), *Arte e scienza delle acque nel Rinascimento*, Venecia, Marsilio, 2003, pp. 37-45.

— "All'origine del sistema di fabbrica: tecnologia e organizzazione produttiva dei mulini da seta nell'Italia settentrionale (Sec. XVII-XVIII)", *Rivista Storica Italiana*, anno LXXXVIII, fascicolo III (1976), pp. 444-497.

PROSPERI, Adriano (ed.), *Livorno 1606-1806. Luogo di incontro tra popoli e culture*, Turín, Allemandi, 2009.

QUIRÓS, Mariano, "El *Libro de Agricultura* de Gabriel Alonso de Herrera: un texto en busca de edición", *Criticón*, 123 (2015), pp. 105-131.

RAGOSTA, Rosalba, *Napoli, città della seta. Produzione e mercato in età moderna*, Roma, Donzelli Editore, 2009.

RIBOT GARCÍA, Luis A.; ROSA, Luigi de (dirs.), *Naves, puertos e itinerarios marítimos en la época moderna*, Madrid, Actas, 2003.

RIELLO, Giorgio, "Textile spheres: silk in a global and comparative context", en D. Schäfer, G. Riello, L. Molà (eds.), *Threads of global desire: silk in the pre-modern world*, Woodbridge, Boydell Press, 2018, pp. 323-341.

— *Cotton: The Fabric that made the Modern World*, Cambridge, Cambridge University Press, 2013.

RODRÍGUEZ PEINADO, Laura, "La seda en la antigüedad tardía y Al-Ándalus", en Ricardo Franch Benavent y Germán Navarro Espinach (eds.), *Las rutas de la seda en la historia de España y Portugal*, Valencia, PUV, 2017, pp. 15-38.

ROSSO, Claudio, "Dal gelso all'organzino: nascita e sviluppo di un'industria trainante (1560-1680)", en Giuseppe Bracco (ed.), *Torino sul filo della seta*, Turín, Archivio Storico della città di Torino, 1992, pp. 39-65.

RUIZ GUTIÉRREZ, Ana; SORROCHE CUERVA, Miguel Ángel (eds.), *La ruta de la seda: camino de caminos*, Granada, Universidad de Granada, 2013.

SABA, Franco, *Il valimento del mercimonio del 1580. Accertamento fiscale e realtà del commercio della città di Milano*, Milán, EGEA, 1990.

SALVADOR ESTEBAN, Emilia, "Mercaderes extranjeros en la Valencia de los siglos XVI y XVII. Entre la atracción y el rechazo", en Luis Miguel Enciso Recio (coord.), *La burguesía española en la Edad Moderna*, Valladolid, Universidad de Valladolid, 1996, vol. III, pp. 1137-1156.

— "España y el comercio mediterráneo en la Edad Moderna", en Manuel Lobo y Vicente Suárez (eds.), *El comercio en el Antiguo Régimen*, Gran Canaria, Universidad de las Palmas de Gran Canaria, 1995, pp. 13-46.

— "Presencia italiana en la Valencia del siglo XVI. El fenómeno del avecindamiento", Saitabi, XXXVI, (1986), pp. 167-186.

— "Política y comercio en la Valencia del siglo XVII. El tráfico marítimo Génova-Valencia", en Raffaele Belvederi (ed.), *Rapporti Genova-Mediterraneo-Atlantico nell'età moderna*, Genova, 1985, pp. 113-155.

— *Cortes valencianas del reinado de Felipe II*, Valencia, Universidad de Valencia, Departamento de Historia Moderna, 1974.

— *La economía valenciana en el siglo XVI (Comercio de importación)*, Departamento de Historia Moderna, Universitat de València, Valencia, 1972.

SAN RUPERTO ALBERT, Josep, "¿Una feria de cambios a la valenciana? Debate financiero y energía emprendedora en el siglo XVII", *Hispania*, vol. 80, n° 264 (2020), pp. 79-108.

— *Emprenedors transnacionals. Les trajectories econòmiques i d'ascens social dels Cernezzi i Odescalchi a la Mediterrània Occidental (ca.1590-1689)*. Tesis doctoral. Universitat de València, 2017.

SANTOS ISERN, Vicente M., *Cara y cruz de la sedería valenciana (siglos XVII-XIX)*, Valencia, Institució Alfons el Magnànim, 1981.

SANZ AYÁN, Carmen, *Un banquero en el Siglo de Oro. Octavio Centurión, el financiero de los Austrias*, Madrid, La Esfera de los Libros, 2015.

— *Los banqueros y la crisis de la Monarquía Hispánica de 1640*, Madrid, Marcial Pons, 2013.

SCHÄFER, Dagmar; RIELLO, Giorgio; MOLÀ, Luca (eds.), *Threads of global desire: silk in the pre-modern world*, Woodbridge, Boydell Press, 2018.

SCALISI, Lina, "«Gobernar las fronteras». Terranova y el ejercicio del poder en los conflictos del estado milanés", *Estudis. Revista de historia moderna*, 40 (2014), pp. 91-113.

SEBOUH, Aslanian, *From the Indian Ocean to the Mediterranean: The Global Trade Networks of Armenian Merchants from New Julfa*, Berkeley, University of California Press, 2011.

SELLA, Domenico, "Industrial raw materials in the import trade of northern and central Italy during the XVIIth century", *The Journal of European Economic History*, s. I, XXXIII (2004), pp. 59-70.

— *L'economia lombarda durante la dominazione spagnola*, Bolonia, Il Mulino, 1980.

SINCLAIR, Thomas, *Eastern trade and the Mediterranean in the Middle Ages: Pegolotti's Ayas-Tabriz itinerary and its comercial context*, Londres-Nueva York, Routledge, 2019.

SORIA MESA, Enrique, "El negocio del siglo: los judeoconversos y la renta de la seda del Reino de Granada (siglo XVI), *Hispania. Revista española de historia*, vol. 76, nº 253 (2016), pp. 415-444.

TONELLI, Giovanna, "La Lombardia Spagnola nel XVII secolo. Studi di storia economica dopo Sella", *Mediterranea. Ricerche storiche*, Anno V, 13 (2008), pp. 401-416.

TRIVELLATO, Francesca, *The familiarity of strangers: the sephardic diáspora, Livorno, and cross-cultural trade in the early modern period*, New Haven, Yale University Press, 2009.

VALIENTE ROMERO, Antonio, *Economía e industria textil en la España moderna: el Arte Mayor de la Seda de Écija*, Sevilla, Universidad de Sevilla, 2014.

VALLÉS BORRÀS, Vicent, *El conreu de la morera i l'artesania de la seda en la Ribera del Xúquer als segles XVI i XVII. El cas de L'Alcúdia*, Valencia, Ajuntament de L'Alcúdia, 1985.

VÁZQUEZ DE PRADA, Valentín, "La actividad económica del Levante español en relación con Italia a finales del siglo XVI", en *VI Congreso de Historia de la Corona de Aragón*, Madrid, 1959, pp. 901-915.

VERGA, Ettore, "Il Comune di Milano e l'Arte della Seta dal secolo decimoquinto al decimottavo", *Annuario Storico-statistico del Comune di Milano*, anno XXXII, vol. II (1915), pp. 7-59.

VÉRIN, Hélène, "Olivier de Serres et son Théâtre d'agriculture", *Artefact. Techniques, histoire et sciences humaines*, 4 (2016), pp. 161-180.

VERNAZZA, Giuseppe, "*Della seta negli Stati del Re, al Conte di Lemie*", *Giornale ligustico di Archeologia, Storia e Letteratura*, Anno X (1883), pp. 72-77.

VERNUS, Pierre; MARTINI, Manuela; HASHINO, Tomoko (eds.), *A Global History of Silk. Trade and Production from the 16th to the Mid-20th Century*, Springer International Publishing, 2024.

VIANELLO, Francesco, *Seta fine e panni grossi. Manifatture e commerci nel Vicentino, 1570-1700*, Milán, FrancoAngeli, 2004.

VIDAL Y POLO, José María, *Tablas de reducción de las antiguas medidas, pesas y monedas de Castilla, Alicante, Castellón y Valencia, al nuevo sistema métrico-decimal*, Valencia, 1862.

VIGO, Giovanni, *Nel cuore della crisi. Politica economica e metamorfosi industriale nella Lombardia del Seicento*, Pavía, Università di Pavia, 2000.

VILLAR GARCÍA, María Begoña; PEZZI CRISTÓBAL, Pilar (Eds.), *Los Extranjeros en la España Moderna*, Málaga, 2003.

VITTORIO, Aldo Di; BARCIELA, Carlos (eds.), *La storiografia marittima in Italia e in Spagna in età moderna e contemporánea. Tendenze, orientamienti, linee evolutive*, Bari, Cacucci Editore, 2001.

WALLERSTEIN, Inmanuel, *The modern-world system. Capitalist agriculture and the origins of European world economy in the sixteenth century*, Nueva York, Academic Press, 1974.

WILSON-OKAMURA, David Scott, *Virgil in the Renaissance*, Cambridge, Cambridge University Press, 2010.

YUN CASALILLA, Bartolomé, *Los imperios ibéricos y la globalización de Europa (siglos XV a XVII)*, Barcelona, Galaxia Gutenberg, 2019.

—   *Iberian world empires and the globalization of Europe 1415-1668*, Singapur, Palgrave Macmillan, 2019.

ZANIER, Claudio, *Miti e culti della seta. Dalla Cina all'Europa*, Padova, CLEUP, 2006.

—   "Pre-modern european silk technology and East Asia: Who imported what?", en Debin Ma (ed.), *Textiles in the Pacific, 1500-1900*, Aldershot, Ashgate, 2005, pp. 105-190.

—   *Where the roads met. East And West In The Silk Production Processes- 17th To 19th Centuries*, Kyoto, Istituto Italiano di Cultura Scuola di Studi sull'Asia Orientale, 1994.

—   *Alla ricerca del seme perduto: sulla via della seta tra scienza e speculazione (1858-1862)*, Milán, FrancoAngeli, 1993.

—   "La sericicoltura dell'Europa mediterránea dalla supremazia mondiale al tracollo: un capitolo della competizione económica tra Asia Oriental ed Europa", *Quaderni Storici*, vol. 25, 73-1 (1990), pp. 7-53.

ZAMORA RODRÍGUEZ, Francisco, *La pupilla dell'occhio della Toscana y la posición hispánica en el Mediterráneo occidental (1677-1717)*, Madrid, FEHM, 2013.

ZENG, Jinghan, "Does Europe Matter? The Role of Europe in Chinese Narratives of 'One Belt One Road' and 'New Type of Great Power Relations'", *Journal of Common Market Studies*, 55-5 (2017), pp. 1162-1176.